企业合规师专业水平
培训辅导用书

General Theory of Corporate Compliance

THE GUIDANCE BOOK
FOR CORPORATE
COMPLIANCE
PRACTITIONER
PROFESSIONAL TRAINING

企业合规通论

中国国际贸易促进委员会商事法律服务中心
主编

中国法制出版社
CHINA LEGAL PUBLISHING HOUSE

《企业合规师专业水平培训辅导用书》
编委会名单

主　任：蔡晨风

副主任：陈正荣　张　顺

主　编：王志乐

副主编：张　顺　胡国辉　樊光中

编写人员（按章节顺序）

上　册

第一章：蒋　姮、李福胜

第二、三、四章：樊光中

第五、七、八章：郭凌晨

第六章：胡国辉

第九章：张　顺

第十章：丁继华

中　册

第一章：周　磊、李阿吉、李嘉杰、王克友、陈筝妮、吴剑雄

第二章：孙南翔

第三章：王　伟、杨　峰、张恩典、姜　川、张夕夜、胡　晗、萧　鑫、欧阳捷、王天蔚、李文宇

第四章：李　艳、王　伟、郜　庆、王　彧、杨慧鑫

第五章：张学博、王桦宇、郝龙航、刘海湘

第六章：叶　研

第七章：单蔼然、张　俊、李善嘉、孙　瑜

第八章：侯佳儒、华忆昕

第九章：金克胜、丁文严、张蕾蕾

第十章：任　清、霍凝馨、程　爽

第十一章：李　斌

下　册

张　顺、张智超、蒋方舟、张婧婧、王岱凌、周　全、韩　瑞

前　言

2021年3月18日，人力资源和社会保障部、国家市场监督管理总局、国家统计局三部门联合发布了企业合规师国家新职业。企业合规师成为国家正式职业，是新时代企业高质量发展的需要。2018年以来，我国政府有关部门陆续出台了一系列强化企业合规管理的政策指引，有力推动了企业合规管理工作的发展，这不仅对企业合规经营和强化合规管理进行了规制规范，也对合规管理人员的专业知识、业务素质、技术能力、操作水平提出更高的要求。企业合规管理正在向着专业化、职业化、规范化方向发展，需要大批掌握合规专业知识并具备实务专业技术能力的企业合规师。

企业合规师是从企业生产经营活动中孕育而生的职业，其工作的核心与本质是企业管理。《中华人民共和国职业分类大典》（以下简称《大典》）按专业和职业属性对我国社会现有职业进行了科学分类。2022年9月28日发布的最新版《大典》中，企业合规师新职业被归类为第二大类（专业技术人员）、第6中类（经济和金融专业人员）、第7小类（商务专业人员），明确了企业合规师职业的职业属性和专业分类。同时，从《大典》（2022年版）对于企业合规师的职业定义和工作内容可以看出，虽然企业合规师的工作属于经济、商务范畴，但与管理、法律、审计、风控等专业密不可分。企业合规管理体现出明显的交叉学科特征，而企业合规师也应当是以掌握企业合规管理专业知识为基础，同时具备跨学科、复合型知识结构的实务型专业技术人才。在当前企业合规实践方兴未艾、相关理论研究百家争鸣之际，厘清企业合规师的专业范围，推动形成该职业独立的知识和技术技能框架体系，显得尤为重要，这不仅是确保企业合规师这个职业持续健康发展的基础，更是科学开展企业合规管理专业人才培养，更好地服务于企业合规建设的重要前提。

为此，作为企业合规师国家新职业的申报单位，中国国际贸易促进委员会商事法律服务中心着眼于加快培养企业合规师专业人才，在有关政府部门和行业商协会组织的支持下，组织编写了这套企业合规师专业水平培训辅导用书。本书分为《企业合规通论》《企业合规分论》和《企业合规制度规范选编》三册，从基本概念、基础理论、重点领域、实务操作等方面对企业合规管理所涉及的知识内容进行梳理，明确企业合规管理专有的知识领域和从业人员所需的技术技能，同时将企业合规管理常用的法律法规、标准规范等进行分类选编，便于读者加深对于所合之“规”的理解并在实际工作中参考使用。本书力求在以下三个方面进行探索，取得成效：

一是明确企业合规管理工作的内容和实质，探索企业合规师职责范围和专业边界。企业合规管理工作的内容和流程，具有内在逻辑联系。全面有效的企业合规管理，首先要树立正确的企业核心价值观，在此指导下确立企业合规义务，识别评估合规风险，将合规理念和合规管理的具体工作融入企业生产经营全过程。为保障合规要求得到遵循和落实，企业要设立专门合规岗位，明确职责，建立合规管理组织体系。为确保管理体系有效运行，企业要建立相应的管理制度和实施机制。为实现持续合规发展，企业要定期对合规管理体系运行的有效性进行评估和改进，并最终形成企业合规文化。上册《企业合规通论》结合国内外理论研究成果和企业实践经验，以“合规体系策划-体系建设-体系运行-有效性评价-持续改进”的合规管理工作流程为逻辑主线，对于企业合规管理的工作内容及其内在联系进行梳理总结，厘清企业合规有关基本概念，提炼出企业合规管理体系的构成要件和实务工作内容，分章论述，并在此基础上，建立起企业合规管理的整体框架。同时从企业合规管理的工作内容和职责要求出发，对企业合规师专业定位进行了探索。

二是关注企业合规管理重点领域，体现企业合规师职业的复合知识结构和综合能力要求。企业合规管理具有显著行业性特点，不同行业企业的合规风险及合规重点领域差异巨大，企业合规师需具备一定跨学科、跨专业知识技术和良好的沟通协调能力，了解本行业本企业相关的商业模式、业务流程、发展趋势及公司治理、企业管理相关实践，才能与企业各部门协同合作，将适用的法律法规、行业规章、内部规章制度、政策要求等融入合规管理工作，有效处理相关事务。中册《企业合规分论》聚焦企业合规管理中较普遍涉及的反商业贿赂、网络安全、数据保护、反垄断、反不正当竞争、税务管理、海外投资并购、知识产权、生态环保、出口管制等重点领域，结合企业合规管理工作内容和职责，拓展企业合规师知识外延，同时注意厘清与法律、财务、税务、信息技术等交叉学科和相关职业的专业边界。在坚持企业合规师专有知识技术要求基础上，充分考虑合规管理工作的专业性特点，体现企业合规师职业的复合知识结构和综合能力要求。

三是衔接融合现有权威的企业合规管理规范规定和标准，突出企业合规师职业实务性特点。合规管理源于企业实践，由于在提升企业治理水平中展现出的显著效果而得到广泛重视。但针对企业合规管理的系统化理论研究相对滞后，普遍适用的合规理论还比较欠缺。监管机构、标准化组织、行业协会等依据自身职能制定了不同的规定标准，指导规范企业的合规管理工作。此外，法律法规和国际条约、规则等也对企业经营活动产生规制作用。本书介绍的企业合规管理的概念、结构、方法和工具充分借鉴吸收公认合规理论的原则和观点，努力做到同现行权威规范、规定和标准衔接一致，能够在实际工作中落地实施。在下册《企业合规制度规范选编》中，将与企业合规管理相关之规进行了分类选编，便于工作中查阅检索并理解“法”与“规”在企业合规管理工作中的区别。

希望读者能够从我们这套教材中了解企业合规管理的来源与发展、现状与趋势，了解社会经济法治环境变化、企业发展形态变化、国际监管环境变化、合规管理标准变化对企业合规管理实践的影响，以及科技带来的数字化及合规管理工具对企业合规管理发展趋势的影响，从而明白为什么要强化企业合规管理体系建设。希望读者通过这套教材，掌握合规管理体系的基本构成、各模块之间以及各自与体系之间的关系、如何搭建合规管理体系等方法论，更好地服务企业高质量发展。总之，我们希望这套教材能够有助于企业合规师专业人才培养，同时对于企业合规师职业的健康持续发展有所贡献。

本书共100余万字，在本书编写过程中，各位参加编写的专家以高度的责任心，对三本教材的内容，逐字逐句进行研读、斟酌、修改，力求做到内容准确、逻辑严密、体例统一、通俗易懂，在此对他们的敬业精神和辛勤劳动，表示敬意和感谢！

同时，鉴于当前有关企业合规的基本理论、基本概念、基础知识、实务操作和企业合规师所应具备的职业素养等问题，尚在研究探讨和发展变化中，缺乏权威的统一定论，更由于本书编写时间仓促，工作浩繁，书中难免有疏漏和缺陷之处，敬请读者提出宝贵意见和建议，以便我们今后对本书进行修订完善。

中国国际贸易促进委员会

商事法律服务中心

2022年11月15日

目 录

Contents

第一章

企业合规管理概论

第一节 企业合规管理的基本概念

企业合规是由西方跨国公司最先提出的一个概念，其英文是“corporate compliance”，是指企业的运营遵守相关的法律、法规、准则和规范。

经济全球化的不断推进，在为企业带来更多发展机会的同时，也给企业带来了极大的挑战。随着企业经营发展所面临的监管和竞争压力不断增大，如何在时代浪潮中抓住机会、规避风险成了每个企业都要面临的问题。

一、企业合规的内涵及范围

合规风险一般是指在经营管理过程中，企业因违反合规义务，可能面临的法律制裁或监管处罚，或可能给企业带来财产损失和声誉损失的风险。

虽然目前合规在中国已经成为持续的热门话题，但对合规的概念在许多层面的不同解释，仍然会产生混淆。有人认为合规是要求企业规范地履行社会责任的一种社会倡议，有人认为合规就是要求企业依法依规经营，有人认为合规就是企业建规立制，即建立规章制度和管理流程。

“合规”一词是由英文“compliance”翻译而来，从字面上看，合规就是“服从规则”。合规职能和合规文化目前没有普遍接受的定义，但是各机构均认为有必要对其定义的依据加以明确。目前有以下几种定义依据被广泛接受：

第一是巴塞尔银行监管委员会2005年《合规与银行内部合规部门》的报告。该报告提供了对合规风险的定义，以及确保合规职能有效运行的10项原则。根据该报告，合规风险是指，“因为能遵循法律、监管规定、规则、自律性组织制定的有关准则（统称‘合规法律、规则和准则’）而可能遭受法律制裁或监管处罚、重大财务损失或声誉损失的风险”。

第二是国际标准化组织 ISO 37301：2021《合规管理体系 要求及使用指南》（以下简称 ISO 37301：2021）。根据该指南，合规是“满足所有的企业合规义务的结果”，指企业履行所有必须遵守的强制性的以及自愿选择遵循的非强制性的、明示的、隐含的或必须履行的需求或期望的结果。

第三是 2011 年英国 8453 号标准：规范金融服务公司的合规框架。这个标准定义了对合规文化的要求。提出公司管理层应当通过政策、案例和适当的培训，来阐明公司的核心价值体系，以界定公司与客户、交易对手、监管机构、行业和市场的关系，明确公司对员工行为的期望，进而建立起公司的合规文化，促使公司运营的各层面能保持正直、诚信。

通过总结以上定义，可知合规有狭义和广义之分。狭义的合规指落实监管对公司和（或）公司中特定人员及其行为的强制性要求。广义的合规，是指履行组织的全部合规义务，包括合规要求与合规承诺，有三种形态。第一是法规：指遵守公司总部所在国和经营所在国的法律法规及监管规定，包括国际通行规则和非国际通行规则等外部规定。第二是规制：指遵守企业内部规章制度，特别是响应合规监管和体现合规承诺的制度准则等内部规定。第三是规范：指遵守职业操守、道德规范、商业惯例、公序良俗等。①

合规与法律相关，但二者有不同之处。法律的要求是法不禁止皆可为，合规比合法标准要高，合法的事不一定合规。从企业合规可进一步引出“合规风险”概念。这一概念来自巴塞尔银行监管委员会，是指企业因未能遵循法律、监管规定、规则、自律性组织制定的有关准则，而可能遭受法律制裁或监管处罚以及重大财务损失或声誉损失的风险。

近年来，随着合规的外延被不断扩大，“大合规”，也就是广义的合规成为合规管理的潮流，特别是在大型公司和跨国公司中，大合规几乎成为公司治理的标准配置。

合规不仅是遵从规则，规则往往是限制企业经营行为的，对于企业来说，仅仅遵从规则并不能确保自身生存，而是必须在寻求利润和遵守规则之间进行平衡，这也就是合规职能的作用所在。

随着移动互联网和自媒体的兴起，信息传播的方式和速度实现了前所未有的升级，企业违规对企业品牌、声誉等核心资产可能造成的损失被急剧放大，甚至可能一夜扩大到全球范围，使企业失去市场和业务伙伴等的信任。一旦企业的品牌和信任资产遭到严重破坏，造成的损失往往难以再挽回。一旦出现这种情况，即使企业最终被认定为并没有违反强制性监管规定，仍然可能对企业的生存造成直接威胁，甚至可能带来颠覆性灾难。所以合规管理实务中，合规的外延呈现出明显的扩大趋势。

另一方面，随着互联网科学技术爆炸式增长，企业的经营方式、研发方式、流程管理、价

① 王志乐：《王志乐：强化合规管理推进企业可持续发展》，载《深圳商报》2020 年 12 月 15 日。

值链构成等方方面面均出现许多全新的快速迭代或变化，这种变化的速度经常超出了法律调整的速度。但正是这种强制性法律法规尚未调整到的部分，蕴含着更多突变性的经营风险，需要企业审时度势提前布局和考虑，才不至于在未来出现因与强制性监管方向背道而驰而刹不住车的颠覆性风险。

正是在以上的时代背景下，许多企业的合规管理也就从原先狭义地专注于不违反强制性合规要求，转向更具前瞻性地将那些强制性规定尚未调整到位，但是对企业的存续可能具有重大影响的风险点，也纳入企业的合规义务中进行通盘考虑，并通过合规管理体系建规立制，内化为企业自身的规章制度，要求全员遵守。

二、企业合规的外延及层次

“规”的外延是分层级的，可按多种角度来分。比如可以按约束力强弱，分为强制性法规和非强制性法规。另一个角度是按作用力方向，可以分为外规和内规。对“规”分层级，是因为“规”本身是复杂的，有一些是对企业的业务有深刻影响的，还有一些是需要企业优先考虑的。

在广义的合规定义下，企业合规的外延至少可以分为三个层次。第一个层次是“合规则”，即符合强制性合规要求。第二个层次是“合规约”，即遵守合规承诺，属于符合那些虽然是没有强制性外部要求，但是企业回应利益相关者要求，通过承诺的方式约定遵循的外部要求。第三个层次是“合规律”。这个层次是合规的最高水平，是在既无外部强制性要求，也无利益相关方要求承诺的情况下，企业审时度势，根据企业运营的市场环境的自身规律及其发展趋势，从风险预防的谨慎原则出发，自愿采取的最佳实践。

这三个层面的合规层层递进，企业可以在综合考虑自身发展的战略、规模、行业、阶段等因素的基础上，层层递进，量体裁衣，纳入自身合规管理体系的建设中。

（一）企业合规的第一层次：合规则

根据 ISO 19600《合格管理体系指南》（以下简称 ISO 19600）合规义务定义，“合规义务”包括“合规要求”和“合规承诺”。“合规要求”是指企业外部环境中，国家、行业、社区等外部组织对企业生产经营必须合规的强制法律、法规、行规、要求，是强制企业必须遵循的“合规要求”，这也就是本书中所指的“合规则”。

“合规则”是企业履行所有必须遵守的强制性的需求或期望的结果，主要指遵守法律法规明确的原则要求和条文规定。这是合规的第一个层次的含义，是合规义务中涉及“合规要求”的部分，也是合规管理的底线，是所有企业必须履行的。

强制性的法律法规都由纸写笔载，为什么还要进行这个“合规则”层面的合规管理体系建设呢？这是因为法律法规可能会告诉你应当做什么，不能做什么，却无法告诉你在复杂的企业经营活动中具体应当怎么做。其次，即使是同一件事情，也有很多不同的人群或机构提出不同的要求。规则太多了，有时相互之间还有冲突，让人无所适从。这就需要有人收集梳理全部规则后勘测、标识出一条线路，让大家通过它到达目的地，是“以规合规”“外规内化”的过程。

“合规则”层次的合规，就是通过汇集分析众多的法律、法规要求，对照其是否与企业要干的事有关，规划应对的策略、行动方案，帮助企业确定自己的行为规范的底线。如果按照业务领域来划分的话，“合规则”所涉及的专业面是比较广泛的，如法律、财务、审计、税务、工程、市场、投资等。

与一般的法律风险不同，“合规则”层面合规管理要控制的风险是指企业因为违反行政法规、刑法而可能受到行政监管部门的处罚或者刑事责任的追究，以及由此所带来的资格剥夺以及其他方面的损失。也就是说，“合规则”层面合规管理要控制的一般是“强监管”“重处罚”领域的法律风险。

“合规则”层面，不仅要考虑国内的规则，还要根据企业经营范围、行业、战略等具体情况，同时考虑遵守部分国际规则。这些规则又分为国际通行规则和国际非通行规则。

对于国际通行规则，如果企业因经营情况而受到其管辖，当然应该硬性遵从。国际通行规则一般包括联合国、世贸组织、货币基金组织、世界银行、亚洲开发银行、世界卫生组织等国际机构设置的相关标准和规定，还有这些机构与其他机构的相关跨机构制裁协议。例如，联合国发布的《全球契约》《联合国反腐败条约》、经济合作与发展组织（OECD）理事会《关于进一步打击国际商业交往中贿赂外国官员的建议》《内控、道德与合规最佳行为指南》《跨国公司行为准则》、世界银行发布的《诚信合规指南》等法律法规及以西方发达国家为主的 33 个国家在维也纳签署的规制常规武器和两用物项的出口管制多边法律体系《瓦森纳协定》等协议。如果企业的经营管理活动因为各种原因受到这些国际通行规则和标准的管辖，则这些国际规则理当列入“合规则”层次，进行硬性管理。

对于国际非通行规则，如果企业因为自身经营情况而受到其管辖，则也应该纳入“合规则”范畴进行管理。比如美国等西方国家有些长臂法律，算不上是国际通行规则，但企业如果通过合同、支付、运输、仓储、转运、采购、融资、人员聘用等经营环节，涉及其管辖，那这些环节就也需要进行“合规则”的硬性合规管理。例如，美国的《国际武器交易条例》《武器出口管理法案》《对敌交易法令》《国际紧急经济权利法》《出口管理法案》《出口管理条例》《海外反腐败法》《境外账户纳税合规法案》《伊朗交易监管法》《伊朗制裁法案》等出口管制法规，被认为是“有牙齿”的国际非通行规则，涉事企业及责任人将受到严厉制裁，主要包括民事罚款、进出口权利丧失、刑事罚款或个人长期监禁。所以企业对相关交易可能涉及的最终用途、最终用户甚至支付、运输、仓储等各个环节，都需要审慎纳入“合规则”管理体系进行考虑和审查。

（二）企业合规的第二层次：合规约

在ISO 19600合规义务的定义中，除了包括“合规要求”，还包括“合规承诺”。“合规约”是第二层次的合规，是企业自愿选择遵循非强制性的需求或期望的结果，涉及的就是ISO 19600合规义务中“合规承诺”部分的义务。

比如企业承诺承担社会责任，承诺遵守行业非强制性标准，承诺在履行合同过程或企业运营过程中恪守高标准的道德诚信准则等。企业将这些承诺内化为企业的内部规章制度，形成企业与各利益相关方和谐的利益关系，避免因各类纠纷的发生降低企业经营管理效率或带来成本提高及企业品牌信誉伤害。

违反了第一层次的“合规要求”，企业要受到法律制裁，而违反了第二层次的“合规承诺”，市场和客户会投反对票。“合规则”只调整基本的社会秩序和规范人们的基本行为，处理根本的利益冲突。“合规约”则还要关注规约、规范、规矩，协调好方方面面的关系，只有如此，企业才能有一个更理想的经营环境。

“合规约”体现着对共同利益积极拓展、严密保护及合理分配的承诺和要求。分析和保障利益相关人的合理诉求，消除冲突、纠纷，获得外来的信赖和支持，是合规管理的更高层次。目前不少企业还是只重视“合规则”，不重视“合规约”，结果常常“赢了官司，输了市场”。

至于选择哪些规约去承诺，企业可以根据自身情况考虑优先承诺遵守那些国际通行的规则和标准。各个国家基于不同意识形态或价值观展开的博弈往往难以调和，但是，随着全球市场的形成和经济全球化的发展，在企业间和国家间市场竞争与合作的发展过程中，国际通行的商贸规则逐步形成，拥有不同价值观或意识形态的企业和国家在商贸行为中可以找到共同认可和接受的规范。

在20世纪70年代新一轮经济全球化潮流刚刚启动的时候，经济合作与发展组织就在1976年出台了《跨国公司行为准则》。这个准则包含了有关信息公开、人权、劳资关系、环境、打击行贿、索贿和敲诈勒索、消费者权益、科学技术、竞争和税收等一系列的规则。这个准则经过2000年和2011年两次修订，逐步为经济合作与发展组织30多个成员国家政府接受，为跨国经营企业认可，成为约束跨国经营企业的国际通行规则。

2000年，联合国全球契约组织提出十项原则，包括四大方面，即人权、劳工、环境、反腐败。这些恰恰是我们企业走向世界应该遵循的规则，全球契约组织在2000年成立，起步时只有50多家国际著名企业加入，现在已经发展到一万多家，全球主要的企业都参加和接受了这些规则。参加这个组织就意味着承诺履行包括人权、劳工、环境和反腐败在内的十项原则。

对这些规则不了解和不遵守，有可能就会遭遇国际舆论的谴责和执法部门的监管制裁。

（三）企业合规的第三层次：合规律

强制性外部监管要求以及利益相关者邀约背后，一般都体现了企业运营的市场规律。十三届全国人大第三次会议通过的政府工作报告指出，高质量共建“一带一路”，要遵循市场原则和国际通行规则，将市场原则和国际通行规则并列。在某些情况下，特别是在“一带一路”等跨文化经营的背景下，确实还存在相当一部分对企业可持续发展至关重要的市场原则和规律，还没有转化为国际通行规则。既没有体现为强制性外部监管要求，也没有利益相关者来主动邀约遵从。对于这部分与企业相关的重要的市场原则和规律，需要企业结合自身发展战略、行业性质、商业模式等诸多要素，在企业合规义务设定中主动进行辨识、分析和评估，以确定其是否纳入企业合规管理的范畴。这种合规管理就属于“合规律”层次的合规管理。

1.“合规律”管理的必要性

企业主动进行“合规律”层次的合规管理，通常是当企业处于复杂多变的市场环境和经营背景时，出于行稳致远的考虑，将一些与自身可持续发展密切相关的市场规律，主动纳入合规义务。

一是出于对市场偏好变化的研判与应对。企业出于对市场发展前景的预判，为了更好地贴近未来很可能会聚焦的市场关注点，增强在未来市场的竞争能力，提前消化未来转型过程中的风险，提高企业声誉和品牌价值，获得更多商业交易机会甚至打压竞争对手。

二是出于对监管方向变化的研判与应对。即出于对监管未来发展方向的预判，提前消化可能的政策性转型的压力，更好地应对监管部门未来很可能采取的监督、验收、考核和行政指导手段，以提前顺应很有可能升级的监管要求。

三是出于对不同文化和民族风俗的研判与应对。我们现在看见的那些成功的跨国公司，往往是那些采用符合不同文化特点的治理策略、入乡随俗、因俗而治的公司。

2.“合规律”管理的挑战

“合规律”要求企业审时度势主动担负合规义务，属于最高层次的合规管理，是指在遵循法规、信守规约的前提下，为了更好促进可持续发展，积极寻求一条最佳实践的道路，致力于优化内部规则、制度、标准，实质上体现着更好尊重客观规律的“法于道”的精深追求。

大道至简，这个层次的合规管理可以遵循的显性的、现成的规矩和方法最少，最需要创造性，因而也最难。即使在不成熟的市场，也会有相对成熟的法律和社会服务机构。对“合规则”层面的强制性明文规定的规则的把握相对是容易的，经过努力对“合规约”层面的团体性标准等也是可以把握的。唯独对于“合规律”层面的市场潜规则和隐性规矩的把握，需要时间的积淀和历练。

现代社会，规则、制度、标准是企业管理的核心手段和形式。但企业一旦更精细地把握住了市场发展的规律及其发展趋势，建立起一套更好体现规律及其未来发展方向的规章制度和标准，这些内规所体现的最佳实践往往成为企业的核心竞争力，也就是软实力。比如，跨文化管理情境下的企业社会责任文化建设，就是跨国公司合规管理的重要组成部分，也被跨国公司普遍视为企业重要的软实力。

对于隐性规则背后体现的规律进行了解、分析、总结不可能一蹴而就，对海外投资经历和经验相对不足的中国企业而言，困难是显而易见的。即使对这种“规”的认知好不容易了解了，而怎么去“合”也是很大的挑战，既需要非常专业且严格的管理，又需要非常精细且周到的创新。“合规律”管理所具有的这种特殊的性质、功能和制度结构，对我国企业的合规管理带来了极大挑战。以海外基础设施建设为例，建设中不可避免会涉及地上结构物，其中一些在我们看来平淡无奇的建筑，有时可能就是当地人心中的文化圣地。虽然当地法律没有明文规定，刚开始也没有机构提出相关邀约，但是触碰这些文化敏感点，往往成为企业合规风险点燃的导火索，我国企业在这方面吃亏不少。

3. “合规律”管理典型案例：中资海外千亿工程——缅甸密松大坝项目

该项目号称“海外三峡”，项目源头在缅甸的母亲河伊洛瓦底江，在这条江上修建密松电站被当地人认为可能会破坏当地自然和人文景观，而这点被一些组织利用大做文章，最终缅甸政府于 2011 年以“民意”的名义叫停项目。

虽然该项目在硬性和显性的法律程序以及监管要求上并没有问题，企业也依照缅甸政府和相关机构的邀约进行了社会责任方面的巨额投资，但对项目涉及的文化相关合规管理的难度准备不足最终遭受巨大损失。

文化问题往往涉及大众等众多复杂的利益相关方、许多潜规则和合规敏感点，需要进行专业、周密、精细的合规尽职调查和及时、有效的合规风险处置。这对世界上任何企业而言，都是挑战性极大的。之前有国际知名企业在进行合规尽调评估后就因难度太大而放弃跟进该项目。

4. “合规律”管理重点环节

“合规律”层次的企业合规管理，要求企业在考虑外部强制性需求和期望、行业自律规则和其他社会公约的基础上，主动考虑经营所在地的道德规范等文化背景、市场特殊偏好、监管发展方向等因素所构成的与企业可持续发展相关的市场规律，并将对这种规律的总结和把握体现在企业的合规义务中，主动据此协调各种复杂的利益相关方关系，确保在复杂性和变动性较大的经营背景下，行稳致远。

“合规律”管理的起始环节及核心环节是利益相关者驱动型合规风险评估，这可以看成一种精细的公共关系管理。比如在文化背景等迥异情况下，企业首先要根据当地国情特点，实事求是地全面识别自身经营管理可能涉及的所有重要利益相关方。在此基础上，在经营成果分配上要按文化上公认或尽可能公平的规则进行，在经营过程中避免侵犯各类重要利益相关方的合理的诉求，并主动传递善意和结果，获得大众的认可、信赖和支持，这样企业的可持续发展才能获得源源不断的外来助力。

但“合规律”这个层面的合规管理，因为其高度的复杂性、流动性和非显性等诸多特殊之处，肯定无法由合规部门独自实现，而是依赖于公司整体的文化和组织架构，尤其需要强调合规职能和合规文化的高度融合，以及合规管理三道防线之间全面高效的配合联动。对一线业务部门作为第一道防线的首责职能有最高的要求，同时也需要合规，环境、社会和公司治理（ESG）、健康、安全、安保和环境（HSSE），公共关系等诸多职能部门密切协调联动，形成第二道防线，还需要审计、监察等部门及时监督与问责，形成第三道兜底防线。

三、合规与管理体系的融合

改革开放以来，我国现代企业制度逐步形成。中国特色社会主义市场经济体制不断发展，企业管理水平也不断提升。当企业越来越深刻地融入全球市场体系，其企业管理也就面临着越来越严峻的强化合规管理的挑战。为推进企业管理提升水平以适应全球竞争，国务院国资委成立以来，于2006年推进国有企业全面风险管理体系的建立；2012年，国资委推进国企内控管理体系建设；2018年，国资委又提出中央企业合规管理体系建设的指引。

合规管理，是指企业以有效防控合规风险为目的，以企业和员工经营管理行为为对象，开展包括合规的风险识别、制度制定、组织保障、机制建设、文化建设、评价改进等有组织、有计划的管理活动。企业建立法律风险防控体系、内控体系、廉洁风险防控体系，都是在不同层面保障着企业的合规运行。协调统一合规管理和其他监管职能，要避免风险导向职能资源分散，无法“力出一孔”的问题，也要避免各类风险信息沟通不畅，无法协同实施风险应对的问题。形成合规管理合力，对提升合规体系建设的有效性具有重要的现实意义，首先必须厘清合规管理体系与企业其他管理体系的关系。

（一）企业合规管理与法务管理的关系

合规管理与法务管理都是企业风险管理的重要组成部分，二者相互融合，紧密联系，不能互相吸收合并，其重要性也不能进行比较，一方也并非另一方的延伸和附属。法务管理侧重的是“知”规，是对法律的解释和应用，即哪些行为是法律允许的、哪些行为是法律禁止的、违法行为的构成要件及法律后果等。而企业合规工作更加强调怎样“合”规，即怎样将辨识出来的合规义务落实到企业日常经营和管理的方方面面。

法务管理主要依据外部的法律法规、监管规定，强调规避与外部平等主体之间的潜在法律风险。从公司实践层面来看，主要包含由民事法律规则调整的民事法律主体之间的关系，比如合同法、劳动法、公司法等主要涉及的民事合约类事务，由法律部门管理。合规部门主要是管理由国家行政法规或刑事法律所调整的重大领域，即那些可能给企业带来颠覆性损失的重大法律风险，比如反腐败、反垄断、反不正当竞争、贸易管制等，也就是“强监管、重处罚”的法律事务。

（二）企业合规管理与内控管理的关系

企业内部控制（内控）主要是为保证财务信息的准确性、可靠性，对企业人员、资产、工作流程和经营活动实施有效管控，保障遵循法律法规，降低企业经营风险，促进企业管理目标实现，提高经营效果和效率，实现企业价值最大化。经过十几年的改革发展，国有企业已经形成并建立了一套内部体系，对企业财务、人、资产、工作流程实行有效监管。

合规管理与内控管理都是企业管理的工具，二者本质上都是在评估、防范、控制企业风险，通过动态管理促进企业经营目标的实现。二者相互关联、互为补充、协同联动，均需要进行风险评估、风险控制、效果评价，遵从的运行机制和管理措施基本一致，比如二者都具备三道防线。

第一道防线是企业直接从事运营及管理的第一线部门和人员，如生产、销售、会计、人事等专业人员，他们在日常工作中把绝大部分风险控制在第一线。第二道防线是内部、合规等职能管理部门及人员，监督检查第一道防线有效执行风险管理流程，完善控制措施，协助管理层监控风险。第三道防线是内部审计部门及人员，对舞弊、造假、浪费、贪腐等违规问题揭示并形成威慑，改善企业运营。

但合规与内控在工作内容和目标上各有侧重，主要体现在以下几个方面。

第一，合规控制的风险主要是不合规行为引发法律、行政处罚，造成经济或声誉损失的可能性。内部控制的风险主要是企业财务信息不真实、不完整，经营管理违法违规，造成资产损失的可能性。

第二，合规管理强调经营管理依法合规，规避可能的法律风险和声誉等财产损失。内控强调按工作流程办事，重在对操作风险中的内部舞弊管理。

第三，合规管理是从合规义务、合规风险识别入手，判定业务风险红线和底线，提出解决措施，更聚焦实体合规。内控管理依据企业内部规章制度，梳理业务操作流程上的各项风险点并提出管控措施，更强调程序合规。

第四，合规管理的工作依据既包括外部的法律法规、监管规定、国际条约等，还包括企业的商业行为准则、市场承诺以及员工的职业操守、公序良俗等，“外规内化”的范围更加广泛。内控管理主要依据内部的规章制度查找流程缺陷，并实现内控管理的不断优化。

（三）企业合规管理与内部审计的关系

合规管理和内部审计的工作对象都是企业内部的违规行为，但二者的介入阶段和分工角色偏重不同。合规虽然遵从全面性原则，但合规偏向于更多承担事前预防职责，主要目标是为业务顺利开展保驾护航。审计部门主要承担事后监督和评价职责，对经营管理的合规性及合规管理的有效性开展审计评价，将有关结果通报企业高层和合规管理部门。实践中，合规管理部门与内部审计部门应加强联动，合规管理部门可根据风险识别和反馈到情况，向内部审计部门提出审计建议，内部审计部门可以将审计评价结果反馈合规管理部门，协助合规管理部门有效应对审计出的合规风险点。

（四）企业合规管理与纪检监察的关系

纪检监察主要防控廉洁风险。党的十八大以来，构建务实管用的廉洁风险防控体系是国有企业落实党风廉政建设主体责任的一项重大政治任务。

廉洁风险是合规风险当中的一个专项，两者的风险防控方法是一致的。廉洁风险防控与合规管理一样坚持标本兼治、惩防并举、注重预防的方针；围绕生产经营管理的重点领域和关键环节，对主要业务流程、经营管理制度、关键岗位、关键环节，全面排查管理漏洞和腐败风险点，制定具体防范措施；通过制度创新和流程改进，防范和降低腐败风险；也建立前期预防、中期监督、后期处置的管理机制。但两者的工作内容各有侧重。

第一，工作重点不同，廉洁风险防控集中关注所涉及对象在某个业务流程、某个环节发生腐败行为的可能性；合规管理工作强调制度完善、事前防范、举报调查、宣传培训等。

第二，工作范围不同，纪检监察工作集中关注个人行为，将风险细化到岗位、个人；合规管理工作范围涵盖公司治理、经营管理、生产服务等全过程和全领域，倡导“人人合规、事事合规、时时合规”，强调对业务上的违规举报查处。

第三，工作依据不同，纪检监察工作依据的是党纪党规；合规管理工作依据除法律法规、监管规定、企业规章制度外，还包括职业操守、公序良俗等。

（五）企业合规管理与其他管理体系的关系

企业现有的全面风险管理体系、质量安全体系、环保认证体系、人力资源管理系统等不同的管理体系涵盖了不同的合规管理内容，体现了不同的监管要求，有着不同的管理目标和价值。但在实践中因各自管理体系分属不同的层级、不同的部门行使，多体系同时运行，不可避免会出现互不兼容、管理体系与管理实际脱节的现象。

企业合规管理与以上管理体系具有一致性和协同性，可以通过以合规为抓手，优化、协调现有管理系统和资源，实现管理资源的融合和管理效益的最大化。可以将合规管理和内部控制体系合并，统一运行机制和管理措施，同时将廉洁风险防控、质量安全体系、环保认证体系、人力资源管理系统等融入合规管理。形成全面风险管理体系，将研究部署和运行监督形成联动。

第一，要厘清规章制度和法律法规，形成以合规为导向的全面风险管理的统一行为规范。借助信息技术手段，建立电子制度对照索引，实现岗位与制度法规的匹配，搭建规章制度、流程共享平台，实现工作检索便捷。

第二，要协调形成岗位业务工作手册，使岗位业务开展的操作指南体系化。须统一梳理协调职权事项，明确岗位职责和内控流程，进行合规、内控或廉洁风险的识别评估，制定风控措施，设置关键时间节点，汇编视觉表单和制度法规，实现合规管理体系建设模块化。

第三，要实现风险管理的成果共享以及监督联动。须建立合规管理部门、监督检查部门与业务部门的协作配合机制，组织企管、财务、人事、审计等多部门联合检查，打破专业壁垒，实现监督联动、成果共享。须签订合规风险责任书、承诺书，设置合规考核指标，实施合规分级授权，激发自主管理动力。

第四，要通过全员合规文化建设从根本上促进体系融合。须通过多层级多方式合规培训，合规案例适时分享、新规则定期解读学习、违规案件处理通报等合规文化建设方式、在企业内部形成遇事找规、办事依规氛围，让员工将合规准则内化于心、外化于行。

第二节　企业合规管理的基本原则

企业合规管理应当遵循以下基本原则。

一、独立性原则

“风险导向”职能的两条生命线分别是专业性和独立性，合规职能亦不例外，合规管理应当首先符合独立性原则。独立性原则是合规管理的首要原则。独立性是指合规职能的运行不受任何不当干扰和/或压力。①

在合规管理过程中，经常会出现合规管理制度“挂在墙上”，但业务部门过于强势而不受合规部门的约束，高管不惜违法违规追求短期利益指标等现象，归根结底，是由于在合规管理中，没有解决诸如权力与合规之间的关系，也就是没有解决合规的独立性问题。

根据 ISO 37301：2021，合规职能应拥有权限、地位和独立性。权限意味着合规职能被治

① 参见 ISO 37301：2021。

理机构和最高管理者授予足够的权力。地位意味着其他人员很可能倾听和尊重他/她的意见。独立性意味着履行合规职能的人员要尽可能地不亲自参与可能暴露在合规风险之下的活动，履行其岗位时不应存在利益冲突。合规职能的独立性突出表现在以下三个方面：

第一，合规职能部门应该是独立的，不与组织、结构或其他因素冲突；应该可以自由行动，不受垂直管理者的干涉；应当配有体现有效合规重要性的适当能力、身份权限和独立性的人员，而且可以直接向治理机构报告。合规权限的赋予、汇报路线、人员任免及考核等方面均应该按照独立性原则进行设置。

第二，合规调查职能应当是公正和独立的。一般应酌情考虑设立独立的委员会来监督调查活动，并保证调查的完整性和独立性。合规调查过程应由具备相应能力的人员独立进行，且避免利益冲突。

第三，履行合规审核职能的人员，无论其为内部还是外部的，应免于利益冲突并保持独立性，以履行其岗位职责。合规审核应该是获取审核证据并对其进行客观评价，是系统的、独立的过程。而独立审核就是指与正在被审核的活动无责任关系、无偏见和利益冲突。

独立性需要客观性和公开性作为支撑。合规管理制度的制定与合规处罚的作出应该向内部公开，保证员工能够及时获取相关内容，这也是对合规职能独立性的制衡。

合规职能强调独立性原则，但并非合规管理的方方面面都要求独立。比如以下两个方面就更强调融合，而非独立。

一方面，合规管理不适宜单独实施，而是要与其他管理体系一起实施，例如风险、反贿赂、质量、环境、信息安全和社会责任等，应该协同参考实施 ISO 31000《风险管理标准》（以下简称 ISO 31000）、ISO 37001《反贿赂管理体系》（以下简称 ISO 37001）、ISO 9001《质量管理体系》（以下简称 ISO 9001）、ISO 14001《环境管理体系》（以下简称 ISO 14001）和 ISO/IEC 27001《信息安全管理体系》（以下简称 ISO/IEC 27001）及 ISO 26000《社会责任体系》（以下简称 ISO 26000）。所以，合规方针也不宜是一个个独立的文件，而应得到其他文件的支持，包括运行方针和过程。

另一方面，并非所有的组织都须创建独立的合规职能部门。可以将此职能分配给现有岗位或外包。只是外包时，不宜将全部合规职能分配给第三方。即使只将部分职能外包，也应考虑保持对这些职能的职权进行监督。是否设立独立的合规部门，可以从以下三方面评估，即是否具有不可替代的作用，是否专设部门可达成更高的质量和效率，是否有饱和的工作量。目前，中央企业对合规部门的职能依然没有统一的定位，有的企业将合规职能列入公司的风控部门中，有的企业将合规职能列入公司的法律部门中，有的企业将合规职能列入公司的审计部门中，还有的企业将合规职能列入纪律检查部门中。

二、全面性原则

合规管理体系应该全面覆盖，才能做到集中统一、客观、高效，从而提高合规管理效能。

根据《证券公司和证券投资基金管理公司合规管理办法》《证券公司合规管理实施指引》等法律、法规和规范性文件，合规管理应当覆盖所有业务、各个部门、各分支机构、各层级子公司和全体工作人员，贯穿决策、执行、监督、反馈等各个环节。

《中央企业合规管理指引（试行）》已将全面性确立为企业合规管理的第一大原则，要求合规管理覆盖企业各业务领域、各部门、各级子企业和全体员工，贯穿决策、执行、监督等各个环节。强调建立全面合规管理体系，对合规管理体系的各要素进行全面规定，包括合规组织、合规制度、合规风险管理、合规审查、合规评审、合规考核评价、合规培训、违规举报、调查和问责、合规报告、合规管理信息系统、企业合规文化、重点合规领域等。

全面性原则并非意味着建立符合要求的合规管理体系必须实施各类指南中的所有建议。企业还是要就其所面临的合规风险的性质和程度采取合理步骤，以履行其合规义务。但全面性一般至少应该体现在如下两个方面：

第一，企业视其规模宜有合规管理的全面负责人，尽管该负责人可能另有其他岗位或职能，例如现有的委员会、企业的部门或外聘的合规专家等。

第二，全面性应该体现在行为准则中。合规运行控制的一个基本要素是行为准则，其中一般宜体现企业对相关合规义务的全面承诺。行为准则宜适用于所有人员并使其能够获取和使用，并作为培育合规文化的依托之一。

三、责任性原则

企业应统筹合规责任和权力的分配或再分配。根据 ISO 37301：2021，最高管理者应对确保企业充分实现关于合规的承诺承担责任。治理机构和最高管理者应确保合规责任在工作职责中得到适当体现，向所有管理层级分配合规责任并要求他们负责，并要求所有雇员认识实现其负有责任的合规目标的重要性。

责任性原则要求建立全员合规责任制，明确各岗位员工的合规责任并督促有效落实。《中央企业合规管理指引（试行）》第二章明确了各层级管理部门在合规管理中的管理职责。指引要求中央企业建立健全合规管理“三道防线”，即业务部门是防范合规风险的第一道防线，业务人员及其负责人应当承担首要合规责任；合规管理部门是控制合规风险的第二道防线，同时也是合规管理体系建设和实施的责任单位；内部审计和纪检监察部门是防控合风险的第三道防线，监督、评价公司整体风险防控的有效性。合规管理牵头部门既有组织、协调和监督职能，对于一些重要的合规事项也应当有直接参与和执行的责任，如合规培训、合规举报的调查等。

在建立全员合规责任制的同时，需要特别强调业务部门是防范合规风险的第一道防线，同时也承担合规的首要责任。合规部门的具体职责并不会因此免除其他人员的合规责任。2018年国资委印发的《中央企业合规管理指引（试行）》第十一条第一款规定："业务部门负责本领域的日常合规管理工作，按照合规要求完善业务管理制度和流程，主动开展合规风险识别和隐患排查，发布合规预警，组织合规审查，及时向合规管理牵头部门通报风险事项，妥善应对合规风险事件，做好本领域合规培训和商业伙伴合规调查等工作，组织或配合进行违规问题调查并及时整改。"

目前，不少企业的业务部门并不一定全盘接受合规部门的建议，还是由业务部门自主决策，业务部门背负着业务成功的责任，环境和条件的成熟度，制约着他们在方案上的选择，但他们最终要为自己的选择负责。但底线合规管理层次上的事情，合规职能部门要和业务部门达成决议，坚决不碰。

根据 ISO 37301：2021，在以下五个环节，企业需要特别强调责任性。

第一，在分析合规风险时应强调责任性。宜考虑不合规的动机、根源、后果及其后果发生的可能性。后果可能包括对个人和环境伤害、经济损失、名誉损失、行政管理变更以及民事和刑事责任。

第二，在企业合规方针或行为准则文件的制定中应该强调责任性，包括管理战略以及责任和资源的分配、合规管理程序、合规审计、合规尽职调查等。这类文件的制定宜与企业活动的合规义务和责任相适应。

第三，在评估合规目标的实现时要强调责任性，宜以一种可测量其结果的方式来明确合规目标，比如是否至少每年向相关人员提供合规培训。评估时宜确定实现目标需要什么样的行动、什么时候行动、责任人是谁等。

第四，在合规调查时需要强调责任性。调查机制的设定需要查明不当行为的根源、合规管理体系的漏洞和责任缺失的原因，包括管理者、最高管理者和治理机构之间的责任缺失。缜密的责任分析涉及不合规的程度和普遍性，相关人员的数量和水平，以及严重性、持续时间和频率。

第五，企业合规管理运行外包时需要强调责任性。企业合规管理运行的外包不会免除企业的法律责任或合规义务，所以企业应确保第三方的行为得到控制和监视。

企业合规责任的设定中一般需要考虑以下因素：与企业的规模、性质、复杂性及其运行环境有关的合规管理体系的应用和环境；合规管理责任与其他职能责任的结合程度，如治理、风险、审计和法务；对内外部利益相关方的关系进行管理的原则；具体的国际、区域或属地义务与责任；企业的战略、目标、文化、治理方法、组织结构；拟采用的标准、准则、内部方针和程序、行业标准；与不合规相关的风险的性质和责任等级；等等。

对于国有企业而言，企业合规责任设定时还需要特别注意配合对评价模式和创效目标的完善，特别是对企业领导人的考核周期及指标的设定，要根据行业周期实事求是地设定各年份创效目标。传统的评价模式一般将市场份额与利润指标等作为第一梯队的考核模式，不配合合规考核，这种不完整的考核指标更容易激发管理层不合规的短视行为。还有些评价模式的周期设置不合理，例如一律以一年为考核周期，只要是当年市场销售额和利润指标没有达标，即对该领导人的考核评为低分。对于工程、建筑、研发等周期性较长的行业而言，这类设定更容易引发不合规行为。

四、协同性原则

协同性是企业合规管理落地的关键因素。规则是可控的，而执行是不可控的。执行中的协同程度直接决定企业合规管理建设的有效性，同时也是企业管理创新的难点。许多公司都在积极探索适合企业自身特点的融合模式。2017 年任正非在华为公司伦敦财务风险控制中心（FRCC）听取贸易合规和金融合规汇报会时的讲话比较形象地指出了合规管理体系的协同性。他认为：合规的目标也是多产粮食，而不是影响或阻碍粮食的生产。审计部门是司法部队，关注“点”，通过对个案的处理建立威慑力量，着重解决“不敢”的问题。内控风控部门无处不在，关注“线”，与业务一同“端到端”管理，揭示并改进“端到端”的风险，着重解决“不能”的问题。合规部门关注“面”，是建立一个“场”的监管，持续建立良好的道德遵从的环境，着重解决“不想”的问题。①

企业合规管理体系建设的融合，可涉及对既有的法务、内控、风控、审计、监察等体系的融合，亦可能涉及与质量、安全、职业健康、环境、信息安全、反贿赂、社会责任等管理体系的融合。需重点考虑以下四个方面。

第一，强调重点，着力解决两类问题。一是风险导向职能的资源分散，无法达到力出一孔；二是各类风险信息沟通不畅，无法协同实施风险应对。

第二，强调制衡，但又不互相羁绊。需要在企业治理结构、机构设置及权责分配、业务流程等方面相互制约，相互监督，同时兼顾运营效率、强调协调。

第三，强调融合，但并非简单相加。相互协调和制约的体系融合，并非简单的体系、规则等要求的叠加，而是要求在企业战略和运行目标与合规义务相协同的整体目标下，将合规管理的核心要求、方法、标准与相关管理体系的核心要求、方法、标准相结合。

第四，强调创新，但并非另起炉灶。管理创新与体系融合宜借助既有组织机构、职责、制

---

① 参见任正非：“绝不允许为了风控，把业务逼上梁山”，http://monseng.com/8373255.html，最后访问时间 2022 年 11 月 10 日。

度、流程与信息化手段等有效要素，尽量避免诸多要素的重复和多体系独立运行导致的职责交叉、管理低效、管控不力的风险。①

五、效益性原则

合规的专业水平不能纸上谈兵，合规的效率要体现在更优的解决方案上。合规不是挑战业务部门，而是要拿出比业务部门更优的方案，帮助业务部门合规地做业务。

企业合规管理体系需要权衡实施成本与预期效益，以适当的成本实现有效控制。控制实施成本要求合规管理与企业经营规模、业务范围、竞争状况和风险水平等相适应，并随着情况的变化及时加以调整。确定预期效益要求企业关注重要经济活动和经济活动的重大合规风险。

效益性原则要求在兼顾全面的基础上抓住关键所在，突出重点领域、重点环节和重点人员，切实防范合规风险。2008 年财政部、证监会、审计署、银监会、保监会制定发布的《企业内部控制基本规范》第四条要求企业在建立与实施内部控制时，应当遵循重要性原则，花费过多时间在细微的业务合规上面可能造成忽略重要事项的合规，这本身就意味着合规管理体系的无效。

2018 年国资委印发的《中央企业合规管理指引（试行）》在明确了中央企业合规管理总要求和合规管理职责分工的同时，也明确了合规管理的重点业务领域、重点环节、重点岗位人员以及海外投资经营的合规管理要求、内容和保障措施等八个方面。其中，第十五条明确要求加强对四类重点人员的合规管理。一是管理人员。要求“促进管理人员切实提高合规意识，带头依法依规开展经营管理活动，认真履行承担的合规管理职责，强化考核与监督问责”。二是重要风险岗位人员。要求“根据合规风险评估情况明确界定重要风险岗位，有针对性加大培训力度，使重要风险岗位人员熟悉并严格遵守业务涉及的各项规定，加强监督检查和违规行为追责”。三是海外人员。要求“将合规培训作为海外人员任职、上岗的必备条件，确保遵守我国和所在国法律法规等相关规定”。四是其他需要重点关注的人员。

目前不少公司合规管理的效率原则特别强调对报表/报告的管理。第一，要从经营有效的角度去定义合理的报表/报告数量，要尽量精简报表数量。明确提交报告的清单，超过约定需求时，有权不提供。第二，要明确向各层经营组织提供报表的清单，按时、按需提供。明确一线经营组织必须上报给机关的责任报表/报告数据，但分析类的报表一般不由一线组织提供，而是由总部机关自己在系统中提取数据，进行分析，确实不懂时，可以请求一线帮助，但不能命令一线人员。比如财经类的大量数据一般都在企业内网系统中，需要数据的，可以通过系统权限获取数据、编制报告。第三，给各相关经营组织开放系统权限，允许其在系统中提取数据做更详细的分析。

---

① 参见 ISO 37301：2021。

第三节　企业合规管理的分类

任何企业的资源都是有限的，而任何的管理工作都是有成本的，合规管理也不例外。要建立行之有效的合规管理体系，需要对合规问题的外延按照优先等级进行分类。

一、普通合规管理与重大合规管理

从理论上说，企业合规管理要“纵向到底、横向到边”，实现全覆盖。但如果过于强调全覆盖，将分散合规管理的注意力，并可能对一些承担日常管理工作的人员造成负担。所以，合规管理实践中，需要结合企业的实际，确定合规管理重点，通过合规风险评估，对合规问题按照重要性划分等级，分为普通合规风险与重大合规风险。

所谓普通合规风险，是指虽然可能对公司造成不利后果，但公司对该后果能够接受，不会“伤筋动骨”的合规风险。

所谓重大合规风险，是可能对公司、项目或某类业务造成颠覆性影响的风险，往往是与主营业务相关的外部风险，必须作为“红线”严防死守，是助力企业行稳致远的关键。

比如，政企合作项目中，如果投资模式出现重大合规风险，就可能导致合作停滞或终止。但是，如果工程项目的建设手续不够完善，虽然也会有不利后果，但一般不会造成颠覆性影响，可以逐步整改完善，属普通合规风险。又比如，对于华为、中兴这类海外业务占比较高的公司，美国贸易制裁的风险就是重大合规风险。一旦发生，将可能使公司立刻停止运转。

在海外从事经营业务的企业，更可能在违反出口管制法、实施海外贿赂、违反数据保护法乃至从事洗钱活动等方面具有合规风险。在国内从事生产、经营、贸易、投资等活动的民营企业，更有可能在虚开发票、走私、侵犯商业秘密、污染环境、非法经营、串通投标、侵犯个人信息等方面从事违法犯罪活动，并由此具有受到国内监管部门调查或者刑事追诉的风险。参与世界银行以及其他国际金融机构的项目招标的国有企业，更有可能实施商业贿赂、欺诈等违规行为，由此受到国际组织作出暂停投标资格的制裁，甚至在不建立诚信合规管理体系的情况下，有可能受到被永久取消投标资格这种最严厉的制裁。

二、通用合规管理与专项合规管理

华为公司将出口管控、反垄断、反商业贿赂等作为重大合规风险，但对合规风险进行程度等级的划分，并不意味着可以接受这些合规风险。对一般性和重大性合规风险，要通过用合规管理与专项合规管理，相应地管起来。

（一）通用合规管理

对普通合规风险，要通过规范职能、加强日常基本管理实现有效控制，通过通用合规制度建设，防止“跑冒滴漏”。

迄今为止，我国金融监管部门已发布了金融领域的合规指引，国有资产管理部门已发布了中央企业合规管理指引，国家发展和改革委员会也会同其他监管部门发布了中国企业海外经营合规指引。这些合规指引为相关企业建立通用合规管理体系提供了参考标准和依据。

比如，《中央企业合规管理指引（试行）》运用了企业大合规的理念来指导和规范企业合规管理。其第四条第一款将全面性原则确立为企业合规管理的第一大原则，要求合规管理企业“各部门、各级子企业和分支机构、全体员工，贯穿决策、执行、监督全流程”。强调建立全面合规管理体系，对合规管理体系的各要素进行了规定，包括合规组织、合规制度、合规风险管理、合规审查、合规评审、合规考核评价、合规培训、违规举报、调查和问责、合规报告、合规管理信息系统、企业合规文化、重点合规领域等。

当然，指引所列举的合规风险并非所有类型的企业都有，不能将几乎所有可能的合规风险均作为通用防范对象，建立起同时覆盖多种甚至数十种专项合规管理领域的“一揽子”合规计划。更不能由此统一建立大而全的合规管理体系。大而全的合规管理体系，通常对大型多元化集团公司是必要的。不同特点的企业需根据企业的战略目标、风险承受能力等实际因素，匹配考虑企业的管理资源等进行合规风险评估，在此基础上，量体裁衣确定企业的通用合规管理体系的内涵与外延。

需要反对随意制订合规风险评估方法，导致合规风险等级划分不科学，针对性不强，继而导致在随后的通用合规管理中，照搬其他企业的制度模板，做了一堆脱离业务实际需要的表格和方案，合规与业务“两张皮”，增加了管理成本，却达不到基础性合规目标。

（二）专项合规管理

对于重大合规风险，必须严防死守，须拆分揉碎所涉及的业务的方方面面，全员、全岗位、全方位地建立起相关的专项合规管理制度。

专项合规管理制度是为预防特定合规风险而建立起来的，防范与自身商业模式和经营方式密切相关的结构性合规风险。针对重大的结构性风险，企业需要通过风险评估和识别，发现最容易出现危机的若干风险领域，而后针对在这些领域中可能出现的违规、违法乃至犯罪问题，建立专门化的合规治理体系。

比如，对于从事国际贸易或进出口业务的企业而言，常见的专项合规计划包括反商业贿赂合规计划、诚信合规计划、出口管制合规计划、反洗钱合规计划、数据保护合规计划等。对于单纯从事国内业务的企业而言，常见的专项合规计划包括反垄断合规计划、反不正当竞争合规计划、反商业贿赂合规计划、知识产权保护合规计划、反洗钱合规计划、大数据保护合规计划、税收合规计划、证券合规计划、环境保护合规计划等。金融机构最需要建立反洗钱合规计划，医药企业最需要建立反商业贿赂合规管理体系，化工企业要建立环境保护合规管理体系，网络平台企业要建立的通常是数据保护合规管理体系。

三、日常合规管理与危机合规管理

根据合规管理的外部压力不同，合规风险管理又可以分为日常合规管理和危机合规管理。

（一）日常合规管理

日常合规管理，是指企业在没有违法、违规或者犯罪的情况下，根据常态化的合规风险评估结果，为防范企业潜在的合规风险，开展合规管理体系建设。日常合规管理体系建设的主要目标，是把普通合规风险管理起来，以免“跑冒滴漏”产生累积效应，最终演变成颠覆性重大合规风险。但假如企业不建立日常合规管理体系，潜在普通合规风险就有可能转化为显在的违法事件，由此不仅带来商业声誉的降低，还会使得企业被行政机关调查、被司法机关立案乃至被国际组织制裁的可能性大大增加。无论是行政执法调查、刑事追诉，还是国际组织制裁，最终给企业带来的可能不仅是被行政处罚、追究刑事责任的结局，更可能导致各种市场准入资格的被剥夺和商业交易资格的丧失。①

企业在建立日常合规管理体系时，通常拥有较为宽裕的时间，可以根据企业合规风险的现状，在公司治理结构之中完成对合规管理体系的搭建，实现对合规管理与决策治理、业务治理、财务管理的有机整合。一个企业的合规管理的体系化程度越高，与公司治理结构的结合越紧密，该企业防范危机合规风险的成功率也就越大。

日常合规管理方案虽然覆盖企业决策、经营、财务、人事等管理的诸多环节，但不能简单理解为单纯的依法依规经营更不能盲目照搬指引或其他企业的做法，让日常合规管理变成一种纸面上的合规计划，而是需要实实在在地落地。而其落地最需要遵循协同联动这一基本要求。也就是说，日常合规管理与法务、监察、审计、内控、全面风险管理等其他风险管理工作要相互统筹相协调。只有形成完整联动的企业合规治理体系，在预防合规风险、监控违规行为和应对违规事件等方面才能统一行动，而非单打独斗。融合程度高的日常合规管理体系才能有效避免危机合规管理的启动。

---

① 陈瑞华：《企业合规不起诉制度研究》，载《中国刑事法杂志》2021年第1期。

（二）危机合规管理

危机合规管理属于危机应对式合规管理模式。通常是企业在涉嫌实施违规、违法或者犯罪行为，面临监管部门的行政调查、司法机关的刑事追诉或国际组织的制裁时，针对自身在经营模式、管理方式、决策机制等方面存在的漏洞和隐患，进行有针对性的制度修复和错误纠正。

总体上看，在危机合规管理的实践上，我国还处于探索试验阶段，目前还不具有高度可操作性的合规指南，以及行之有效的权威验收标准。一些涉案企业只是针对违法犯罪发生的制度原因确立非常具体的纠正措施，没有将这些措施纳入合规管理体系。一些企业制定了空洞宽泛的合规计划，没有顾及排查违法犯罪原因和修正相关制度。如何在行政监管领域和刑事执法领域确保合规整改的有效性，是一个亟待进一步研究探索的课题。①

2021 年 6 月 3 日，最高人民检察院等 9 家单位联合发布了《关于建立涉案企业合规第三方监督评估机制的指导意见（试行）》，就如何具体开展涉案企业合规不起诉工作进行了具体规定。这表明，在我国，理论界方兴未艾的企业合规正在从企业内部的治理措施逐渐转化为影响司法实践的外部要素。

创设企业合规不起诉制度的初衷是通过考验期内强制健全合规体系、缴纳罚款、弥补第三人损失等方式，让企业用较小的成本和可持续的合规体系争取不起诉的程序后果优惠，以维持企业生命，实现多方利益的兼得。②

作为可以更好预防犯罪、减少企业风险、保护社会利益的诉讼替代模式，合规不起诉的优势较多。首先，可以对企业合规整改产生更大的动力，通过违法风险教育类似机制从源头减少犯罪的数量，预防犯罪；其次，赋予企业监管者责任，并把企业同受益者的身份分割开，减少企业涉嫌犯罪的风险，减少创业负担，增强了市场经济的活力；再次，能够对出现犯罪行为的企业进行更有针对性的监管；最后，以国家法益的让步为代价，社会利益得到保护，稳定了社会经济、社会治安。③

我国当前实务中处理的企业（单位）犯罪，绝大多数都可以认定为企业中的个人即企业主管人员的犯罪。在这种现实之下，可以在承认企业家个人犯罪的前提之下，借助现有的认罪认罚制度，考虑企业犯罪中相关个人的主观恶性较小、事后弥补损失、修复法益，并根据企业的实际情况建立包括企业合规制度在内的整改措施，以表达不重蹈覆辙的决心而显现出来的预防必要性较小等特征。④

---

① 陈瑞华：《企业合规不起诉制度研究》，载《中国刑事法杂志》2021 年第 1 期。

② 刘少军：《企业合规不起诉制度本土化的可能及限度》，载《法学杂志》2021 年第 42 期。

③ 李小波：《合规不起诉实践中的法益结构研究》，载《法制与社会》2021 年第 15 期。

④ 黎宏：《企业合规不起诉：误解及纠正》，载《中国法律评论》2021 年第 3 期。

但在我国的合规不起诉实践中，依然存在较多问题，主要表现在合规不起诉与当前公诉制度衔接不畅。目前，企业合规不起诉制度的改革探索刚刚开始，各地检察机关纳入改革试验的案例还不是很多，这一改革究竟能否发挥改革者所预期的积极效果，还需要改革者进行持续不断的跟踪考察、实证研究和效果评估。①

第四节　企业合规的意义和价值

合规管理体系的作用体现在事前、事中和事后三个方面。事前指在违规行为发生之前，企业合规管理体系可以发挥评估合规风险、预防违规行为的作用；事中指对企业经营的各个环节进行实时的合规监控，以便及时发现、识别和报告正在发生的违规事件；事后指在违规事件发生后，及时对违规行为加以调查、发现并查处责任人、报告违规事实，以利于企业对合规管理体系作出持续的改进和完善。长期来看，合规有积极地创造价值的作用，有些公司甚至将合规称为“利润中心”。例如，德国西门子公司经过数年的合规体系重建，形成了在业内首屈一指的合规文化。西门子奉行“只做合规的业务”，其合规体系的完善和成熟为西门子创造了世界级的良好声誉，并因此赢得了众多的客户和商业合作伙伴。

任正非曾在华为公司内部会议中说：集团和一线都是合规体系的服务对象。为集团服务，合规管理的价值体现在有效控制上。为一线服务，合规管理的价值体现在多产“粮食”上。台风来了，不是放弃水稻，而是把水稻扶起来，这样虽然会减产，但还是有粮食。合规部门要与业务部门一同在“战壕”中解决问题。合规部门不能仅仅说不，而是要找到合规的解决方案，指导一线如何合规地把业务做成。②

一、企业合规的根本价值和驱动

合规的根本价值在于建立和维护企业运营所需要的良性秩序，这种秩序是企业发展的坚实基础和有力保障。人的欲望是无限的，无论在组织还是社会里，好的制度能让坏人干不了坏事，不好的制度会让好人变坏。而规则和制度能遏制人性的阴暗。管理中“跑冒滴漏”问题具有一定的普遍性，要有效防止这类问题的发生，必须管理前移，强化预防，即合规管理。合规管理对办事规则、办事程序、办事依据、办事责任、办事时限等都做出明确规定，使每项工作都有章可循、有规可守。通过合规管理开展事前、事中、事后检查，发现各类问题，促进制度完善，堵塞管理漏洞，规范管理行为。

---

①　陈瑞华：《企业合规不起诉制度研究》，载《中国刑事法杂志》2021 年第 1 期。

②　“任正非在伦敦 FRCC 听取贸易合规和金融合规汇报讲话”，http：//www. monseng. com/8373255. html，访问时间 2022 年 11 月 10 日。

一般认为，合规能给企业带来的益处包括三个方面。一是提升企业管理水平，助力企业稳定开展生产经营活动。二是增强企业市场竞争能力，提高企业声誉及可信度。三是降低企业及其内部员工行政、刑事处罚风险。

企业主动合规的动力来自两个方面，即市场驱动和监管驱动。① 下文分述之。

二、市场驱动型合规管理对企业的价值

市场驱动型合规管理是企业以合规风险为导向，出于提升品牌价值、优化管理、削减成本、增强市场竞争力等方面的考虑所建立的合规管理体系。

（一）提升品牌价值

在一定程度上，企业合规管理体系就像企业的产品质量，可以产生企业品牌效应，大大提升企业的商业声誉和社会形象，最终变成企业获取更大商业利益的助力。

有效的企业合规计划可以减少企业违法行为发生的可能性，进而提升企业的商业声誉，吸引更多客户和投资者，使得企业获得更大的竞争优势，获得更多的盈利。这些利益又进一步反向推动企业持续投资以完善合规计划，形成良性循环，逐步提升企业的市场价值。在公司开展并购和融资的过程中，有效的企业合规计划能够极大提升公司的估价，使得合规管理体系转化为优势明显的经济效益。②

（二）优化管理

企业合规管理既管控个人行为，也管控具体工作，既有预防性也有监督约束。通过对履行职责进行全过程监督，并对管理中的关键环节和薄弱环节进行重点监督，能及时发现失职、渎职、滥用职权、错误决策等行为，充分发挥风险防范、监督纠错等职能，从而达到提升管理质量、增强管理效能的目的。

企业合规通过强化内部制度和控制可以提高公司效率，例如，当公司依据监管规则要求采取监督控制措施，以强化公司治理机制时，将会帮助全公司形成良好的职责分工，当公司采取多种措施以确保合规管理模式有效时，将会改善管理信息的质量。③

合规管理以问题为导向，找到与生产经营管理相结合的最佳切入点，聚焦管理活动的具体对象，包括人的行为、运行机制、结果评价等，与企业发展同频共振，服务于企业中心任务，

---

① 尹云霞、李晓霞：《中国企业合规的动力及实现路径》，载《中国法律评论》2020 年第 3 期，第 159—166 页。

② 陈瑞华：《论企业合规的基本价值》，载《法学论坛》2021 年第 6 期，第 5—20 页。

③ 安妮·米尔斯（Annie Mills）、彼得·海恩斯（Peter Haines）：《金融合规要义：如何成为卓越的合规官》，高洋，冯乾，朱昌松，赵静思等译，中国金融出版社 2019 年版。

有效促进从业人员，特别是管理者自觉履职尽责、提升能力、强化管理。对因管理粗放、工作失误而触碰企业合规底线的，以及亏损或潜在亏损的项目，合规管理可作为分析原因的工具，深度查找原因并制定相应的解决方案，为领导决策和制定整改措施提供依据。

（三）削减成本

从短期效果来看，企业违法违规开展经营活动，例如贿赂政府官员、采用恶性竞争、实施欺诈手段等，可能增加企业营业收入，获取暂时的经济利益。但是，这种违法违规经营活动却破坏了企业竞争的公平性，导致企业运营成本大幅度增加，甚至会因为其他企业普遍采取不正当的手段而失去更大的利益。①

高昂的不合规成本分为遭到执法部门调查时所支出的显性成本和隐性成本。显性成本包含应对合规危机所支出的人力成本、管理成本，被执法部门认定违法时所产生的货币性及非货币性处罚，采取补救措施的成本；隐性成本包含业务中断、企业运营能力下降、客户及员工失去信心、业务伙伴产生疑虑、媒体公众给予负面评价等带来的损失。根据“破窗效应”，当企业内部贪污腐败和舞弊行为得不到矫正时，企业的运营秩序被打乱，企业一般疏于履行合规义务，管理层和员工内心的私欲被激发出来，不再受到企业规章制度和个人道德感的约束。这些都会直接影响企业的管理成本，此外，还会导致银行贷款显著减少，贷款成本上升。②

通过分析我国率先进行了合规管理体系建设的企业数据，这批企业的合规管理在成本削减方面，效果很突出。合规管理体系越健全，被罚款的可能性就越低，监管对公司资本充足的要求越低，减少的资本费用支出就可以有更多用途。③

随着合规体系在预防、识别和应对合规风险方面逐渐发挥有效的作用，越来越多的企业逐渐认识到合规给企业带来的好处，特别是对不必要的经营成本的直接削减作用。通过合规流程的设置和合规指标的分解，利益冲突对企业利润的蚕食会减少，并购资产定价中的雷区能更有效地避免，对员工的奖励会更加公平和科学，销售环节的模糊成本会减少。这些都能给企业带来更好的成本控制。

（四）增强竞争力

合规管理要求对法律法规和企业规章制度执行落实情况进行监督检查、纠正查处。一能保证党和国家的路线、方针、政策、法律、法规及企业的各项规定得到贯彻执行。二能保证企业

---

① 陈瑞华：《企业合规制度的三个维度——比较法视野下的分析》，载《比较法研究》2019 年第 3 期，第 61—77 页。

② 胡国辉：《企业合规概论》，电子工业出版社 2018 年版。

③ 安妮·米尔斯（Annie Mills）、彼得·海恩斯（Peter Haines）：《金融合规要义：如何成为卓越的合规官》，高洋，冯乾，朱昌松，赵静思等译，中国金融出版社 2019 年版。

生产、经营和管理沿着正确的方向运行，确保管理秩序、管理行为正常，创造出良好的内部环境。三能保障企业社会责任的更好履行。

从海外的商业机会角度看，合规目前已成为一种世界趋势，帮助企业走向世界。比如中兴通讯公司在交了10亿元罚款后，更换了管理团队，聘请美方认可的合规官才换来生存机会，与美国商务部达成解除制裁、恢复运营的协议。① 中兴通讯公司自启动合规体系重建工作，建成了拥有数百人的专业合规管理团队，公司的通信技术和合规管理体系并驾齐驱，为公司带来了持续增长的业绩和众多的优质客户，大大增强了公司的竞争优势，使得本来不直接创造利润的合规管理体系却成为吸引优质客户、获取市场商业机会的优质资源，公司上下开始真正奉行“合规创造价值”的理念。

合规管理还能培养客户的忠诚度。很多监管规则是为了确保客户得到公平交易，保护其利益不受侵害，所以公司若能遵守这些规则，可以改善客户体验，给企业带来竞争优势，赢得客户的尊重与信任。②

三、监管驱动型合规管理对企业的价值

监管驱动型合规管理，是企业通过合规整改，争取行政机关免除或者减轻行政处罚，司法机关作出不起诉决定或者其他宽大刑事处理，或者国际组织解除制裁，恢复企业的市场准入资格。

（一）处罚的减免

任何一种公司治理方式，都是企业防范特定风险、避免特定危机的努力和尝试，合规管理体系也不例外。企业合规并不是一种完美无缺的公司治理体系，合规激励机制也不是一种发展到尽头的执法（司法）模式，它们都具有一定的局限和不足之处，无法杜绝一切违法犯罪。

有效的合规体系可以帮助企业在“出海”时预防、减轻，甚至免于海外监管机构处罚，同时也是避免企业受到国际金融机构制裁的一种有效措施。缺乏合规机制可能影响境内的上市计划，不少企业首次公开募股（IPO）被否决的重要原因之一是缺乏对不当行为的合规管控机制，放任不合规行为的发生。③

企业通过监管驱动型合规管理获得减免处罚的案例非常多。比如，在世界银行以及其他国际金融机构的监督指导下，因违反相关规则而接受国际金融机构制裁的企业，一旦承诺根据世

---

① 李玉华：《我国企业合规的刑事诉讼激励》，载《比较法研究》2020年第1期，第19—33页。

② 安妮·米尔斯（Annie Mills）、彼得·海恩斯（Peter Haines）：《金融合规要义：如何成为卓越的合规官》，高洋，冯乾，朱昌松，赵静思等译，中国金融出版社2019年版。

③ 尹云霞、李晓霞：《中国企业合规的动力及实现路径》，载《中国法律评论》2020年第3期，第159—166页。

界银行的“诚信合规指南”作出合规整改，重建合规管理体系并通过国际金融机构的合规整改验收，企业就有机会被解除制裁，重新获得参与招投标的资格。

相对于国际组织的制裁压力所促成的合规整改而言，我国行政机关和司法机关督导下的合规整改尚处于刚刚起步的阶段。目前，我国市场监管部门已对多家网络平台企业展开“反垄断执法行动”，责令其提交反垄断合规整改方案，或要求其作出反垄断合规整改承诺。通常来说，涉嫌违反行政法规的企业只要建立了合规管理体系，或者承诺重建合规计划，就有可能被免除或减轻行政处罚，或者与行政机关达成行政和解协议，通过进行合规整改换取宽大处理，避免最严厉的处罚结果。

我国各级检察机关正在进行企业合规不起诉改革探索，对符合条件的涉案企业，或责令其提交合规整改方案，或要求其作出合规整改承诺，并设置合规考察期，指派合规监管人，督促企业限期进行合规整改，在考察期结束前进行合规验收，根据验收结果作出是否提起公诉的决定。企业受到刑事立案、侦查和审查起诉的，假如承诺建立合规管理体系，进行有效的合规整改，就有可能争取检察机关不起诉的处理，或者被纳入合规考察的对象，只要合规整改被验收合格，就有可能避免被起诉。

不仅如此，即便是因存在腐败、欺诈等违规行为而遭受国际金融组织制裁的企业，只要接受合规监管，重新建立诚信合规体系，也可以获得被解除制裁的机会，重新取得参与国际招投标的资格。

刑事合规的基础功能就是降低企业刑事犯罪风险，推广实施企业的刑事合规制度，能起到预防公司犯罪、强化公司治理、构建和完善现代企业制度的重要作用。由于刑事合规的实施使企业内部管理更为细化、合理、严密，有助于堵塞各类犯罪可能利用的漏洞。①

（二）责任的切割

即使有完善的合规管理体系，企业仍然可能面临合规风险。但是，当企业做好合规工作时，监管部门、执法部门不会因个别违规者的行为彻底否定企业在合规方面的努力。比如在美国《反海外贿赂法》中，若企业能证明已建立了完整的合规管理体系以降低发生贿赂行为的风险，且该体系有效，则可以减轻甚至免除发生贿赂案件时企业的责任。② 合规管理体系在这个关头，仍然可以为企业对风险进行有效切割。通常情况下，一个建立有效合规计划的企业，可以在企业与员工、客户、第三方商业伙伴和被并购企业之间建立起风险转移和责任切割的机制，避免企业因为上述关联人员存在违法犯罪行为而承担连带责任。这种对企业责任的有效切

---

① 韩轶：《企业刑事合规的风险防控与建构路径》，载《法学杂志》2019 年第 9 期，第 1—8、149 页。

② 胡国辉：《企业合规概论》，电子工业出版社 2018 年版。

割，被许多企业视为合规管理机制给企业提供的一个重要价值，也是许多中小企业建立合规体系的初始的动机。

2017年修订后，《中华人民共和国反不正当竞争法》（以下简称《反不正当竞争法》）对企业经营过程中的商业贿赂行为做出了一些新的规范，同时，为企业提供了无责任抗辩的机会，经营者只要“有证据证明该工作人员的行为与为经营者谋取交易机会或者竞争优势无关的”，就可以不负法律责任。在切割与客户的责任方面，客户可能实施违法犯罪行为，将财富纳入金融业务的处理范围，企业可以通过合规管理将企业的法律风险降低到最低限度，并在客户确实存在违法犯罪行为时，实现有效的责任切割，避免合规风险的转移。同理，针对第三方商业伙伴，企业假如对第三方采取了合规管理措施，包括合规尽职调查、风险控制并建立退出机制的，就可以免除法律责任，实现企业责任的有效分离。①

1. 企业与员工之间的防火墙

英国反贿赂法中确立的商业组织预防贿赂失职罪，属于企业因员工犯罪行为而承担严格责任的罪名。我国刑法确立的拒不履行网络安全管理义务罪，也包含着企业因员工犯罪行为而承担严格责任的因素。在上述严格责任适用情形下，企业建立合规管理体系就成为企业提出无责任抗辩的事由，可以产生推翻严格责任的效果。

那么，企业应当根据合规管理体系的哪些方面来进行责任的切割呢？

首先，企业为预防特定合规风险，颁布专项合规政策和员工行为准则，明确告知员工行为的边界范围，对违法违规行为提出明确的禁止性要求，并建立惩戒性制度。

其次，企业为预防合规风险，需要对员工或高管进行合规培训，这种培训既包括定期的常规培训，也包括针对重点高危员工进行的专项培训。企业假如进行过这种培训，留存着培训记录，出具了员工签署的承诺函，那么，就足以证明企业尽到了对员工的提醒、教育和沟通义务，既没有鼓励或者放纵员工的犯罪行为，也没有在阻止员工违反法律法规方面存在失职行为。

再次，在日常经营过程中，假如企业对员工的行为建立了实时合规监控措施，建立了行之有效的合规监控体系，存在着自下而上的合规报告机制，实施了违规行为的举报制度，那么，就足以说明企业对员工的违法违规行为建立了预警机制。

最后，在违规行为发生后，企业对员工的违规行为需要进行及时的内部调查，必要时针对违规员工启动专门的反舞弊调查，对存在违法违规行为的员工进行及时的惩戒，并适时进行制度整改，弥补合规体系的漏洞，这也足以说明，企业在配合监管调查以及应对违规行为方面，采取了积极有效的补救措施。

---

① 陈瑞华：《论企业合规的基本价值》，载《法学论坛》2021年第6期，第5—20页。

甘肃省兰州市中级人民法院对雀巢公司数名员工涉嫌侵犯个人信息案件的判决，就展示了企业责任切割机制的运用。在这一案件中，雀巢公司的员工受到侵犯公民个人信息犯罪的指控，被一审法院定罪判刑，而后向兰州市中级人民法院提出上诉，主要理由是其行为属于单位犯罪行为，雀巢公司应对此承担刑事责任。兰州市中级人民法院在（2007）甘 01 刑终 89 号刑事裁定书中二审认为，雀巢公司政策、员工行为规范等证据证实，雀巢公司禁止员工从事侵犯公民个人信息的违法犯罪行为，各上诉人违反公司管理规定，为提升个人业绩而实施犯罪为个人行为。据此，法院驳回上诉，维持了一审法院的判决，认定雀巢公司不构成单位犯罪。兰州市中级人民法院的裁判逻辑表明，只要单位建立了合规管理体系，对员工进行过相关合规培训，签署过依法从事经营活动的承诺函，并明确禁止员工从事违法违规行为，那么，由员工所实施的相关违法违规行为，就不应视为单位行为，而应属于员工个人行为。由此，这种合规管理体系和内部控制机制，成功地将员工行为与企业行为进行了切割，使得单位不因员工的行为而承担刑事责任。

2. **企业与客户之间的防火墙**

在企业责任与客户责任的关系上，一个有效的合规管理体系也可以发挥责任切割的作用。尤其在金融领域，企业如果不建立反洗钱合规体系，就有可能因为客户实施了违法犯罪行为，将通过腐败、恐怖主义、诈骗等方式所获得的财富纳入金融业务的处理范围，并因此承担洗钱、掩饰或隐瞒犯罪所得的法律责任。

为避免这方面的合规风险，金融企业就需要建立针对客户的合规风险评估机制，尤其是实施客户尽职调查制度，对客户的背景、经营状况、遵守法规情况等展开全方位的背景调查。金融企业还应对客户的大额交易和可疑交易展开实时监控。以上合规管理机制可以对客户所带来的合规风险进行必要的防范，通过合规管理将企业的法律风险降低到最低限度，并在客户确实存在违法犯罪行为时，实现有效的责任切割，避免合规风险的转移。

3. **企业与合作伙伴之间的防火墙**

通常而言，企业的第三方合作伙伴主要包括三类：一是上游的供货商、供应商；二是中游的代理商、顾问；三是下游的分销商、经销商、承包商，等等。

第三方合作伙伴一旦实施违法犯罪行为，企业就有可能因此承担连带责任。唯有建立针对第三方的合规管理机制，企业才能实现责任切割，避免承担法律责任。

在企业责任与第三方合作伙伴的责任关系上，很多国家也确立了严格责任制度，对于第三方合作伙伴以企业的名义，为实现企业的利益所实施的违法或者犯罪行为，企业有可能承担无过错责任。但是，企业假如对第三方采取了合规管理措施，包括合规尽职调查、风险控制等，并建立退出机制的，就可以免除法律责任，实现企业责任的有效分离。

具体而言，在第三方实施违法违规行为的情况下，企业要成功地避免法律风险，就需要从四个方面建立企业合规机制：一是将企业的合规政策告知第三方，并将后者遵守企业的合规政策作为签订和履行合同的前提条件；二是实施第三方尽职调查，评估其可能的法律风险；三是对第三方进行持续不断的合规监控和管理；四是对第三方进行持续不断的风险评估，对合规不达标的第三方建立退出机制。

4. 企业与并购对象之间的防火墙

在企业责任与被并购企业责任的关系上，很多国家也确立了责任切割机制，通过建立有针对性的合规管理体系，防止企业受到被并购企业违法犯罪行为的牵连，实现风险的有效转移。

有些国家的企业合规制度采用了继承责任理论。所谓继承责任是指企业在与另一家企业发生合并或者收购行为时，对于被收购企业在合并或收购之前所发生的违法违规行为所要承担的法律责任。作为公司法上的一般归责原则，当两家公司发生合并或收购行为时，后继公司要对前任公司的违法违规行为承担法律责任。

这是防止后继公司逃避责任的制度保障。根据美国《反海外腐败法》，继承责任原则已经成为确定公司行政责任和刑事责任的重要依据。美国司法部和证交会作为该法的主要执法部门，在追究企业的海外贿赂行为时，就将继承责任原则作为对实施投资并购的企业追究法律责任的直接依据。

在继承责任原则的影响下，很多企业都建立了针对投资并购的合规管理机制。例如，企业开展收购前的尽职调查，在收购完成后加强合规计划和内控机制等。这主要是基于四个理由。

一是尽职调查可以帮助收购公司准确地对目标公司进行评估。目标公司先前通过贿赂手段所获取的合同，以及通过非法手段进行商业交易，都是不可持续的，这些非法行为极有可能使收购公司承担法律责任，也会损害收购公司的声誉和发展前景。在收购之前对这些问题展开调查和了解，有助于收购公司更好地评估潜在的法律责任，并对目标公司的价值做出适当评价。

二是收购前的尽职调查可以降低收购公司继续从事贿赂行为的风险。适当的尽职调查可以识别商业和区域风险，并为目标公司快速和成功地融入收购公司的内控机制和合规环境奠定基础。

三是一旦通过尽职调查发现了目标公司的潜在违法行为，收购公司可以通过就相关费用、责任以及补救措施进行谈判而快速和有序地处理相关的法律风险。

四是全面的尽职调查可以表明公司对违反法律行为的全面披露，并采取积极预防的态度。

合规管理体系的建立，使得企业防范了特定的合规风险，实现了企业责任与员工责任、客户责任、第三方责任和被并购企业责任的有效切割，并在危机发生后被作出较为宽大的处理，避免最严重的资格剥夺后果的发生。这些都是监管驱动型合规管理给企业带来的消极受益，也就是通过建立合规管理体系而避免失去特定利益的价值。合规管理是高价值、高杠杆率工作，做好了体现出的是系统性质量和效率的提升，做不好暴露出的是系统性风险。所以业内人称合规工作是“做好了无声无息，做不好惊天动地”。

四、企业合规对政府监管的意义

自 1990 年起，欧美国家开始将合规引入刑法和行政法之中，将企业建立合规体系作为对涉嫌违法犯罪的企业予以宽大处理的依据，确立了刑法和行政法上的合规激励机制。① 针对合规在企业监管方面具有的优势，西方法学界有两种理论。

第一个是“社会效益理论”，企业合规计划使得政府无须增加执法的强度和预算，而是通过引导企业制订合规计划，来实现对违法犯罪行为的事前预防，从而减轻了政府的执法负担。合规计划的实施，使得整个司法系统都会因为减少执法调查和降低诉讼成本而获得收益。

第二个是“降低违法成本理论”，合规计划能够帮助企业预防违法行为，也可以帮助其评估潜在的民事责任和刑事风险，以便尽早作出正确的应对策略。即使在违法行为发生之后，企业合规计划的建立也可以成为无责任抗辩事由、程序选择事由和量刑从轻事由，还可以避免执法机关在强制企业完善合规机制上采取过度的监管措施。②

相对于传统监管方式而言，合规监管方式使得行政机关、司法机关不必事必躬亲，不必动辄追求“严刑峻法”，而是发挥着监督者、审核者乃至裁判者的作用，促使企业通过改进公司治理结构来纠正原有违规经营方式，督促和引导企业逐步形成一种依法合规开展业务活动的机制，形成一种合规经营的管理机制和企业文化。企业合规机制的建立，极大节省政府监管部门的成本投入，将原来的“外部监管”转变为对企业自我监管的激励和奖励，从而使企业激发出自我监管、自我报告、自我整改的活力。③

五、企业合规对社会的意义

合规可以推动企业合理承担社会责任，主要包含两方面：一方面是从事生产服务经营职责，创造社会财富和经济效益；另一方面是进行企业人员和经营范围内的社会管理职责，增强对自身人员和业务中可能出现的犯罪的预防，从而积极分担社会责任，弥补国家预防犯罪力量的不足，确保社会整体秩序稳定。④

在预防犯罪方面，企业可以通过合规计划治理一些边缘性违法行为，基于员工对名誉、人际关系、职位的珍惜以督促其选择良好的行为模式。⑤ 而不建立有效的合规机制，所有企业的

---

① Todd Haugh, The Criminalization of Compliance, Notre Dame Law Review, 2017, Volume 92, 1215—1270.

② Sean J. Griffith, “Corporate Governance in An Era of Compliance”, William & Mary Law Review, 2016, Vol. 57, 2075—2140.

③ 陈瑞华：《论企业合规的基本价值》，载《法学论坛》2021 年第 6 期，第 5—20 页。

④ 韩轶：《企业刑事合规的风险防控与建构路径》，载《法学杂志》2019 年第 9 期，第 1—8、149 页。

⑤ Donald C. Langevoor, “Cultures of Compliance”, American Criminal Law Review, 2017, Vol. 54, pp. 933—977.

利益相关方的权益都难以得到妥善的保护。

企业合规可以避免企业破产倒闭，这本身就可以维护经济秩序，避免经济动荡，防止员工失业，保障政府的税收、投资、就业等社会公共利益。尤其是对于当地经济具有支撑作用的大型企业，在合规管理体系的保护下，通过可持续的发展，能够为社会作出较大的贡献。

企业合规还可以从观念上推进法治。随着合规管理机制的逐步完善，企业会逐步形成按照合规方式进行经营的文化氛围。有了这种文化氛围和依法经营的价值观，在发展供货商、经销商、代理商等第三方合作伙伴，以及从事并购等经营活动的过程中，企业就会将自己的合规文化推己及人，对其尽到合规风险评估、尽职调查和合规风险管理等方面的监管义务，从而带动更多的商业伙伴和交易相对方也形成依法依规经营的惯例。①

第五节　企业合规管理的发展历程

早在20世纪60年代石油危机之后美国就出现了企业合规管理，现在被大家所熟知的“合规管理制度”，就是来自当时的探索。随着美国公司在全球的经营，带动各跨国公司形成了对合规管理的普遍做法。同时一些国际性的条约和国际组织制定的合规标准、指引等也相继建立，最终形成了对合规管理工作核心问题的国际共识和标准。

一、外国的企业合规管理发展历程

（一）起源：“负责任的公司”

合规理念最早可以追溯到企业开始追求成为“负责任的公司”时。比如西门子公司在1872年设立抚恤金制度，规定定期把年利润的一大部分提出来作为职工的红利和雇员的奖金以及他们在困难时的救济金，又拿出6万塔勒的资金给全体公司成员作为养老及伤残基金。这一制度的建立取得了良好的效果，职员和工人都把自己看作公司的永久性成员，把公司的利益看作自己的利益，很少有职员改变他们的工作单位。

合规管理最早起源于美国银行业，20世纪30年代的金融危机导致的大萧条让人们首次认识到合规管理与风险控制的重要性，只有加强银行自身的合规管理以及对银行业的监管才能确保金融系统的稳定。在此之后，合规开始出现在美国商业监管之中，不少美国企业开始通过规范员工行为来加强内部控制以获取社会信任，部分行业协会通过制定合规指南以规范企业经营。在20世纪60年代预防公司职员违反《反托拉斯法》的过程中，企业拥有者慢慢意识到了

① 陈瑞华：《论企业合规的基本价值》，载《法学论坛》2021年第6期，第5—20页。

建立合规管理制度是提升企业核心竞争力的最有效途径。① 这一阶段企业合规管理已开始应用，但正式的合规概念尚未出现，呈现出的特点为政府介入较少，是企业自发进行的合规管理。

20 世纪 60 年代后，随着通用电气、西屋电气等公司的垄断事件爆发，合规风险对于企业和企业家的毁灭性打击震惊美国社会，企业合规管理越发得到重视。上述公司通过划分市场、操纵价格和控制招标等方式形成垄断地位，事发之后这些公司接受了美国刑事反垄断部门的调查，最终共计 30 余家企业和 40 多人与检察机关达成认罪协议并被法院判处数百万美元的罚金，7 名公司高管被判处有期徒刑。至此，合规的重要性让世人警醒。一方面，建立合规管理体系是企业可持续发展、健康发展的内在要求。另一方面，建立一套有效的、得到贯彻落实的合规管理体系，是行政部门与司法部门认定违法企业或个人主观无过错的基础，据此行政部门与司法部门可以与违法企业、个人达成和解协议或给予其免责或从轻、减轻处罚。1977 年美国颁布《反海外腐败法》，一般认为正式意义的企业合规是从此起源。20 世纪 70 年代，由水门事件引出的企业捐款丑闻，在某种程度上推动了企业合规管理向其他行业的流动。

（二）发展：经济全球化

新一轮全球范围合规管理的发展是与 20 世纪 70 年代新一轮经济全球化发展相关联的。企业走向全球化发展面临遵循不同规则的挑战。

各国的合规管理也逐步推开，以美国为例。1977 年，美国发布《反海外腐败法》，要求企业在所有涉外的交易中，都需要对财务审计进行自我控制，防止腐败行为的出现。该法案设定了反腐败条款与会计条款，旨在严惩进行海外贿赂的美国公司，同时对外国公司在美国的贿赂行为，或外国公司在美国的分支机构的海外贿赂行为同样具有法律约束力，美国联邦司法部对上述行为拥有刑事管辖权，美国证券交易委员会对上述行为具有民事管辖权。

在此之后，美国对海外贿赂行为和垄断行为的查处与惩罚日趋严格，美国公司开始普遍重视合规化经营，企业合规管理从行业化指南和个别公司的规定转变为美国企业普遍的治理方式。此外，美国继司法部门后，行政部门也开始加强合规监管，企业合规至此分为刑事合规与行政合规两个种类。

1986 年，美国《国防工业的商业伦理与企业活动精神》纲领正式面世，这份由 18 家美国军火企业联合起草的纲领提出了 6 项基本原则，② 以此为基础，军火供应商们开始引入和筹款

---

① Harvey L. Pitt & Karl A. Groskaufmains, "Minimizing Corporate Civil and Criminal Liability: A Second Look at Corporate Codes of Conduct", 78 Geo. L. J. 1580, 1581 (1990).

② Benjamin B. Klubes, "The Department of Defense Voluntary Disclosure Program" 19 Pub. Cont. L. J. 508、547 (1990).

相关的联邦合规管理体系，并在企业经营要求中纳入了自觉履行合规管理制度这一条款。

1988 年，美国通过了《内幕交易与证券欺诈取缔法》，法案加强了在证券领域的合约管理，并限制了内幕交易行为。可以说，在 20 世纪 80 年代，美国的企业合规管理制度无论是在数量上还是在质量上都取得了较大的突破。

1991 年，美国颁布《联邦量刑指南》。在这份指南中，对认真遵循企业合规管理制度的企业给予了鼓励，规定可以在企业被罚款时酌情减免罚金。这进一步促进了合规管理制度的实行。

1992 年，在经历了长达 17 年的研究后，美国法律协会最终通过了《企业管制的原理》，开创了董事会中合规管理制度的新模式，促进了企业合规管理的完善。

2002 年，美国出台《萨班斯法奥克斯利法案》，进一步加强了对上市公司以及会计师的监管。同年 7 月 30 日，时任美国总统的布什签署了《公众公司会计改革与投资者保护法案》，法案对公司内部控制提出了更为严格的要求，也进一步加重了公司合规责任。

2004 年，美国出台《针对机构实体联邦量刑指南》，在《联邦量刑指南》的基础上进一步加大了对认真循序企业合规管理制度企业的激励。这些法案和指南使得美国的企业合规管理机制越发成熟。

（三）强化：全球金融危机

2008 年金融危机的爆发使得全世界都充分认识到了企业合规管理的重要性。这也在一定程度上推动了企业合规管理在全世界的普及。

美国政府通过这次次贷危机认识到，单单依靠强化政府监管并不能够真正约束企业家的不合规行为。当企业家认为违规的成本小于收益时，他们一定会选择铤而走险，使得市场信任再次变得捉摸不定。① 美国政府在这次危机中还认识到，诸如《公众公司会计改革与投资者保护法案》这种通过压力来催生企业合规管理制度的方式是完全错误的，这样产生的企业合规管理制度只会使得企业合规制度的建立变成一种表面形式，变得更加脆弱，甚至会导致监管失灵。

在意识到自己的错误后，美国政府和企业都抓紧对自己的错误进行了修正。美国政府对不合规企业的定罪数量和罚款金额也都大幅上升。

2010 年 7 月 21 日，美国颁布《多德-弗兰克华尔街改革与消费者保护法》。② 这份法案吸取了这次金融危机带来的惨痛教训，在更深程度上加强了对金融机构的监管，为大型金融机构可能遭遇的极端风险提供了安全解决方案，并将存在风险的非银行机构置于更加严格的审查监

---

① 杨力：《寻找商业目标与公司合规之间的最大公约数》，载《政法论丛》2020 年第 2 期，第 139—148 页。

② 贺锡霞：《多德-弗兰克华尔街改革与消费者保护法及对我国启示》，载《中国商界》（下半月）2010 年第 9 期，第 321—322 页。

管之下。为了实现企业的持续发展，美国各个大公司不约而同地将企业合规管理正式纳入企业日常管理中。2017 年，美国司法部发布了关于如何评估企业合规项目的指导意见，此后多次更新该文件，2020 年 6 月就《公司合规体系评估指南》发布了更新版，检察官可以借助该指南在公司刑事责任的处理中评估公司合规体系的充分性和有效性。

美国之外的许多发达国家也纷纷颁布了合规管理的法律法规。2008 年，德国对《公司治理法典》进行修订，旨在使得德国的公司治理更加合规、透明。① 2011 年，英国颁布《反贿赂法》，法案强调企业内部必须加强防止贿赂的措施，并从多个方面进行细致规定，建立了一套较为完善规范的规则体系。这部法律被称为世界上最严厉的反贿赂法案之一。② 2016 年，法国出台《萨宾第二法案》，加大了对企业不合规行为的处罚力度。③ 这些法案都在不同程度上促进了企业合规管理体系的建立和完善。

二、国际组织促进企业合规管理的历程

1976 年 OECD 制订的《跨国公司行为准则》是朝向全球性跨国公司行为规范的一次重要努力。准则要求跨国公司应该充分考虑到他们经营所在国的既定政策，并且考虑到其他利益相关者的观点。准则具体包括一般政策、信息披露、就业和劳资关系、环境、禁止贿赂、消费者利益、科学和技术、竞争、税收等内容，较为详尽。其主要目标是希望多国企业的营运目标能与政府一致，加强企业与其营运所处地社会间的互信基础，以及协助改善外国投资气候及强化多国企业对永续发展的贡献。

1997 年，经济合作与发展组织成员国达成《经济合作与发展组织成员国反对国际商业活动中向海外政府官员行贿行为公约》，用于约束商业贿赂行为，对建立一个合规、公平的国际竞争环境有着重要作用。

合规管理这一名词的最早出现则是在《合规与银行内部合规部门》中。④ 这一文件于 1998 年 9 月由巴塞尔银行监管委员会颁布，指出了六项合规职责。随后该委员会又于 2005 年补充了合规管理的十大原则。⑤ 后来分别于 2011 年和 2012 年颁布的《加强银行公司治理的原则》⑥《有效银行监管核心原则》⑦ 进一步明确了合规管理的具体要求，使得合规管理体系更加完善。

1999 年，联合国首次提出“全球契约”的构想，以此引导企业承诺遵守国际行为准则，

① 高娅：《德国公司治理法典（2008 年修订）》，载《公司法律评论》2009 年第 1 期，第 265—273 页。
② 魏昌东：《2010 年英国反贿赂法》，载《经济刑法》2020 年第 11 期，第 253—270 页。
③ 陈瑞华：《法国〈萨宾第二法案〉与刑事合规问题》，载《中国律师》2019 年第 5 期，第 81—83 页。
④ 巴塞尔银行监管委员会：《新资本协议》，载《金融博览》1998 年第 4 期，第 6 页。
⑤ 蒋明康：《合规与银行内部合规部门》，载《中国金融》2005 年第 13 期，第 30—32 页。
⑥ 巴塞尔银行监管委员会编：《加强银行公司治理的原则》，中国金融出版社 2011 年版。
⑦ 中国银行业监督管理委员会编：《有效银行监管核心原则》，中国金融出版社 2012 年版。

使经济活动兼顾社会公益，承担相关社会责任。联合国全球契约十项原则来自《世界人权宣言》《国际劳工组织关于工作中的基本原则和权利宣言》《里约宣言》以及《联合国反腐败公约》。最初，联合国全球契约十项原则仅包含人权、劳工标准和环境三个方面的九项原则。我国于2007年正式成为联合国全球契约组织的捐款国，给予了联合国全球契约组织宝贵的政治和运营支持。

1999年，世界银行实施黑名单制度，取消涉嫌贪污受贿的公司的投标资格，并禁止其参与由该行资助的任何相关项目。

2004年，联合国全球契约增加了第十项原则，即反商业腐败原则，该原则源于2003年生效的《联合国反腐败公约》要求"企业应反对各种形式的腐败，包括敲诈勒索和行贿受贿"。联合国全球契约对合规反腐的强化预示着全球企业合规管理发展进入了新时期。

2008年全球金融危机之后，随着美国、英国、法国等西方发达国家大幅强化对企业合规管理的要求、监督和查处，国际合规监管也日趋严格，联合国、经济合作与发展组织、世界经济论坛、国际商会、世界银行等组织密集出台了诚信合规等方面的法规及指引。

2010年2月，经济合作与发展组织理事会通过了《内控、道德与合规的良好做法指引》，该指引是注重在政府间层级进行反腐败指引的文件，致力于帮助各种规模的公司保护其正当商业行为、远离海外腐败的风险。

在对比参照多国企业合规管理体系后，2010年世界银行集团正式出台《诚信合规指南》。指南中总结了"被许多机构和组织认为是良好治理和反欺诈与腐败的良好实践标准和原则"，提出了关于如何完善合约体系建设的11条原则，也为企业提高合规管理能力提出了系统的、有建设性的建议。该指南获得广泛国际认可，为此后的国际合规标准发展和演进奠定了良好基础。

2014年国际标准化组织（ISO）发布了ISO 19600。ISO批准成立了ISO/TC 309机构治理技术委员会（以下简称"ISO/TC 309"），下设WG4合规管理体系工作组，负责合规管理领域国际标准的制定和维护。目前，ISO/TC 309/WG4已发布的国际标准有ISO 19600：2014和ISO 37301:2021。这两份指南为各国建立自己国家的合规管理体系指明了方向，为全球化合规管理体系的规范化建设提供了概念性指导，催生了不同国家和地区的不同合规管理制度和政策，标志着合规管理成为全球市场的普遍化需求。

2014年，亚太经合组织发布了《北京反腐败宣言》《亚太经合组织预防贿赂和反贿赂法律执行准则》《亚太经合组织有效和自愿的公司合规项目基本要素》，主要针对反贿赂合规。

值得特别一提的是，ISO 37301：2021是合规管理的发展方向和未来趋势。从宏观至微观，多维度和多方面对于合规管理体系的建设、运行和检测认证提出了更高的要求；对合规管理体系的有效性给予了明显且特别的重视；强调了管理层在组织价值观和内部治理上的核心领导力；在过程控制和程序部分引入“测试性控制”方法论，最大限度确保合规管理体系建立、运行的有效性；强调合规文化建设是合规管理体系建立的根本，是合规管理体系需要实现的最终目标，是企业可持续发展的重要根基。

同时，ISO 37301：2021 着力强调了举报与调查制度建立和完善的重要性；首次明确表示组织内部合规审计可由外部专业机构开展，以提高其评估过程和结果的专业性和独立性；强化了文件化信息管理的必要性，明确指出运用大数据、云计算存储等工具，加强对经营管理行为合法合规情况的及时监控和风险分析，实现信息集成与共享。①

三、我国的企业合规管理发展历程

与外国的企业合规管理历程相比，我国的起步较晚，这是因为中国现代企业的形成较晚。我国合规管理制度的引入和市场自下而上的需求是分不开的。由于贸易全球化的不断推进和全球合规监管环境日趋严格，进入中国的大型跨国公司纷纷在中国市场不断强化了合规管理体系的建设。同时中国企业到国外上市或经营时，也被要求建立健全同国外相同的企业合规管理制度。在“走出去”和“引进来”的双向作用下，企业合规管理开始出现在我国的企业治理实践中。

（一）起步阶段（2006 年—2017 年）

2006 年 6 月 6 日，国资委印发《中央企业全面风险管理指引》，以指导企业开展全面风险管理工作，提高企业管理水平，增强企业竞争力，促进企业稳步发展。该指引将企业风险分为战略风险、财务风险、市场风险、运营风险、法律风险等。

2006 年 10 月 25 日，银监会印发《商业银行合规风险管理指引》，② 这是“合规”“合规管理”以及“合规风险”等名词首次在中国法律体系中出现。该指引要求银行自觉地遵循合规管理制度，管理层应及时有效地对违规情况予以纠正。2007 年，保监会颁布了《保险公司合规管理指引》。③ 我国企业的合规管理率先在金融行业开展、发展和成熟，并积累了丰富的经验。

2008 年，财政部会同证监会、审计署、银监会、保监会制定了《企业内部控制基本规范》，在上市公司范围内施行，鼓励非上市的大中型企业执行。2008 年 7 月 14 日，证监会紧随

---

① 杨涛、何璇：《ISO 19600〈合规管理体系——指南〉国际标准解读》，载《大众标准化》2017 年第 5 期，第 43—45 页。

② 访问地址：http：//www. cbirc. gov. cn/cn/view/pages/ItemDetail. html？ docId = 436&itemId = 928&generaltype = 0。

③ 已失效。

其后颁布了《证券公司合规管理试行规定》。①

2009 年，商务部研究院组织核心研究团队对合规问题进行专门研究。商务部和国资委领导对相关研究成果做出重要批示：要求相关部门充分认识合规研究的重要性，判断合规将成为后金融危机时代新一轮全球化潮流中的全球博弈重心，并要求部署力量进一步加紧相关研究和促进工作。

2012 年，国资委全面部署中央企业内部控制工作，开启了中国企业全面建设内部控制体系的新时期。要求将先进的内控理论与公司现有的管理基础相结合，将内部控制工作与日常经营管理活动相融合，力争用两年时间，在全部中央企业建立起规范的内部控制体系，为中央企业实现做强做优、成为世界一流奠定坚实的基础。

2015 年，国资委印发《关于全面推进法治央企建设的意见》，强调“着力强化依法合规经营”，要求健全依法决策机制，依法参与市场竞争，依法开展国际化经营等。

2016 年，国资委启动中央企业合规管理体系建设工作，选择中国石油、中国移动、招商局集团、中国中铁和东方电气等五家央企作为合规体系建设的试点单位。

总体上看，在起步阶段，中国金融业开始对合规问题出台了制度指引和政策规范，非金融企业主要是在内控和全面风险管理的政策框架中体现了部分合规监管要求，并为全面合规管理的制度建设进行着探索。

（二）发展阶段（2017 年至今）

2017 年的中兴案是中美贸易战加剧的里程碑式案件，也是促进国内企业合规管理突飞猛进的重要契机。当年中兴公司与美国政府就美国政府出口管制调查案件达成和解。作为和解协议的一部分，中兴公司同意支付约 8.9 亿美元的刑事和民事罚金。这是中国企业收到的来自美国政府的金额最高的一张罚单。这个案例让我国政府和企业认识到了合规管理的问题并不仅仅存在于国外企业中，它同样也是我国企业必须面对的挑战。

此后，美国有关执法部门进一步加大对中国企业的监管。美国司法部发布了一项新的“防范中国方案”，其中一个目标是“彻查与美国企业竞争的中国企业涉及《反海外腐败法》的相关案例，特别指出“与美国企业竞争”的中国企业涉嫌违反《反海外腐败法》案件，表明美国司法部将优先调查那些与美国企业竞标最后胜出的中国企业，调查这些中国公司是否有腐败行为而使美国公司处于不利的竞争地位。

之后，美国通过单方面制定的规则，比如利用涉疆、涉港问题，加大了对中国企业进行遏制打压，依据其本国法律对中国有关国家机关、组织和国家工作人员实施所谓“制裁”，从这

---

① 访问地址：http：//www.csrc.gov.cn/csrc/c100028/c1002797/content.shtml。已失效。

个角度，在一定意义上中美贸易战实际是规则之战。中美之间的规则之战加速推进了我国建立健全合规管理体系的进程。

2017年5月，中央全面深化改革领导小组第三十五次会议审议通过《关于规范企业海外经营行为的若干意见》，提出规范企业海外经营行为，加强企业海外经营行为合规制度建设，并指出要加强对企业海外经营活动合规制度建设。

2017年12月29日，GB/T 35770—2017/ISO 19600：2014国家标准，经国家质量监督检验检疫总局、国家标准化管理委员会正式批准发布，于2018年7月1日起实施。指南明确了持续有效的合规管理体系的八个方面：识别和维护（持续更新）的企业合“规”数据库；准确识别、分析和评价合规风险；建立企业合规管理职责体系；设定企业合规管理目标和制定合规风险管理措施并融入企业流程管理体系而建立企业合规管理体系；加强合规管理机制建设与能力建设；推进合规管理体系有效运行，控制合规风险，实现合规管理目标；合规效果持续监测和开展合规管理体系审计（审核）以及管理层评审；持续改进企业合规管理体系。

2018年8月，在推进“一带一路”建设工作5周年座谈会上的讲话中，习近平总书记指出要规范企业投资经营行为，合法合规经营，注意保护环境，履行社会责任，成为共建“一带一路”的形象大使。① 同年11月，在民营企业家座谈会上习近平总书记指出，民营企业家要讲正气、走正道，做到聚精会神办企业、遵纪守法搞经营，在合法合规中提高企业竞争能力。②

2018年4月，中兴公司被美国有关部门再次处罚，引起了全国的关注。国务院领导做出重要批示，要求国资委、发改委、商务部、外交部等相关部门加强对企业合规的研究、指引和促进工作。

2018年至少八个主管经济工作的中央部委正式推出了合规管理的相关指引，政府层面对企业合规管理的推动突飞猛进。经过长时间的研究论证、市场调研，同年11月2日，国资委正式出台《中央企业合规管理指引（试行）》，要求中央企业应当按照全面覆盖、强化责任、协同联动、客观独立的原则，加快建立健全合规管理体系，为企业开展合规体系建设和相关工作提供了政策指导。同年12月26日，国家发展改革委、外交部、商务部等七部委联合制定发布《企业境外经营合规管理指引》，包括总则、合规管理要求、合规管理架构、合规管理制度、合规管理运行机制、合规风险识别、评估与处置、合规评审与改进、合规文化建议等八部分，围绕“合什么规”“怎么合规”等主要问题给出指引。

2019年2月，中央全面依法治国委员会第二次会议指出，要加快推进我国法域外适用的法律体系建设，加强涉外法治专业人才培养，积极发展涉外法律服务，强化企业合规意识，保障

① 参见习近平：《习近平谈治国理政》第三卷，第486—489页，外文出版社2020年版。
② 参见习近平：《习近平谈治国理政》第三卷，第263—268页，外文出版社2020年版。

和服务高水平对外开放。2019 年 4 月，第二届“一带一路”国际合作高峰论坛上，习近平总书记进一步明确，共建“一带一路”要引入各方普遍支持的规则标准，推动企业在项目建设、运营、采购、招投标等环节按照普遍接受的国际规则标准进行，同时要尊重各国法律法规。2020 年 5 月，《中共中央、国务院关于新时代加快完善社会主义市场经济体制的意见》，提出要加快国内制度规则与国际接轨，以高水平开放促进深层次市场化改革。2021 年 3 月，国资委又出台《关于做好 2021 年中央企业违规经营投资责任追究工作的通知》，① 强调要强化国资企业的监察力度，促进企业合规健康发展。2022 年 8 月 23 日，国资委发布《中央企业合规管理办法》，自 2022 年 10 月 1 日起施行。

2020 年起，司法部门也开始助力企业合规管理建设。自 2020 年 3 月起，最高检在上海浦东、金山，江苏张家港，山东郯城，广东深圳南山、宝安等 6 家基层检察院开展企业合规改革第一期试点工作。2021 年又启动了第二期企业合规改革试点工作，将改革试点范围扩大到北京、辽宁、上海、江苏、浙江、福建、山东、湖北、湖南、广东等 10 个省、直辖市。上述省级检察院可根据本地情况，自行确定 1 至 2 个设区的市级检察院及其所辖基层院作为试点单位。2021 年 6 月 3 日，由最高人民检察院牵头，司法部、财政部、生态环境部、国务院国有资产监督管理委员会、国家税务总局、国家市场监督管理总局、中华全国工商业联合会、中国国际贸易促进委员会共同研究制定了《关于建立涉案企业合规第三方监督评估机制的指导意见（试行）》，促进涉案企业合规第三方监管评估机制的建立与完善，保障经济社会实现高质量发展、推进国家治理体系和治理能力现代化。②

与此同时，我国针对中美之间的规则之争制定了一系列反制规则。2020 年 9 月，商务部出台《不可靠实体清单规定》。2021 年 1 月，商务部出台《阻断外国法律与措施不当域外适用办法》。2021 年 3 月，十三届全国人大四次会议批准的《全国人民代表大会常务委员会工作报告》在“今后一年的主要任务”中明确提出，围绕反制裁、反干涉、反制长臂管辖等，充实应对挑战、防范风险的法律“工具箱”。2021 年 4 月，商务部出台《关于两用物项出口经营者建立出口管制内部合规机制的指导意见》。2021 年 6 月，第十三届全国人民代表大会常务委员会通过《中华人民共和国反外国制裁法》，将反对外国不当制裁上升到立法层面，针对的是来自外部的与我国国家主权、安全、发展利益相抵触的外国规则。

总体上看，在这个阶段，我国企业合规管理从国外倒逼转变为国内自发要求与反制，从行政部门的指引扩大到司法部门的助力，从狭义合规为主到广义的“大合规”兴起，全面合规管理成为法治企业建设、企业内控管理和全面风险管理的总抓手。

---

① 访问地址：http：//www. sasac. gov. cn/n2588020/n2588072/n2591266/n2591268/c17627762/content. html。

② 访问地址：https：//www. spp. gov. cn/spp/xwfbh/wsfbh/202106/t20210603_520224. shtml。

第二章

企业合规管理策划

第一节　企业合规管理策划概述

人力资源和社会保障部发布的“企业合规师”这一国家新职业的主要工作任务包括制订企业合规管理战略规划和管理计划，这是企业合规管理策划过程。企业合规管理策划，是指对企业建立合规管理体系的策划，是在战略规划层面进行的，是在调研和盘点组织内外环境，正确理解相关方的需求与期望，确定合规义务，开展合规风险识别、分析、评价的基础上，对企业合规管理的整体设计和系统安排。策划过程中，应充分考虑与企业现有的管理体系，比如内控体系、风险管理体系、法律风险管理体系等的衔接、协同，同时考虑合规管理信息化、数字化的应用。本章的主要内容包括企业合规管理体系策划、合规目标设置与实现策划、合规管理变更的策划、一体化协同管理策划、合规管理信息化策划等五个方面。

第二节　标准要求

一、策划内涵

企业合规管理策划是企业为了遵循其适用的合规义务，对其面临的内外环境、风险分布、发生原因、发生场景以及后果进行预测的前提下，所做的防御型活动。通过合规管理体系策划，建立的合规管理体系应当具有防御合规风险的效用。

策划阶段，企业可以从岗位职责、企业业务活动两个路径策划合规管理体系建设、运行、改进。同时，要充分利用现代信息技术、科技管理手段和人才资源等，使合规管理体系更加有效、经济、合理。

企业在认知、理解了其内外环境以及需要用合规管理体系去满足的相关方需求和期望，同时识别、确定了其需要遵循的合规义务和内部需要优先处理的合规风险清单的情况下，有必要就建立的合规管理体系，按照 PDCA 循环模式（即“计划、实施、检查、行动”）进行全过程的策划，这是建立有效的合规管理体系的核心过程。

合规管理体系策划，是让企业的合规管理有一个“施工图”作依据，从而实现“策划”的目的。合规管理体系策划的全过程是一个整体，是合规管理闭环过程的整体策划和系统性策划。

在企业战略层面，企业设计、建立什么样的合规管理体系，才能确保企业在追求自己的使命、愿景，实现战略目标的过程中，始终保持正确地做事呢？在 ISO 37301：2021 中，合规管理体系的策划内容主要是三个方面：一是对合规风险和机会的应对策划，二是对合规目标及实现的策划，三是适用情况变化的变更策划。

二、策划要求

（一）合规风险和机会的应对策划要求

企业在进行策划时，需要从战略层面来策划合规管理体系，而不是为合规运行策划和合规控制而做的运营策划。策划要从企业合规风险预防角度进行，这样策划的目的是预估企业面临的潜在合规风险、潜在的风险情形和后果，加以防控。根据合规风险评估的结果，企业的合规管理体系策划，在于合规风险发生之前的妥善处置和控制，在于如何让合规管理体系更加有效，需要考虑以下方面：

1. 企业外部、内部的环境和各影响因素。

2. 与企业有关的利益相关方及其要求。

3. 需要遵守的合规义务。

4. 企业需要应对的合规风险和机会。

5. 企业需要实现的合规目标。

6. 必要或有益的合规措施与企业业务流程的融合，包括在目标融合、业务实施过程中的管控融合，与企业人员素质、技能要求的融合，在管理保障、资源保障中的融合。

7. 如何评价合规管理体系有效性的相关措施、手段、技术与方法，比如监控、衡量方法技术、内部审核或管理评审等。

（二）合规目标及实现的策划要求

合规目标设立涉及企业各层级和部门、单元，即合规目标建立在企业范围全覆盖的基础上。

合规目标的设定需要考虑以下方面：

1. 与企业的合规方针一致。

2. 可测量（尽量可以）。

3. 适用企业自身业务和产品、服务、内外环境要求。

4. 用于监督考核和监控。

5. 企业内部均被告知。

6. 需要时进行更新调整。

7. 作为文件化信息可获取。

企业策划如何实现合规目标时，应确定：

1. 做什么。

2. 需要哪些资源。

3. 谁负责。

4. 何时完成。

5. 结果如何评价。

（三）适用情况变化的变更策划要求

企业合规管理体系不是一成不变的，随着时间的变化，当时策划结合的输入要素发生变化后，合规管理体系的某个方面也会过时，企业的合规管理体系需要及时进行修改、调整。根据变化，修改、调整企业的合规管理体系，需要考虑以下因素：

1. 修改的目的及其潜在后果。

2. 合规管理体系设计和运行的有效性。

3. 充足资源的可获取性。

4. 职责和权限的分配或再分配。

第三节　企业合规管理体系策划

一、匹配原则

匹配原则是建立合规管理体系的一个基本原则，进行企业合规管理策划时，应与企业对应的大中小微型匹配。这样的匹配包括以下方面：

1. 合规管理组织结构和职责分工。

2. 合规管理体系的文件化信息。

3. 合规风险的防控模式与合规管理成本考量。

4. 合规管理信息化实现方式。

工业和信息化部、国家统计局、发展改革委、财政部研究制定发布的《中小企业划型标准规定》对各行业企业大中小微型有一个划型标准，根据企业从业人员、营业收入、资产总额等指标划型。

各行业企业划型标准为：

（一）农、林、牧、渔业。营业收入 20000 万元以下的为中小微型企业。其中，营业收入 500 万元及以上的为中型企业，营业收入 50 万元及以上的为小型企业，营业收入 50 万元以下的为微型企业。

（二）工业。从业人员 1000 人以下或营业收入 40000 万元以下的为中小微型企业。其中，从业人员 300 人及以上，且营业收入 2000 万元及以上的为中型企业；从业人员 20 人及以上，且营业收入 300 万元及以上的为小型企业；从业人员 20 人以下或营业收入 300 万元以下的为微型企业。

（三）建筑业。营业收入 80000 万元以下或资产总额 80000 万元以下的为中小微型企业。其中，营业收入 6000 万元及以上，且资产总额 5000 万元及以上的为中型企业；营业收入 300 万元及以上，且资产总额 300 万元及以上的为小型企业；营业收入 300 万元以下或资产总额 300 万元以下的为微型企业。

（四）批发业。从业人员 200 人以下或营业收入 40000 万元以下的为中小微型企业。其中，从业人员 20 人及以上，且营业收入 5000 万元及以上的为中型企业；从业人员 5 人及以上，且营业收入 1000 万元及以上的为小型企业；从业人员 5 人以下或营业收入 1000 万元以下的为微型企业。

（五）零售业。从业人员 300 人以下或营业收入 20000 万元以下的为中小微型企业。其中，从业人员 50 人及以上，且营业收入 500 万元及以上的为中型企业；从业人员 10 人及以上，且营业收入 100 万元及以上的为小型企业；从业人员 10 人以下或营业收入 100 万元以下的为微型企业。

（六）交通运输业。从业人员 1000 人以下或营业收入 30000 万元以下的为中小微型企业。其中，从业人员 300 人及以上，且营业收入 3000 万元及以上的为中型企业；从业人员 20 人及以上，且营业收入 200 万元及以上的为小型企业；从业人员 20 人以下或营业收入 200 万元以下的为微型企业。

（七）仓储业。从业人员 200 人以下或营业收入 30000 万元以下的为中小微型企业。其中，从业人员 100 人及以上，且营业收入 1000 万元及以上的为中型企业；从业人员 20 人及以上，且营业收入 100 万元及以上的为小型企业；从业人员 20 人以下或营业收入 100 万元以下的为微型企业。

（八）邮政业。从业人员1000人以下或营业收入30000万元以下的为中小微型企业。其中，从业人员300人及以上，且营业收入2000万元及以上的为中型企业；从业人员20人及以上，且营业收入100万元及以上的为小型企业；从业人员20人以下或营业收入100万元以下的为微型企业。

（九）住宿业。从业人员300人以下或营业收入10000万元以下的为中小微型企业。其中，从业人员100人及以上，且营业收入2000万元及以上的为中型企业；从业人员10人及以上，且营业收入100万元及以上的为小型企业；从业人员10人以下或营业收入100万元以下的为微型企业。

（十）餐饮业。从业人员300人以下或营业收入10000万元以下的为中小微型企业。其中，从业人员100人及以上，且营业收入2000万元及以上的为中型企业；从业人员10人及以上，且营业收入100万元及以上的为小型企业；从业人员10人以下或营业收入100万元以下的为微型企业。

（十一）信息传输业。从业人员2000人以下或营业收入100000万元以下的为中小微型企业。其中，从业人员100人及以上，且营业收入1000万元及以上的为中型企业；从业人员10人及以上，且营业收入100万元及以上的为小型企业；从业人员10人以下或营业收入100万元以下的为微型企业。

（十二）软件和信息技术服务业。从业人员300人以下或营业收入10000万元以下的为中小微型企业。其中，从业人员100人及以上，且营业收入1000万元及以上的为中型企业；从业人员10人及以上，且营业收入50万元及以上的为小型企业；从业人员10人以下或营业收入50万元以下的为微型企业。

（十三）房地产开发经营。营业收入200000万元以下或资产总额10000万元以下的为中小微型企业。其中，营业收入1000万元及以上，且资产总额5000万元及以上的为中型企业；营业收入100万元及以上，且资产总额2000万元及以上的为小型企业；营业收入100万元以下或资产总额2000万元以下的为微型企业。

（十四）物业管理。从业人员1000人以下或营业收入5000万元以下的为中小微型企业。其中，从业人员300人及以上，且营业收入1000万元及以上的为中型企业；从业人员100人及以上，且营业收入500万元及以上的为小型企业；从业人员100人以下或营业收入500万元以下的为微型企业。

（十五）租赁和商务服务业。从业人员300人以下或资产总额120000万元以下的为中小微型企业。其中，从业人员100人及以上，且资产总额8000万元及以上的为中型企业；从业人员10人及以上，且资产总额100万元及以上的为小型企业；从业人员10人以下或资产总额

100 万元以下的为微型企业。

（十六）其他未列明行业。从业人员 300 人以下的为中小微型企业。其中，从业人员 100 人及以上的为中型企业；从业人员 10 人及以上的为小型企业；从业人员 10 人以下的为微型企业。

其中，中型企业标准上限即为大型企业标准的下限。

二、企业发展对合规管理的要求

（一）合规管理是企业发展长期成功的基石

ISO 37301：2021 明确以长期成功为目标的组织需要建立并保持一种合规文化，同时考虑到相关方的需求和期望。合规不仅是成功和可持续组织的基础，也是机遇。每一家企业都希望长期成功，不合规会导致各种不良后果，包括人身和环境损害、经济损失、名誉损害、行政处罚以及民事和刑事责任等。例如 2008 年，三鹿集团发生的三聚氰胺事件，其所生产的奶粉被验出含有大量三聚氰胺，三鹿集团因之破产倒闭，资产被拍卖。吉林长春长生公司问题疫苗案件中，相关责任人被严肃处理，18 人被检察机关依法批捕。这些惨痛的教训表明，合规是企业发展安全的底线，不合规即突破了企业发展安全的底线，企业做不强，也走不远。

（二）合规管理要求因企业而异

每一家企业的合规管理体系都是唯一的、个性化的，都与该企业所处的特定外部环境和内部资源禀赋、管理水平相适应。在不同国家的企业，适用的法律不同，在不同行业的企业，专业业务的适用法律不同，他们的合规管理体系也不同，这很容易找到不同之处。在相同行业的企业中，合规管理体系是否应该相同呢？从实践来看也不相同。同行业的企业，如上述所提及的大中小微型企业分类一样，大型企业向社会提供的服务、产品更全面，生产经营活动更复杂，合规管理的幅面自然就宽。同行业里规模相同的企业，其合规管理体系是否相同？这是企业合规管理体系个性化特征的主要分析点。同行业的两家企业，人数大致相同，经营的市场相同，如果这家企业内部人员的生产经营业务分工是一样的，企业的愿景、目标是一样的，也会因为这两家企业的最高领导对合规风险的处理偏好不同，对企业所面临的合规风险、机会的应对处理策划也就不同。

（三）合规与企业价值观、目标和战略一致

根据 ISO 37301：2021 的要求和建议，企业在理解其环境时，要考虑业务模式，包括企业

活动和运行的战略、性质、大小、规模、复杂性和可持续性；企业的合规管理体系应反映企业的价值观、目标、战略和合规风险，并且应结合企业环境；在合规领导作用中，要求确保确立的合规方针、合规目标与企业的战略方向相一致；企业的合规方针与企业的价值观、目标和战略保持一致。作为企业最高管理者，要确保合规与企业的价值观、目标和战略相一致；要确保企业对合规的承诺与其价值观、目标和战略一致，以便恰当地定位企业合规工作；企业结构或战略发生改变时，要进行合规风险再评估；制定企业合规方针时，要考虑组织的战略、目标、文化和治理方法。以上要求和建议表明：企业的合规管理体系必须满足企业的价值观、目标和战略实现需要，为企业的战略发展服务。

三、策划目的

企业合规管理策划的核心任务是确保企业建立有效的合规管理体系。有效的标准即合规管理体系策划的目的，包括以下三个方面：

（一）确保合规管理体系能够实现预期结果

实现预期结果是源于企业的价值观、目标和战略需要。企业的价值观、目标和战略决定了企业的合规管理体系。合规管理体系要建立在合规风险识别的基础上，而在此基础上，组织设定的合规目标，需要通过合规管理体系运行来实现，策划要为此服务。

实现预期结果需要从企业建立合规管理体系的效益来分析。建立有效的合规管理体系，将给组织提供下列好处：

1. 增加业务机会，促进可持续发展；
2. 保护和提升组织的声誉和信誉；
3. 考虑各相关方的期望；
4. 证实组织切实有效管理其合规风险的承诺；
5. 提升第三方对组织能够取得持续成功的信心；
6. 最大限度地降低违规行为导致的风险及相应的成本和声誉损失。

基于这些好处，企业的治理机构或最高管理者将从企业的价值观、目标和战略需要出发，确定合规管理体系要为其实现预期目标服务。比如某企业立志要成为市场上最具有竞争力的企业，为此，其产品技术、质量、功能、服务都要达到同行业最好，那么这家企业的合规管理体系就要为这样的战略愿景与要求、目标服务，企业的治理机构或最高管理者也需要明确，除了企业产品技术、质量、功能、服务要遵循市场所在国家的强制标准以外，同时还要遵循国家、行业的推荐性标准，并对标世界一流企业的最佳实践，对外承诺并制定高于国家、行业推荐性标准水准的企业产品技术、质量、功能、服务标准，并且对不合规持零容忍态度。对于小微企业，企业的产品技术、质量、功能和服务，要遵守市场所在国家的强制标准，这也许就是他们合规管理体系建设需要实现的预期结果。当然，还有其他方面的预期结果，总体来讲，预期结果主要是能够为提升企业品牌、提高客户好感和忠诚度、让合作伙伴信赖等方面正向赋能。

（二）防范并减少不利影响

立足防范并减少合规风险、降低不合规事件的负面影响，一是尽量让合规风险发生得最少，二是把合规风险发生的可能性降低到最小，三是把已发生的合规风险负面影响降低到最低。

合规管理体系要能够切实防范并减少不利的、不期望的影响和后果发生。从这些后果、不利影响角度出发，企业至少要实现刑事合规，追求更高一点的就是行政合规、民事合规，如果企业想给市场、社会更好的市场形象，就是道德合规，如果企业追求卓越，则是价值合规。我国法律管辖范围的企业，应该追求什么样的合规呢？应该与当前的时代要求相适应。2012 年 11 月，党的十八大上正式提出，要“倡导富强、民主、文明、和谐，倡导自由、平等、公正、法治，倡导爱国、敬业、诚信、友善，积极培育社会主义核心价值观”，分别从国家、社会和个人三个层面高度概括和凝练出社会主义核心价值观的基本内容。2013 年 12 月，中共中央办公厅印发《关于培育和践行社会主义核心价值观的意见》，就培育和践行社会主义核心价值观的重要意义、指导思想、基本原则、主要要求、具体措施以及组织领导作出全面的战略部署。这给中国法律管辖范围的企业、组织追求什么样的道德合规、价值合规提供了明确方向。反之，企业的生产经营行为违反了这些要求，将对企业发展产生不利影响。

（三）实现持续改进

合规管理体系是建立在企业合规义务、合规风险基础上的。合规义务主要源自外部，并且随着时间和环境变化而变化。合规风险源自企业业务活动违反合规义务，企业业务活动也是处于变化之中的。因此，合规管理体系策划不是一劳永逸的，不是策划一次，就从此高枕无忧，而是要在变化中进行策划，以确保合规管理体系随着各种影响合规管理体系有效性的因素变化而不断改进和调整。策划要能够实现组织合规管理体系的不断改进，使防控合规风险的绩效可持续。

四、策划准备

企业策划合规管理体系时，应考虑 ISO 37301：2021 第 4.1 条中提到的问题和第 4.2 条中提到的要求，并确定需要解决的风险和机会，

企业进行合规管理体系策划时，应考虑：

1. 合规目标（详情可见第 6. 2 条）；

2. 确定的合规义务（详情可见第 4. 5 条）；

3. 合规风险评估的结果（详情可见第 4. 6 条）。

企业在开展合规管理体系策划前，需要收集和获得相关的准备材料和信息。

（一）企业的内外环境信息情况。企业应通过组织外部的环境尽调式扫描和组织内部的情况盘点，此举也可以理解为合规管理体系策划前的企业内外环境情况调研。在合规管理体系策划前，企业应先完成组织内外环境情况的调研工作，以掌握企业所处的环境、需要用合规管理体系来满足的要求、必须遵守的要求、自愿选择遵守的要求和企业自身的业务活动，形成详细的企业各部门、各职能、各岗位、各类活动的详细清单。对应 ISO 37301：2021 第 4. 1、4. 2 条的工作结果，是合规管理体系策划的基础。

（二）合规目标。合规管理体系的策划是基于确定的合规管理目标，设定什么样的目标，就需要策划什么样的投入。目标的具体性决定策划哪些要素、投入多少。在合规管理体系策划前，组织应确定各部门、各层级的合规目标，形成合规目标清单，对应 ISO 37301：2021 第 6. 2 条的工作结果。

（三）合规义务。合规管理体系是企业为了遵守组织适用的合规义务，包括法律法规、监管要求、行业规定、商业道德规范、公序良俗等组织必须遵守的要求和组织自愿选择遵守的要求，所建立的体系化、系统化的合规管理工作体系。在合规管理体系策划前，企业首先应确定组织需要遵守的合规义务内容，形成合规义务清单。对应 ISO 37301：2021 第 4. 5 条的工作结果。

（四）合规风险评估的结果。合规风险是合规管理体系要管理的核心对象，在合规管理体系策划前，企业应确定企业内部各人员的详细活动内容中存在的合规风险源，以及合规风险源对应的合规风险点，形成企业各部门、各岗位、各类活动的合规风险源清单和合规风险点清单。对应 ISO 37301：2021 第 4. 6 条的工作结果。

五、策划内容

在做好企业内外环境情况调研结果，各部门、各职能、各岗位、各类活动的详细清单、合规目标清单、合规义务清单、合规风险源清单和合规风险点清单的基础上，进行企业的合规管理体系策划，就像要修建一座建筑物，首先要进行建筑设计。合规管理体系是建立在合规风险评估基础上的，持续有效地防控合规风险自然就成为最核心的策划内容。正如 ISO 37301：2021 附后的“使用指南”提到的：合规风险评估是合规管理体系实施以及分配适当和充分的资源，并管理已识别合规风险的过程的基础。

（一）应对合规风险和机会的措施策划

应对合规风险和机会的措施策划目前有两种策划模式。

1. 按照合规风险防控措施的实施主体不同，应对合规风险和机会的措施策划可以分为一、二、三、四道控制措施策划，即“四道控制线模式”。这不同于企业合规管理组织结构设计中因为不同职责分工而形成的合规管理组织架构“三道防线”。

四道控制线模式

（1）自律控制线（10项）

☐ 签订合规承诺书或合规协议书；

☐ 合规行为规范/准则；

☐ 合规培训、宣贯与警示教育；

☐ 合规职责交底；

☐ 合规义务交底；

☐ 合规风险交底；

☐ 合规风险防控措施交底；

☐ 合规自查和自报告；

☐ 申请利益冲突回避；

☐ 员工合规自诊断。

（2）机制控制线（5项）

☐ 合规绩效管理：合规绩效纳入个人绩效。

☐ 合规积分制管理：合规和不合规累积加、扣分，与人员工资调级挂钩；或不合规扣分制考核管理。

☐ 合规激励处罚制度：对于在阻止、举报后果严重的潜在不合规、合规风险应急管理、合规疑虑及时报告等方面表现突出的人员，实施奖励；对不合规行为责任人实施处罚。

☐ 公司发布合规方针与合规政策。

☐ 合规文化引导机制：确立合规方针、合规文化建设与宣传、合规文化主题活动、领导率先垂范等。

（3）制度控制线（10项）

☐ 分解工作事项（如适用时采用）：将超高风险事项进行任务分解，由不同岗位执行，直接减低风险；

☐ 明确责任主体：确定工作事项的责任部门和责任岗位、责任人；

☐ 目标化管理：同步设定业务目标与合规目标；

☐ 工作记录标准化：明确必须有标准、规范的工作记录模板；

☐ 工作完成结果标准化：明确工作结果完成标准，包括时间要求/标准、质量要求/标准，达到合规义务要求；

☐ 工作方法标准化：明确工作过程的工作依据、组织方法、方法技巧；

☐ 实施业务专业管理把关：设定专业性复核环节；

☐ 实施独立审批决策制：经办与决策分离；

☐ 非相容职责事项分离（如适用时采用）：同一岗位内，存在非相容职责事项的，进行分离；

☐ 信息化固化：实施信息化在线管理，业务在线上操作办理。

（4）他律控制线（14 项）

☐ 举报调查与设定处罚标准；

☐ 定期强制轮岗；

☐ 人员聘用、调动前合规尽调；

☐ 事前疑虑时，进行合规咨询；

☐ 事前合规审查；

☐ 进行合规风险预警；

☐ 合规有效性监测评价 ；

☐ 嵌入监督：嵌入业务执行过程中监督；

☐ 定期合规公示；

☐ 离岗责任审计；

☐ 不定期飞行监督检查；或不定期突击审计 ；

☐ 定期专项监督；或定期专项审计 ；或（全程）跟踪审计；或旁站监督（如果场景适用时采用）；或安装实时监控设施（如果场景适用时采用）；

☐ 不符合、不合规纠正；

☐ 采取不符合、不合规纠正措施。

2. 按照防控措施切入时间不同，应对合规风险与机会的措施策划可以分为事前、事中和事后防控措施策划，即事前事中事后防控模式。

表 2-1　事前事中事后防控模式

防控措施	合规风险防控措施改进具体内容建议 合规风险防控技术改进建议
	1. 事前
1.1 岗位职责分析，直接减低风险（特定措施）；	针对超高风险等级的岗位，可以将该岗位里的某一个、两个职责移到另一个岗位，直接降低该岗位的固有风险。
1.2 设定风险预警阀值，到线预警；	可以设定工作事项实施在一定时间区间内，违反制度规定的次数上限，比如三次，则违反制度出现三次为上限，达到三次上限，即启动由公司内部纪检监察等部门落实组织的专门监督检查。
1.3 设定业务管理控制目标，目标监测；	可以设定工作事项所在的业务流程上的管理控制目标，也称考核目标，当目标没有实现的时候，业务主管部门落实查找目标没有实现的原因，并排除因为贿赂舞弊原因引起的目标未实现情形，主要防控引起业务管理控制目标都不能够实现的重大贿赂舞弊事件。
1.4 场景投入监控设施（特定措施）；	比如在库房收原材料现场，可以安装监控摄像头。
1.5 业务过程透明化措施，如全程留痕、全程记录模板等；	制定工作表单模板，将权力行使全过程记录下来，记录的方式可以是机器自动记录，可以是全程摄像，也可以是文字、数字记录等。
1.6 工作事项分解、多人制衡；	可以将工作事项细分，由 2 人或多人前后配合完成，或者不再分解，一件事由 2 人或多人同时见证完成。
1.7 制定利益分配、资源调配程序和分配/调配工作标准；	由于该工作事项的实施结果是将利益分配给某人，或将资源调配给某方，因此要把这种是否分配给某人、是否调配给某方的“评判工作标准”明确，最大限度避免执行人自立标准、主观评判、臆断，最大限度地提高“是”的“评判工作标准”客观性，或最大限度地提高“否”的“评判工作标准”客观性。同时，明确行使权力的时间长度，并考虑是否适当增加复核、监督、审核、审批等。
1.8 制定工作方式方法；	由于该工作事项的实施结果是将利益分配给某人，或将资源调配给某方，因此要把这种利益分配给某人、资源调配给某方的“工作方式方法”明确，最大限度避免执行人主观行事。包括明确工作依据、组织形式、方法技巧等。
1.9 制定利益管理活动细则（特定措施）；	涉及利益管理活动的工作事项，比如出纳管理现金业务事项，应仔细描述具体如何管理，以防止现金管理舞弊、贪污等问题。这样的具体管理方法包括：明确利益活动管理的工作日记录；明确交接班具体规则和标准；明确盘点工作规范等。

续表

1.10 制定利益冲突报告与回避制度；	制定出现利益冲突时，应该如何处理的办法，比如在出现利益冲突时，明确“当事人应自我申报，填写《利益冲突事项回避申请表》”。
1.11 签订廉洁承诺书，或廉洁协议书；	核心是明确廉洁责任，一旦发生，采取对应的处罚标准，就能够以廉洁承诺书或廉洁协议书为凭据。
1.12 教育；	可以建立教育制度，并且定期教育提醒，比如参观监狱等。
1.13 采取物理隔离技术（特定措施）；	主要是针对关键信息、利益管理活动，可以将其锁在某个空间，防止无关人员接触。
2. 事中	
2.1 增加专业性复核环节；	业务人员把事情做完后，或在中间环节，另一个同样专业的人员再复核一次，认为业务做正确之后，再继续进行后面的工作。可与 1.7 配合使用。
2.2 增加嵌入式监督环节；	业务人员把事情做完后，或在中间环节，另一个专门从事监督的人员监督分析是否存在舞弊、作假的情形，排除后，再继续进行后面的工作。可与 1.7 配合使用。
2.3 不定期突击审计；	纳入审计内容范围，审计人员用专业审计方法，对员工的工作事项进行审计，并且是采取不事先通知就突然去审计的方式。
2.4 不定期飞行监督检查；	纳入监督内容范围，监督人员用专业监督方法，对员工的工作事项进行监督，是否存在舞弊、作假和贿赂、腐败，并且是采取不事先通知就突然去监督检查的方式。
2.5 定期强制轮岗；	纳入公司人力部门落实的定期轮岗的范围。
2.6 定期的控制目标考核；	考核部门落实每年底或半年一次的目标考核。
2.7 定期在特定范围公示、公开，收集意见；	将过去一段时间的工作事项实施情况，向工作事项的潜在利益相关方公示出来，公布信息收集渠道，接受质询和举报。
3. 事后	
3.1 实施离岗责任审计；	将该岗位纳入例行审计覆盖范围，该岗位的人员调离该岗位时，应对其在岗期间的工作进行离岗审计。
3.2 定期专项审计；	将该岗位纳入审计内容范围，对该岗位某段时间的工作进行阶段审计评价。
3.3 建立处罚标准（公共措施）；	将该工作事项的违规情形，根据严重程度不同，明确不同的处罚标准。
3.4 畅通举报渠道（公共措施）。	公司建立畅通的内部、外部举报渠道，24 小时接受举报，并及时进行调查核实。

以上应对合规风险和机会的措施，可以按照合规风险的不同评估等级进行不同的防控措施组合，以实现合规风险的有效防控。总的原则是：企业愿意投入的防控措施组合数量、防控成本情况与合规风险的高低、分布多少成正比。

同时，企业应将这些措施尽量整合，并入业务流程和管理制度中，这样的整合可以通过将合规目标设定、防控措施写入业务实施制度、监督检查制度、考核评价制度、举报调查制度等控制或其他具体条款（例如资源、能力）来实现。

策划的最后一个工作是对评价这些措施的有效性作出安排。企业应计划好如何监视、测量技术、内部审计或管理评审合规管理体系有效性，在策划时应当一并进行安排。

六、策划过程

（一）策划前的准备工作

在策划之前，应当准备好开展合规管理体系策划所需的数据信息和资料，以支持企业管理层策划合理、适宜的合规管理体系，具体包括以下内容：

1. 合规管理体系建设前，企业内外环境调研结果资料；
2. 企业业务活动清单；
3. 企业适用的合规义务清单；
4. 企业合规风险清单；
5. 企业合规风险防控现状调查。

上述前三项资料如何获得，将在本书第三章“企业合规义务管理”中具体展开。后两项将在本书第四章“企业合规风险识别与评估”中具体展开。

（二）合规风险管控组合策划

合规管理体系策划的核心是针对需要实现的目标，结合以上获得的工作结果资料，企业决定对不同风险等级的合规风险采取哪些管控措施组合，达到企业履行其适用的合规义务，控制合规风险，实现合规管理体系预期目的。

对策划起决定作用的是企业面临的合规风险。从防控成本投入考虑，针对不同风险分级的合规风险，适宜采取不同的防控措施组合拳。假设两家企业需要遵守的合规义务是一样的，但是两家企业合规风险评估形成的合规风险清单和分布情况、等级不同，其管控合规风险的整体考量是不同的。一家企业各业务活动的合规风险主要是高、中风险级，另一家企业各业务活动的合规风险主要是中、低风险级，显然，前者的管控成本投入要高于后者。因此，企业合规风险分布特征对策划有决定性的影响，这种策划主要在于企业如何来管控不同风险级别的合规风险。采取不同的防控措施组合拳与企业主要领导的风险偏好也紧密相关。

下表是“四道控制线模式”的“四级合规风险管控”组合策划。

表 2-2 “四级合规风险管控”组合策划

四道控制线选择	四级风险区间
1+2+3+4	□ 超高（900 以上）
1+2+3	□ 高（600—900）
1+2	□ 中（300—600）
1+2	□ 低（300 以下）
0	□ 无蓄意合规风险

其中，300、600、900 是合规风险四个分级的系数区间，企业可以根据全企业所有业务活动合规风险系数的排序，进行 2：3：3：2 的风险等级分区。也有企业将合规风险分为五个级别，即合规风险极高、高、中、低、极低，根据全企业所有业务活动合规风险系数的排序，以 2：2：3：2：1 的比率进行风险等级分区。

下表是“四道控制线模式”的“五级合规风险管控”组合策划。

表 2-3 “五级合规风险管控”组合策划

四道控制线选择	五级合规风险区间
1+2+3+4	□ 极高（1200 以上）
1+2+3	□ 高（800—1200）
1+2	□ 中（600—800）
1+2	□ 低（200—400）
1+2	□ 极低（200 以下）
0	□ 无蓄意合规风险

以下是某企业对照“五级合规风险管控”策划建议，按照合规风险事前、事中和事后防控，实施的组合策划。

表 2-4　四级合规风险事前事中事后管控策划

防控措施	风险评级				合规风险防控技术改进建议
	低风险	中风险	高风险	超高风险	合规风险防控措施改进具体内容建议
1. 事前					
1.1 岗位职责分拆，直接减低风险（特定措施）；				适宜采用	针对超高风险等级的岗位，可以将该岗位里的某一个、两个职责移到另一个岗位，直接降低该岗位的固有风险。
1.2 设定风险预警阈值，到线预警；				适宜采用	可以设定工作事项实施在一定时间区间内，违反制度规定的次数上限，比如三次，则违反制度出现三次为上限，达到三次上限，即启动由公司内部纪检监察等部门落实组织的专门监督检查。
1.3 设定业务管理控制目标，目标监测；			适宜采用	适宜采用	可以设定工作事项所在的业务流程上的管理控制目标，也称考核目标，当目标没有实现的时候，业务主管部门落实查找目标没有实现的原因，并排除因为贿赂舞弊原因引起的目标未实现情形，主要防控引起业务管理控制目标都不能够实现的重大贿赂舞弊事件。
1.4 场景投入监控设施（特定措施）；	专用	专用	专用	专用	比如在库房收原材料现场，可以安装监控摄像头。
1.5 业务过程透明化措施，如全程留痕、全程记录模板等；		适宜采用	适宜采用	适宜采用	制定工作表单模板，将权力行使全过程记录下来，记录的方式可以是机器自动记录，可以是全程摄像，也可以是文字、数字记录等。
1.6 工作事项分解、多人制衡；			适宜采用	适宜采用	可以将工作事项细分，由 2 人或多人前后配合完成，或者不再分解，一件事由 2 人或多人同时见证完成。
1.7 制定利益分配、资源调配程序和分配/调配工作标准；		适宜采用	适宜采用	适宜采用	由于该工作事项的实施结果是将利益分配给某人，或将资源调配给某方，因此要把这种是否分配给某人、是否调配给某方的“评判工作标准”明确，最大限度避免执行人自立标准、主观评判、臆断，最大限度地提高“是”的“评判工作标准”客观性，或最大限度地提高“否”的“评判工作标准”客观性。同时，明确行使权力的时间长度，并考虑是否适当增加复核、监督、审核、审批等。
1.8 制定工作方式方法；		适宜采用	适宜采用	适宜采用	由于该工作事项的实施结果是将利益分配给某人，或将资源调配给某方，因此要把这种利益分配给某人、资源调配给某方的“工作方式方法”明确，最大限度避免执行人主观行事。包括明确工作依据、组织形式、方法技巧等。

续表

1.9 制定利益管理活动细则（特定措施）;	专用	专用	专用	专用	涉及利益管理活动的工作事项，比如出纳管理现金业务事项，应仔细描述具体如何管理，以防止现金管理舞弊、贪污等问题。这样的具体管理方法包括：明确利益活动管理的工作日记录；明确交接班具体规则和标准；明确盘点工作规范等。
1.10 制定利益冲突报告与回避制度;		适宜采用	适宜采用	适宜采用	制定出现利益冲突时，应该如何处理的办法，比如在出现利益冲突时，明确“当事人应自我申报，填写《利益冲突事项回避申请表》”。
1.11 签订廉洁承诺书，或廉洁协议书;	适宜采用				核心是明确廉洁责任，一旦发生，采取对应的处罚标准，就能够以廉洁承诺书或廉洁协议书为凭据。
1.12 教育;	适宜采用				可以建立教育制度，并且定期教育提醒，比如参观监狱等。
1.13 采取物理隔离技术（特定措施）;	专用	专用	专用	专用	主要是针对关键信息、利益管理活动，可以将其锁在某个空间，防止无关人员接触。
2. 事中					
2.1 增加专业性复核环节;			适宜采用	适宜采用	业务人员把事情做完后，或在中间环节，另一个同样专业的人员再复核一次，认为业务做正确之后，再继续进行后面的工作。可与 1.7 配合使用。
2.2 增加嵌入式监督环节;				适宜采用	业务人员把事情做完后，或在中间环节，另一个专门从事监督的人员监督分析是否存在舞弊、作假的情形，排除后，再继续进行后面的工作。可与 1.7 配合使用。
2.3 不定期突击审计;			适宜采用	适宜采用	纳入审计内容范围，审计人员用专业审计方法，对员工的工作事项进行审计，并且是采取不事先通知就突然去审计的方式。
2.4 不定期飞行监督检查;			适宜采用	适宜采用	纳入监督内容范围，监督人员用专业监督方法，对员工的工作事项进行监督，是否存在舞弊、作假和贿赂、腐败，并且是采取不事先通知就突然去监督检查的方式。
2.5 定期强制轮岗;				适宜采用	纳入公司人力部门落实的定期轮岗的范围。
2.6 定期的控制目标考核;			适宜采用	适宜采用	考核部门落实每年底或半年一次的目标考核。

续表

2.7 定期在特定范围公示、公开，收集意见；				适宜采用	将过去一段时间的工作事项实施情况，向工作事项的潜在利益相关方公示出来，公布信息收集渠道，接受质询和举报。
3. 事后					
3.1 实施离岗责任审计；				适宜采用	将该岗位纳入例行审计覆盖范围，该岗位的人员调离该岗位时，应对其在岗期间的工作进行离岗审计。
3.2 定期专项审计；				适宜采用	将该岗位纳入审计内容范围，对该岗位某段时间的工作进行阶段审计评价。
3.3 建立处罚标准（公共措施）；	通用	通用	通用	通用	将该工作事项的违规情形，根据严重程度不同，明确不同的处罚标准。
3.4 畅通举报渠道（公共措施）。	通用	通用	通用	通用	公司建立畅通的内部、外部举报渠道，24 小时接受举报，并及时进行调查核实。

以上的“四级合规风险事前事中事后管控策划”也可以按照五级合规风险展开事前事中事后管控策划，四级“低”的管控组合对应五级的“低”和“极低”管控组合，其他的组合情形相同。

（三）匹配管控组合

匹配管控组合是根据合规风险评估形成的风险等级来确定的。企业进行合规风险评估后，汇总可得《公司岗位固有合规风险详细分布统计表》（如表 2-5）。

表 2-5　公司岗位固有合规风险详细分布统计表

单位名称				×××公司															所在行业		儿童玩具用品			
工作事项序号	姓名	所在部门	岗位名称	岗位对应业务、职能事项清单			岗位对应业务、职能事项合规风险矩阵清单																	
				岗位职责	工作事项	工作目标	合规风险源	引起合规风险发生的风险源分布											固有合规风险系数	固有合规风险等级	潜在经济损失预估（万元）		合规风险潜在外部驱动方	可能发生的合规风险类型
								审批权	市场客服与销售权	人事权	采购权	放行权	计量权	财务资金权	拥有关键信息权	存在利益冲突情形	存在黑箱	属于利益管理活动			直接	间接		
	1	2	3	4	5	6	7	8											9	10	11		12	13
1	×××	商务部	商务管理	负责产品质量检测	产品质量检测	服务于公司产品质量、品质目标	1. 权力风险源：放行权 2. 非权力风险源：涉及利益冲突					1				1			360.0	中	0.00	0.00	销售客户	反腐败反贿赂合规风险 验收把关合规风险
2				负责文件管理	文件档案管理	服务于公司收益目标	1. 权力风险源：不涉及权力风险源 2. 非权力风险源：（1）档案保密信息（2）涉及利益冲突								1	1			734.4	高	0.00	0.00	政府和政府机构、或监管机构	隐私与数据，或商业秘密合规风险 反腐败反贿赂合规风险
3				负责印章管理	印章管理	服务于公司其他目标	1. 权力风险源：放行权 2. 非权力风险源：（1）有机会接触保密的文件盖章（2）涉及利益冲突、涉及技术性（黑箱）操作					1			1	1	1		1161.6	超高级	0.00	0.00	其他组织或人员	隐私与数据，或商业秘密合规风险 反腐败反贿赂合规风险 验收把关合规风险 操作合规风险

续表

4	×××	质量部	质量管理	负责印章保管	印章保管	服务于公司财产保护与安全目标	1. 权力风险源：不涉及权力风险源 2. 非权力风险源：涉及技术性（黑箱）操作、涉及利益管理活动										1	1	288.0	低	0.00	0.00	其他组织或人员	利益管理合规风险 操作合规风险
5				负责产品质量管理	产品质量管理	服务于公司产品质量、品质目标	1. 权力风险源：放行权 2. 非权力风险源：					1							72.0	低	0.00	0.00	无	反腐败反贿赂合规风险 验收把关合规风险
6	×××	销售部	销售管理	负责公司品牌宣　传工作	宣传公司品牌	服务于公司品牌价值目标	1. 权力风险源：不涉及权力风险源 2. 非权力风险源：												0.00	无风险	0.00	0.00	无	无
7				负责公司档案管理	公司档案管理	服务于公司其他目标	1. 权力风险源：不涉及权力风险源 2. 非权力风险源：（1）档案中需要保密的材料（2）涉及利益冲突					1			1	1			734.4	高	0.00	0.00	其他组织或人员	隐私与数据，或商业秘密合规风险 反腐败反贿赂合规风险
8				负责公司合同法　律审查	公司合同法律审查	服务于公司财产保护与安全目标	1. 权力风险源：放行权 2. 非权力风险源：（1）合同价格信息（2）涉及利益冲突					1			1	1			835.2	高	0.00	250.00	其他组织或人员	隐私与数据，或商业秘密合规风险 反腐败反贿赂合规风险 验收把关合规风险
9				负责公司销售合　同审批	公司销售合同审批	服务于公司收益目标	1. 权力风险源：放行权 2. 非权力风险源：（1）销售合同信息（2）涉及利益冲突								1	1			2808	超高级	250.00	0.00	销售客户	隐私与数据，或商业秘密合规风险 反腐败反贿赂合规风险 验收把关合规风险

通过该统计表，企业管理层可以知道全公司各业务活动的固有合规风险系数、评估等级详细分布情况，据此落实不同风险等级的合规风险管控组合措施。

1. 基于岗位的合规风险防控策划

当企业的管控制度基本处于空白状态时，可以直接按照固有合规风险，按照风险分级与防控组合策划，开展基于岗位履职业务固有合规风险（关于固有合规风险和剩余合规风险概念具体见本书第四章）防控策划。以下是某企业基于岗位的合规风险防控策划工作表。

表 2-6　×××公司

基于岗位的合规风险防控策划工作表

一、岗位名称：市场营销业务管理岗　　　　所在部门：市场拓展部　　　　在岗人员姓名：

序号	业务、职能事项信息				防控改进信息								
	岗位职责	合规风险点			合规目标建议	需要追加和改进的防控措施（例如：按照四道防控措施或事前、事中、事后防控措施组合）	是否制定专项指引	是否纳入合规行为准则	岗位合规职责	嵌入制度名称	落实责任部门	落实责任人	落实完成时间
		二级	三级	风险等级									
1		客户关系管理											
2		市场投标管理											
3		战略客户合作											

二、产品销售管理岗

三、投资管理岗

四、采购管理岗

五、资金支付管理岗

……

当企业有比较完善的管控制度时，可以先诊断分析企业当前的合规风险管控状态，按照风险分级与防控组合策划，对比查找管控不全的业务活动剩余合规风险，开展基于岗位履职业务的剩余合规风险管控策划。以下是某企业基于岗位的剩余合规风险防控组合策划工作表。

表 2-7 ×××企业

岗位对应业务、职能事项剩余合规风险防控措施策划工作表

一、岗位名称：市场营销业务管理岗　　　　所在部门：市场拓展部　　　　在岗人员姓名：

序号	业务、职能事项信息				管控现状信息			防控改进信息								
	岗位职责	合规风险点			目前管控状态		是否为剩余合规风险	合规目标建议	需要追加和改进的防控措施（例如：按照四道防控措施、或事前、事中、事后防控措施组合）	是否制定专项指引	是否纳入合规行为准则	岗位合规职责	嵌入制度名称	落实责任部门	落实责任人	落实完成时间
		二级	三级	风险等级	对应的公司管理制度名称	对应的公司现有具体管控措施（例如：自律控制、机制控制、制度控制、他律控制）										
1		客户关系管理														
2		市场投标管理														
3		战略客户合作														

二、产品销售管理岗

三、投资管理岗

四、采购管理岗

五、资金支付管理岗

……

2. 基于业务流程的合规风险防控策划

同理，当企业的管控制度基本处于空白状态时，可以直接按照固有合规风险，按照风险分级与防控组合策划，开展基于业务流程的固有合规风险防控策划。以下是某企业基于业务流程的合规风险防控组合策划工作表。

表 2-8　×××公司

基于业务流程的固有合规风险防控策划工作表

一、市场营销业务管理　　　　　牵头责任部门：市场拓展部　　　　　合规责任人：

序号	业务基本信息				防控改进信息								
	业务流程合规风险点			实施责任岗位	合规目标建议	需要追加和改进的防控措施（例如：按照四道防控措施或事前、事中、事后防控措施组合）	是否制定专项指引	是否纳入合规行为准则	业务实施责任岗合规职责	嵌入制度名称	落实责任部门	落实责任人	落实完成时间
	二级	三级	风险等级										
1	客户关系管理												
2	市场投标管理												
3	战略客户合作												

二、产品销售业务管理

三、投资业务管理

四、采购业务管理

五、资金支付业务管理

……

当企业有比较完善的管控制度时，可以先诊断分析企业当前的合规风险管控状态，按照风险分级与防控组合策划，对比查找管控不全的业务流程剩余合规风险，开展基于业务流程的剩余合规风险防控策划。以下是某企业基于业务流程的剩余合规风险防控组合策划工作表。

表 2-9　×××公司

业务流程剩余合规风险防控措施策划工作表

一、市场营销业务管理　　　　牵头责任部门：市场拓展部　　　　　合规责任人：

<table>
<tr><th rowspan="3">序号</th><th colspan="4">业务、职能事项信息</th><th colspan="3">管控现状信息</th><th colspan="9">防控改进信息</th></tr>
<tr><th colspan="3">业务流程合规风险点</th><th rowspan="2">实施责任岗位</th><th colspan="2">目前管控状态</th><th rowspan="2">是否为剩余合规风险</th><th rowspan="2">合规目标建议</th><th rowspan="2">需要追加和改进的防控措施（例如：自律控制、机制控制、制度控制、他律控制）</th><th rowspan="2">是否制定专项指引</th><th rowspan="2">是否纳入合规行为准则</th><th rowspan="2">业务实施责任岗合规职责</th><th rowspan="2">嵌入制度名称</th><th rowspan="2">落实责任部门</th><th rowspan="2">落实责任人</th><th rowspan="2">落实完成时间</th></tr>
<tr><th>二级</th><th>三级</th><th>风险等级</th><th>对应的公司管理制度名称</th><th>对应的公司现有具体管控措施（例如：自律控制、机制控制、制度控制、他律控制）</th></tr>
<tr><td rowspan="3">1</td><td rowspan="3">客户关系管理</td><td></td><td></td><td></td><td></td><td></td><td></td><td></td><td></td><td></td><td></td><td></td><td></td><td></td><td></td><td></td></tr>
<tr><td></td><td></td><td></td><td></td><td></td><td></td><td></td><td></td><td></td><td></td><td></td><td></td><td></td><td></td><td></td></tr>
<tr><td></td><td></td><td></td><td></td><td></td><td></td><td></td><td></td><td></td><td></td><td></td><td></td><td></td><td></td><td></td></tr>
<tr><td rowspan="3">2</td><td rowspan="3">市场投标管理</td><td></td><td></td><td></td><td></td><td></td><td></td><td></td><td></td><td></td><td></td><td></td><td></td><td></td><td></td><td></td></tr>
<tr><td></td><td></td><td></td><td></td><td></td><td></td><td></td><td></td><td></td><td></td><td></td><td></td><td></td><td></td><td></td></tr>
<tr><td></td><td></td><td></td><td></td><td></td><td></td><td></td><td></td><td></td><td></td><td></td><td></td><td></td><td></td><td></td></tr>
<tr><td rowspan="3">3</td><td rowspan="3">战略客户合作</td><td></td><td></td><td></td><td></td><td></td><td></td><td></td><td></td><td></td><td></td><td></td><td></td><td></td><td></td><td></td></tr>
<tr><td></td><td></td><td></td><td></td><td></td><td></td><td></td><td></td><td></td><td></td><td></td><td></td><td></td><td></td><td></td></tr>
<tr><td></td><td></td><td></td><td></td><td></td><td></td><td></td><td></td><td></td><td></td><td></td><td></td><td></td><td></td><td></td></tr>
</table>

二、产品销售业务管理

三、投资业务管理

四、采购业务管理

五、资金支付业务管理

……

另外，企业根据合规风险分布特征和外部环境、合规监管形势的实际需要，可能着重对企业生产经营中的某个专项领域推进专项合规管理计划。同时，当前由最高人民检察院牵头推进的涉案企业合规改革，推进涉案企业合规计划，促进涉案企业合规管理，落实合规从宽激励，也可能在未来落实合规从宽原则，企业提供建立实施有效的合规管理体系并经过第三方考察验证，可作为企业合规抗辩的理由。有鉴于此，企业也可能着重推进“预防性刑事合规计划”。本章所阐述的合规管理的策划方法、策划过程可以应用于这些合规管理策划工作中。

七、变更的策划

（一）变更的原因

企业应该关注企业内外相关情况变化，并据此对合规管理体系进行修改、变更，使公司的合规管理体系能够持续地确保企业遵守合规义务和管控合规风险，而修改、变更合规管理体系的计划，需要通过及时的合规目标调整、实现目标的策划改进和应对合规风险及机会的措施等方面的变更策划，实现组织的合规管理体系持续有效。

根据 ISO 37301：2021 的要求，企业合规管理体系策划的过程应该是滚动、持续的策划，不是策划一次以后，就不再需要策划改进了。

什么原因可能会导致组织原来策划的合规管理体系在局部或更大范围绩效不佳，或者管理合规风险失效，使得原来的策划有必要改进呢？对于这一点，我们需要回顾本章前述的合规管理体系策划必须考虑的相关信息。

组织策划合规管理体系时，应考虑企业自身和外部环境和企业相关方及它们的要求和期望，并确定需要解决的风险和机会；组织进行合规管理体系策划时，应考虑：

——其合规目标；

——确定的合规义务；

——合规风险评估的结果。

由此可以得出：当上述要考虑的情形发生实质变化的时候，企业原来策划的合规管理体系就需要进行修改、改进。概括起来，当出现以下变化情形时，企业原来策划的合规管理体系需要局部修改、变更：

1. 商业模式发生变化，包括组织活动和运营的战略、性质、大小、规模发生变化；
2. 与第三方相关联的业务性质和范围发生变化；
3. 法律和监管环境发生变化；
4. 社会经济状况发生变化；
5. 社会、文化、环境发生变化；
6. 企业的内部结构、方针、过程、程序和资源，包括技术发生变化；
7. 企业主张的合规文化发生变化；
8. 与合规管理体系相关的相关方发生变化，或这些相关方的相关要求发生变化；
9. 通过合规管理体系来解决的相关方要求发生变化；
10. 企业需要遵守的合规义务发生变化；
11. 企业的合规风险库发生变化；

12. 企业的合规目标发生变化；

13. 企业的价值观、目标、战略发生变化。

以上 13 个方面，是建立企业合规管理体系的“基础”，如同建立“大厦”的“地基”，企业的合规管理体系是建立在这个“地基”上的“大厦”，“地基”有变化了，上面的“大厦”也应及时调整。

（二）变更的方式

当企业确定需要对原来策划的合规管理体系进行修改、变更时，不是简单的计划和微调一下就可以，而是根据上述相关“基础”信息变化的深度和广度，从企业战略层面进行策划调整，是执行一次本章前述的“策划过程”，以确保企业的合规管理体系绩效持续有效。

因此，变更的策划内容是：当企业原来策划的合规管理体系需要修改、变更时，依据变化的相关“基础”信息，执行本章“策划过程”的内容。并且，企业进行变更的策划时，还需要考虑：

1. 变更的目的及其潜在后果；

2. 资源的重新调配与供应；

3. 合规管理职责和权限的再分配；

4. 变更后，合规管理体系的持续完整性。

第四节　合规目标设置和实现策划

一、合规目标

（一）合规目标设定要求

在 ISO 37301：2021 中，明确要求企业应在相关部门和各层级建立合规目标。设定合规目标时，应达到以下要求：

1. 与合规方针一致；

2. 可测量（如可行）；

3. 考虑适用的要求；

4. 可监控；

5. 可沟通；

6. 适时更新；

7. 文件可获得。

（二）合规目标内涵

企业应在各部门和各层级建立合规目标，让企业的人员均有明确的合规目标指引，这是企业衡量合规绩效的“尺子”。因此，合规目标应当以可测量结果的方式加以明确。比如，企业的一个合规目标是：至少每年向相关人员提供合规培训。

企业应在相关部门和各层级建立合规目标，表明合规目标不仅仅是在组织高层层面建立合规目标就可以了，企业需要建立一整套的合规目标体系，覆盖企业的合规管理体系全范围，给企业的每个人确定合规办事必须要达到的合规程度。

对合规目标的设定应满足以下具体的要求：

1. 与合规方针一致。合规方针是企业的使命、愿景、战略和企业目标体现在合规管理体系中的顶层表达，也是对企业合规的基本要求与合规价值观选择，因此，设定的合规目标必须与其保持一致。

2. 可测量。设定的合规目标要尽可能地可以测量，可以用数字来计算，以方便准确地反映合规管理体系满足的要求是否实现。ISO 37301：2021 所附的使用指南中还特别提到“目标宜以可测量结果的方式明确”，比如至少每年向相关人员提供合规培训。

3. 考虑适用的要求。设定的目标与企业的规模、大小、业务特征等相适应，能够反映企业的合规管理体系在某一部门、某一业务领域和某一线业务层面的合规绩效结果，设定的目标切忌脱离企业的实际。比如合规培训，企业给人员进行每年 12 次的更新合规义务的培训，由于合规义务的更新在有的企业未必是月月更新，该培训目标可以更改为“企业适用的合规义务更新后 1 个月内完成相关人员的 100%培训”，这样的目标设定比较适用和务实。

4. 可监控。设定的合规目标必须具有可监控的路径，比如将实现人员“合规能力达标”设定为合规培训目标，就可能是一个难以监控的合规目标，因为合规能力是一个比较抽象的指标。

5. 可沟通。设定的合规目标应可以具体描述，诸如将“合规能力达标”作为合规培训目标，就是一个难以向其他人员、企业和企业外部准确表述的合规目标。

6. 适时更新。企业的合规目标设定不是一直不变的，应根据企业内外环境相关问题的变化、合规风险、合规义务的变化，及时进行更新。

7. 文件可获得。企业在各部门、各层级设定的合规目标应以文件的形式，提供给目标完成责任部门和责任人。

二、如何设定目标

在企业里，可以从多个角度来设定合规目标，反映的合规绩效特征也不同。

（一）从企业合规管理体系建设范围设定合规管理目标

例如，某公司从公司层面设定合规管理体系建设目标，即实现公司合规管理体系全岗位覆盖 7 个 100%，具体如下：

1. 建立合规责任体系，合规职责与考核指标100%覆盖全岗位、全员。

2. 建立公司适用的合规义务数据库，合规义务要求100%转化、整合到公司规范各岗位正确履职的对应的业务管理制度。

3. 建立公司各岗位的合规风险数据库，100%覆盖全岗位、全员。

4. 建立公司各岗位的合规风险防控措施和预警数据库，100%覆盖全岗位、全员。

5. 建立各岗位的合规监督清单数据库，100%覆盖全岗位、全员。

6. 建立各岗位的合规考核清单数据库，100%覆盖全岗位、全员。

7. 合规管理体系培训100%覆盖全岗位、全员。

（二）从企业推进合规设定具体活动的合规绩效目标

企业推进合规生产经营，会主动开展相关的合规管理活动，比如开展各层级的合规培训次数、合规宣传次数、合规风险预防措施覆盖率、不合规纠正措施率、合规检查次数、合规审计次数、紧急合规事件应对成功率、合规审查率等，均属于企业主动推进合规管理采取的具体活动类行动目标。

（三）从企业不合规风险发生事件设定反应型合规绩效目标

企业基于合规管理事件事后风险、影响角度，对企业的合规管理反应提出目标性的要求，比如针对不同程度的合规风险发生迹象开展的合规教育、合规约谈、合规处置和不合规事件发生数量、不合规后果、不合规问题对生产经营的影响程度等方面的及时控制，均属于企业发生不合规风险事件的反应机制。

（四）从企业不同的合规风险分级设定预测型合规绩效目标

根据合规风险分级不同，对其合规率的要求不同。比如，某公司从公司合规管理体系运行，按四级合规风险分级可实现的合规绩效设定目标，具体如下：

表2-10 四级合规风险分级的合规目标

合规风险分级	公司总体年度合规率	总部	下属单位	部门管理的业务系统
超高	100%	100%	100%	100%
高	100%	100%	100%	100%
中	≥95%	≥98%	≥98%	≥96%
低	≥90%	≥95%	≥92%	≥92%

又比如另一个公司，从合规管理体系运行，五级合规风险分级可实现的合规绩效设定目标，具体如下：

表 2-11　五级合规风险分级的合规目标

合规风险分级	公司总体年度合规率	总部	下属单位	部门管理的业务系统
极高	100%	100%	100%	100%
高	100%	100%	100%	100%
中	≥95%	≥98%	≥98%	≥96%
低	≥90%	≥95%	≥92%	≥92%
极低	≥90%	≥90%	≥90%	≥90%

（五）从后果不同设定公司外溢性合规目标

从不合规的后果源自外部不同的实施主体出发，可以设定不同的风险发生率目标。

1. 年度刑事合规风险发生率为 0。

2. 年度民商事合规风险发生率为 0。

3. 年度行政合规风险发生率为 0。

4. 年度商业道德伦理合规风险发生率为 0。

（六）从企业内部不同风险级设定内部管理合规目标

从公司内部管理效果情况出发，可以设定不同的管控目标。

1. 超高风险业务活动违反公司管控制度 0 次。

2. 高风险业务活动违反公司管控制度 0 次。

3. 中风险业务活动违反公司管控制度 0 次。

4. 低风险业务活动违反公司管控制度 0 次。

（七）从企业内部培训设定合规培训目标

培训是合规管理中非常重要的管理手段，可以从培训的覆盖面进行合规目标的设定。

1. 以部门为考核单元，每半年，本部门主责的业务活动适用的全部合规义务培训覆盖率100%，一年培训两次。

2. 新发布的合规义务，发布之日起 15 个日历日内，培训覆盖率 100%。

3. 新修订的合规义务，发布之日起 15 个日历日内，培训覆盖率 100%。

4. 进入新领域、新市场，当地的合规义务自进入起30个日历日内，培训覆盖率100%。

5. 按照最新版刑法结合本部门的业务活动可能涉及的刑法罪名，每年进行一次培训学习，培训覆盖率100%。

三、实现合规目标的策划

（一）策划要求

企业计划如何实现合规目标时，应确定：

1. 做什么；
2. 需要什么资源；
3. 谁负责；
4. 什么时候完成；
5. 怎样评价结果。

宜确定实现目标所需的措施（即“什么”）、相关的时间安排（即“何时”）和责任人（即“谁”）。宜定期按要求监视、记录、评估和更新目标的状况和进展。

（二）策划内涵

合规目标是起纲举目张的作用，指引人员努力的方向。确定了合规目标，企业实现合规目标的策划内容必备的要素也就明确了组织策划如何实现合规目标时，应确定以下七点：

1. 做什么。明确实现合规目标，企业需要完成的工作结果是什么，有多少项工作任务，这样的工作任务可能是一项，也可能是两项及以上。

2. 需要什么资源。需要的资源可能包括有形的和无形的资源，比如“人机料法环”（人员、机器、原料、方法、环境）的保障，也可能包括相关的内外初始信息的收集和准备。

3. 谁负责。目标由谁负责，明确承担合规目标的牵头责任部门和责任岗位。

4. 什么时候完成。明确合规目标的考核周期，或者明确实现目标的截止日期。

5. 怎样评价结果。目标怎么评价。明确实际的合规结果如何测量，谁评价，评价的工作程序是怎样的；等等。

6. 明确每项工作任务如何完成。ISO 37301：2021附件使用指南里提到，宜确定实现目标所需的措施（即“什么”）、相关的时间安排（即“何时”）和责任人（即“谁”）。

7. 目标的过程监督与目标更新。明确对合规目标实现过程和后续的更新情况监督。ISO 37301：2021附件使用指南里提到，宜定期按要求监视、记录、评估和更新目标的状况和进展。

（三）策划方法

企业可以按照“1+6”流程标准法来策划如何实现合规目标的各要素。

1. “1+6”流程标准法介绍

所有流程的组成要素可以归纳统一为“1+6”标准模式，简称“1+6”流程标准，即任何一项业务工作或者管理工作都可以分解成“1+6”。“1”代表特定目标（KPI，即关键绩效指标），“6”分别代表实现“1”考核目标需要实施的工作步骤、工作主体、工作任务、工作标准、工作方法和工作记录。也就是说，对特定目标，要完成任何一项业务工作或者管理工作，其基本的标准流程都是由这六部分组成，即完成这项工作要经历几个实施步骤、每个步骤的责任主体是谁、每个步骤的具体工作任务是什么、要达到的标准（如时间标准、质量标准和审核标准等）是什么以及使用什么样的工作方法（如工作依据、工作组织形式、工作技巧、注意事项、禁止行为等）和需要留下的工作记录痕迹。“1+6”结构逻辑关系见表2–12所示。

表2–12　“1+6”流程标准表

<table>
<tr><td colspan="2">业务目标</td><td colspan="3"></td><td>目标度量方式</td><td colspan="2"></td></tr>
<tr><td colspan="2" rowspan="2">工作步骤</td><td colspan="2">工作主体</td><td rowspan="2">工作任务</td><td rowspan="2">工作标准</td><td rowspan="2">工作方法</td><td rowspan="2">工作记录</td></tr>
<tr><td>责任部门</td><td>责任岗位</td></tr>
<tr><td>1</td><td></td><td></td><td></td><td></td><td>时间标准：
质量标准：
审核标准：</td><td>工作依据：
组织形式：
工作技巧：</td><td></td></tr>
<tr><td>2</td><td></td><td></td><td></td><td></td><td>时间标准：
质量标准：
审核标准：</td><td>工作依据：
组织形式：
工作技巧：</td><td></td></tr>
<tr><td>3</td><td></td><td></td><td></td><td></td><td>时间标准：
质量标准：
审核标准：</td><td>工作依据：
组织形式：
工作技巧：</td><td></td></tr>
</table>

2. “1+6”结构流程制度示范

合规目标的实现策划结果应嵌入企业的流程制度中，企业的流程制度可以用两种方法表达：一是图表式流程制度；二是文本式流程制度。

图表式流程制度如下：

表 2-13 大象装入冰箱流程——关于“流程 1+6 标准化结构”的演示

流程名称		大象装入冰箱流程	主控部门		流程层级		流程图用途描述	描述将一头大象装入冰箱的全部工作过程（流程 1+6 标准化结构是企业信息化、智能化管理的基本前提）。		
主管领导		公司总经理	支持部门	冰箱部、大象部、业务主管部门、监督部门、专业委员会、总经理						版本：3.0
适用范围		适用于公司总部、上海、广州分公司的“大象装入冰箱”业务。								
工作考核目标										
工作步骤	责任主体						工作任务	工作记录	工作标准	工作方法
	冰箱部冰箱管理员	冰箱部部长	冰箱部分管领导	大象部大象管理员	大象部部长	大象部分管领导				
	A	B	C	D	E	F	G	H	I	J
1	开门	专业检查	审核				将冰箱的门打开。	《冰箱开门记录表》	时间标准：大象送达后 10 分钟内完成开门全部工作； 质量标准：1. 冰箱门必须打开 180 度；2. 门打开时必是固定状态，防止门可活动；3. 冰箱门必须干净，无灰尘；4. 记录开门耗用的实际时间；5. 记录开门过程情况…… 验收标准：开门后经冰箱部部长进行检查验收，分管领导审核。	工作依据：根据大象预计到达时间来做好开门准备工作； 组织形式：冰箱管理员个人独立完成； 方法技巧：开门时候采用电脑程序控制开门速度，防止开门速度过快而让门撞击旁边的墙壁，开门过程中必须专注，开门时禁止打电话。在确保工作标准前提下，工作人员也可采用其他更先进的方法。
2				大象进冰箱	专业检查	审核	将一头大象装入冰箱。	《大象装冰箱登记表》	时间标准：120 分钟内完成大象装入冰箱工作； 质量标准：1. 大象不能够接触冰箱门；2. 大象的全部都必须装入冰箱空间里；3. 记录大象装入冰箱实际耗用时间；4. 记录大象装入冰箱过程情况…… 验收标准：装入后经大象部部长检查验收，分管领导审核。	工作依据：依据大象的体积大小进行； 组织形式：大象管理员带领一个装载团队共同实施完成； 方法技巧：预先计算大象重量和测量大象体积，测量冰箱门洞宽、高和纵深尺寸，调用适用的起重机等，装入过程中要防止大象发怒和乱动，必要时可使用麻醉枪实施短时间大象麻醉技术。在确保工作标准前提下，工作人员也可采用其他更先进的方法。
3	关门	专业检查	审核				将冰箱的门关上。	《冰箱关门记录表》	时间标准：大象装入冰箱后 10 分钟内完成关门全部工作； 质量标准：1. 冰箱门关上后缝隙不超过 0.001 毫米；2. 贴上密封条和记录密封时间；3. 记录关门耗用的实际时间；4. 记录关门过程情况…… 验收标准：关门后经冰箱部部长进行检查验收，分管领导审核。	工作依据：根据大象装入冰箱检查通过的通知进行； 组织形式：冰箱管理员个人独立完成； 方法技巧：关门时候采用电脑程序控制关门速度，防止关门速度过快而让门撞击冰箱框立柱，关门过程中必须专注，禁止打电话开小差。工作人员也可以采用其他更先进的方法技巧。

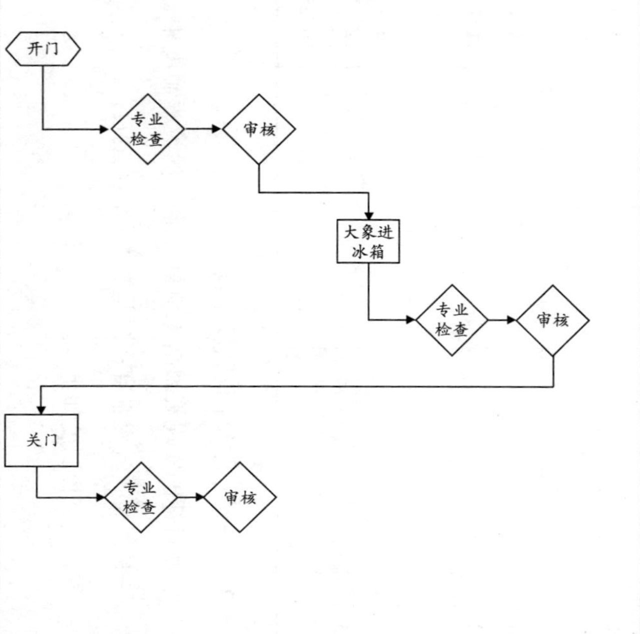

文本式流程制度示范如下：

公司标准化文本制度模板

（适用于规定、办法、细则、指引、规程类制度编写）

1. 总则

1.1 目的与依据（必选）

（注：制定此制度的目的以及此制度依据的相关制度、法律法规等。）

1.2 适用范围（必选）

（注：是指此制度适用的范围。）

1.3 管理原则（非必选）

（注：主要描述的是在这一管理制度的主题下，遵循的管理思路。例如，制度管理应遵循统筹管理、标准化管理、分类管理、分层级管理等原则。）

1.4 主要应对风险（非必选）

（注：是指此制度所针对防范的可能存在或潜在的风险点有哪些。）

1.5 制度使用术语与定义（非必选）

（注：是指此制度中所约束的工作事项中涉及的专业术语的定义。）

1.6 业务管理考核目标（必选）

（注：考核此制度中所约束的工作事项绩效，尽量可量化、可测量。）

2. 职责分工（必选）

（注：与此制度相关的部门以及这些相关部门在此制度中约定承担的职责描述。）

2.1

2.2

2.3

3. 管理内容/工作流程（必选）

（注：此制度的主体，针对此规定所规范的工作内容（约束对象），按照国家或中建股份、中建发展要求，以及相关部门的约定，描述完成工作内容的标准，流程和行为规范等，语言组织方法为：按照1+6流程图上的流程步骤逐条列出“步骤名称”，管理内容：责任岗位+工作任务+工作记录+工作标准+工作方法。）

3.1

3.2

3.3

4. 监督与检查

4.1 监督检查内容（列出流程中的工作任务清单）

4.2 监督检查方法（对应1+6流程图中的“监督检查”步骤的“工作任务+工作记录+工作标准+工作方法”或参见公司专门的监督检查流程。）

4.3 激励与约束措施（参见《企业组织绩效考核管理流程》《员工绩效考核管理流程》和党员按照党纪处分相关规定进行处理。）

5. 附则

5.1 本制度对应流程（列出该制度对应流程名称，若无，则省略。）

5.2 与本办法衔接的制度（列举与该制度衔接的其他流程、制度名称，若无衔接流程、制度，则省略。）

5.3 本办法授权××部负责解释。

（注：针对制度执行中产生的疑义给予解释的部门，一般为制度中约束事项的主管部门）

5.4 本办法自　　　年　　月　　日起实施，对应××制度停止执行。

（注：制度的生效期，及制度生效后同时停止执行的制度；制度如果涉及保密，根据保密规定执行。）

6. 附件：

6.1 业务运行工作记录模板

6.1.1

6.2 业务执行结果信息统计报告模板

6.2.1

3. 开展合规目标管理

合规目标的实现管理还需要通过以下形式进行责任明确。

（1）合规目标对应写入公司岗位员工个人的合规承诺书，或与公司签订的合规协议书。

（2）合规目标对应写入与公司合作的商业合作伙伴的合作协议中。

（3）合规目标实现结果情况纳入对应岗位员工的个人绩效考核。

第五节　一体化协同管理策划

一、企业风险管理体系

全面风险管理体系以《中央企业全面风险管理指引》为参照。指引第七条规定：“企业开展全面风险管理要努力实现以下风险管理总体目标：

（一）确保将风险控制在与总体目标相适应并可承受的范围内；

（二）确保内外部，尤其是企业与股东之间实现真实、可靠的信息沟通，包括编制和提供真实、可靠的财务报告；

（三）确保遵守有关法律法规；

（四）确保企业有关规章制度和为实现经营目标而采取重大措施的贯彻执行，保障经营管理的有效性，提高经营活动的效率和效果，降低实现经营目标的不确定性；

（五）确保企业建立针对各项重大风险发生后的危机处理计划，保护企业不因灾害性风险或人为失误而遭受重大损失。”

全面风险管理其实是本书提到的风险控制和未提到的其他风险管理控制的集合。强调了风险管理的一般过程。

ISO 31000 与全面风险管理近似的相同概念，国内叫全面风险管理，国际上叫 ISO 风险管理体系。

以 ISO 31000 发布为标志。依据该国际标准实施和保持风险管理时，能够使组织：

提高实现目标的可能性；

鼓励主动性管理；

1. 在整个组织意识到识别和处理风险的需求；
2. 改进机会和威胁的识别能力；
3. 符合相关法律法规要求和国际规范；
4. 改进强制性和自愿性报告；
5. 改善治理；
6. 提高利益相关方的信心和信任；
7. 为决策和规划建立可靠的根基；
8. 加强控制；
9. 有效地分配和利用风险处理的资源；
10. 提高运营的效果和效率；
11. 增强健康安全绩效，以及环境保护；
12. 改善损失预防和事件管理；
13. 减少损失；
14. 提高组织的学习能力；
15. 提高组织的应变能力。

二、企业内控体系

企业内部控制体系以《企业内部控制基本规范》为参照，是风险控制领域重要的控制措施和体系化设计方案，它是一种主要的风险控制措施。内部控制的目标是合理保证企业经营管理合法合规、资产安全、财务报告及相关信息真实完整，提高经营效率和效果，促进企业实现发展战略。

三、企业法律管理体系

企业法律风险管理体系以GB/T 27914—2011（《企业法律风险管理指南》）为参照。企业法律风险管理以企业生产经营的内部、外部法律风险控制为主要任务。通过企业法律风险管理，确保企业的法律风险管理资源投入与企业的目标相契合，达到管理企业法律风险的目标。

四、企业质量管理体系

在国内企业接触ISO的标准中，ISO 9001质量管理体系标准是最早进入中国企业的。ISO 9001重点在于为满足顾客要求的质量管理，主要针对质量风险控制。ISO 9001强调，对于实施质量管理体系的组织来说，潜在的收益包括：

1. 稳定提供满足顾客要求和法律法规要求的产品和服务的能力；
2. 获取增强顾客满意度的机会；
3. 应对与企业环境和目标相关的风险；
4. 证实符合质量管理体系特定要求的能力。

五、企业安全与职业健康管理体系

企业安全与职业健康管理体系目的在于维护企业员工安全、进行健康风险控制。OHSAS 18001职业健康安全管理体系主要是为了满足职业健康安全管理体系的要求，旨在使企业能够控制其职业健康安全风险，并改进其职业健康安全绩效。

六、企业环境管理体系

ISO 14001环境管理体系旨在为企业提供框架，以保护环境，响应变化的环境状况，同时与社会经济需求保持平衡。

1. 预防或减轻不利的环境影响以保护环境；
2. 减轻环境恶化对企业的潜在不利影响；
3. 帮助组织履行合规义务；
4. 提升环境绩效；
5. 运用生命周期观点，控制或影响企业的产品和服务的设计、制造、交付、消费和处置的方式，能够防止环境影响被无意地转移到生命周期的其他阶段；
6. 实施环境友好的、且可巩固企业市场地位的方案，以获得财务和运营收益；

7. 与有关的相关方沟通环境信息。

环境管理体系标准围绕环境友好要求而建立管理体系，主要针对企业全生命周期运营中的环境风险控制。

七、反贿赂管理体系

反贿赂管理体系是以 ISO 37001：2016《反贿赂管理体系 要求及使用指南》为参照。

标准解决与企业活动相关的下列贿赂：

1. 公共、私营和非营利部门中的贿赂；
2. 企业实施的贿赂；
3. 企业的员工代表组织或为其利益而实施的贿赂；
4. 企业的商业伙伴代表组织或为其利益而实施的贿赂；
5. 对企业实施的贿赂；
6. 在与企业相关的活动中对其员工实施的贿赂；
7. 在与企业相关的活动中对其商业伙伴实施的贿赂；
8. 直接和间接贿赂（例如，通过或由第三方给予或收受贿赂）。

反贿赂管理体系主要针对企业生产经营中的贿赂风险进行控制管理。

八、合规管理体系

合规管理体系方面，先后有 ISO 19600、ISO 37301、GB/T 35770、《中央企业合规管理指引（试行）》。2021 年 4 月 13 日，国际标准化组织又正式发布 A 类标准 ISO 37301，取代 ISO 19600，预计我国的合规管理认证标准也将于不久后发布，取代 GB/T 35770。合规管理的重要性在国际和国内可见一斑。推动企业建立合规管理体系，全面加强合规管理，加快提升依法合规经营管理水平，着力打造法治央企，保障企业持续健康发展，有效防控企业及其员工因不合规行为所引发的法律责任、受到相关处罚、造成经济或声誉损失以及其他负面影响。

九、合规管理体系与其他体系一体化融合路径

企业各部门在实践工作推进中，一般从本部门角度出发，在企业内部进行各自负责的管理体系建设，最终在企业形成管理体系。

各种管理体系如何“融合”，实现“多合一”一体化管理，即企业全体系融合管理？企业全体系融合过程的实质是企业各方面风险控制措施整合到同一个流程上。这里，从实践的角度展示这一过程方法：基于业务流程的多管理体系“五步融合法”。

在一个业务领域，这些管理体系，要管理、管控、规范的对象其实只有一个业务流程。这

些管理体系，有管控某一类风险的，比如质量、环境、职业健康安全、法律风险、反贿赂管理体系，合规风险管理、内部控制，与前面的各分类有交集，有管理全面的，如全面风险管理、风险管理，其实是包含了前面的各风险类型。如果综合起来分析这些管理体系的内容，我们会发现，它们基本都是循着“解析业务内容→风险识别→策划和制定风险管理措施→嵌入业务管理过程（流程）→形成新流程管理制度”五个步骤建立起来的，运行期间，都是监测其运行情况，纠偏和持续改进，再循环这五个步骤。

各个管理体系，各自按照五个步骤来建立对应的管理措施，合并同类、相同内容的管理措施，一起嵌入业务流程管理制度，执行落实好流程管理制度，是“五步融合法”落脚点。“五步融合法”表述如下。

第一步，解析业务内容，按照“1+6”流程标准来解析和展示业务流程。

表 2-14　某某业务流程

<table>
<tr><td colspan="2">业务目标</td><td colspan="3"></td><td>目标度量方式</td><td colspan="2"></td></tr>
<tr><td colspan="2" rowspan="2">工作步骤</td><td colspan="2">工作主体</td><td rowspan="2">工作任务</td><td rowspan="2">工作记录</td><td rowspan="2">工作标准</td><td rowspan="2">工作方法</td></tr>
<tr><td>责任部门</td><td>责任岗位</td></tr>
<tr><td>1</td><td></td><td></td><td></td><td></td><td></td><td></td><td></td></tr>
<tr><td>2</td><td></td><td></td><td></td><td></td><td></td><td></td><td></td></tr>
<tr><td>3</td><td></td><td></td><td></td><td></td><td></td><td></td><td></td></tr>
</table>

第二步，风险识别。

表 2-15　某某业务流程

<table>
<tr><td colspan="2">业务目标</td><td colspan="3"></td><td>目标度量方式</td><td colspan="4"></td></tr>
<tr><td colspan="2" rowspan="2">工作步骤</td><td colspan="2">工作主体</td><td rowspan="2">工作任务</td><td rowspan="2">工作记录</td><td rowspan="2">质量风险识别</td><td rowspan="2">合规风险识别</td><td rowspan="2">法律风险识别</td><td rowspan="2">备注</td></tr>
<tr><td>责任部门</td><td>责任岗位</td></tr>
<tr><td>1</td><td></td><td></td><td></td><td></td><td></td><td></td><td></td><td></td><td></td></tr>
<tr><td>2</td><td></td><td></td><td></td><td></td><td></td><td></td><td></td><td></td><td></td></tr>
<tr><td>3</td><td></td><td></td><td></td><td></td><td></td><td></td><td></td><td></td><td></td></tr>
</table>

第三步，策划和制订风险管理措施。

表 2–16　某某业务流程

业务目标					目标度量方式				
工作步骤		工作主体		工作任务	工作记录	质量风险管理措施	合规风险防控措施	法律风险管理措施	备注
		责任部门	责任岗位						
1									
2									
3									

第四步，嵌入业务管理过程（流程）。

表 2–17　某某业务流程

业务目标					目标度量方式				
工作步骤		工作主体		工作任务	工作记录	工作标准	工作方法	质量风险管理措施	其他类管理措施
		责任部门	责任岗位						
1								←	←
2								←	←
3								←	←

第五步，形成新流程管理制度。

表 2–18　某某业务流程

业务目标					目标度量方式		
工作步骤		工作主体		工作任务	工作记录	工作标准	工作方法
		责任部门	责任岗位				
1						时间标准： 质量标准： 审核标准：	工作依据： 组织形式： 工作技巧：
2						时间标准： 质量标准： 审核标准：	工作依据： 组织形式： 工作技巧：
3						时间标准： 质量标准： 审核标准：	工作依据： 组织形式： 工作技巧：

第六节　合规管理信息化策划

一、合规管理基本流程

（一）梳理业务活动

收集企业整体岗位设置、岗位职责，了解各人员负责的业务活动内容，梳理公司业务活动，形成基于部门、岗位的《公司业务活动矩阵清单》。

（二）检索合规义务

通过检索、梳理、确定企业适用的合规义务，以部门为单元建立《合规义务管理台账》；按照各部门、岗位，进行合规义务核心要求的转化，形成各部门、岗位的《合规义务矩阵清单》。

（三）评估合规风险

企业进行覆盖全员、全岗位、全业务的业务活动运行状态尽调和合规风险评估工作，形成基于岗位、业务流程的《公司合规风险矩阵清单》。

（四）风险防控策划

根据合规风险清单与等级分布情况，确定公司的合规风险防控模式。

根据各部门、岗位的《公司业务活动矩阵清单》和梳理的公司现有各项业务管理制度，尽调公司目前的合规风险管控情况，确定存在的管控问题和需要改进的地方，形成合规管控改进建议。

根据各部门、岗位的《合规义务矩阵清单》，制定合规标准（将外规内化为公司业务合规标准）。

将合规标准、合规管控改进建议嵌入公司业务管理制度，确保业务管理制度本身的合规性，对合规义务的完全响应和对合规风险的防控进行全面覆盖。

对高合规风险点，提出压力测试的标识和要求，确保管控措施持续有效。

（五）完善业务制度

在企业现有管理制度的基础上，结合上述步骤的工作结果，完善公司各业务的合规管理制度。

（六）监督评价改进

按照企业各部门、岗位存在合规风险的业务事项和管控措施要求、合规标准，列出《合规监督检查清单》，确定业务合规考核重点，列出各业务的《合规考核评价清单》，制定《公司合规监督考评管理办法（合规监督考评管理指引）》。

二、合规管理信息化场景

数字化是合规管理体系的一个基础性要素，信息化是合规管理数字化的基础和高级阶段，合规管理工作宜借助信息化、数字化工具提高工作效率、便捷性和工作质量，实现更好的扁平化管理。

合规管理信息化、数字化宜在下列工作场景中实施：

1. 建立企业适用的合规义务清单与数据库。
2. 开展企业合规风险评估，建立各部门、各业务领域的合规风险清单与数据库。
3. 为满足合规义务要求，防控合规风险的应对措施建立的控制过程、程序等。
4. 企业合规的在线监控和预警。
5. 企业各部门、各业务领域的合规培训。
6. 第三方和人员聘用前的合规尽调。
7. 企业重要事项、关键环节的合规审查。
8. 企业开展合规管理体系内部审核。
9. 企业内部的合规报告。
10. 企业其他相关的适合信息化、数字化转化的工作。

企业在推进合规管理信息化、数字化时，宜考虑企业的规模、业务特征、管理结构与投资预算约束等方面，从自行开发，或外包开发，或租用第三方提供的信息化、数字化工具三种方式中选择合理的方式。企业也宜根据需要，部分或全部推进合规管理信息化、数字化，以适应企业内部、外部环境的信息化、数字化发展变化。

三、合规管理智慧系统

作为合规管理信息化、数字化、智慧化的一种探索示例，这里提供一个关于企业合规智慧管理云系统模板介绍。

企业合规智慧管理云系统包括：云尽调、云评估、云诊断、云培训、云支持、云监控、云指数。

（一）云尽调：对岗位履职业务的基本特征、经办情况、相关方等进行多维度的信息云采集，形成详细的岗位履职尽调报告。

（二）云评估：依据岗位履职尽调报告，按照违规违纪违法案例大数据的统计模型形成的模型和算法，量化计算出岗位履职的各事项合规风险系数、专项合规风险系数以及风险等级、潜在的违规驱动方等矩阵信息，一键生成可导出、可视化的该岗位的合规风险矩阵清单、合规风险评估报告、合规风险分析详细报告等。

（三）云诊断：在云尽调、云评估数据基础上，通过相关的企业合规管理数据包上传与验证，揭示企业该岗位现有合规风险防控问题，智能提出针对性的防控改进建议，企业按照建议整改完善，同时，云指数同步显示合规管理能力指数动态上升。

（四）云培训：以短视频、PPT、动漫等形式，给特定的岗位进行定制化合规培训，培训内容模块包括合规风险点提示模块、合规义务告知模块、合规管理措施模块、合规监督考核模块等，并实现在线动态推送与定期的持续培训记录。

（五）云支持：即支持岗位合规从业的合规疑问、帮助数据库，模块包括该岗位的合规义务、合规底线、合规风险、合规方法、合规绩效等。将岗位人员合规执行任务的合规相关数据信息精准映射关联到该岗位，企业合规智慧管理云系统支持每一个岗位的动态合规数据库查询系统。岗位人员在办理业务时，可以得到实时的指导和提示。

云支持将来可以取代一般智力活动的法律顾问工作。云支持的数据库信息由其他云的数据再分层、再加工和专业律师智力服务的落地制度等构成，是针对特定岗位履职内容定制的。

（六）云监控：将合规风险防控措施映射到企业对应的岗位，对应建立主动活动类、反应类和预测类合规绩效指标等三个模块，实现实时的合规绩效云监测，并设置岗位疑似不合规行为实时预警模块，实现实时的合规监测，当好一个合规管理云监工。

（七）云指数：按照 ISO 37301 标准收集、录入相关合规管理能力证据数据，将数据包上传，实现企业合规管理能力在线测试评价。从单个企业样本角度，经测试的企业获得合规管理能力评分，可以评价出该企业合规管理亮点、缺陷，并提出改进建议。从宏观监管层面，可以将某个区域内所有企业数据进行多维度的统计分析，以形成该区域企业合规管理能力多维度、结构化的大数据，展示该区域企业合规管理整体水平和分布。云指数可以拓展到“云认证、云复核”，政府监管、司法机关的合规政务可以实现数字化“云采信、云监管、云验收”。

通过上述七个模块，数据互联共享，实现对企业合规的全方位智慧管理。

第三章

企业合规义务管理

第一节　企业合规义务管理概述

企业合规管理是管理企业生产经营活动、产品和服务的合规，因此，企业应系统性地识别其生产经营活动、产品和服务所对应的合规义务，是否遵循这些合规义务的不确定性和后果、机会，即合规风险。业务活动、合规义务、合规风险是合规管理的三个相互关联的基本内容。根据人力资源和社会保障部发布的国家新职业相关内容，企业合规师的职责之一就是管理企业的合规义务。要管理企业的合规义务，必须确定企业有哪些生产经营活动，需要遵循哪些对应的合规义务。本章从“企业合规义务管理”入题，围绕企业应该如何进行合规义务管理展开。本章内容主要从合规标准要求出发，分述如何进行企业内外环境分析、企业业务活动梳理，从而进行快速的企业合规义务检索，以及日常的企业合规义务动态管理。

第二节　标准要求

一、合规义务内涵

在 ISO 19600 和 GB/T 35770《合规管理体系 要求及使用指南》中，合规义务分为合规要求和合规承诺，国际标准化组织在 2021 年 4 月 13 日正式发布的 A 类认证标准 ISO 37301：2021 将合规义务定义为组织强制性地必须遵守的要求，以及组织自愿选择遵守的要求。这些要求包括成文明示的、不成文的或必须履行的需求或期望。新旧标准对比看，之前的合规要求对应新标准的“组织强制性地必须遵守的要求”，之前的合规承诺对应新标准的“组织自愿选择遵守的要求”。

合规义务是企业合规经营的标准，是企业追求商业行为合规价值观水平的综合反映。企业的生产经营活动遵守的“合规义务”是因企业而异的。即使是相同行业领域的不同企业，因为其生产经营管理水平、规模、复杂性、结构、运营的方式和市场竞争地位不相同，所坚守的商业行为合规价值标准有高有低，从而企业主动遵守的“合规义务”也各不相同，其中起决定作用的是企业的主要领导对合规价值的认知程度。根据 ISO 37301：2021，合规义务除了包括企业强制性地必须遵守的要求，如法律法规、强制性标准、强制性条款以外，还包括企业自愿选择遵守的要求。对于企业自愿选择遵守的要求，企业自己就有充分的自由度，企业的主要领导对合规价值的认识深度、合规对企业品牌的好处等，都会影响企业自愿选择遵守的要求。某种程度上，决定了一家企业合规经营的品质，是企业合规经营的标准。从有利于企业长期健康、持续发展和市场品牌竞争力出发，企业应该遵守足够高标准的“合规义务”，高品质的合规经营，企业才能够常青。

企业合规义务因企业产品、服务进入的市场地域不同而相异。伴随经济全球化，国际市场的相关企业不合规事件曝光数上升，比如世界银行受到制裁的实体名单在不断增加，相关国家也相继加大各种不合规行为的执法处罚力度，开展国际业务的跨国公司管理者们共同面临着一个挑战——企业要遵守的国际层面各规则、要求越来越多，面临的合规风险形势越来越严峻和复杂。在中国的“一带一路”和“走出去”的战略背景下，越来越多的中国企业“走出去”也需要在国际业务中应对这样的挑战，“如何管理企业严格遵守合规义务，防范合规风险”越来越具有挑战性。随着企业生产经营全球化，强制性的合规义务会因为企业总部所在国和市场经营所在国的要求叠加而越来越复杂，企业自愿选择遵守的合规义务也会因为市场经营所在国的市场竞争环境不同、习俗不同、宗教文化不同，需要做出本土化调整，合规义务管理也就更加复杂化。因此，在当前全球强化合规的大环境下，中国企业走向全球化更需要加强合规义务管理，依法合规地经营，保护企业、利益相关方和雇员。

合规风险成为企业必须面对的首要管理风险，中国企业的“一带一路”市场拓展和“走出去”也概莫能外。2019 年 4 月 26 日北京举行的第二届“一带一路”国际合作高峰论坛提出：中国要努力实现高标准、惠民生、可持续目标，引入各方普遍支持的规则标准，推动企业在项目建设、运营、采购、招投标等环节按照普遍接受的国际规则标准进行，同时要尊重各国法律法规。

二、合规义务管理要求

ISO 37301：2021 对合规管理体系建设做出了明确的要求，并在附录 A 提供了标准对应要求的使用指南。

ISO 37301：2021 对合规义务的要求如下：

4.5 合规义务

组织应系统性地识别其活动、产品和服务所对应的合规义务，并评估它们对组织运营的影响。

组织应建立过程以：

a）识别新增加和变更的合规义务，以保证持续合规；

b）评价已识别的新增加和变更的义务所产生的影响，并在合规义务管理中进行任何必要的调整。

组织应将其合规义务持续形成文件信息。

如何落实该要求，附录A提供了进一步详细的指南，具体如下：

A.4.5 合规义务

组织应将合规义务作为建立、发展、实施、评价、维护和改进其合规管理体系的基础。

组织必须遵守的要求包括：

——法律法规；

——许可、执照或其他形式的授权；

——监管机构发布的命令、规则或指南；

——法院或行政法庭的判决；

——条约、公约和议定书。

组织自愿选择遵守的要求可以包括：

——与社区团体或非政府组织的协定；

——与公共机构和客户的协议；

——组织要求，如方针和程序；

——自愿原则或行为守则；

——自愿标识或环境承诺；

——基于本组织的合同安排所产生的义务；

——相关组织和行业标准。

组织应按部门、职能和不同类型的组织性活动区分合规义务，以确定谁受到这些合规义务的制约。

获取法律和其他合规义务变更信息的过程包括：

——在相关监管机构的邮寄名单上；

——专业团体的成员资格；

——订阅相关信息服务；

——参加行业论坛和研讨会；

——监视监管机构的网站；

——与监管机构会谈；

——通过法律顾问；

——关注合规义务的来源（如监管声明、法院判决）。

应采取以风险为基础的方法，例如，组织应优先履行确定的、与业务最为相关的（20%紧要部分）合规义务，随后将重点扩展至其他（80%相关部分）合规义务上（帕累托原则）。

在适当的情况下，组织应建立并维护独立的文件记录（如登记册或日志）以列出其所有合规义务，并建立定期更新文件的流程。

除合规义务外，该文件还应包括但不限于：

——合规义务的影响；

——合规义务的管理；

——与合规义务相关的控制措施；

——风险评估。

标准对企业合规义务的管理、合规义务的范围、合规义务的维护信息渠道管理、合规义务管理文件化记录进行了明确。对应 ISO 37301：2021 的国家标准 GB/T 35770-2022《合规管理体系要求及使用指南》对“合规义务”作了进一步的补充使用指南，具体详见 GB/T 35770-2022《合规管理体系要求及使用指南》中的附录 NA。

第三节　企业内外环境分析

一、理解企业及其环境

一棵树之于森林，一条鱼之于海洋，森林、大海环境的变化与一棵树、一条鱼息息相关，一家企业的存续，也同样受其所处的社会环境影响。企业会建立什么样的合规管理体系由企业外部的环境、企业自己的特点决定。同理，企业需要遵守的合规义务产生于企业所处的环境与自身特征。ISO 37301：2021 明确：最明显的是这些合规义务产生于组织所处的法律和监管环境。企业理解所处的法律和监管环境，是企业检索其适用的合规义务的来源。

企业应对以下五个方面进行盘点、摸底、调研与梳理：

一是梳理与公司业务有关的外部相关方及相关方的要求；

二是梳理公司业务领域的经营管理行为、活动与特征；

三是梳理公司业务的管理架构与职责；

四是梳理业务现有的制度体系建设；

五是了解公司业务领域的绩效考核与合规管理期望。

工作的组织形式一般是以每一个部门为单元，各部门负责本部门，进行部门管理环境盘点，形成《合规管理体系建设前部门管理环境盘点表》。

表 3-1　合规管理体系建设前部门管理环境盘点表

被盘点业务部门名称：　　　　　　盘点人：　　　　　　盘点时间：　　　　年　　月　　日

序号	盘点要素	盘点内容清单	盘点结果	备注
1	本部门、本业务系统对接的企业外部相关方	本部门、本业务系统负责对接的，能够影响、监管企业生产经营所在地的国际、国家政府各类监管机构、行业协会、地方社区、街道组织等强制性、公共管理部门有哪些		
		本部门、本业务系统负责对接的，向企业提供生产经营要素的银行、金融、合作伙伴（供应链上的供应商）有哪些		
		本部门、本业务系统负责对接的，使用和消费本企业产品、服务的客户或代理商有哪些		
		本部门、本业务系统负责对接的，当地社团、文化、宗教组织有哪些		
2	本部门、本业务系统对接的企业外部相关方要求（已送达、通知本部门的文件）	根据“1. 本部门、本业务系统对接的企业外部相关方”所列“盘点结果”，逐一列出。		
3	本部门、本业务系统对接的企业产品、服务、经营活动与运营的特征	本部门、本业务系统负责落实的企业战略规划内容有哪些		
		企业向社会提供的产品、服务中，本部门、本业务系统负责的工作内容有哪些		
		根据企业目前的战略规划及市场区域，本部门、本业务系统负责的工作内容有哪些		

续表

序号	盘点要素	盘点内容清单	盘点结果	备注
		企业产品、服务需要的原材料、半成品中，本部门、本业务系统负责的工作内容有哪些		
		企业所开展的生产经营主要业务活动与所在区域，本部门、本业务系统负责的工作内容有哪些		
		企业员工基本情况和宗教来源分布中，本部门、本业务系统内员工基本情况和宗教来源分布情况是怎样的（考虑劳动用工合规方面风险）		
4	企业的产权组织结构与管理组织架构及职责分布	企业全资、控股、参股公司的股权、产权架构图中，本部门、本业务系统所在位置		
		本企业及企业全资、控股企业的治理、运营管理部门组织结构图中，本部门、本业务系统所在位置		
		治理、运营管理的各层级的主要部门设置与职责分工中，本部门职责和本业务系统主要工作任务是什么		
5	企业现有的制度体系建设	企业的决策治理、战略管理制度清单中，本部门、本业务系统执行的制度有哪些		
		市场营销、销售制度清单中，本部门、本业务系统执行的制度有哪些		
		供应链与采购管理制度清单中，本部门、本业务系统执行的制度有哪些		
		技术研发制度清单中，本部门、本业务系统执行的制度有哪些		
		财务税务管理制度清单中，本部门、本业务系统执行的制度有哪些		
		质量安全环境与职业健康管理制度清单中，本部门、本业务系统执行的制度有哪些		
		人力资源管理制度清单中，本部门、本业务系统执行的制度有哪些		

续表

序号	盘点要素	盘点内容清单	盘点结果	备注
		渠道与合作伙伴管理制度清单中，本部门、本业务系统执行的制度有哪些		
		企业内部审计、纪检、监察等内部控制、监督、调查、处罚管理制度清单中，本部门、本业务系统执行的制度有哪些		
		企业文化与宣传管理制度清单中，本部门、本业务系统执行的制度有哪些		
		企业行政管理制度清单中，本部门、本业务系统执行的制度有哪些		
		其他的相关制度中，本部门、本业务系统执行的制度有哪些		
6	企业绩效考核与合规管理期望	本企业及企业全资、控股公司的绩效考核指标设置中，本部门、本业务系统负责的绩效指标有哪些		
		对董监高、中层及员工绩效考核指标设置中，本部门、本业务系统负责的绩效指标有哪些		
		合规管理在企业战略规划、企业文化中的定位中，本部门、本业务系统负责的宣传指标有哪些方面		
		企业对合规管理方针、合规目标展望中，本部门、本业务系统负责的合规期望是什么		

然后将各部门的盘点表汇总，形成《合规管理体系建设前盘点工作表》。

表 3–2　合规管理体系建设前盘点工作表

被调研单位：　　　　　　　调研人：　　　　　　　调研时间：　　　　年　　月　　日

序号	调研要素	调研内容清单	调研结果	备注
1	企业外部相关方	能够影响、监管企业生产经营所在地的国际、国家政府各类监管机构、行业协会、地方社区、街道组织等强制性、公共管理部门		
		向企业提供生产经营要素的银行、金融、合作伙伴（供应链上的供应商）		
		使用和消费本企业产品、服务的客户或代理商		
		当地社团、文化、宗教组织		
2	企业外部相关方要求（已送达、通知企业的文件）	根据“1. 企业外部相关方”所列“盘点结果”，逐一列出。		
3	企业产品、服务、经营活动与运营的特征	企业战略规划		
		企业向社会提供的产品、服务清单		
		企业目前的战略规划及市场区域		
		企业产品、服务的原材料、半成品供应链分布及可替代选择性		
		企业所开展的生产经营主要业务活动与所在区域		
		企业员工基本情况和宗教来源分布		
4	企业的产权组织结构与管理组织架构及职责分布	企业全资、控股、参股公司的股权、产权架构图		
		本企业及企业全资、控股企业的治理、运营管理部门组织结构图		
		治理、运营管理的各层级的主要部门设置与职责分工、岗位设置与岗位职责		

续表

序号	调研要素	调研内容清单	调研结果	备注
5	企业现有的制度体系建设	企业的决策治理、战略管理制度清单		
		市场营销、销售制度清单		
		供应链与采购管理制度清单		
		技术研发制度清单		
		财务税务管理制度清单		
		质量安全环境与职业健康管理制度清单		
		人力资源管理制度清单		
		渠道与合作伙伴管理制度清单		
		企业内部审计、纪检、监察等内部控制、监督、调查、处罚管理制度清单		
		企业文化与宣传管理制度清单		
		企业行政管理制度清单		
		其他的相关制度		
6	企业绩效考核与合规管理期望	本企业及企业全资、控股公司的绩效考核指标设置情况		
		对董监高、中层及员工绩效考核指标设置情况		
		合规管理在企业战略规划、企业文化中的定位		
		企业对合规管理方针、合规目标展望		

下面是某大型企业的自身及环境盘点实例。

表 3-3　×××公司　合规管理体系建设前盘点工作表

被调研单位：　　　　　　　调研人：　　　　　　　调研时间：　　　　年　　月　　日

序号	调研要素	调研收集资料内容清单	调研结果	备注
1	企业外部相关方	能够影响、监管企业生产经营所在地的国际、国家政府各类监管机构、行业协会、地方社区、街道组织等强制性、公共管理部门	×××国资委、×××有限公司、×××市委、×××市政府、×××市城市管理委员会。	
		向企业提供生产经营要素的银行、金融、合作伙伴（供应链上的供应商）	融资机构：中国农业银行、北京农商银行、招商银行、英大信托、中电财； 支付账户：中国工商银行； 电费账户：13 家银行； 上游×××：28 家×××，请见附件 1。	银行、金融向财务部咨询；××× 交易中心提供。
		使用和消费本企业产品、服务的客户或代理商	×××市 766 万×××客户。	摘自 2021 年公司年鉴。
		当地社团、文化、宗教组织	无	
2	企业外部相关方要求（已送达、通知企业的文件）	根据“1. 企业外部相关方”所列“调研结果”，逐一列出。	具体零件×××公司外来文件、法律法规、政策规定、行业标准登记清单。	从公司外部文件登记本获得。
3	企业产品、服务、经营活动与运营的特征	企业战略规划	以首都标准落实×××有限公司“三型两网、世界一流”战略目标和“一个引领、三个变革”战略路径的战略部署，以首都安全稳定体系建设为主线，以高质量发展为方向，力争经过三年的不懈努力，到 2021 年初步建成世界一流×××企业。	摘自董事长在职代会上的报告。
		企业向社会提供的产品、服务清单	业务范围涉及×××规划、建设、运行管理和客户服务等。	摘自公司首页基本情况介绍。
		企业目前的战略规划及市场区域	公司作为××××有限公司服务首都的示范窗口和×××市重要能源支柱企业，主要负责×××地区 1.64 万平方公里范围内的××规划建设、运行管理和 766 万×××客户的×××服务工作。	摘自 2021 年公司年鉴。
		企业产品、服务的原材料、半成品供应链分布及可替代选择性	分布在××××地区。	
		企业所开展的生产经营主要业务活动与所在区域	×××地区。	
		企业员工基本情况和宗教来源分布	截至 2021 年底，公司主业用工 11575 人（含借用至集体企业 2116 人），包括：长期职工 8336 人，农电用工 2920 人，劳务派遣用工 319 人。 公司长期职工人员结构如下： 按年龄，平均年龄为 41.0 岁，50 岁及以上 2095 人，占 25.1%；40 岁至 49 岁 2605 人，占 31.3%；30 岁至 39 岁 1903 人，占 22.8%；29 岁及以下 1733 人，占 20.8%。男员工 6311 人，占 75.7%，男女比例为 3.12∶1。	

续表

序号	调研要素	调研收集资料内容清单	调研结果	备注
			按学历，具有研究生及以上学历人员1853人，占22.2%；大学本科4130人，占49.5%；大学专科1436人，占17.3%；中等职业教育658人，占7.9%；高中及以下人员259人，占3.1%。 按专业技术资格，副高及以上专业技术资格1853人，占22.2%；中级专业技术资格1682人，占20.2%；初级专业技术资格2875人，占34.5%。 按技能鉴定等级，高级技师2095人，占25.1%；技师1786人，占21.4%；高级工1619人，占19.4%；中级工448人，占5.4%。	
4	企业的产权组织结构与管理组织架构及职责分布	企业全资、控股、参股公司的股权、产权架构图	公司为×××有限公司全资子公司。	
		本企业及企业全资、控股企业的治理、运营管理部门组织结构图	公司下辖二级单位31个，包括16个×××公司、11个业务支撑机构及4个其他单位，详见附件2。	摘自公司首页组织机构介绍。
		治理、运营管理的各层级的主要部门设置与职责分工、岗位设置与岗位职责	22个职能部门，详见附件3。	
5	企业现有的制度体系建设	企业的决策治理、战略管理制度清单	1. 附件4：另见制度清单（8月30日版）； 2. 附件5：投资、销售、生产、采购、工程建设制度清单。	
		市场营销、销售制度清单		
		供应链与采购管理制度清单		
		技术研发制度清单		
		财务税务管理制度清单		
		质量安全环境与职业健康管理制度清单		
		人力资源管理制度清单		
		渠道与合作伙伴管理制度清单		
		企业内部审计、纪检、监察等内部控制、监督、调查、处罚管理制度清单		
		企业文化与宣传管理制度清单		
		企业行政管理制度清单		
		其他的相关制度		

续表

序号	调研要素	调研收集资料内容清单	调研结果	备注
6	企业绩效考核与合规管理期望	本企业及企业全资、控股公司的绩效考核指标设置情况	1. 附件6：×××市×××公司关于印发公司所属单位及其企业负责人业绩考核管理办法的通知。 2. 附件7：×××市×××公司关于下达2022年度所属单位及其企业负责人业绩考核指标体系的通知。	
		对董监高、中层及员工绩效考核指标设置情况	1. 附件6：×××市×××公司关于印发公司所属单位及其企业负责人业绩考核管理办法的通知。 2. 附件7：×××市×××公司关于下达2022年度所属单位及其企业负责人业绩考核指标体系的通知。	
		合规管理在企业战略规划、企业文化中的定位	指导思想：坚持以习近平新时代中国特色社会主义思想为指导，深入贯彻国务院国资委法治央企建设部署，全面落实×××公司合规管理工作安排，紧密围绕公司“首都安全稳定年”要求，以持续提升公司合规经营管理水平为主线，以抓合规、防风险、保发展为根本任务，筑牢企业依法合规经营根基，全力保障公司高质量发展。	
		企业对合规管理方针、合规目标展望	1. 总体目标： 全面加强合规经营管理，防范化解内外部风险，加快提升依法合规经营管理水平，构建制度完备、覆盖全面、管控科学、运转高效，具有首都×××企业特色的合规管理体系，全员树立“合规立身”的价值理念，形成以合规为荣、违规为耻的浓厚氛围，培育塑造良好的合规文化，为建设世界一流能源互联网企业提供坚强法治保障。 2. 基本原则： 全面覆盖，突出重点。将合规管理要求全面嵌入公司生产经营管理活动，做到合规管理人人有责、人人参与。同时狠抓重点领域，统筹兼顾、分类施策，切实防范风险，促进公司生产经营全面依法合规。 预防为主，惩防并举。立足防范合规风险，实现关口前移、强调事前防范和过程控制，将合规审查作为必经程序，同时对于违规行为和人员严肃问责，通过惩戒手段形成高压态势，达到警示和预防目的。 构建机制，强化联动。建立业务部门、合规牵头部门及监督部门各负其责的“三道防线”，突出业务部门“首道关口”职责，发挥法律部门牵头督导作用，加强监督部门检查监督与违规问责，实现合规管理与公司现有管理机制的协同联动。	

二、理解企业相关方的需要和期望

在合规管理体系建设前盘点工作完成后，企业即了解了外部周围，也了解了自己，即可确定企业相关方的需要和期望。企业生产经营过程中，企业相关方，有的对企业有要求，有的对企业有期望。社会活动的主体包括政府、企业、社会组织、公民，不同的主体，就有不同的需要和期望，有的形成了文件，如政府组织发布的法律法规、政策文件，有的没有形成文件，是该地区长期形成的需求和期望，如宗教信仰、公序良俗等。

理解企业相关方的需要和期望，包括两个方面，一是企业相关方有哪些，二是他们的需要和期望是什么。

从国家层面，企业是市场主体，所有市场的监管机构均属于企业外部相关方，他们往往发布的是法律法规与监管规定、国家标准。从行业、产业划分层面，行业、产业主管部门属于企业外部相关方，他们往往发布的是行业规定、行业标准、团体标准等。从资本市场层面，如果企业是上市公司，资本市场的监管机构属于企业外部相关方，他们往往发布的是作为一家上市公司应该遵守的上市监管政策。从产业链层面，企业的供应商、代理商等第三方属于企业外部相关方，他们往往与企业约定要遵守某些国家、行业的推荐性标准。从市场客户层面，企业的销售客户和潜在客户是企业相关方，他们往往关注企业公开对他们的产品与服务承诺。从企业所处的社区、社会层面，企业所处的物理社区和虚拟社区企业外部相关方，前者如街道，后者如互联网空间、元宇宙空间等，他们往往从企业履行社会责任的角度，提出需要和期望，一般与社会文化、社会主流价值观、公序良俗、社会传统美德、宗教信仰等方面联系在一起。这一领域往往会给企业的不良行为形成舆论谴责和舆论事件，企业要特别注意。最后，还有一类重要的企业相关方，即企业的员工，作为特殊的相关方，他们也有自己的要求和期望。同时，企业要确定上述的哪些要求能够通过企业的合规管理体系来满足和实现，哪些是合规管理体系不能够实现的。

三、确定合规管理体系的范围

确定合规管理体系的范围就是企业确定其合规管理体系所适用的物理边界、经济边界和组织边界。企业应确定合规管理体系的地域边界和经济边界、组织边界，比如“本合规管理体系覆盖公司中国法律管辖范围和公司房地产业务板块、法人公司范围”。这样的适用范围可以是大型集团公司组织的一部分，比如某一个、某几个法人子公司。

在这个过程中，企业选择在整个企业、企业内具体单元或具体职能部门内部实施合规管理体系的时候，具有自由度和灵活性。通常情况下，合规管理体系会在整个企业中实施，如果企业由多个组织组成，合规管理体系会在企业所有组织中实施，这样做是为了避免企业内部各组织在执行合规方面出现双重标准。

企业确定合规管理体系的范围宜合理且与企业自身规模相匹配，并宜考虑企业所面临的合规风险的性质和程度，因此，描述企业合规管理体系适用范围时，要描述适用的企业主要面临的合规风险。比如企业建立的是数据合规管理体系，其适用的企业主要合规风险就是数据合规风险。如果企业建立的是全面合规管理体系，其适用的是企业面临的各类合规风险。

企业确定合规管理体系的管理范围和适用的主要合规风险范围，应结合以下内容来确定：

1. 在理解企业及其环境中确定的企业内部和外部因素；
2. 识别和确定的企业外部相关方及其需要和期望；
3. 识别、确定的企业要遵守的合规义务；
4. 识别、评估确定的企业面临的合规风险。

企业确定的合规管理体系范围应体现在企业相关的合规管理文件中，让企业员工知晓。

第四节　企业业务活动梳理

一、企业业务结构

企业因行业不同，业态不同，其业务结构也不同。企业运转是业务活动执行的集合。根据企业向市场提供的产品和服务、业务活动分工不同，梳理分析公司业务活动清单首先要认识不同企业类型业务分工特征。参照工业和信息化部、国家统计局、发展改革委、财政部研究制定发布的《中小企业划型标准规定》，企业主要向市场提供物质产品、服务产品两类。一类是主要提供物质产品的行业企业，包括：农、林、牧、渔业、工业（包括采矿业，制造业，电力、热力、燃气及水生产和供应业），建筑业，批发业，零售业，餐饮业，房地产开发经营。其中批发业、零售业的企业为流通类企业，没有“生产”过程。另一类是主要提供服务产品的商业企业，包括：交通运输业（不含铁路运输业），住宿业，仓储业，邮政业，信息传输业（包括电信、互联网和相关服务），软件和信息技术服务业，物业管理，租赁和商务服务业，其他行业（包括科学研究和技术服务业，水利、环境和公共设施管理业，居民服务、修理和其他服务业，社会工作，文化、体育和娱乐业等）。

提供物质产品的非流通类企业，其业务活动主要的价值链是研发、销售、采购、技术与生产、物流交付、售后服务，这些企业的业务活动结构基本为“研发——销售——采购——生产——交付”业务模式和支持性管理活动。提供物质产品的流通类企业，其业务活动主要的价值链是产品销售、采购、物流交付与售后服务和支持性管理活动。

提供服务产品的企业，其业务活动主要的价值链是产品研发、销售、服务。这些企业的业务活动结构基本为“研发——销售——服务”业务模式和支持性管理活动。

支持性管理活动内容基本相同，如人力资源管理、财务资金与核算管理、质量管理、安全管理、法务管理、审计、行政管理、后勤管理等管理活动。

二、企业合规关系三要素

合规关系，是指合规义务在调整、规范组织的关联人员行为过程中所形成的具有组织应尽义务或应承担责任的组织行为关系。合规风险是合规关系的主要特征。

组织的关联人是指为组织提供产品、服务或代表组织提供产品、服务的人、法人或非法人组织，组织的雇员、代理、分供方、存在劳务合同或提供实质劳务的个人都是组织的关联人。企业的关联人包括企业长期劳动合同关系的员工，短期劳务合同关系或提供实质劳务的个人，企业产品、服务的承销商、代理商，也包括向企业提供产品、服务的供应商。在服务于企业生产经营过程中，组织有阻止关联人违规的应尽义务，需要为此承担责任。在企业生产经营过程中，企业要对提供劣质材料的供应商和行为进行控制与管理，要对代理商的虚假推销本企业的产品承担责任，要对企业员工在办理业务过程中的违规行为负有管理责任。在 ISO 37301：2021 中，其定义的“人员”是“在国家法律或实践中被确认为有工作关系的个人，或依赖于组织活动的任何合同关系中的个人”，从这个定义看，与组织的雇员、代理、分供方、存在劳务合同或提供实质劳务的个人，即组织的关联人员范围是一样的。

合规管理的主要任务就是维护正确的合规关系，该合规关系，如同法律关系一样，具有三个要素。

1. 合规主体：遵守合规义务的关联人。

2. 合规客体：业务活动、产品和服务。

3. 合规内容：适用的合规义务。

为了方便理解，举个具体的企业业务活动场景：在北京某公司的员工张某负责公司广告业务，公司广告业务主要是通过专业的广告公司来实施，同时，还会临时请一些在校勤工俭学的大学生来当临时模特，拍摄广告。

合规关系一：

1. 合规主体：公司员工张某

2. 合规客体：负责公司的广告业务

3. 合规内容：《中华人民共和国广告法》《中华人民共和国行政许可法》《北京市市容环境卫生条例》、广告管理行政规定和知识产权方面的法规等。

合规关系二：

1. 合规主体：广告公司。

2. 合规客体：向公司提供广告业务。

3. 合规内容：《中华人民共和国广告法》《中华人民共和国行政许可法》《北京市市容环境卫生条例》、广告管理行政规定和知识产权方面的法规等。

合规关系三：

1. 合规主体：勤工俭学的大学生。

2. 合规客体：广告业务中的临时模特工作。

3. 合规内容：公司对外公开的合规行为承诺等。

以上的公司业务活动场景构成了三个“合规关系”，公司实施有效的合规管理确保这三个“合规关系”正确，管控其可能发生的合规风险。

一家正常运营的企业，会有许多这样的“合规关系”分布在与企业有关联关系的人员之中，包括企业员工、代理商、供应商及有劳动关系的个人。企业的各部门负责人要组织部门员工及时地识别和确定合规主体、合规客体和合规内容，部门的合规管理就能够做到有的放矢。

三、企业合规主体——谁应合规

确定企业合规主体即确定企业谁应合规。从外部利益相关方角度出发，凡是可能给公司带来合规损害的公司人员、第三方人员均应在公司合规管理范围，具体包括但不限于：

1. 与公司签订劳动合同的员工；

2. 与公司未签订劳动合同，但有实质劳动关系的人员；

3. 代理销售公司产品、服务的合作伙伴的人员；

4. 向公司提供外包业务的合作伙伴的人员；

5. 向公司供应货物、服务的供应商；

6. 授权代表公司的其他相关人员。

各业务部门负责人和业务人员应随时注意本业务领域合规管理人员范围的变化情况，做到全覆盖、零死角，公司合规专员要每月评估合规管理的人员范围全覆盖情况。

四、企业合规客体——哪些应合规

确定企业合规客体即确定企业哪些业务活动和结果需要遵守合规义务。

合规客体，即合规管理对象，是生产经营活动、产品和服务的合规性，仔细进行企业生产经营活动、产品和服务内容的尽调，详细掌握本企业在做什么，是开展合规管理的基本前提。

企业合规管理牵头部门组织和配合，向业务、职能部门提供统一规范的业务、职能活动梳理工具表，业务、职能部门以每一个部门为单元，由各部门负责本部门业务活动的梳理分析，形成企业生产经营活动、产品和服务清单。

没有业务活动，就没有合规风险，我们首先要去梳理企业运行的各业务活动。企业的业务活动运行主要表现为两种方式，一种是以岗位为单元的运行方式，另一种是以业务流程为单元的运行方式。

下面是一家科技性公司的业务活动分解图。

表 3-4　×××公司　业务活动分解图

<table>
<tr><th colspan="2">业务活动</th><th>研发设计类</th><th>生产类 1</th><th>生产类 2</th><th>销售类 1</th><th>销售类 2</th></tr>
<tr><td colspan="2">核心业务活动</td><td>软件开发</td><td>法律专业内容编写</td><td>文案内容编写</td><td>销售策划；销售推广；产品销售；产品交付；销售结算管理；客户关系管理</td><td>前台客户服务；售后客户服务运维</td></tr>
<tr><td colspan="2">采购类</td><td>软件开发外包</td><td>法律专业内容外包</td><td>文案内容外包</td><td>销售外包</td><td>售后服务外包</td></tr>
<tr><td rowspan="7">其他支持类</td><td>质量管理</td><td colspan="5">质量管理</td></tr>
<tr><td>职业健康与安全监督管理</td><td colspan="5">职业健康与安全监督管理</td></tr>
<tr><td>商务合约管理</td><td colspan="5">公司合同评审、履约监督、结算监督；公司合同章保管</td></tr>
<tr><td>法务管理</td><td colspan="5">公司主体法务管理；公司知识产权管理；公司合同法律风险评审、公司授权管理；法律风险管理；公司诉讼管理；公司法律意见书管理；法律事务外包管理</td></tr>
<tr><td>合规管理</td><td colspan="5">合规管理制度建设；合规管理实施（包括：合规义务管理；合规风险评估；合规风险控制管理；合规风险预警；合规举报受理；合规调查；合规咨询；合规检查；合规报告；合规管理评审）；合规培训；合规宣传；合规文化建设</td></tr>
<tr><td>财务资金管理</td><td colspan="5">现金出纳；银行出纳；银行账户管理；财务融资管理；银企合作管理；资金计划管理；带息负债管理；资金支出审核；收款管理；财务报销审核；备用金管理；公司税款缴纳</td></tr>
<tr><td>财务核算管理</td><td colspan="5">银行账户管理；财务专用章保管；法定代表人名章保管；发票专用章保管；财务专用章使用管理；发票管理；票据管理；公司税务管理；预算管理；财务记账管理；财务统计与报表；公司固定资产核算管理</td></tr>
</table>

续表

其他支持类	人力管理	人员定编定岗管理；人员招聘管理；高端人才招聘管理；政府高端人才优待政策落实管理；人员薪酬待遇管理；人员考勤管理；人员绩效考核管理；人员工资造表；重要人事任用管理；重要人事撤免管理；人员岗位调动管理；人员劳动关系管理；员工培训管理；员工培训外包管理；人事档案管理
	行政综合管理	会议采购、会议结算、会议服务；公司公章保管；公司公章使用管理；公司资质证书保管；公司资质证书使用管理；公司保密管理；公司文件管理；公司机要文件管理；公司差旅报销管理；公务服务采购；公务接待管理、公务接待结算、公务用车管理、公务用车消耗管理
	档案管理	公司档案管理；公司数字信息档案管理；公司商秘管理
	后勤管理	办公物资与后勤采购管理；后勤结算管理；后勤供应管理；后勤库房管理；办公资产管理
	风控	公司风险管理体系建设；风险管理评价
	信息化管理	业务信息化开发；信息化外包；信息系体维护；数据信息管理
	内部审计	财务审计；非财务审计（包括：内控审计；经济责任审计；专项审计；财务报表审计；跟踪审计；离任审计；合规审计）
	企业文化建设	公司文化建设策划；公司文化主题活动管理；公司文化宣传
	团队建设	团队团建管理
	公司战略规划与管理	公司战略规划编制管理；公司战略规划动态管理；公司年度目标测算管理；公司目标责任制管理；公司业绩预警管理；年度公司绩效考核管理；公司生产经营管理制度体系管理；社会责任管理；公司治理机制管理

从上面的业务分解图可以得出，企业作为市场中的盈利经济主体，其业务活动由研发设计、采购、生产、销售等业务活动和为这些业务活动顺利运行而服务、赋能、支持性的其他管理活动组成，小型企业的业务活动、管理活动会相对简单、工作量小，大型企业更复杂、工作量大，还会有投资、并购、资产处置等资本业务活动。

（一）以岗位为单元的业务活动梳理

企业各部门负责人组织本部门人员根据本部门管理范围主责业务和岗位设置调整、增减等变化情况，及时地进行本部门各岗位业务活动梳理工作，及时形成本部门、本业务系统最新的各岗位业务活动清单。

企业员工按照部门、岗位名称、目前在岗、岗位职责、业务活动事项（二级、三级分解）、控制目标（工作结果与工作目标）进行梳理。每人应及时梳理自己岗位的业务活动清单，确保为最新状态，一般要经过部门负责人审核，公司合规专员复核，并及时汇总形成企业层面的业务活动清单。

以岗位为单元的业务活动梳理往往根据岗位职责进行，如下所示：

某公司的产品成本管理岗职责

产品成本管理岗

1. 对接与配合公司相关部门，推进各工厂通用材料的集中采购管理。
2. 负责各工厂原材料采购成本管理监督。
3. 负责各工厂原材料供应商资源管理与优化建议。
4. 负责各工厂单位产品的原材料成本管理监督与优化建议。
5. 负责各工厂单位产品的模具等摊销成本管理监督与优化建议。

按照岗位职责分类梳理分析公司的一级、二级业务活动清单，梳理形成《岗位对应业务、职能事项清单》。如表 3-5 所示：

表 3-5　×××公司　岗位对应业务、职能事项清单

岗位名称：　　　　　　　　　所在部门：　　　　在岗人员姓名：

序号	业务、职能事项信息			
	岗位职责	对应业务、职能事项		
		二级分类	形成的主要工作成果	服务的主要工作目标
1				
2				
3				

（二）以业务流程为单元的业务活动梳理

企业各部门负责人组织本部门人员根据本部门管理范围主责业务内容以及日常的调整、增减等变化情况，及时地进行本部门主责业务活动梳理工作，及时形成本部门、本业务系统最新的各业务活动清单。

企业员工按照部门、业务名称、工作任务、主要工作成果、服务的主要工作目标、实施责任岗位进行梳理。每人及时梳理自己牵头负责的业务活动清单，确保为最新状态，一般要经过部门负责人审核，公司合规专员复核，并及时汇总形成企业层面的业务活动清单。

以业务流程为单元的业务活动梳理根据每个部门负责的业务流程进行，如表 3-6 所示：

表 3-6　×××公司总部合格供应商资源管理流程

流程主控部门		供应管理部	流程层次	总部	流程名称	公司集中采购合格供应商资源管理流程			流程用途描述	描述公司集中采购合格供应商管理过程	
主管领导		副总经理			支持部门	公司总部品保部/技术保证与研发部/物资部/法务部和各分公司物资部					
适用范围		适用于公司总部集中采购物资供应商资源管理									
工作方法综述		从公司未来三年生产经营规模发展趋势对公司集中采购合格供应商的剩余供应能力进行动态管理，流程每年全循环一次。									
要素	管理目标	分公司物资部	物资部	品质保证部/技术研发部/法务部	监察部	主管领导	公司经理	工作任务（内容）	受控记录	过程工作要求	工作方法
步骤	A	B	C	D	E	F	G	H	I	J	K
1		供应能力评估						针对分公司年度经营目标，对公司现有在《合格供方名册》范围的各类供应商供应能力是否能够满足分公司全年生产需求进行评估	《合格供应商供应能力评估报告》	每年年底和次年1月进行，1月10日前形成报告，1月10日至20日在相关部门评估和审核报公司物资部。	从合格供应商剩余供应能力与分公司全年需求数据对比分析。
2	供应能力超过公司未来一年度的物资需求总量50%		供应能力评估					针对公司年度经营目标，对公司现有在《合格供方名册》范围的各类供应商供应能力是否能够满足公司全年生产需求进行评估	《合格供应商供应能力评估报告》	每年年底和次年1月进行，1月20日前形成报告，1月20日至30日在相关部门评估和审核。	从合格供应商剩余供应能力与全年需求数据对比分析。分公司物资部配合进行。
3				评估	评估	审核	审批	品质保证部、技术研发部和监察部从本部门专业角度对《公司合格供应商供应能力评估报告》进行评估，物资部修改后，主管领导和公司经理进行审核和审批。	评估与审核、审批记录	各用1个工作日，2月底形成正式报告，掌握公司年度供应商供应能力缺口。	书面评估审核或者会议形式进行。
4			供应商资源开发计划（通过）					根据《公司合格供应商供应能力评估报告》，制订年度公司供应商资源发展计划。	《公司年度供应商资源发展计划书》	形成公司年度供应商供应能力缺口应对方案。	通过提高现有供应商供应量和增加新的供应商资源。

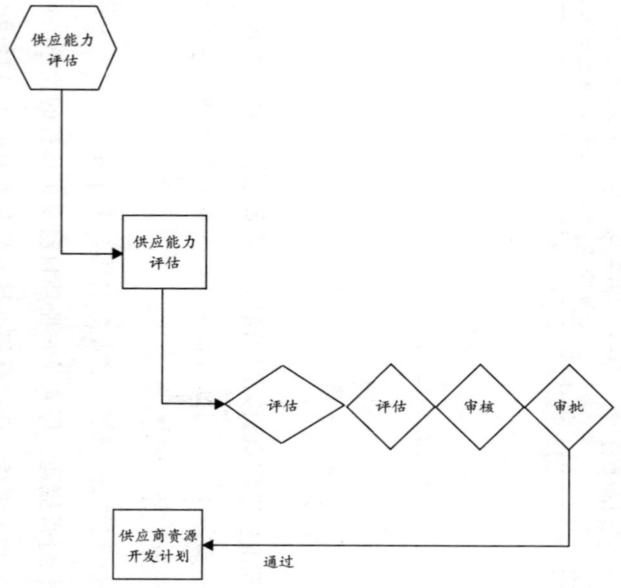

续表

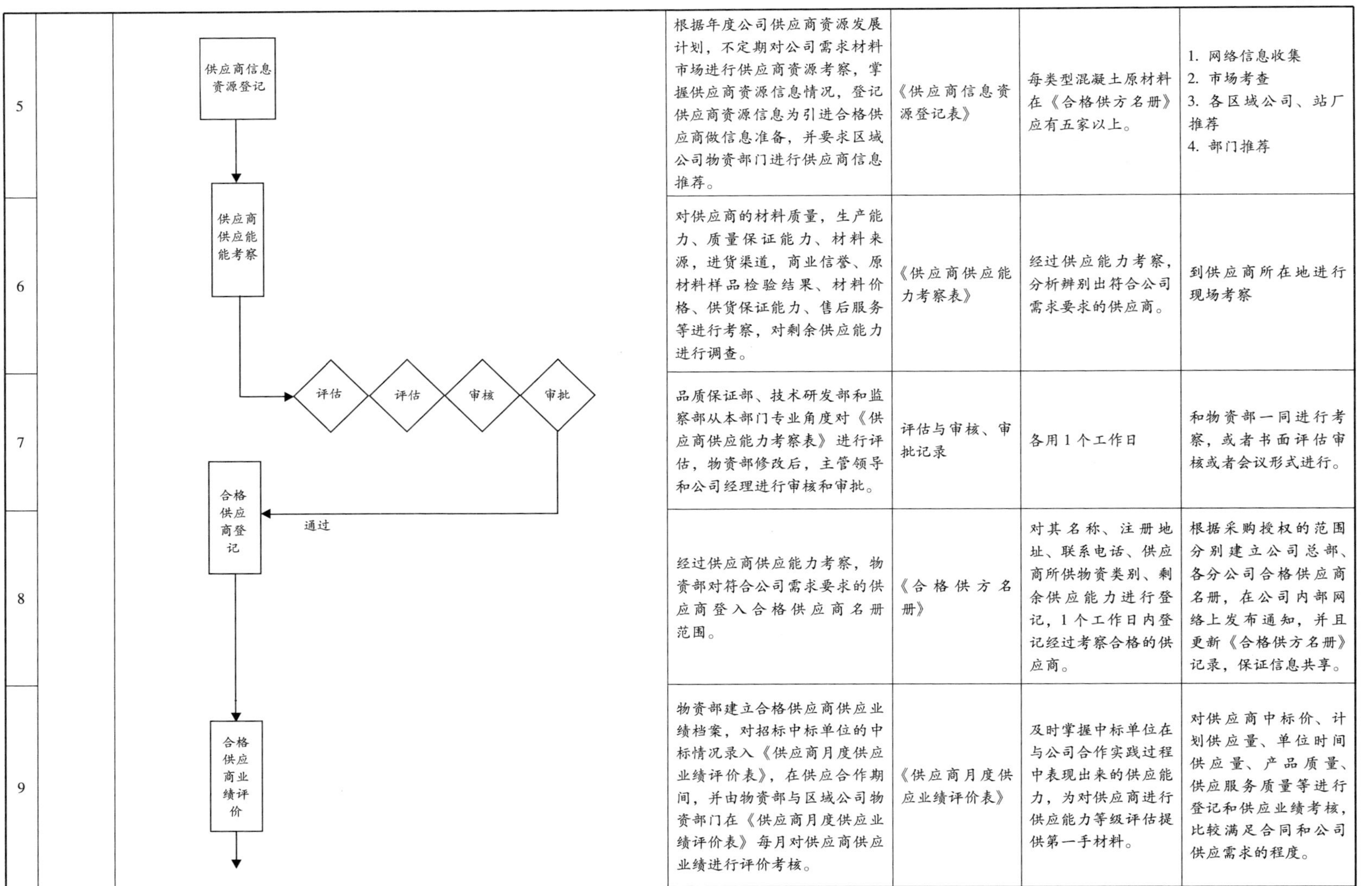

序号		流程	说明	表单	标准	备注
5		供应商信息资源登记	根据年度公司供应商资源发展计划，不定期对公司需求材料市场进行供应商资源考察，掌握供应商资源信息情况，登记供应商资源信息为引进合格供应商做信息准备，并要求区域公司物资部门进行供应商信息推荐。	《供应商信息资源登记表》	每类型混凝土原材料在《合格供方名册》应有五家以上。	1. 网络信息收集 2. 市场考查 3. 各区域公司、站厂推荐 4. 部门推荐
6		供应商供应能能考察	对供应商的材料质量，生产能力、质量保证能力、材料来源，进货渠道，商业信誉、原材料样品检验结果、材料价格、供货保证能力、售后服务等进行考察，对剩余供应能力进行调查。	《供应商供应能力考察表》	经过供应能力考察，分析辨别出符合公司需求要求的供应商。	到供应商所在地进行现场考察
7		评估、评估、审核、审批	品质保证部、技术研发部和监察部从本部门专业角度对《供应商供应能力考察表》进行评估，物资部修改后，主管领导和公司经理进行审核和审批。	评估与审核、审批记录	各用1个工作日	和物资部一同进行考察，或者书面评估审核或者会议形式进行。
8		合格供应商登记	经过供应商供应能力考察，物资部对符合公司需求要求的供应商登入合格供应商名册范围。	《合格供方名册》	对其名称、注册地址、联系电话、供应商所供物资类别、剩余供应能力进行登记，1个工作日内登记经过考察合格的供应商。	根据采购授权的范围分别建立公司总部、各分公司合格供应商名册，在公司内部网络上发布通知，并且更新《合格供方名册》记录，保证信息共享。
9		合格供应商业绩评价	物资部建立合格供应商供应业绩档案，对招标中标单位的中标情况录入《供应商月度供应业绩评价表》，在供应合作期间，并由物资部与区域公司物资部门在《供应商月度供应业绩评价表》每月对供应商供应业绩进行评价考核。	《供应商月度供应业绩评价表》	及时掌握中标单位在与公司合作实践过程中表现出来的供应能力，为对供应商进行供应能力等级评估提供第一手材料。	对供应商中标价、计划供应量、单位时间供应量、产品质量、供应服务质量等进行登记和供应业绩考核，比较满足合同和公司供应需求的程度。

续表

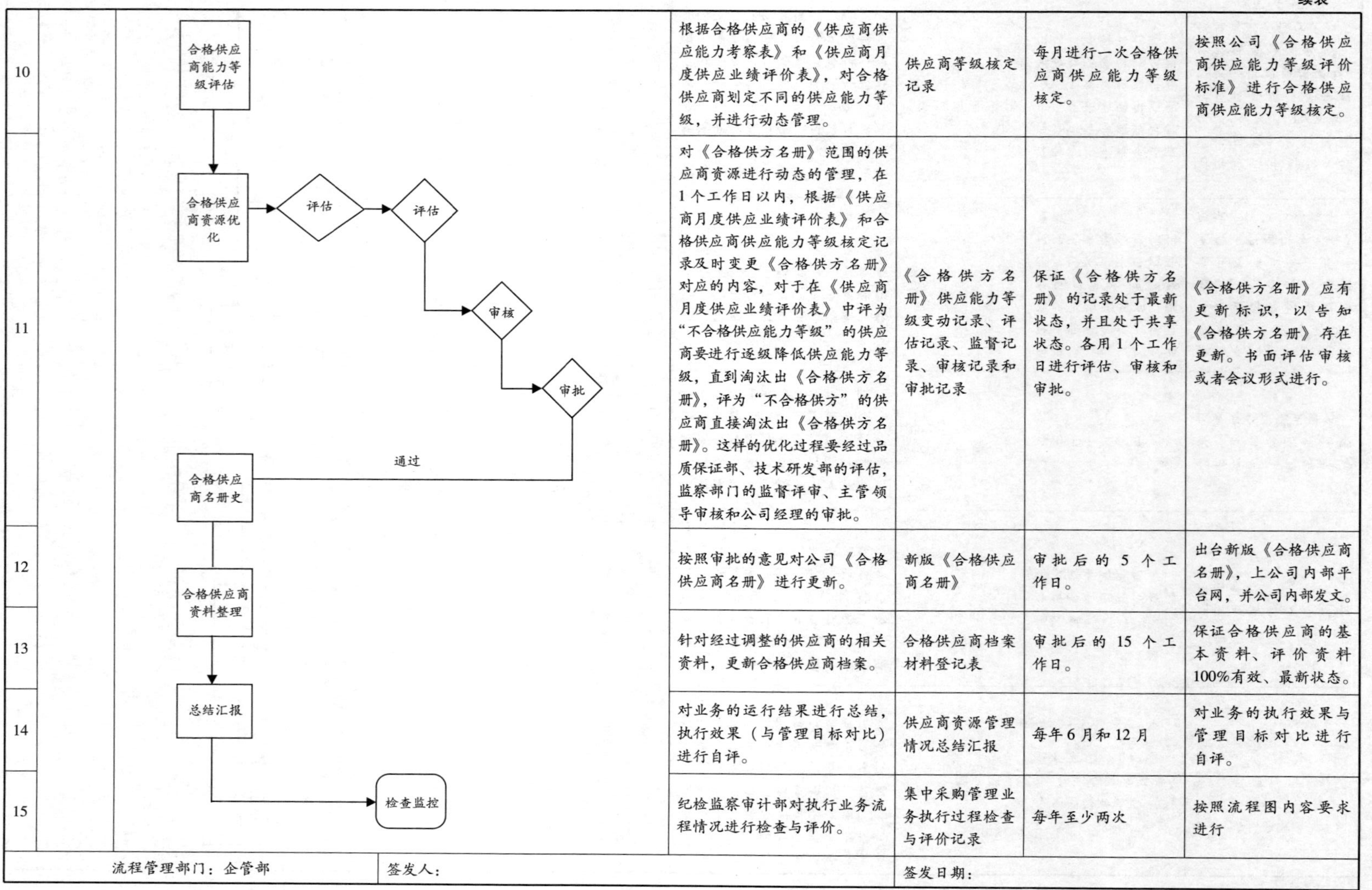

10	合格供应商能力等级评估	根据合格供应商的《供应商供应能力考察表》和《供应商月度供应业绩评价表》，对合格供应商划定不同的供应能力等级，并进行动态管理。	供应商等级核定记录	每月进行一次合格供应商供应能力等级核定。	按照公司《合格供应商供应能力等级评价标准》进行合格供应商供应能力等级核定。
11	合格供应商资源优化	对《合格供方名册》范围的供应商资源进行动态的管理，在1个工作日以内，根据《供应商月度供应业绩评价表》和合格供应商供应能力等级核定记录及时变更《合格供方名册》对应的内容，对于在《供应商月度供应业绩评价表》中评为“不合格供应能力等级”的供应商要进行逐级降低供应能力等级，直到淘汰出《合格供方名册》，评为“不合格供方”的供应商直接淘汰出《合格供方名册》。这样的优化过程要经过品质保证部、技术研发部的评估，监察部门的监督评审、主管领导审核和公司经理的审批。	《合格供方名册》供应能力等级变动记录、评估记录、监督记录、审核记录和审批记录	保证《合格供方名册》的记录处于最新状态，并且处于共享状态。各用1个工作日进行评估、审核和审批。	《合格供方名册》应有更新标识，以告知《合格供方名册》存在更新。书面评估审核或者会议形式进行。
12	合格供应商名册更	按照审批的意见对公司《合格供应商名册》进行更新。	新版《合格供应商名册》	审批后的5个工作日。	出台新版《合格供应商名册》，上公司内部平台网，并公司内部发文。
13	合格供应商资料整理	针对经过调整的供应商的相关资料，更新合格供应商档案。	合格供应商档案材料登记表	审批后的15个工作日。	保证合格供应商的基本资料、评价资料100%有效、最新状态。
14	总结汇报	对业务的运行结果进行总结，执行效果（与管理目标对比）进行自评。	供应商资源管理情况总结汇报	每年6月和12月	对业务的执行效果与管理目标对比进行自评。
15	检查监控	纪检监察审计部对执行业务流程情况进行检查与评价。	集中采购管理业务执行过程检查与评价记录	每年至少两次	按照流程图内容要求进行

流程管理部门：企管部　　签发人：　　签发日期：

梳理分析公司业务活动过程是对公司生产经营活动内容、分布范围、产品与服务分类的比较详细的盘点，以掌握公司合规管理的对象——生产经营活动的运行情况。可以根据企业当前的管理能力下的颗粒度不同，进行一级、二级的业务、职能事项清单梳理分析，形成《业务流程工作事项清单》。

表 3-7　×××公司　业务流程工作事项清单

业务名称：　　　　牵头责任部门：市场拓展部　　　　合规责任人：

<table>
<tr><td rowspan="3">序号</td><td colspan="3">业务基本信息</td><td></td></tr>
<tr><td colspan="3">工作事项（依据业务流程步骤环节，依次按照动宾结构描述各工作事项）</td><td rowspan="2">实施责任岗位</td></tr>
<tr><td>工作任务</td><td>主要工作成果</td><td>主要工作目标</td></tr>
<tr><td>1</td><td></td><td></td><td></td><td></td></tr>
<tr><td>2</td><td></td><td></td><td></td><td></td></tr>
<tr><td>3</td><td></td><td></td><td></td><td></td></tr>
</table>

具体采用哪一方法，需要根据企业当前的管理模式来确定，如果企业业务管理流程化水平比较高，可以按照业务流程方式来梳理企业的业务活动事项清单，如果企业管理流程化水平不够，或者是中、小、微企业，就适宜采用岗位方式进行业务活动清单梳理。

以下是某企业最后汇总形成企业层面的业务活动清单。

表 3-8　某企业生产经营业务活动清单

序号	部门名称	业务活动名称
1	市场部	融投资项目可研立项管理（产融项目）
2		营销立项与营销管理
3		客户考察接待管理
4		招标评审与投标管理
5		营销奖计提管理
6		客户开发与管理
7		合同谈判与签订管理流程
8		公司年度营销策划管理
9		资质证照管理

续表

序号	部门名称	业务活动名称
10	合约商务部	项目成本预算/责任成本管理
11		项目商务策划管理
12		项目中间结算管理
13		工程结算管理
14		项目分包中间结算管理
15		项目分供中间结算管理
16		项目分包最终结算管理
17		项目分供最终结算管理
18		项目节点考核兑现管理
19		项目竣工考核兑现管理
20		总包合同评审签约管理
21		分包分供合同评审签约
22		项目经济活动分析会管理
23	财务资金部	建造合同收入成本核算业务
24		工程款回收管理
25		抵债资产管理业务
26		拖欠工程款管理
27		工程质保金管理
28		资金支付管理
29		费用核销业务
30		费用支出预算编制（调整）业务
31	项目管理部	项目策划流程
32		项目进度管理
33		客户服务管理
34		分供方准入流程
35		分供方考评流程
36		分包方退场流程
37		季度考核兑现管理
38		环境因素风险识别与防范管理
39		项目竣工管理
40		项目维修管理
41		项目履约应急流程

续表

序号	部门名称	业务活动名称
42	项目管理部	项目物资验收入库流程
43		项目物资领料出库流程
44		项目周转料具进场管理
45		项目周转料具退场管理
46		项目废旧物资处理流程
47		项目物资盘点流程
48		设备进/退场管理
49	采购部	采购计划管理
50		“邀请招标”采购
51		“竞争性谈判”采购
52		“单一来源”采购
53		区域联采选用
54	安全生产监督管理部	安全风险识别与防范管理
55		安全事故调查处理管理
56		危险作业安全管理
57		重大安全隐患处置
58	技术质量部	专项安全施工方案管理
59		项目技术质量风险识别与防范管理
60		科技创新管理
61		施工组织设计方案管理
62		项目签证变更管理
63		质量事故调查处理管理
64		“双优化”管理
65	人力资源部	项目组建流程
66		人员配备及资格证书支持
67		校园招聘管理
68		社招管理
69		定薪调级管理
70		人才政策待遇管理
71		关键岗位任用管理
72		人员免职管理

续表

序号	部门名称	业务活动名称
73	人力资源部	人员培训管理
74		绩效考核管理
75		人员辞退管理
76		绩效奖励兑现管理
77	法务合规部	公司被诉案件处理
78		公司项目法律风险识别及控制业务
79		公司对外授权业务
80		公司起诉案件处理业务
81		公司合规义务台账管理
82		公司合规风险评估
83		公司合规管理制度改进管理
84		公司合规监督
85		公司合规举报与调查
86		公司合规考核
87	工会工作部	劳动竞赛管理
88	企业文化部（党委工作部）	企业形象识别系统（CI）管理工作
89		新闻报送审核
90	税务管理中心	税务登记/变更/注销
91		外管证办理及注销
92		税金核算及纳税申报
93		进项税专用发票管理
94		增值税销项发票开具

第五节　企业合规义务检索——合哪些规

一、企业合规义务范围

业务活动、合规义务、合规风险是相互联系的。前文已经梳理了业务活动，下一步，即确定企业各业务活动需要遵循的对应的合规义务。

在经济全球化的今天，我们要注意的是：合规关系三要素中，合规主体和合规客体在不同国别不存在定义上的差异性，但是合规内容即合规义务具有国别差异。在不同国别，法律法规、规定等企业必须遵守的要求会存在很大的差异性，因此其合规风险发生的后果也不同。合规义务的范围在国际层面，可以参见 ISO 37301 相关的通用范围。从我国法律管辖看，结合我国经济发展实际，一般情况下，各类所有制企业要遵守的“合规义务”包括以下五个方面：

1. 企业自愿选择遵守的要求和承诺。企业往往有一些对外的市场服务承诺，以获得客户更深的信赖，或者与特定相关方的约定，这些都是企业自愿选择要遵守的。

比如国家电网公司对外的承诺，即属于该公司自愿选择要遵循的合规义务内容。

国家电网公司供电服务“十项承诺”①

1. 城市地区：供电可靠率不低于99.90%，居民客户端电压合格率96%；农村地区：供电可靠率和居民客户端电压合格率，经国家电网公司核定后，由各省（自治区、直辖市）电力公司公布承诺指标。

2. 提供24小时电力故障报修服务，供电抢修人员到达现场的时间一般不超过：城区范围45分钟；农村地区90分钟；特殊边远地区2小时。

3. 供电设施计划检修停电，提前7天向社会公告。对欠电费客户依法采取停电措施，提前7天送达停电通知书，费用结清后24小时内恢复供电。

4. 严格执行价格主管部门制定的电价和收费政策，及时在供电营业场所和网站公开电价、收费标准和服务程序。

5. 供电方案答复期限：居民客户不超过3个工作日，低压电力客户不超过7个工作日，高压单电源客户不超过15个工作日，高压双电源客户不超过30个工作日。

6. 装表接电期限：受电工程检验合格并办结相关手续后，居民客户3个工作日内送电，非居民客户5个工作日内送电。

7. 受理客户计费电能表校验申请后，5个工作日内出具检测结果。客户提出抄表数据异常后，7个工作日内核实并答复。

8. 当电力供应不足，不能保证连续供电时，严格按照政府批准的有序用电方案实施错避峰、停限电。

9. 供电服务热线“95598”24小时受理业务咨询、信息查询、服务投诉和电力故障报修。

10. 受理客户投诉后，1个工作日内联系客户，7个工作日内答复处理意见。

---

① 参见“仙居县人民政府官网”，访问地址：http://www.zjxj.gov.cn/art/2021/12/6/art_1662746_58967328.html，最后访问时间2022年11月14日。

2. 社会公德和商业道德。企业生产、经营所在地往往有当地的公序良俗、通行规则与惯例、习俗，并且往往是不成文的“规”。企业也应当遵守这类“规”，若出现违反的行为，在移动互联网高速发展的今天，极容易形成网络舆论负面事件，从而对企业产生声誉损害。

3. 监管要求。监管机构包括政府监管机构和行业组织，监管要求也分别包括政府监管规定和行业监管规定，企业要遵守生产、经营所在地的政府监管机构、行业组织发布的政策规定。违反这些规定，往往会受到行政处罚。

4. 国家法律法规。企业要遵守生产、经营所在国的法律法规。

5. 国际规则。是指企业生产、经营在国际贸易、国际采购中需要遵守的通用国际规则。企业与国际市场存在贸易、采购和其他方面的商业合作、交流时，需要考虑此类合规义务内容。

对于我国的国有独资企业和国有控股企业，企业党组织与公司治理机构相融合，在进行合规义务管理时，中国共产党党内法规是企业重要的合规义务内容。根据《中国共产党党内法规制定条例》，党内法规的名称为党章、准则、条例、规定、办法、规则、细则。

二、企业如何检索合规义务

企业需要遵守的合规义务较多，标准指南提出，应采取以风险为基础的方法，例如，组织应优先履行确定的、与业务最为相关的（20%紧要部分）合规义务，随后将重点扩展至其他（80%相关部分）合规义务上（这符合帕累托原则）。企业可以优先确定要紧的、影响比较大的“合规义务”。在开展合规管理体系建设初始，企业需要集中开展合规义务的搜索和检索梳理。

如何搜索“企业业务、职能事项”对应的“合规义务”五个方面，特别是对应的后三个方面，需要“企业业务、职能事项关键字段”，从“业务、职能事项所在业务专业领域”“企业所处行业”“企业生产经营所处国家”来搜索和确定。如图 3-1 所示“某业务、职能活动事项所在范围关系图”。

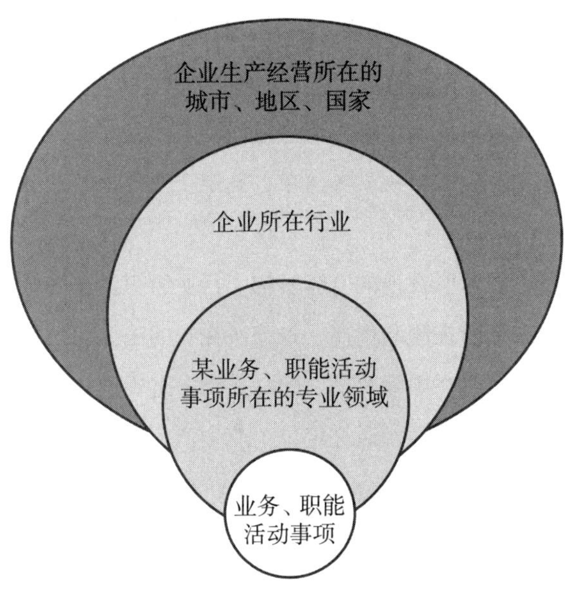

图 3-1　某业务、职能活动事项所在范围关系图

第一，确定业务与职能活动事项所在的“专业”方位。通过“某业务、职能活动事项内容”定位“某业务、职能活动事项”的“所在专业领域”范围。

第二，确定企业所在的“行业”方位。根据“企业产品、服务内容”，定位其“所在行业”范围。

第三，确定企业生产、经营所在的“地理”方位。根据企业生产所在地、市场经营所在地，确定其适用的合规义务所在城市、地区、国家范围。

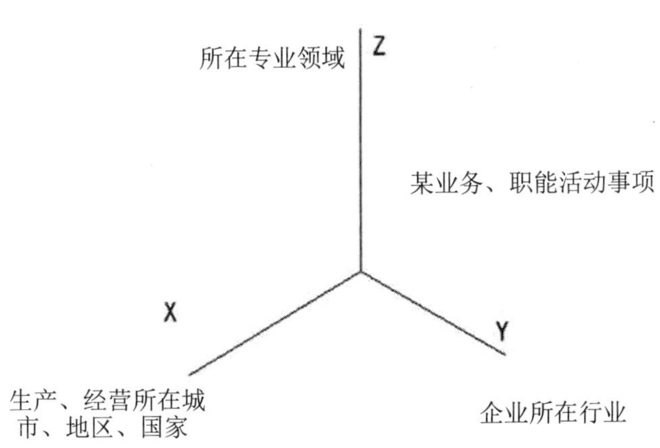

图 3-2　某业务、职能活动事项所在方位图

第四，确定需要遵循的合规义务。通过“专业”“行业”和“地理”三个方位，如同一个三坐标系定位（如图 3-2“某业务、职能活动事项所在方位图”）来检索、确定特定的业务、职能活动事项需要遵循的合规义务，在这三个“方位”确定的范围，根据“业务、职能活动事项内容”里的“关键字段”来搜索法律、法规、政策规定，可以在免费的或付费的第三方数据库里搜索。

通过以上四步，可以比较系统周全地识别企业活动、产品和服务所对应的合规义务，最终形成某业务、职能活动事项对应的合规义务清单，确定企业具体某业务与职能活动事项必须遵守的“合规义务”内容：

监管要求：企业生产、经营所在地的监管机构、行业组织发布的政策规定。

国家法律法规：企业总部所在国和生产、经营所在国的法律、法规。

国际规则：企业生产、经营在国际贸易、国际采购中需要遵守的通用国际规则。

另外，社会公德和商业道德方面，通过定位企业生产、经营所在城市、地区、国家，了解所在地的本土公序良俗与道德规范、社会责任、社会价值观、文化信仰来确定。

企业自愿选择遵守的要求则从企业内部对外发布的文件、与相关方约定来确定。

以上是企业列出合规义务清单的一般方法过程。

各部门据此识别和建立本部门、本业务领域的合规义务数据库，并定期跟踪、动态维护更新。

第六节　企业合规义务动态管理

一、企业合规义务台账管理

公司各部门应将检索到的本部门业务活动适用的合规义务，录入本部门建立的合规义务管理台账，具体见《合规义务管理台账》。

表 3-9　公司合规义务管理台账

单位名称：　　　　　责任部门：　　　　　台账管理员：

本公司合规管理体系覆盖范围：

项数	合规义务名称	颁布目的	发布人	发布时间	实施时间	对应废止	公司牵头落实责任部门	受影响的业务活动、产品和服务	受影响的公司范围			是否进行培训宣贯	是否对受影响业务活动、产品和服务进行合规风险评估	是否转化为合规标准进入公司制度	已完善的公司对应配套制度、业务流程与指导文件（文件名称+发布时间、字号）	备注
									相关单位	相关部门	相关岗位					
一、公司外部法律法规（外部合规义务）																
1																
2																
二、公司外部所处行业标准、规则（外部合规义务）																
1																
2																
三、公司外部需要遵循的商业道德规范（外部合规义务）																
1																
2																
四、公司生产经营的特定业务政策规定要求（外部合规义务）																
1																
2																
五、公司对外服务承诺——自愿选择遵守的要求																
1																
2																

将合规义务名称，颁布目的，发布人，发布时间，实施时间，对应废止，公司牵头落实责任部门，受影响的业务活动、产品和服务，受影响的公司范围（相关单位、相关部门、相关岗位），是否进行培训宣贯，是否对受影响业务活动、产品和服务进行合规风险评估，是否转化为合规标准进入公司制度，已完善的公司对应配套制度、业务流程与指导文件（文件名称+发布时间、字号）等进行台账登记，对合规义务实施全过程动态管理。

二、制定企业合规义务清单

企业各业务部门检索收集到新的合规义务后，要及时组织在本部门进行合规义务内容学习，并进行主要内容的提炼，形成合规要求、合规禁止、合规底线，即合规义务清单。

企业各部门的个人应及时梳理自己岗位的业务活动对应的合规义务清单，确保为最新状态，经部门负责人审核，公司合规专员及时复核和及时汇总。

与业务活动梳理的两种方式对应，也有两种方法制定企业合规义务清单。

1. 方法一：以岗位为单元制定企业合规义务清单。在按岗位分类列出一级、二级业务活动清单的基础上，一一对应地确定具体合规义务条款要求，或归纳、提炼、概述具体要求。具体见《岗位对应合规义务矩阵清单》。

表 3-10　岗位对应合规义务矩阵清单

岗位名称：　　　　　　　　所在部门：　　　　　　　　在岗人员姓名：

<table>
<tr><td rowspan="3">序号</td><td colspan="3">业务、职能事项信息</td><td colspan="3">合规规则信息</td></tr>
<tr><td rowspan="2">岗位职责</td><td>对应业务、职能事项</td><td rowspan="2">是否合规风险点</td><td rowspan="2">实质性合规要求（需要做的、需要达到的合规要求）</td><td rowspan="2">禁止性合规要求（不能做的、禁止的合规要求）</td><td rowspan="2">合规底线清单（控制在 2-3 条）</td></tr>
<tr><td>二级分类</td></tr>
<tr><td>1</td><td></td><td></td><td></td><td>（1）企业承诺：
（2）道德规范：
（3）监管规定：
（4）法律法规：
（5）国际规则：</td><td>（1）企业承诺：
（2）道德规范：
（3）监管规定：
（4）法律法规：
（5）国际规则：</td><td></td></tr>
<tr><td>2</td><td></td><td></td><td></td><td>（1）企业承诺：
（2）道德规范：
（3）监管规定：
（4）法律法规：
（5）国际规则：</td><td>（1）企业承诺：
（2）道德规范：
（3）监管规定：
（4）法律法规：
（5）国际规则：</td><td></td></tr>
<tr><td>3</td><td></td><td></td><td></td><td>（1）企业承诺：
（2）道德规范：
（3）监管规定：
（4）法律法规：
（5）国际规则：</td><td>（1）企业承诺：
（2）道德规范：
（3）监管规定：
（4）法律法规：
（5）国际规则：</td><td></td></tr>
</table>

2. 方法二：以业务流程为单元制定企业合规义务清单。在按业务流程分类列出一级、二级业务活动清单的基础上，一一对应地确定具体合规义务主要条款要求，或归纳、提炼、概述具体要求。具体见《业务流程对应合规义务矩阵清单》。

表 3-11　业务流程对应合规义务矩阵清单

业务名称：　　　　　　　　　　　　　牵头责任部门：　　　　　　　　　　　合规责任人：

<table>
<tr><td rowspan="3">序号</td><td colspan="3">业务基本信息</td><td colspan="3">合规规则信息</td></tr>
<tr><td>业务事项</td><td rowspan="2">是否合规风险点</td><td rowspan="2">实施责任岗位</td><td rowspan="2">实质性合规要求（需要做的、需要达到的合规要求）</td><td rowspan="2">禁止性合规要求（不能做的、禁止的合规要求）</td><td rowspan="2">合规底线清单（涉及行政处罚、民事赔偿、刑事犯罪情形的列出）</td></tr>
<tr><td>二级</td></tr>
<tr><td>1</td><td></td><td></td><td></td><td>（1）企业承诺：
（2）道德规范：
（3）监管规定：
（4）法律法规：
（5）国际规则：</td><td>（1）企业承诺：
（2）道德规范：
（3）监管规定：
（4）法律法规：
（5）国际规则：</td><td></td></tr>
<tr><td>2</td><td></td><td></td><td></td><td>（1）企业承诺：
（2）道德规范：
（3）监管规定：
（4）法律法规：
（5）国际规则：</td><td>（1）企业承诺：
（2）道德规范：
（3）监管规定：
（4）法律法规：
（5）国际规则：</td><td></td></tr>
<tr><td>3</td><td></td><td></td><td></td><td>（1）企业承诺：
（2）道德规范：
（3）监管规定：
（4）法律法规：
（5）国际规则：</td><td>（1）企业承诺：
（2）道德规范：
（3）监管规定：
（4）法律法规：
（5）国际规则：</td><td></td></tr>
</table>

三、业务活动与合规义务如何关联

制定企业合规义务清单的关键是业务活动与合规义务的一对一关联问题，即企业合规关系的三要素，主体、客体与合规义务（合规内容）之间的关系应该是精确对应的，这需要站在合规关系主体、客体的角度，对检索到的合规义务进行分拆对应。

以《反不正当竞争法》（2017 年修订）为例。

2017 年 11 月 4 日第十二届全国人民代表大会常务委员会第三十次会议修订发布了新的《反不正当竞争法》。① 有关特定术语如下：

目的：为了促进社会主义市场经济健康发展，鼓励和保护公平竞争，制止不正当竞争行为，保护经营者和消费者的合法权益。

① 编者按：2019 年修正。

经营者：是指从事商品生产、经营或者提供服务（以下所称商品包括服务）的自然人、法人和非法人组织。

不正当竞争行为：是指经营者在生产经营活动中，违反《反不正当竞争法》规定，扰乱市场竞争秩序，损害其他经营者或者消费者的合法权益的行为。

经营者贿赂行为鉴定：经营者的工作人员进行贿赂的，应当认定为经营者的行为；但是，经营者有证据证明该工作人员的行为与为经营者谋取交易机会或者竞争优势无关的除外。

商业秘密：是指不为公众所知悉、具有商业价值并经权利人采取相应保密措施的技术信息和经营信息。

侵犯商业秘密：第三人明知或者应知商业秘密权利人的员工、前员工或者其他单位、个人实施《反不正当竞争法》第九条第一款所列违法行为，仍获取、披露、使用或者允许他人使用该商业秘密的，视为侵犯商业秘密。

将新的《反不正当竞争法》的规范性条款和禁止性条款，对照企业内部相关岗位、岗位职责对应梳理的业务活动，进行合规义务分解，建立基于岗位的业务活动与合规义务——《反不正当竞争法》关联清单，如下表：

表 3-12　《反不正当竞争法》的规范性条款和禁止性条款
对应企业工作岗位、业务活动关联合规义务清单分解表

岗位名称	业务活动	法律法规
		规范性条款
市场经营	与客户沟通、销售、交付	1. 经营者在生产经营活动中，应当遵循自愿、平等、公平、诚信的原则，遵守法律和商业道德。
财务管理	会计核算与资金管理	2. 经营者在交易活动中，可以以明示方式向交易相对方支付折扣，或者向中间人支付佣金。经营者向交易相对方支付折扣、向中间人支付佣金的，应当如实入账。接受折扣、佣金的经营者也应当如实入账。
		禁止性条款
产品设计	进行产品与包装设计	1. 经营者不得擅自使用与他人有一定影响的商品名称、包装、装潢等相同或者近似的标识，引人误认为是他人商品或者与他人存在特定联系。
企业形象	企业形象设计	2. 经营者不得擅自使用他人有一定影响的企业名称（包括简称、字号等）、社会组织名称（包括简称等）、姓名（包括笔名、艺名、译名等），引人误认为是他人商品或者与他人存在特定联系。
企业网页	企业网页设计与管理	3. 经营者不得擅自使用他人有一定影响的域名主体部分、网站名称、网页等，引人误认为是他人商品或者与他人存在特定联系。

续表

岗位名称	业务活动	法律法规
市场营销	市场广告与推广	4. 经营者不得对其商品的性能、功能、质量、销售状况、用户评价、曾获荣誉等作虚假或者引人误解的商业宣传，欺骗、误导消费者。
		5. 经营者不得通过组织虚假交易等方式，帮助其他经营者进行虚假或者引人误解的商业宣传。
销售	市场销售管理	6. 经营者不得采用财物或者其他手段贿赂单位或者个人，以谋取交易机会或者竞争优势：（一）交易相对方的工作人员；（二）受交易相对方委托办理相关事务的单位或者个人；（三）利用职权或者影响力影响交易的单位或者个人。
		7. 经营者不得编造、传播虚假信息或者误导性信息，损害竞争对手的商业信誉、商品声誉。
		8. 经营者进行有奖销售不得存在下列情形：（一）所设奖的种类、兑奖条件、奖金金额或者奖品等有奖销售信息不明确，影响兑奖；（二）采用谎称有奖或者故意让内定人员中奖的欺骗方式进行有奖销售；（三）抽奖式的有奖销售，最高奖的金额超过五万元。
		9. 经营者不得利用技术手段，通过影响用户选择或者其他方式，实施下列妨碍、破坏其他经营者合法提供的网络产品或者服务正常运行的行为：（一）未经其他经营者同意，在其合法提供的网络产品或者服务中，插入链接、强制进行目标跳转；（二）误导、欺骗、强迫用户修改、关闭、卸载其他经营者合法提供的网络产品或者服务；（三）恶意对其他经营者合法提供的网络产品或者服务实施不兼容；（四）其他妨碍、破坏其他经营者合法提供的网络产品或者服务正常运行的行为。
企业各有机会接触商业秘密的岗位	商业秘密管理（各岗位通用的职责）	10. 经营者不得实施下列侵犯商业秘密的行为：（一）以盗窃、贿赂、欺诈、胁迫或者其他不正当手段获取权利人的商业秘密；（二）披露、使用或者允许他人使用以前项手段获取的权利人的商业秘密；（三）违反约定或者违反权利人有关保守商业秘密的要求，披露、使用或者允许他人使用其所掌握的商业秘密。

四、企业合规义务内规转化

内规转化是企业合规义务转化为企业内规，并进入企业内部相关管理制度的过程。企业通过开展合规义务的动态管理，会逐步收集形成适用本企业的合规义务数据库，遵守对应合规义务的合规主体需要了解和熟悉合规义务的具体要求，但是，有的业务活动的合规义务是很多的，比如时下的数据与隐私合规，对应的合规义务越来越多，如何便于企业人员遵守合规义务，又不至于陷入合规义务的信息海洋，我们有必要对合规义务进行内规转化，内规转化过程的结果是什么？在 ISO 37301：2021 的“8. 运行”中是这样明确的：对过程确立准则。这里指的是为让企业的某业务实施过程满足合规义务（要求），则制定标准，即合规标准。合规标准是企业合规义务外规转化为内规的结果，内规转化是企业合规义务转化为企业内规，并进入企业内部的相关管理制度，是企业合规义务管理中的关键一环。

下面我们仍然以《反不正当竞争法》为例作示范。

表 3-13　《反不正当竞争法》的规范性条款和禁止性条款对应企业工作岗位、业务活动关联的合规义务转化企业内部合规标准表

岗位名称	业务活动	法律法规	企业内部合规标准转化要求
		规范性条款	
市场经营	与客户沟通、销售、交付	1. 经营者在生产经营活动中，应当遵循自愿、平等、公平、诚信的原则，遵守法律和商业道德。	按照左边的规范性条款，明确“与客户沟通、销售、交付”的合规标准。
财务管理	会计核算与资金管理	2. 经营者在交易活动中，可以以明示方式向交易相对方支付折扣，或者向中间人支付佣金。经营者向交易相对方支付折扣、向中间人支付佣金的，应当如实入账。接受折扣、佣金的经营者也应当如实入账。	按照左边的规范性条款，明确“会计核算与资金管理”的合规标准。
		禁止性条款	
产品设计	进行产品与包装设计	1. 经营者不得擅自使用与他人有一定影响的商品名称、包装、装潢等相同或者近似的标识，引人误认为是他人商品或者与他人存在特定联系。	按照左边的规范性条款，明确“进行产品与包装设计”的合规标准。
企业形象	企业形象设计	2. 经营者不得擅自使用他人有一定影响的企业名称（包括简称、字号等）、社会组织名称（包括简称等）、姓名（包括笔名、艺名、译名等），引人误认为是他人商品或者与他人存在特定联系。	按照左边的规范性条款，明确“企业形象设计”的合规标准。
企业网页	企业网页设计与管理	3. 经营者不得擅自使用他人有一定影响的域名主体部分、网站名称、网页等，引人误认为是他人商品或者与他人存在特定联系。	按照左边的规范性条款，明确“企业网页设计与管理”的合规标准。
市场营销	市场广告与推广	4. 经营者不得对其商品的性能、功能、质量、销售状况、用户评价、曾获荣誉等作虚假或者引人误解的商业宣传，欺骗、误导消费者。 5. 经营者不得通过组织虚假交易等方式，帮助其他经营者进行虚假或者引人误解的商业宣传。	按照左边的规范性条款，明确“市场广告与推广”的合规标准。

续表

岗位名称	业务活动	法律法规	企业内部合规标准转化要求
销售	市场销售管理	6. 经营者不得采用财物或者其他手段贿赂单位或者个人，以谋取交易机会或者竞争优势：（一）交易相对方的工作人员；（二）受交易相对方委托办理相关事务的单位或者个人；（三）利用职权或者影响力影响交易的单位或者个人。	按照左边的规范性条款，明确“市场销售管理”的合规标准。
		7. 经营者不得编造、传播虚假信息或者误导性信息，损害竞争对手的商业信誉、商品声誉。	
		8. 经营者进行有奖销售不得存在下列情形：（一）所设奖的种类、兑奖条件、奖金金额或者奖品等有奖销售信息不明确，影响兑奖；（二）采用谎称有奖或者故意让内定人员中奖的欺骗方式进行有奖销售；（三）抽奖式的有奖销售，最高奖的金额超过五万元。	
		9. 经营者不得利用技术手段，通过影响用户选择或者其他方式，实施下列妨碍、破坏其他经营者合法提供的网络产品或者服务正常运行的行为：（一）未经其他经营者同意，在其合法提供的网络产品或者服务中，插入链接、强制进行目标跳转；（二）误导、欺骗、强迫用户修改、关闭、卸载其他经营者合法提供的网络产品或者服务；（三）恶意对其他经营者合法提供的网络产品或者服务实施不兼容；（四）其他妨碍、破坏其他经营者合法提供的网络产品或者服务正常运行的行为。	
企业各有机会接触商业秘密的岗位	商业秘密管理（各岗位通用的职责）	10. 经营者不得实施下列侵犯商业秘密的行为：（一）以盗窃、贿赂、欺诈、胁迫或者其他不正当手段获取权利人的商业秘密；（二）披露、使用或者允许他人使用以前项手段获取的权利人的商业秘密；（三）违反约定或者违反权利人有关保守商业秘密的要求，披露、使用或者允许他人使用其所掌握的商业秘密。	按照左边的规范性条款，明确“商业秘密管理”的合规标准。

第四章

企业合规风险识别与评估

第一节 企业合规风险识别与评估概述

企业合规风险评估是合规管理体系实施的基础，也是企业分配适当和充足的资源，以便对已识别的不同优先级的合规风险进行针对性的管控的基础。企业合规管理是管理企业生产经营活动、产品和服务的保持合规的过程，因此，企业应系统性地识别其生产经营活动、产品和服务所对应的合规义务，对是否遵守这些合规义务的不确定性和后果、机会，即合规风险，开展有效管理。关于合规义务的管理在前面章节已经进行阐述，本章将对如何进行合规风险管理进行重点说明。根据人力资源和社会保障部对“企业合规师”岗位职责的描述，其主要工作任务有识别、评估合规风险。业务活动、合规义务、合规风险是合规管理的三个相互关联的基本内容。因此，要识别、评估合规风险，必须在企业合规义务管理的基础上，确定容易发生不合规行为的风险点。

第二节 标准要求

一、合规风险内涵

对企业来说，通常的风险是指影响其总体或部门生产经营目标的不确定性。在市场经济环境中，企业的生产经营行为应该遵循合规义务，而一旦违反合规义务，便发生了合规风险。在ISO 37301：2021 的第 3. 24 条将合规风险定义为：“因不符合组织合规义务而发生不合规的可能性及其后果。”在合规管理体系中，合规目标是由组织制定的，组织行为符合组织适用的合规义务的程度。合规风险主要涉及不合规事件发生的可能性以及不合规导致的后果，其中，不合规是指组织未履行合规义务或者违反合规义务。

从这个角度出发，合规义务与合规风险之间存在一一对应关系。目前，大多数公司开展生产经营活动的过程中在面临一般性的市场风险、管理风险，如销量下降、质量或财务问题的同时，更会考虑生产经营活动合规风险，特别是一些企业越来越多的合规风险已经连续发生。同时，随着“放管服”改革，“严监管”时代已经来临，监管部门正以更大力度颁布或宣传新的法律法规，并着力应对、打击企业的违规行为。

合规风险的存在是一个相对概念，它是比照“合规义务”是否履行的不确定性而产生的“合规风险”。假如企业没有承担“合规义务”，就无所谓“合规风险”。反之，承担“合规义务”越多，未履行或者违反合规义务而导致的“合规风险”也越多。同时，如果承担“合规义务”标准越高，企业是否能够履行就更具有不确定性，由此未能达到合规义务要求而导致的“合规风险”发生的概率也越高。

二、合规风险评估要求

ISO 37301：2021 明确：企业应在合规风险评估基础上，识别、分析和评价其合规风险，将其合规义务与其业务活动、产品、服务以及运行的相关方面联系起来，以识别合规风险，同时，企业应评估与外包的和第三方的过程相关的合规风险。

应定期评估合规风险，并在周围形势或企业所处的环境发生重大变化时，及时进行再评估。

企业应保持有关合规风险评估和应对合规风险措施的文件化信息，并建议合规风险能够以不遵守组织的合规方针与义务的后果和不合规发生的可能性来表征。

合规风险包括固有合规风险和剩余合规风险。固有合规风险是指组织在未采取任何相应合规风险处理措施的非受控状态下所面临的全部合规风险。剩余合规风险是指组织现有的合规风险处理措施不能有效控制的合规风险。

组织在分析合规风险时宜考虑不合规的根本原因、来源、后果及其后果发生的可能性。后果可能包括个人和环境伤害、经济损失、名誉损失、行政处罚以及民事和刑事责任。

合规风险识别包括合规风险源的识别和合规风险情形的确定。组织宜根据部门职责、岗位职责和不同类型的组织活动，识别各部门、职能和不同类型的组织活动中的合规风险源。组织宜定期识别合规风险源，并确定每个合规风险源对应的合规风险情形，形成合规风险源清单和合规风险情形清单。

风险评估涉及将组织能够接受的合规风险水平与合规方针中设定的合规风险水平进行比较。

发生下列情形时，宜对合规风险进行周期性再评估：

1. 新的或变更的活动、产品或服务；

2. 组织结构或战略改变；

3. 重大的外部变化，如金融经济环境、市场条件、债务和客户关系；

4. 合规义务发生改变；

5. 合并与收购；

6. 不合规（即使是一个单一的不合规事件也可能构成和接近针对境况形势的重大变化）。

合规风险评估的详细程度和范围取决于组织的风险形势、环境、规模和目标，并能随着具体的细分领域（如环境、财务、社会）变化。

基于风险方法的合规管理并不意味着在合规风险较低的情况下组织就接受不合规。它有助于组织集中主要注意力和资源优先处理更高级别风险，最终覆盖所有合规风险。所有已识别的合规风险/情形都会得到监视和处理。

在进行风险评估（相关指导见 ISO 31000）时，宜注意适宜的方法技术（详见 IEC 31010《风险管理——风险评估技术》）。

第三节　企业合规风险分类

一、从合规义务进行合规风险分类

根据合规义务的内容不同，可以将合规风险分成三大类：行为不合法律法规监管规定等的风险，行为不合公序良俗、纪律与道德规范的风险，行为不合企业合规承诺的风险等三类合规风险。

1. 行为不合法律法规监管规定等的风险，包括但不限于：违反安全生产法风险、违反反垄断风险、违反商业法规风险、违反职业健康安全法规风险、违反环境法规风险等，往往会导致刑事、民事责任或行政处罚的直接后果。

2. 行为不合公序良俗、纪律与道德规范的风险，包括但不限于：违反发布的各种纪律风险、违反社会道德风险、违反社会文明约定风险、违反社区文化风俗风险等，往往会导致企业声誉损失、品牌影响。

3. 行为不合企业合规承诺的风险，包括但不限于：违反自愿选择遵循的国家推荐性（GB/T）和团体性标准的合规风险、违反产品技术承诺风险、违反产品质量承诺风险、违反售后服务承诺风险、违反产品功能承诺风险、违反产品节能承诺风险、违反产品绿色承诺风险，或者企业自行对外公开的承诺、约定等，往往会给企业带来民事赔偿和市场信誉影响。

二、从事发处进行合规风险分类

企业作为市场商业化的盈利主体，会建立比较严谨的组织架构和业务分工，形成各部门和部门内的岗位设置，即定岗定编，并且会设计各业务流程，企业在运行过程中，合规风险可能发生在以下两个方面。

1. 岗位合规风险。可能发生在岗位上的合规风险，是指岗位人员在履行岗位授予的职责的过程中，违反合规义务的可能性和后果。

2. 业务流程合规风险。可能发生在业务流程上的合规风险，是指在业务流程运行过程中，流程中某环节人员的行为违反合规义务的可能性和后果。

我们要识别合规风险，可以从岗位切入，也可以从业务流程切入，因为合规风险一旦发生，它既存在于某个岗位上，又同时存在于某业务流程的某个环节。这样分类的好处在于，从岗位定义的合规风险，适合于强调岗位管理和岗位履行职责的企业，方便开展基于岗位合规风险识别分析评估，建立合规管理体系；从流程定义的合规风险，适合于流程型管理体系比较完善的企业，方便开展基于流程合规风险识别评估，建立合规管理体系。

这样的分类利于企业选择建立合规管理体系的切入路径。

三、从管控措施进行合规风险分类

从有无合规风险管控措施和防控措施的有效性出发，合规风险可以分为固有合规风险（inherent compliance risk）和剩余合规风险（residual compliance risk）。

ISO 37301：2021 对“固有合规风险”的定义是：固有合规风险是指组织在未采取任何相应合规风险处理措施的非受控状态下所面临的全部合规风险。这表明，固有合规风险是企业在没有对应的合规风险管理控制措施，业务处于无管控的自然状态下的全部合规风险。存在合规义务的地方，就存在不遵循和违反合规义务的不确定性和后果，就存在合规风险，在没有任何合规管理控制措施状态下，这些合规风险处于最大原发状态的时候，即处于固有合规风险状态。固有合规风险是业务运行时，对其适用的所有合规义务不遵循和违反的可能性和后果的最大值。比如，在企业对生产经营决策流程运行和决策岗位履行生产经营决策职责方面，企业没有采取任何合规风险管控的前提下，则企业生产经营决策流程运行和决策岗位上的履行生产经营决策的合规风险自然以全部的状态存在，其发生的可能性和后果将是零管控状态，即生产经营决策流程运行，或决策岗位上的履行生产经营决策是处于固有合规风险状态。

ISO 37301：2021 对“剩余合规风险”的定义是：剩余合规风险是指组织现有的合规风险处理措施不能有效控制的合规风险。这表明，企业的剩余合规风险是在企业当前已有的合规风险管理措施管控下，仍然还有未被有效管控的部分残留合规风险。剩余合规风险是在固有合规风险基础上做了减法的合规风险。存在合规义务的地方，就存在固有合规风险，但是不一定存在剩余合规风险。有没有剩余合规风险，必须考察企业为了管理和控制固有合规风险，是否采取充分、适当的合规风险管理控制措施，并要证实这些合规风险管理控制措施是否得到切实落实和是否有效发挥控制作用，管理控制住合规风险。从管控措施实施一段时间后的合规风险发生情况结果可以证明，或者专家评估认为管控措施充分而适当，经过这样的判断，减去确证已经有效管控的合规风险后，残留剩余下来的合规风险，即剩余合规风险，因此剩余合规风险可以等于零，或者小于或等于固有合规风险数量，即意味着全部的固有合规风险对应的管控措施均不充分，有效性不足。还是拿上面的生产经营决策合规风险为例。假如针对企业生产经营决策适用的全部合规义务，在企业对生产经营决策流程和决策岗位生产经营决策履行职责方面采取了多个决策管理控制措施制度，进行生产经营决策合规风险管控，假设其得到有效管控，则企业生产经营决策流程和决策岗位上的固有合规风险将被最大化控制，没有残留剩余的合规风险，这即是生产经营决策的剩余合规风险状态。按照这样的判断过程，假设企业的固有合规风险清单上有 200 个固有合规风险点，经过已有的风险管控措施充分性、适当性评估后，评估认为有效管控的固有合规风险点是 50 个，则确定残留剩余的合规风险点还有 150 个。

在一个管理制度比较完善的企业里，合规从业人员主要面对的是识别固有合规风险基础上的剩余合规风险识别与管理。

这样的分类利于企业评价现有的合规风险管控情况和是否需要进一步完善合规风险管控措施。

四、从有无合规风险源进行合规风险分类

在 ISO 31000：2018 中对“风险源”的定义是：可能引起风险的，单个或组合的因素。同理，合规风险源，是指组织活动中，可能引发合规风险的，单个或组合的因素。包括有形的和无形的风险源。识别合规风险时，要识别有风险源的合规风险，也要识别无风险源的合规风险。即合规风险可以分为有源合规风险和无源合规风险。

有源合规风险，是指存在合规风险源的合规风险，有源合规风险发生时，是由一个或者多个因素组合引发的合规风险。存在有源合规风险的业务事项中，在执行业务时的违规、不合规往往是精心蓄谋、有计划的，比如企业某岗位人员负责的一项社会人员招聘工作任务，在招聘过程中，接受应聘人员的贿赂，对应聘人员符合应聘标准的假证明材料不予验证，或让其故意蒙混过关，该业务事项的合规风险源是该业务事项执行时所行使的“人事权力”，该岗位人员就可以利用“人事权力”作为筹码进行违规，既可以自己主动违规，也可以在应聘人员推动、诱惑下出现违规，往往为主观故意违规、不合规，这时候，企业即使有比较好的管控措施，该岗位人员也会铤而走险，不顾管控措施的约束，违反或绕过管控措施。显然，存在有源合规风

险的业务事项其风险管控难度明显加大。

无源合规风险，是指没有合规风险源，但需要遵守适用的合规义务的合规风险。当合规风险发生时，当事人一般为客观无主观故意违规或不合规，原因往往是当事人不了解合规义务，未被及时告知、未接受对应合规义务培训导致，或一时疏忽、大意导致的，比如操作性失误而违规。这样的合规风险不存在业务实施人，及合规主体的主观故意与有意为之。针对这类合规风险，我们进行合规风险管控方法就比较简单，一个新的合规义务出来，或者合规义务发生变化调整，企业合规管理部门及时组织相关人员进行合规义务内容宣传、培训，或及时进行合规义务内容知识学习，就可以有效防范。对于容易出现操作性失误引起的合规风险，加强业务反复的操作练习，提高业务操作熟练程度，就可以减少因失误操作引起的合规风险。

区分有源合规风险和无源合规风险，目的在于合规风险管控措施的区分对待，最大限度地降低合规管控成本和投入，把企业合规管理资源投入最需要管控的地方。经过合规义务内容宣传、培训和学习或业务反复的操作练习后，对无源合规风险基本上可以实现有效的管控，而企业业务部门和合规管理部门主要面对的合规风险就是有源合规风险。因此，在本章后面的内容中，如果没有特别说明，我们谈到合规风险识别的时候，实际指的是有源合规风险的识别。只有这样的合规风险，企业管理层才需要投入一定的人力、物力、财力去进行管控。实践和案例证明，针对这类合规风险仅进行合规义务内容宣传、培训和学习是没有风险控制效果的。

五、从人员主观故意角度进行合规风险分类

合规关系三要素包括合规主体、合规客体和合规内容，合规主体是人，合规客体是业务活动，合规内容是人执行业务活动需要遵守的合规义务。合规风险发生的过程是合规主体人执行业务活动时，没有遵守合规义务，这个过程中，人是最活跃的因素，从人员主观故意角度，我们可以将合规风险分为：非故意（蓄意）操作性合规风险和故意（蓄意）合规风险。

非故意（蓄意）操作性合规风险，不是合规主体的主观故意，是出于疏忽、操作失误、不知道合规义务最新要求等，出现的违规操作业务活动，因此也叫操作性合规风险，是非主观故意，没有蓄意谋划，是前文提到的客观原因导致发生不合规行为风险，这类合规风险的管理措施主要是加强合规义务培训、合规操作反复练习，这类合规风险往往存在于无合规风险源的业务事项执行过程中。

故意（蓄意）合规风险是合规主体主观故意，有蓄谋策划的合规风险。控制难度大是故意（蓄意）合规风险的基本特征，因为合规主体往往精心策划，是出于自己追求利益而出现的违规执行业务，往往与谋私相关。因此，合规风险识别分析评估的重点是故意（蓄意）合规风险。这类风险往往存在于有合规风险源的业务事项执行过程中。

第四节　企业合规风险分布特征

一、合规风险与合规义务的关系

合规管理体系是建立在合规义务、合规风险基础上的，掌握合规风险在企业全员、全业务领域、业务全过程的分布，才能够进行合规管理策划，才能够采取有针对性的管控措施。

ISO 37301：2021 中的第 3.24 条对“合规风险”的定义是：“因不符合组织合规义务而发生不合规的可能性及其后果。”有合规义务的业务活动，就会对应存在合规风险，没有合规义务的业务活动，就无对应的合规风险，表明合规风险与合规义务是一一对应关系，这是合规风险分布的第一个特征。

根据这个特征，有专家推荐合规风险的识别方法采用“合规义务检索法”。由于合规风险与合规义务是一一对应关系，而合规风险是由未履行或违反合规义务的不确定性导致的，所以合规义务分布在哪，这种不确定性就在哪，合规风险就在哪。因此，合规义务的分布特征，同时也是合规风险的分布特征。

二、合规风险源与合规义务的关系

识别合规风险，我们需要先确定合规义务在企业的分布规律，合规义务是企业的生产经营各项业务活动、产品、服务需要遵守的规则与要求，于是，合规义务与企业的生产经营各项业务活动、产品、服务之间存在一定的对应关系，在企业合规管理实践中，不是所有的生产经营各项业务活动、产品、服务均有对应的合规义务，或者所有的生产经营各项业务活动、产品、服务均有对应的合规义务，这个问题还有待研究认证。这里，我们提出的问题是：合规义务的分布是否有特征？特别是有源合规风险对应的合规义务是否有分布特征？根据多年对不合规案例事实的研究发现，合规义务主要是用来规范和约束存在合规风险源的活动，至少是集中分布于存在合规风险源的业务活动区域。凡是可能引起行为失范、不履行社会责任、破坏公正公平正义、违背事务客观规律、损害人身安全、环境破坏等现象的地方，往往是合规风险源存在的地方，均需要合规义务来进行规范和约束。不存在合规风险源的地方，从社会运行成本和效率角度看，一定程度上，没有必要制定合规义务对其进行约束和规范，比如权力。权力是指支配利益分配或资源调配的强制性力量。行使权力的过程实质是分配利益、调配资源的过程，这一过程可能存在利益纷争与不公平公正分配利益、调配资源的情形，也是当前引起腐败、贿赂、舞弊的重要根源，因此，权力是一个重要合规风险源。企业生产经营活动中也存在大量的各种权力，为约束与规范这种分配利益、调配资源的过程，即行使权力，国家有关部门、监管机构就会出台有关强制性的规范和约束权力行使的法律法规、监管政策、行业规定等，所以有权力的地方，合规义务就存在。由此可见，合规义务分布在哪，一定程度上是由是否有合规风险源来决定的。

前面一节，从有无合规风险源进行合规风险分类，有合规风险源的合规风险为有源合规风险，其发生的合规风险往往是精心策划、蓄谋的合规风险；没有合规风险源的合规风险，为无源合规风险，其发生的合规风险往往是操作失误、疏忽、非蓄谋的合规风险。

综上，有的企业业务活动存在合规风险源，合规风险源和合规义务之间存在内在的一致性，一定程度上，它们之间存在对应关系，合规风险源决定和影响合规义务的分布特征，合规风险源对应决定有源合规风险的分布，这一特征，在立法、立规实践中也不难理解，一个立法、立规的启动，往往是因为某个领域大量出现损害人民健康、生命、财产，产生环境、社会许多不良影响的事件，出现许多的不良影响事件的原因一般都在于“风险源”，于是，风险源分布的特征，会一定程度上决定“立法、立规”的分布，这是合规风险分布的另一个重要特征。

ISO 37301：2021 建议：合规风险识别包括合规风险源的识别和合规风险情形的确定。组织宜根据部门职责、岗位职责和不同类型的组织活动，识别各部门、职能和不同类型的组织活动中的合规风险源。组织宜定期识别合规风险源，并确定每个合规风险源对应的合规风险情形，形成合规风险源清单和合规风险情形清单。这便是企业合规风险分布特征的实践应用。

第五节　企业合规风险源

一、权力风险源

对 100 多个涉及 186 人的违规事例统计分析发现，因为权力引致的合规风险事项发生占比为 96%，同时，裁判文书网经济类案例的检索结果也支持了这样的统计特征。从占比看，权力是合规风险源中最主要的合规风险源，也将主要决定合规风险的分布特征。根据对这些不合规案例事实的检索统计分析，审批权、市场客服与销售权、人事权、采购权、放行权、计量权、财务资金权和拥有关键信息权等八项权力，密切影响企业行为的合规性。这八项权力即“企业八项权力识别模型”，是目前为止统计数据分析发现的八个权力类别的合规风险源。八项权力的具体内涵如下：

（一）审批权。审批权是决定做与不做的权力，对应的业务活动是负责决定做与不做的相关活动。审批权力是组织里最重要的一项权力。分布于组织内部各个管理科层的大大小小的领导岗位，决定一件事情做还是不做、现在做还是推迟到以后做、同意还是不同意、赞同还是不赞同等方面的权力叫审批权，它是组织最高管理层对权力在组织内部各个管理科层的一个逐级授予的权力，各岗位的领导在授权范围内代表组织行使签字的权力，也可以叫签字权。如企业的市场客服与销售、人事、采购、放行、计量、财务资金收支等具体业务工作开展前关于是否值得做的预判或者形成的工作方案或者形成的阶段工作结果或者形成的最终工作结果需要得到组织的认可，则需要在授权范围的各级领导审批同意。审批权在于掌握组织是否做正确的事情。审批权力能够对组织内各级的领导分管业务范围的市场客服与销售、人事、采购、放行、计量、财务资金收支等具体业务经办权力产生实质影响，这也使组织各级的领导审批权成为不合规问题发生得多的一个直接原因。

（二）市场客服与销售权。市场客服与销售权是推销资产、产品、服务并卖给客户的权力，对应的业务活动是负责推销资产、产品、服务并卖给客户的相关活动。市场客服与销售权是具有销售活动的营利组织一项重要的业务权力。企业需要把自己生产的产品、服务卖给特定的客户的过程即市场客服与销售权。将企业某个资产作价卖出也是销售活动。企业是供应者，特定客户是需求者，在市场上，若干的同类产品供应者和同样需求的客户，两者组成供应和需求力量对比关系。如供应大于需求，供应方处于定价和被选择的谈判弱势地位，需求方处于定价和选择的谈判强势地位，对于供应方来说，市场客服与销售权如何获得客户的选择和确定销售价格是关键；如供应小于需求，供应方处于定价和被选择的谈判强势地位，需求方处于定价和选择的谈判弱势地位，对于供应方来说，市场客服与销售权如何获得比较高的销售价格是关键。市场客服与销售权是企业生产的产品、服务变现和实现收入的关键权力。

（三）人事权。人事权是对企业人员管理的权力，对应的业务活动是负责企业人员管理的相关活动。人事权是企业人力资源管理的专门权力，但是有人事权力的地方未必是人力资源部门。人事权是指专门负责组织正常运行所需要的人力资源开发、管理和运用过程的权力。人力负责作为企业组织正常生产经营所需要的生产要素而进行的专门管理和协调工作。组织里，所有与人有关联关系的工作内容都与人之间的利益分配有关系，人事权的本质是决定组织内部人员生存空间、环境、质量的变量。人是组织里最活跃的生产经营要素，人是具有感情的动物，时刻受人感情活动的影响是人事权力的最大特征。

（四）采购权。采购权是购买企业所需的权力，对应的业务活动是负责购买企业所需的相关活动。采购权在组织里普遍存在，是组织从组织以外获得生存持续补给的工作方法。采购权是组织，特别是企业组织正常生产活动需要从社会、大自然获得各类生产要素的基本经济活动。企业的投资行为也是一种特别的采购活动。企业作为供应者需要为特定客户提供产品，那么供应者需要在市场上获得生产特定客户所需产品的原始生产要素，这种生产要素分布在市场上，因此也存在需求和供应力量对比关系。如需求大于供应，需求方处于需求定价和选择供应方的谈判弱势地位，供应方处于定价和选择需求方的谈判强势地位，对于需求方来说，确定采购价格和找到对应价格的供应商是关键；如需求小于供应，需求方处于定价和选择的谈判强势地位，供应方处于定价和选择的谈判弱势地位，对于需求方来说，采购权如何获得比较低的采购价格和有供应能力的供应方是关键。采购权往往是企业现金变为原材料产品后形成价格成本的关键权力。

（五）放行权。放行权是利用某尺度标准进行判断、对比、衡量的权力，对应的业务活动是负责利用某尺度标准进行判断、对比、衡量的相关活动。放行权是采购的后续重要业务权力。采购来的产品是否能够满足企业生产经营需要，应该经过质量、技术、安全等方面的把关，按照国家和行业的标准，或者组织拟定的特定标准，检验评价采购来的产品是合格的，才能够放行。放行权是采购的产品能够进入企业生产环节的关键权力。我们需要注意的是，有的领导审核某业务，而不是决策审批，这属于放行权，但不属于审批权。审核与审批之间存在质的区别，但是由于一字之差，实践中容易混淆。

（六）计量权。计量权是确定数量多少的权力，对应的业务活动是负责确定数量多少的相关活动。计量权是放行权后面紧跟的一项业务权力。在采购业务的后续流程中，计量权是针对所采购的经过检验等放行把关后进行的计量过程，这个计量结果将形成组织对供应方的应付款项金额数。计量权往往是企业形成数量化成本、数量化收入的关键权力。当然，也有单独的计量权，比如，保管员对仓库物资的定期盘点，企业财务会计部门的财务核算、财务报表、财务预算等。

（七）财务资金权。财务资金权是实现企业资金流与管理的权力，对应的业务活动是负责企业资金流和管理的相关活动。财务资金权是企业里掌握资金流向、流动的最重要权力。凡是与影响企业财务资金运动方向、大小、速度、停留时间长短有关的资金支付、收取预算、计划、直接收支操作等业务内容，均为财务资金权。

（八）拥有关键信息权。拥有关键信息权是履行岗位职责过程中能接触、掌握、形成需控制受众范围的信息的权力，对应的业务活动是指履行岗位职责过程中能接触、掌握、形成需控制受众范围的信息的机会和场景。需控制受众范围的信息包括个人信息、企业商业秘密、数据隐私信息、安全信息、国家秘密等。拥有关键信息是前面七项权力在行使过程中，最容易附带、衍生出来的一项独特的权力。拥有关键信息以组织之间和组织内部信息不对称为基本出发点，在上面七项权力的行使过程中，权力行使者自然有机会、场景掌握有利信息和不利信息。由于利益相关方想获得不对称的重要信息，提高自己的竞争力，而产生利益与关键信息的不正当相互交换关系，这就是关键信息的价值所在。同时，对于处在数字化转型浪潮中的企业而言，信息安全、数据合规、个人信息保护、隐私保护正在变得不可或缺，工信部和广东通管局、上海通管局等多地多个部门组织了多次客户端应用专项治理活动，上千款客户端应用受到通报，其整治力度之大，前所未有。拥有关键信息权作为其合规风险源，面临的合规挑战在信息时代是前所未有的。

以上八个方面的权力是企业在生产经营过程中行使的各类型权力，它们广泛分布于企业各岗位和流程里，并且职位越高的岗位和越核心的业务流程，被授予的权力也就越多越重要，引致不合规行为的可能性就越高，合规风险也越多。因此，在这些权力行使的过程中，最容易导致不合规风险发生，最容易产生违反法律法规、违反企业合规承诺、违反企业尊崇的纪律与道德价值准则的行为。这些权力在岗位和流程分布的地方，也是存在有源合规风险的地方，这就是基于岗位和流程的“企业八项权力识别模型”来识别有源合规风险的理论基础。只要我们识别了以上八个方面的权力在生产经营业务中岗位和流程中的分布情况，并逐一标识出来，就能够识别企业分布在各业务岗位和流程上的由权力风险源引起的合规风险点。

二、其他合规风险源

除了上述八项权力风险源以外，在我们的实践总结和研究中还发现有其他的合规风险源。到目前为止，“物质利益管理、黑箱过程、利益冲突情形”是存在于组织运转过程中的另外三种合规风险源，它们和权力一起合称为业务活动“四大合规风险源”，它们的存在与业务活动的自然属性相关，是属于某些业务活动的自身特性，不可以消除。

（一）物资利益管理

物质利益管理活动是指由于履行岗位职责，存在接触、控制实体性物质利益的活动。符合该定义特征的职责内容，都属于存在“物质利益管理”特征的业务活动。如岗位职责中存在负责仓库保管、仓库物品整理、安全、防盗管理、办公资产管理、办公用品管理、耗材保管等；负责金库安全看护管理；负责人民币押运；负责货物保管；负责物流配送；负责公司印章保管等，均属于存在“物质利益管理”特征的业务活动。从事这类存在“物质利益管理”的业务活动，容易引发“监守自盗”“内外勾结”“舞弊”等不合规行为，有关的经办人在物质利益的诱惑下，容易实施违规行为。

（二）黑箱过程

黑箱过程是指企业的某个业务活动实施时，只有经办人员知道其实际实施过程，且无过程痕迹，他人事后难以知道其过程。符合该定义特征的职责内容，都属于存在“黑箱过程”的业务活动。如酒店客房清洁服务人员负责对客人离店后的酒店客房内部清洁消毒活动，饭店的厨师炒菜，送外卖，企业研发人员的研发活动等，都是属于存在“黑箱过程”的业务活动。这类型的业务活动在实施过程中，如果出现过程违规，一般难以当场发现，有关的经办人员容易利用这一特征，出现“偷工减料”“违规操作”“假冒伪劣”“偷梁换柱”等违规行为。

（三）利益冲突情形

利益冲突情形是指履行岗位职责时，存在与职责履行主体个人利益一致，却与企业利益不一致的活动，私人利益与企业利益之间存在冲突。符合该定义特征的职责履行，都属于存在“利益冲突情形”的业务活动。如办理监察事项的监察人员负责的监察对象或者检举人是其近亲属的，一家供应商的老板是负责供应商资源信用调查、评价管理的人的战友、朋友、亲戚，这类情形都是属于存在“利益冲突情形”的业务活动。

三、关于剩余合规风险产生的原因

针对存在固有合规风险的业务，企业可以制定相关的管控措施，但是由于管控措施管控固有合规风险的有效性不足的问题可能出现，使其存在残留的合规风险，这是剩余合规风险的产生原理。到目前为止，从大量的实践总结和违规案例发现，认知缺失、缺陷，机制缺失、缺陷，制度缺失、缺陷，监控缺失、缺陷等四个方面，如果存在一个或多个方面的问题，就会使得管控措施管控固有合规风险的有效性不足。这四个方面的缺失、缺陷是企业内部控制不够完善的表现。其中，缺失是指缺少、有漏洞，是无的意思；缺陷是指有措施，但是其设计不合理，效果、作用不足。

（一）认知缺失、缺陷

认知缺失、缺陷的产生往往是企业没有及时告知企业人员以及关联人员关于合规方面的合规职责、合规义务、合规风险、合规管控措施等，缺少及时的培训或者培训效果不佳等方面的缺陷。

（二）机制缺失、缺陷

机制缺失、缺陷的产生往往是因为企业没有加强合规文化建设，或没有形成合规奖励处罚机制，或没有开展合规绩效考核和纳入个人和组织绩效考核，或没有领导率先垂范、以身作则等，没有有效形成促进企业人员合规、反对不合规的促进、鼓励机制。

（三）制度缺失、缺陷

企业的各生产经营业务活动没有对应的合规标准、合规目标、控制流程、控制标准、控制记录、控制方法等，或控制流程、控制标准、控制记录、控制方法存在缺陷，或没有注意业务分工的非相容原则，或没有注意对高合规风险级别的业务活动进行再分拆，以及没有尽量考虑使用信息化技术进行业务流程制度实施过程固化，实现在线、透明化管理。制度设计缺陷表现在制度缺失、漏洞和不适宜情况的出现。

（四）监控缺失、缺陷

企业内部应建立独立的监督体系，对企业的生产经营过程、产品、服务合规进行监控。但实践中，可能出现监控不健全、不适宜的问题，比如，企业内部没有建立畅通的合规举报渠道和合规调查流程，或没有合规监督，或没有事前合规咨询、合规审查、合规公示、专项合规监督、专项合规审计、离岗合规责任审计、飞行合规监督、突击合规审计、全程合规跟踪审计等，企业的某业务活动的监督控制处于缺失、不适宜而失效的状态。

第六节　企业合规风险识别分析评估

一、合规风险尽调

ISO 37301：2021对合规风险的定义是：合规风险是指不符合组织合规义务造成不合规的可能性和后果。把该定义放到企业场景，企业合规风险可定义为企业的生产经营活动、产品和服务不符合企业合规义务造成不合规的可能性和后果，因此合规风险分析评估的基本模式是“合规风险发生可能性+合规风险发生可能导致的后果”。

从合规风险定义可知，有“合规义务”的地方，企业的业务、职能事项执行的过程中，就面临“不合规行为”出现的可能性，而发生不合规行为的主体是企业内部人员，原因也来自内部，合规风险因此源于内部。这不同于其他风险，如战略风险、财务风险、运营风险可能来自企业外部，或者内部的不确定性变化，这样的不确定性变化多数情况下是无法预测的。

前面我们已经讨论过，合规风险从人员主观故意角度可以分为非故意（蓄意）操作性合规风险和故意（蓄意）合规风险。操作性合规风险是非主观故意，没有蓄意谋划，是客观原因导致发生不合规行为风险，这类的合规风险管理措施主要是加强合规义务培训、合规操作反复练习，基本可以控制；控制难度大的是故意（蓄意）合规风险，故意（蓄意）合规风险往往与有源合规风险紧密相关。因此，合规风险评估的重点是故意（蓄意）合规风险的评估，后面的合规风险识别分析评价主要指的是因为存在合规风险源，导致出现的故意（蓄意）合规风险的识别、分析、评价。

合规风险评估对应的合规管理工作是识别、分析、评价合规风险，企业合规管理牵头部门组织，并使用专门的合规风险识别分析评价工具，企业的业务、职能管理部门、审计与监督部门配合和参与，对企业各生产经营业务领域的业务、职能事项进行合规风险的识别、分析和评价。

按照企业业务事项、职能清单（见本书第三章）开展合规风险尽调，对企业的生产经营活动进行合规风险尽调。该部分的工作可以借助第三方专业机构提供的合规风险评估软件完成，也可以由人工进行尽调。尽调的方式有两种，一种是从每一个岗位开始，一种是从每一个业务流程开始，尽调的内容包括：

以企业每一个岗位职责说明书和过去一年从事的本岗位各工作事项情况信息为根据，需要针对每一履职事项，依次完成一轮以下全部问题的回答，或者按照每一业务流程过去一年的工作情况，依次完成一轮以下全部问题的回答。前者往往以每个岗位为尽调单元，后者往往以每个部门为尽调单元。

表 4-1　合规岗位尽调工具表

——岗位履职/业务工作事项梳理——

1. 岗位职责　请输入一项职责　或 1. 业务名称　请输入一项业务名称

提示：请复制一条岗位职责说明书中的岗位职责。比如：负责合格供应商资源管理。

2. 工作事项　该职责对应的工作事项　或　　2. 业务事项　该业务对应的业务事项

提示：请描述上述这一条职责的工作/业务内容，请尽量简单、用核心词描述，一条岗位职责对应一条工作事项。

3. 工作事项简称　请在 8 个字内概括上述工作/业务事项

提示：请您对上述的工作事项用不多于 8 个字（含 8 个）简述。

4. 工作结果　该工作/业务事项的办理结果

提示：请对上述的工作事项经办完成后的结果作客观描述。比如：形成最新的公司合格供应商数据库，或形成最新的公司合格供应商名册。

5. 工作目标　办理该工作事项的工作目标

提示："工作目标"是指引导人员办理工作事项努力方向的"标准""要求""期望"等，一般这样的"工作目标"由企业绩效考核部门设定，也可以是部门负责人自行组织设定，并且多数可量化、可计量，也有定性描述。如果没有，可以写"无"。以下的目标可以多项选择。

——服务于效益目标——

☐ 服务于公司收益目标

☐ 服务于公司成本控制目标

——服务于效率、效果目标——

☐ 服务于公司安全生产经营目标

☐ 服务于公司人员健康目标

☐ 服务于公司产品质量、品质目标

☐ 服务于环境保护目标

☐ 服务于公司数据与隐私安全目标

☐ 服务于公司品牌价值目标

☐ 服务于公司产品创新与升级目标

☐ 服务于公司人才与团队建设目标

☐ 服务于公司财产保护与安全目标

☐ 服务于公司社会责任目标

——服务于公司其他目标——

☐ 服务于公司其他目标

——业务经办情况描述——

6. 对应的工作事项——属于以下哪个工作范围？

提示：您可以首先判断该工作事项是“研发策划类”“业务运营类”“保管类”“其他类”。然后在对应的类别里进行选择。

以下为本问题的选择项：

——研发策划类——

☐ 技术研发

☐ 产品研发

☐ 标准研发

☐ 方案策划

——业务运营类——

☐ 决策审批工作

提示：是决定做或不做，包括但不限于：决策、决定、批准等具有核准性质的活动。

☐ 营销、销售、售后方面的工作

提示：包括但不限于资产重组、资产资本化销售或向客户介绍产品、服务功能、销售政策、价格优惠条件、销售合同签订、售后服务、维修、保养、置换等客服、销售性质的活动以及向客户的营销推送活动。

☐ 人事方面的工作

提示：包括但不限于雇佣、招聘、任免、考核、人员奖励与处罚、职称评定、岗位选拔、评先进、劳模等针对人的管理活动。

☐ 投资、收购或采购方面的工作

提示：包括但不限于确定合格供应商、外包商、租赁商名册、确定采购数量、采购方式、采购策划、制定采购文件、确定投标人、确定价格和中标人、签合同、合同变更等与选择第三方合作伙伴、采购产品、服务定价有关的活动以及投资、收购或网购、竞买等。

☐ 把关、监督、放行控制方面的工作

提示：包括但不限于：理化检验、质量检验、品质控制、进出门管理、技术控制、安全控制、环境保护等一线工作，以及对技术、质量、安全或商务、行政等方面的审议、审核、评审、放行、监督、检验、检查、认证、评估等。

☐ 计量、计数方面的工作

提示：包括但不限于计量劳动工作量、产品、服务、物资、设备计量，如货物计数、采购结算、开具验收单、物料领用、消耗计量、工作量计量、分包量计量、容积测量、计时计件、记账等计数计量称重活动。

☐ 资金收支方面的工作

提示：包括但不限于资金和费用的预算、计划，以及收款、付款、报销、担保、保理、融资、贷款、借款、工资发放等涉及资金收支流程上的工作。

——保管类——

☐ 贵重物资、重要物件保管

☐ 仓库管理

☐ 货物、物资物流管理

☐ 贵重物资、重要物件、货币押运

☐ 现金或存款管理

——其他类——

☐ 其他类

7. 是否有需要控制受众范围的数据信息或机会？☐是☐否

具体描述：　请输入需受控信息

提示：您可以根据所在国家、本企业制度规定，需要保密的商务、技术、专利、版权、客户等数据与隐私信息清单范围（若无明确规定的，也可以根据本人经验判断，有本人、本企业以外的特定利益相关方特别关注、需要的信息，一旦泄露，会给本人、本企业带来负面影响），确定办理该工作事项中接触、掌握、生成的，需控制受众范围的某个、某些信息。

8. 办理该工作事项时的职责角色是什么？

提示：请根据企业组织正式文件或岗位说明书、定岗定编时，公司授予本人岗位的职责角色，来选择对应的职责角色。

以下为本问题的选择项：

☐ 审批角色

☐ 直线分管领导审核角色

☐ 横向相关分管领导审核角色

☐ 横向相关部门领导评审角色

☐ 直线部门领导审核角色

☐ 直接主管角色

☐ 直接主办人员角色

☐ 办事业务员角色

☐ 一般参与人员角色

9. 职责角色办理的工作事项利益相关方是谁？

提示：有非本人、非本企业利益的其他利益相关方时，在公司外部或内部选择其他利益相关方，若无，在“其他情形”中选。

选择最关心的工作事项及办理结果或关键数据信息（该工作事项办理中需要控制受众范围的数据信息）的相关组织、相关个人。

以下为本问题的选择项：

——公司外部——

☐ 政府和政府机构或监管机构

☐ 销售客户

☐ 供应商（包括第三方中介机构）

☐ 代理商

☐ 投资者

☐ 竞争对手

☐ 协会或社区组织

☐ 应聘人员

☐ 媒体

☐ 其他组织或人员

——公司内部——

☐ 上级公司或母公司

☐ 下级子公司、分公司

☐ 公司领导

☐ 公司其他员工

——其他情形——

☐ 本企业（无本人、本企业以外的利益相关方时）

☐ 本人（无本人、本企业以外的利益相关方时）

10. 这项工作事项与谁沟通并办理？

提示：请您首先判断是自行办理的事务性工作、保管工作，还是需要与人沟通并办理的工作；如果是事务性工作，请直接选择“事务工作”里的“□ 本人自行办理，不涉及（公司外部、内部）其他人……”；如果在前面“工作事项范围”选择的是“保管类”，就请继续勾选“保管工作”。

如需要与人沟通并办理，则判断是与公司外部，还是内部人员沟通并办理；再选择办理事项的具体沟通对象。

以下为本问题的选择项：

——公司外部——

□ 政府和政府机构或监管机构

□ 销售客户

□ 供应商（包括第三方中介机构）

□ 代理商

□ 投资者

□ 竞争对手

□ 协会或社区组织

□ 应聘人员

□ 媒体

□ 其他组织或人员

——公司内部——

□ 上级公司或母公司

□ 下级子公司、分公司

□ 公司领导

□ 公司其他员工

——事务工作——

□ 本人自行办理，不涉及（公司外部、内部）其他人，是对文档、资料、信息等的管理与处理

——保管工作——

□ 保管工作

11. 办理结果将直接影响利益相关方的什么利益？

提示：是指工作事项的办理结果会影响前述“利益相关方”的什么利益。利益相关方是公司外部组织、个人，则可能影响其货币收益。利益相关方是公司内部员工、领导个人或本人时，从工作绩效、职业职级、福利待遇、个人荣誉四项中选择。利益相关方是上级公司、母公司、分公司、子公司或本企业时，从“资源调配”类中选择。

以下为本问题的选择项：

——利益分配类——

□ 货币收益

□ 工作绩效高低

□ 职业职级发展

□ 福利待遇多寡

□ 个人荣誉

——资源调配类——

□ 财务资源获取

□ 物资资源获取

□ 人力资源获取

□ 荣誉政策优惠获取

——其他——

□ 不涉及利益分配与资源调配

12. 该工作事项每年执行约多少次?

提示:是指该工作事项的重复办理次数,可以参照上一年度该事项全年的执行次数。

例如:上一年公司举办学校招聘春秋两次,共计学生三百四十五人,则执行次数应填写三百四十五次,而不是两次。

13. 负责办理该工作事项的权限范围是怎样的?

提示:根据公司授予本岗位职责权限范围来选择。

比如,张三负责公司员工考勤——对应的是□ 负责全公司范围;

张三负责采购系统人员考勤——对应的是□ 负责某一业务系统范围;

张三负责采购部人员考勤——对应的是□ 负责本部门范围内。

以下为本问题的选择项:

□ 负责全公司范围

□ 负责某一业务系统范围

□ 负责本部门范围内

14. 工作事项执行后的经济结果:直接涉及金额(万元/年):

提示:工作事项的工作结果可以直接形成公司收入、费用、成本、债务、所有者权益增加、减少数字的,且能用金额衡量。

若不直接涉及金额,软件默认为0万元。

例如:工作事项"签订采购合同",其工作结果直接导致公司采购成本的增加,因此为"工作直接涉及金额(万元/年):……"

15. 工作事项执行后的经济结果：间接涉及金额（万元/年）：

提示：工作事项的工作结果能够间接导致公司收入、费用、成本、债务、所有者权益增加、减少的，能用金额衡量。

若不间接涉及金额，软件默认为0万元。

例如：工作事项为“编写采购计划”，其流程进行到最后的结果导致公司采购成本的增加，因此为“工作间接涉及金额（万元/年）：……”

16. 是否存在技术性（黑箱）操作 □是 □否

提示：只有本人知道该工作事项经办实际实施过程，无办理过程痕迹，其他人事后难以知道。

如工作事项为地下隐秘工程施工，工作过程是地下施工，完成后，会看不到痕迹，过程在事后难以知道。因此是涉及技术性（黑箱）操作。

17. 该工作事项实施是否曾经、正在采取部分、全部外包？

提示：该工作事项在过去5年到现在，是否外包给公司外部合作伙伴，包括曾经、正在采取部分、全部外包四种情形。

以下为本问题的选择项：

□ 曾经全部外包

□ 曾经部分外包

□ 正在实施部分外包

□ 正在实施全部外包

□ 不存在外包

18. 不良工作行为或结果是否可能引起人身伤害？

提示：该工作事项经办过程中和工作结果中，若出现不良的行为过程，或者不良的工作结果，按照最大的伤害情形预计，对人身有什么伤害。

比如：生产电瓶车的充电电池，其最大的伤害情形预计：□ 可能出现人员死亡

以下为本问题的选择项：

□ 可能出现人员死亡

□ 可能出现人员安全伤害

□ 可能出现人员健康影响

□ 不产生人员伤害

19. 不良工作行为或结果是否可能引起环境伤害？

提示：该工作事项经办过程中和工作结果中，若出现不良的行为过程，或者不良的工作结果，按照最大的伤害情形预计，对自然环境有什么伤害。

比如：生产电瓶车的充电电池，其最大的伤害情形预计：□ 可能出现不可恢复的环境伤害

以下为本问题的选择项：

☐ 可能出现不可恢复的环境伤害

☐ 可能出现人工干预后可恢复的环境伤害

☐ 可能出现无须人工干预即可恢复的环境伤害

☐ 不产生环境伤害

企业各部门负责人要对描述的业务、职能事项在上述方面的履行信息进行复盘确认和审核，以准确、真实描述业务、职能事项和合规风险尽调内容，以便准确识别、分析、评价各业务、职能活动的合规风险。

二、合规风险分析评价

在合规风险尽调结果基础上，按照统一规范的业务、职能活动合规风险识别分析评估工具，进行各业务、职能事项合规风险识别、分析、评价，确定合规风险系数与等级，排列出控制优先级，形成业务、职能事项合规风险矩阵清单。

ISO 37301：2021 附录 A 中提到了利用合规风险源来识别合规风险的方法，这是风险管理理论中的风险源方法。通过多年的违规案例大数据统计分析，我们可以获得合规风险源识别和违规频次统计系数，并根据该模型和系数来识别、分析、评估各业务、职能活动的合规风险。

进行合规风险识别、分析、评价时，我们可以按照岗位和业务流程进行合规风险识别，采取分析、评价两种方式。

方法一：按照岗位分类进行合规风险识别、分析和评价，形成《岗位对应固有合规风险矩阵清单》。

表 4-2　岗位对应固有合规风险矩阵清单

岗位名称：　　　　　所在部门：　　　　　在岗人员姓名：

序号	业务、职能事项信息			固有合规风险信息			
	岗位职责	对应业务、职能事项 二级分类	合规风险源	固有合规风险系数	固有合规风险等级	潜在经济损失预估（万元）	可能发生的合规风险事件
1						直接： 间接：	
2						直接： 间接：	
3						直接： 间接：	

在《岗位对应固有合规风险矩阵清单》基础上，可检索企业现有管理制度、措施缺失、缺陷情况，进行现有管理体系下的剩余合规风险分析。形成《岗位对应剩余合规风险分析表》。

表 4-3　岗位对应剩余合规风险分析表

岗位名称：　　　　　　　所在部门：　　　　　　　在岗人员姓名：

序号	业务、职能事项信息			管控现状信息						
	岗位职责	合规风险点		目前管控状态		剩余合规风险分析				是否为剩余合规风险
		二级	固有风险等级	对应的公司管理制度名称	对应的公司现有具体管控措施描述	是否存在认知缺失、缺陷	是否存在机制缺失、缺陷	是否存在制度缺失、缺陷	是否存在监控缺失、缺陷	
1										
2										
3										

该部分的合规风险分析评估工作可以使用专门的合规风险评估软件自动计算完成。这里不再详细阐述。

方法二：按照业务分类进行合规风险识别、分析和评价，形成《业务流程固有合规风险矩阵清单》。

表 4-4　业务流程固有合规风险矩阵清单

业务名称：　　　　　　　牵头责任部门：　　　　　　　合规责任人：

序号	业务基本信息		固有合规风险信息				
	业务事项 二级分类	实施责任岗位	合规风险源	固有合规风险系数	固有合规风险等级	潜在经济损失预估（万元）	可能发生的合规风险事件
1						直接： 间接：	
2						直接： 间接：	
3						直接： 间接：	

以上的固有合规风险是假设企业在未采取相应合规风险处理措施的情况下，处于非受控状态所面临的全部合规风险。但是，任何一家在运行的企业都会有现行的管理体系，只是这些现行的管理体系可能存在缺失、缺陷和不足，企业现有的合规风险管理措施不能有效控制所有的

合规风险，出现残留，没有有效控制的合规风险处于暴露状态，即剩余合规风险。在《业务流程固有合规风险矩阵清单》的基础上，检索企业现有管理制度、措施缺失、缺陷情况，进行现有管理体系下的剩余合规风险分析。形成《业务流程剩余合规风险分析表》。

表 4-5 业务流程剩余合规风险分析表

业务名称： 牵头责任部门： 合规责任人：

<table>
<tr><td rowspan="4">序号</td><td colspan="3">业务基本信息</td><td colspan="7">管控现状信息</td></tr>
<tr><td colspan="2">业务流程合规风险点</td><td rowspan="3">实施责任岗位</td><td colspan="2">目前管控状态</td><td colspan="4">剩余合规风险分析</td><td rowspan="3">是否为剩余合规风险</td></tr>
<tr><td rowspan="2">二级</td><td rowspan="2">风险等级</td><td rowspan="2">对应的公司管理制度名称</td><td rowspan="2">对应的公司现有具体管控措施</td><td rowspan="2">是否存在认知缺失、缺陷</td><td rowspan="2">是否存在机制缺失、缺陷</td><td rowspan="2">是否存在制度缺失、缺陷</td><td rowspan="2">是否存在监控缺失、缺陷</td></tr>
<tr></tr>
<tr><td>1</td><td></td><td></td><td></td><td></td><td></td><td></td><td></td><td></td><td></td><td></td></tr>
<tr><td>2</td><td></td><td></td><td></td><td></td><td></td><td></td><td></td><td></td><td></td><td></td></tr>
<tr><td>3</td><td></td><td></td><td></td><td></td><td></td><td></td><td></td><td></td><td></td><td></td></tr>
</table>

以上的合规风险尽调分析评价方法可以登录 http：//hgb. heguixuey uan. com/详细了解。

三、固有合规风险评估报告

经过合规风险识别、分析与评价后，需要形成每个岗位、每个业务的合规风险评估报告。

（一）以岗位为单元的《本岗位固有合规风险评估报告》示例如下。

表 4-6 本岗位固有合规风险评估报告

<table>
<tr><td>单位名称</td><td colspan="3">×××有限公司</td><td>所在行业</td><td>投资建设</td></tr>
<tr><td>岗位名称</td><td>商务主管岗</td><td>所在部门</td><td>商务合约部</td><td>目前在岗</td><td>范文</td></tr>
</table>

一、本岗位合规风险评估结论与概况
岗位固有合规风险是指及时学习全部合规义务前提下，组织零管控状态，本岗位面临的所有合规风险。 该岗位的固有合规风险属性为：超高级 合规风险系数合计：6963.6 合规风险点个数：5 超高合规风险点个数：3 高合规风险点个数：1 中合规风险点个数：0 低合规风险点个数：1 潜在的合规风险发生引起的经济损失预测：直接损失 3250 万元，间接损失 250 万元。

续表

二、合规风险评估工作开展情况
围绕岗位职责，开展以下五个方面的工作，形成本岗位合规风险评估报告。 1. 根据岗位职责，进行岗位履职工作事项内容的梳理； 2. 对工作事项在过去一年的经办情况进行多维度的尽调与描述； 3. 对照“合规风险源识别模型”，识别岗位履职工作事项中潜在的合规风险源； 4. 从合规风险源内容、角色、工作对象、频次、合规风险发生的影响范围、外包情况，对公司业务目标、合规目标、行政、民事和刑事追责、企业声誉、人员个人和环境的损害等维度产生的后果，进行合规风险分析与量化评估，确定合规风险系数和风险等级； 5. 针对每一个存在固有合规风险的履职工作事项进行合规风险发生原因/原理剖析与发生情形描述。

三、岗位合规风险点清单

事项	合规风险点	合规风险源	固有合规风险系数	固有合规风险等级	潜在经济损失预估（万元）		合规风险潜在外部驱动方
					直接	间接	
1	公司销售合同审批	1. 权力：放行权 2. 非权力：（1）关键信息：销售合同信息（2）涉及利益冲突	2808	超高级	250.00	0.00	销售客户
2	外包招标	1. 权力：采购权 2. 非权力：（1）关键信息：招标过程信息（2）涉及利益冲突	799.2	高	3000.00	0.00	供应商（包括第三方中介机构）
3	人员绩效考核	1. 权力：放行权 2. 非权力：（1）关键信息：人事信息	76.8	低	0.00	0.00	无
4	制定采购计划	1. 权力：采购权 2. 非权力：（1）关键信息：采购计划信息（2）涉及利益冲突	1148.4	超高级	0.00	250.00	供应商（包括第三方中介机构）
5	合格供应商管理	1. 权力：采购权 2. 非权力：（1）关键信息：公司内部合格供应商信息（2）涉及利益冲突	2131.2	超高级	0.00	0.00	供应商（包括第三方中介机构）
合规风险系数分级说明：低于300为低级，300—600为中级，600—900为高级，900以上为超高级。							

（二）以部门为单元的《本部门固有合规风险评估报告》示例如下。

表 4-7　本部门固有合规风险评估报告

单位名称	×××有限公司			所在行业	投资建设
部门名称	商务合约部	所在部门	研发部	目前部门负责人	×××

一、本部门合规风险评估结论与概况
本部门固有合规风险是指及时学习全部合规义务前提下，组织零管控状态，本部门面临的所有合规风险。 该部门的固有合规风险属性为：超高级 合规风险系数合计：17166.40 合规风险点个数：25 超高合规风险点个数：7 高合规风险点个数：5 中合规风险点个数：5 低合规风险点个数：8 潜在的合规风险发生引起的经济损失预测：直接损失 8065.000 万元，间接损失 2125.000 万元。

二、合规风险评估工作开展情况
围绕部门职责，开展以下五个方面的工作，形成本部门合规风险评估报告。 1. 根据部门职责，进行部门履职工作事项内容的梳理； 2. 对工作事项在过去一年的经办情况进行多维度的尽调与描述； 3. 对照“合规风险源识别模型”，识别部门履职工作事项中潜在的合规风险源； 4. 从合规风险源内容、角色、工作对象、频次、合规风险发生的影响范围、外包情况，对公司业务目标、合规目标、行政、民事和刑事追责、企业声誉、人员个人和环境的损害等维度产生的后果，进行合规风险分析与量化评估，确定合规风险系数和风险等级； 5. 针对每一个存在固有合规风险的履职工作事项进行合规风险发生原因/原理剖析与发生情形描述。

三、部门合规风险点清单

事项	合规风险点	合规风险源	固有合规风险系数	固有合规风险等级	潜在经济损失预估（万元）		合规风险潜在外部驱动方
					直接	间接	
1	外包工程量计量	1. 权力：计量权 2. 非权力：（1）关键信息：工程量内部控制目标（2）涉及利益冲突	799.2	高	420.00	0.00	供应商（包括第三方中介机构）

续表

2	外包工程量计量	1. 权力：计量权 2. 非权力：（1）关键信息：工程量内部控制目标（2）涉及利益冲突	1144.8	超高级	360.00	0.00	供应商（包括第三方中介机构）
3	项目外包采购	1. 权力：采购权 2. 非权力：（1）关键信息：外包采购标底控制目标（2）涉及利益冲突	381.6	中	120.00	0.00	供应商（包括第三方中介机构）
4	项目外包变更	1. 权力：采购权 2. 非权力：（1）关键信息：变更内容在业主方的变更情况（2）涉及利益冲突	763.2	高	15.00	0.00	供应商（包括第三方中介机构）
5	外包合同签订保管	1. 权力：采购权 2. 非权力：（1）关键信息：合同内关键信息（2）涉及利益冲突	532.8	中	1000.00	0.00	供应商（包括第三方中介机构）
6	收发项目内外文件	1. 权力：不涉及权力 2. 非权力：涉及技术性（黑箱）操作	48.0	低	0.00	0.00	无
7	人员晋升	1. 权力：人事权 2. 非权力：（1）关键信息：人员晋升考察、评价信息（2）涉及技术性（黑箱）操作	20.8	低	0.00	0.00	无
8	项目人员考勤	1. 权力：人事权 2. 非权力：无	24.0	低	0.00	0.00	无
9	项目人员调动	1. 权力：人事权 2. 非权力：关键信息：人员个人信息	25.6	低	0.00	0.00	无
10	项目人员绩效调差	1. 权力：人事权 2. 非权力：关键信息：人员绩效薪酬信息	32.0	低	0.00	0.00	无
11	项目业务会计核算	1. 权力：计量权 2. 非权力：（1）关键信息：业务会计信息（2）涉及利益冲突	196.8	低	0.00	0.00	供应商（包括第三方中介机构）

续表

12	项目纳税申报	1. 权力：财务资金权 2. 非权力：涉及利益冲突	139.2	低	0.00	0.00	政府和政府机构或监管机构
13	项目资金收入管理	1. 权力：财务资金权 2. 非权力：涉及利益冲突	208.8	低	750.00	0.00	销售客户
14	项目资金支付	1. 权力：财务资金权 2. 非权力：（1）关键信息：账户信息（2）涉及利益冲突	885.6	高	900.00	0.00	供应商（包括第三方中介机构）
15	项目资金支付出纳	1. 权力：不涉及权力 2. 非权力：（1）关键信息：账户信息（2）涉及利益冲突、涉及利益管理活动	439.2	中	1400.00	0.00	供应商（包括第三方中介机构）
16	分包工程量审核	1. 权力：放行权 2. 非权力：（1）关键信息：各分包的内部控制目标信息（2）涉及利益冲突	2656.8	超高级	900.00	0.00	供应商（包括第三方中介机构）
17	项目现场材料验收	1. 权力：放行权 2. 非权力：涉及利益冲突、涉及技术性（黑箱）操作	1051.2	超高级	0.00	375.00	供应商（包括第三方中介机构）
18	商务合同评审	1. 权力：放行权 2. 非权力：（1）关键信息：公司内部预算控制目标（2）涉及利益冲突	835.2	高	0.00	1750.00	供应商（包括第三方中介机构）
19	材料价格数据库管理	1. 权力：不涉及权力 2. 非权力：（1）关键信息：材料价格数据信息（2）涉及利益冲突、涉及技术性（黑箱）操作	1051.2	超高级	0.00	0.00	供应商（包括第三方中介机构）
20	合格供应方考察管理	1. 权力：放行权 2. 非权力：（1）关键信息：合格供应方档案信息（2）涉及利益冲突	1065.6	超高级	0.00	0.00	供应商（包括第三方中介机构）
21	参与招标方案设计	1. 权力：不涉及权力 2. 非权力：（1）关键信息：招标方案信息（2）涉及利益冲突	489.6	中	0.00	0.00	供应商（包括第三方中介机构）

续表

22	市场营销项目立项	1. 权力：市场客服与销售权 2. 非权力：（1）关键信息：市场营销项目立项信息（2）涉及利益冲突	835.2	高	0.00	0.00	销售客户
23	区域市场各项营销	1. 权力：市场客服与销售权 2. 非权力：（1）关键信息：区域市场营销客户信息（2）涉及利益冲突、涉及技术性（黑箱）操作	580.8	中	0.00	0.00	销售客户
24	出入库登记与结算	1. 权力：计量权 2. 非权力：涉及利益冲突	1360.8	超高级	1800.00	0.00	供应商（包括第三方中介机构）
25	合同商务评审监督	1. 权力：放行权 2. 非权力：（1）关键信息：合同信息和内部预算控制指标信息（2）涉及利益冲突	1598.4	超高级	400.00	0.00	供应商或外包方
合规风险系数分级说明：低于300为低级，300—600为中级，600—900为高级，900以上为超高级。							

四、企业合规风险清单统计

经过每一个岗位或者每一项业务的合规风险识别、分析、评价后，进行汇总，可以形成企业层面的合规风险清单，以揭示企业各等级的固有合规风险分布特征，为企业合规管理策划提供关键依据。请见如下示例。

表 4-8　×××公司岗位固有合规风险详细分布统计表

单位名称				×××公司															所在行业	儿童玩具用品				
工作事项序号	姓名	所在部门	岗位名称	岗位对应业务、职能事项清单			岗位对应业务、职能事项合规风险矩阵清单																	
				岗位职责	工作事项	工作目标	合规风险源	引起合规风险发生的风险源分布											固有合规风险系数	固有合规风险等级	潜在经济损失预估（万元）		合规风险潜在外部驱动方	可能发生的合规风险类型
								审批权	市场客服与销售权	人事权	采购权	放行权	计量权	财务资金权	拥有关键信息权	存在利益冲突情形	存在技术性（黑箱）操作行为	属于利益管理活动			直接	间接		
	1	2	3	4	5	6	7	8											9	10	11		12	13
1	×××	商务部	商务管理	负责产品质量检测	产品质量检测	服务于公司产品质量、品质目标	1. 权力风险源：放行权 2. 非权力风险源：涉及利益冲突、					1				1			360.0	中	0.00	0.00	销售客户	反腐败反贿赂合规风险 验收把关合规风险
2				负责文件管理	文件档案管理	服务于公司收益目标	1. 权力风险源：不涉及权力风险源 2. 非权力风险源：(1) 档案保密信息 (2) 涉及利益冲突								1	1			734.4	高	0.00	0.00	政府和政府机构或监管机构	隐私与数据，或商业秘密合规风险 反腐败反贿赂合规风险
3				负责印章管理	印章管理	服务于公司其他目标	1. 权力风险源：放行权 2. 非权力风险源：(1) 有机会接触保密的文件盖章 (2) 涉及利益冲突、涉及技术性（黑箱）操作					1			1	1	1		1161.6	超高级	0.00	0.00	其他组织或人员	隐私与数据，或商业秘密合规风险 反腐败反贿赂合规风险 验收把关合规风险 操作合规风险

续表

4	×××	质量部	质量管理	负责印章保管	印章保管	服务于公司财产保护与安全目标	1. 权力风险源：不涉及权力风险源 2. 非权力风险源：涉及技术性（黑箱）操作、涉及利益管理活动										1	1	288.0	低	0.00	0.00	其他组织或人员	利益管理合规风险 操作合规风险
5				负责产品质量管理	产品质量管理	服务于公司产品质量、品质目标	1. 权力风险源：放行权 2. 非权力风险源：					1							72.0	低	0.00	0.00	无	反腐败反贿赂合规风险 验收把关合规风险
6	×××	销售部	销售管理	负责公司品牌宣传工作	宣传公司品牌	服务于公司品牌价值目标	1. 权力风险源：不涉及权力风险源 2. 非权力风险源：												0.00	无风险	0.00	0.00	无	无
7				负责公司档案管理	公司档案管理	服务于公司其他目标	1. 权力风险源：不涉及权力风险源 2. 非权力风险源：（1）档案中需要保密的材料（2）涉及利益冲突					1			1	1			734.4	高	0.00	0.00	其他组织或人员	隐私与数据，或商业秘密合规风险 反腐败反贿赂合规风险
8				负责公司合同法律审查	公司合同法律审查	服务于公司财产保护与安全目标	1. 权力风险源：放行权 2. 非权力风险源：（1）合同价格信息（2）涉及利益冲突					1			1	1			835.2	高	0.00	250.00	其他组织或人员	隐私与数据，或商业秘密合规风险 反腐败反贿赂合规风险 验收把关合规风险
9				负责公司销售合同审批	公司销售合同审批	服务于公司收益目标	1. 权力风险源：放行权 2. 非权力风险源：（1）销售合同信息（2）涉及利益冲突								1	1			2808	超高级	250.00	0.00	销售客户	隐私与数据，或商业秘密合规风险 反腐败反贿赂合规风险 验收把关合规风险

第五章

企业合规管理组织体系

合规涉及企业经营管理的方方面面，企业全体成员都承担着或多或少的合规职责。只有科学合理地落实合规职责，才能最大限度地发挥合规管理的作用，有效化解合规风险。建立完善的企业合规管理组织体系，需要依据合规治理原则，明确决策层和最高管理层在合规管理方面的职能，同时，解决合规管理工作中的权力配置问题。在建立合规管理制度的基础上，协调管理职能和资源配置，构建合规管理所涉及的各岗位需要完成的工作内容以及应当承担的责任范围，是建立合规管理组织体系的必然要求。

第一节　企业合规管理组织概述

一、建立完善的合规管理组织的目的和意义

（一）实现合规管理目标的本质要求

企业合规经营建设是一项浩大的系统性工程，不是一朝一夕就能建成的，需要确定合理的发展目标。企业要实现既定的目标，通常需要对于该企业组织体系的建立有充分、正确的认识并以书面文件标识出目标，规定出指挥系统，说明横向关系，规定各单位职责，使企业的全体成员了解、全力推进，以高效率共同实现既定的目标。对合规管理来讲，领导是否有力，合规机构与职责的设置是否清晰合理，很大程度上决定着合规管理能否顺利、有效开展。

（二）建立合规长效管理机制的内在需要

强化合规管理以防范合规风险是企业时时、处处、事事应坚持的原则，需要一定的时间来塑造，而不能一蹴而就。在这个过程中，要认真践行合规管理工作，实现合规执行长效机制的目标，就要积极构筑起对各项经营管理活动的全方位覆盖、全过程监督的合规管理工作体系，

确保合规管理的稳定性。而这个体系的建立，正是以合规理念的树立、合规机构的设置、合规角色和责任的明确为基础和依托的，只有明确合规管理组织机构及相应职责，才能保证合规培训、运行、评价、监督检查等各项工作的顺利开展，从而保障合规管理工作的稳步推进并长期保持以及业务经营实现稳健运行。

（三）实现合规管理科学配置的必然需求

作为一项系统工程，合规管理并非仅凭一个岗位或一个部门之力可以完成，它涉及经营的各个方面和环节，必须在统一的制度和体制框架下，分工负责、协同联动、齐抓共管。只有组织协调有力，各部门相互支持配合、形成合力，才能充分发挥组织管理体系和职能部门的优势，实现合规管理与各项业务衔接融合，并在实践中不断改进完善合规机制，把合规管理各项工作落实到位。因此，对于合规管理工作组织领导的力度，直接决定着合规管理工作能否有效开展。

（四）领导带头是推动合规管理的根本前提

领导干部既是生产经营活动的组织者、推进者、监督者，更是参与者，只有加强合规的组织领导，明确各岗位的职责，才能使领导干部对于其合规角色和责任有清晰的定位；才能在合规体系的建立中更好地调配资源，给予充分到位的支持；才能在合规体系的运行中更好地发挥示范带头作用，用最严格的尺子衡量自己，用最高的标准要求自己，带头落实，既抓好自身活动，又督促指导好分管部门单位的相关合规工作开展，真正成为合格的组织者、引领者和示范者。

二、合规管理组织体系设置的总体要求

构建合规管理组织体系、明确合规职责的总体要求如下：

（一）合规治理

合规治理包括决策层和最高管理层合规管理的原则。合规治理的重要意义，就是覆盖整个企业范围的、高效的合规管理体系，能够使企业展现其遵守相关法律、行业准则、组织标准以及良好公司治理、最佳实践、道德伦理和社区期望等标准的合规承诺。要使员工行为满足合规要求，需要各级管理层的有力领导、明确的组织价值观、认可和实施能够促进合规行为的措施等。如果不能在企业各层级实现上述条件，就会存在不合规的风险。

（二）合规管理机构

合规管理机构是承担合规管理职能的机构，可以是专门的机构也可由其他职能部门兼管。一个健全的合规管理机构一般包括合规委员会、合规负责人、合规管理部门等。在建设合规团队时，对于合规管理机构的具体责任及分配责任时的原则和条件要进行具体规定。在责任承担方面，包括识别合规职责并将其融入方针、程序和流程；员工培训要求；合规责任纳入岗位职责；合规报告登记、绩效考核、资料管理；识别合规风险、风险评估；向员工提供建议和资料等。在分配责任时的原则和条件方面，包括确保合规团队无利益冲突；诚信和合规承诺、高效沟通、接受建议等。

（三）合规管理协调

合规管理的协调关键在于处理好合规部门与公司员工、业务部门、监督部门、监管机构等的沟通和协调。管理协调需要通过沟通的方式来了解和满足内部与外部的需求。沟通需求包括沟通话题、沟通时机、沟通对象和沟通方式。内部传达沟通中，应注意确保员工能持续收到信息并明确告知组织对员工的期望和员工的反映渠道。外部传达沟通中，应描述对于利益相关方的界定范围以及向利益相关方传达沟通的方式。相关方可能包括但不限于监管机构、客户、承包商、供应商、投资商、紧急服务、非政府组织和邻居等。

沟通方式可能包括网站和电子邮件、新闻稿、广告和定期简报、年度（或其他定期）报告、非正式讨论、开放日、焦点小组、社区对话、社区活动参与和热线电话等。这些方式有助于相关方理解和接受组织的合规承诺。

合规报告是一种公开的合规管理协调方式。合规报告包括合规报告的宗旨、内部报告安排的具体要素和要求、按照事项的重要程度区分报告形式等。合规报告的具体内容应包括事项、影响和建议、分析、纠正措施、趋势、结果等。

（四）领导者的作用

领导者作为一个企业中的关键少数，其在合规管理中承担着重要的角色、负担重要责任以及对合规管理起到表率作用。要使员工行为满足合规要求，需要满足各级管理层的有力领导、明确的组织价值观、认可和实施能够促进合规行为的措施等条件。如果不能在企业各层级实现上述条件，就会存在不合规的风险。

合规治理机构和最高管理层应通过以下措施展现出对合规管理系统的领导力和承诺：

1. 建立和维护企业的核心价值观；
2. 确保建立合规政策和合规目标，并符合组织的价值观、目标和战略方针；

3. 确保政策、程序和流程的制定与实施，以实现合规目标；

4. 确保具备合规管理体系所需的资源，并确保资源合理分配；

5. 确保将合规管理体系的要求融入组织的业务流程中；

6. 宣传有效合规管理体系的重要性，以及遵守合规管理体系要求的重要性；

7. 指导和支持相关人员提升合规管理体系的效能；

8. 为其他相关管理人员提供支持，使他们在与之相关的合规职责中展现出领导力；

9. 确保运营目标与合规责任的一致性；

10. 建立和维护责任机制，包括及时报告合规事项，比如违规；

11. 确保合规管理体系实现预期目标；

12. 推动持续改进。

要想实现有效合规，就需要确保治理机构和最高管理层的积极承诺，并将其贯彻到整个组织中。承诺水平体现在以下方面：

1. 治理机构和各级管理机构积极展现承诺，并通过行动和决策建立、发展、实施、评估、维护并不断改进有效和响应及时的合规管理系统；

2. 合规政策经过治理机构的正式审批；

3. 最高管理层承担责任，确保充分实现组织的合规承诺；

4. 各级管理机构向员工传达一致和明确的信息（通过语言和行动），申明组织将履行合规责任；

5. 以明确和令人信服的声明广泛传达合规承诺，并付诸行动；

6. 合规职能部门被授予一定的权限，以反映有效合规的重要性，并确保合规职能部门与治理机构建立直接联系；

7. 合理分配资源，并通过增强意识的活动和培训建立、发展、实施、评估、维护并不断改进合规文化；

8. 政策、程序和流程不但要反映法律要求，还要反映自愿性守则和组织的核心价值观；

9. 组织向各个管理层分配合规责任并实行责任制；

10. 对合规管理系统进行定期审查；

11. 不断改进组织的合规绩效；

12. 采取纠正措施。

第二节　企业合规治理机制

一、合规治理是公司治理体系的重要内容

公司治理的目的之一在于规范公司权力安排，也就是在公司所有权层面上，股东和股东代表如何规范地授权给职业经理人，并针对职业经理人履行职务行为的情况设计监管职能，维护股东利益，促进公司发展。合规治理是公司治理体系的重要内容，是以保证公司合规经营为目的，通过原则性的制度设计，解决合规管理工作中的权力配置问题。合规治理的目的主要是保证股东和股东代表，特别是公司董事会，能够准确了解公司内部各级职业经理人和员工的履职情况，能够及时发现和纠正公司内部的不合规问题，针对各级管理人员的合规履职情况设计监管职能、责任和义务，保障公司价值观、目标、战略的顺利实现。

合规治理一般应当遵循以下五个原则：

第一，公司应树立合规创造价值并保护价值的理念，认可合规能够对公司的战略目标和绩效提升作出贡献。

第二，公司应确保建立适当的合规治理框架，明确股东、董事会、监事会、最高管理层在合规治理中的角色，合理分配他们的权力和职责。

第三，公司应重视利益相关方在公司合规治理中的作用，鼓励利益相关方在促进公司合规经营方面发挥积极作用。

第四，公司应建立有效的合规管理体系，明确合规管理组织架构，明确合规管理部门和相关部门的角色、权力和职责，明确合规管理团队中各级合规管理人员的权力和职责。

第五，公司应对合规管理团队充分授权。合规团队应拥有直达决策层，即公司董事会的报告渠道。合规团队应拥有独立性，日常工作不应当受到其他职能部门或业务部门的限制和影响。合规团队应分配到适当的权力和充足的资源。

二、董事会合规管理的角色与职能

董事会作为股东会这一权力机关的业务执行机关，负责公司业务经营活动的指挥与管理，对公司股东会负责并报告工作。股东会所作的公司重大事项的决定，董事会必须执行。作为股东利益的代表，董事会对公司经营活动的合规性负最终责任，对公司合规治理和合规管理负总责，对公司违规或员工违规给股东造成损失应承担管理责任。

董事会应确定合规的基调，确立全员主动合规、合规人人有责、合规创造价值等合规理念，在全公司推行诚信与正直的职业操守和价值观念，提高全体员工的合规意识，促进公司自

身合规与外部监管的有效互动。

董事会应当履行的职责主要包括：第一，审议批准公司的合规政策，监督合规政策的有效实施。第二，审议批准高级管理层提交的合规管理报告，对公司合规管理的有效性做出评价，使公司经营管理中的合规缺陷得到及时有效的解决。第三，授权董事会下设的风险管理委员会、审计委员会或专门设立的合规管理委员会对公司合规管理进行日常监督，任命合规团队并授予必要的权力、支持和资源。第四，确保最高管理层的岗位职责中包括合规责任，确保公司在经营过程中坚持合规承诺，适当处理不合规和不合规行为。

其中，董事会应当特别重视第三项职责，即对具体进行合规管理工作的合规团队给予授权和支持：

第一，董事会应当向合规团队分配适当的权力和责任，保证合规管理体系设计的合理性、一致性和充分性，保证公司合规管理体系符合国际标准，公司合规管理不存在根本性错误。

第二，董事会应当给予合规团队清晰明确的支持，保证合规团队拥有直达的报告渠道，使其能够将公司的合规管理情况——合规管理体系的绩效——及时准确地传达到决策层，避免误判。

第三，董事会应当给予合规团队足够的资源，使其能够接触高层决策者，并有机会在早期进入决策流程，能够与组织全部层级之间建立联系，能够完成合规任务所需的全部文件资料和信息，能够获得关于相关法律、规定、准则和组织标准问题的专家建议。

第四，董事会应当向合规团队授予一定程度的抗衡权，使其能够在相关决策流程中展示合规的任何后果。

第五，董事会应当确保合规团队拥有独立行动的权力，特别是当合规融入业务流程中时，不会因为优先级冲突而受影响。

三、监事会合规管理的角色与职能

作为公司内部的监督机构，监事会的角色定位就是防止董事会、管理层滥用职权，损害公司和股东利益。监事会的合规管理职能，就是监督董事会和高级管理层合规管理职责的履行情况。

根据《中华人民共和国公司法》规定，监事会、不设监事会的公司的监事行使七项职权，其中四项职权与合规管理相关，包括：第一，检查公司财务，如从公司财务数据中发现不合规情况，应及时、明确指出；第二，对董事、高级管理人员执行公司职务的行为进行监督，对违反法律、行政法规、公司章程或者股东会决议的董事、高级管理人员提出罢免的建议；第三，当董事、高级管理人员的行为损害公司的利益时，要求董事、高级管理人员予以纠正；第四，向股东会会议提出提案，针对公司合规管理中存在的制度性缺陷和问题进行及时纠正。

四、最高管理层合规管理的角色与职能

最高管理层即以经理为首的高级管理团队，统一领导各个层级的经营管理活动。其主要职能是制定经营目标、方针、战略，制定利润的使用、分配方案，重大规章制订、修改和废止，指挥和协调各组织机构的工作和相互关系，确定它们的职责和权限。

作为公司经营管理的执行者，最高管理层根据岗位分工对公司合规管理负相应的管理责任，对公司违规或员工违规给股东造成损失应承担具体的管理责任。

最高管理层应全面推进公司合规管理，有效管控合规风险，一般应履行以下合规管理职责：

第一，制定书面的合规政策，并根据合规风险管理状况以及法律、规则和准则的变化情况适时修订合规政策，报经董事会审议批准后传达给全体员工。

第二，贯彻执行合规政策，确保发现违规事件时及时采取适当的纠正措施，并追究违规责任人的相应责任。

第三，任命合规负责人，并确保合规负责人的独立性。

第四，明确合规管理部门及其组织结构，为其履行职责配备充分和适当的合规管理人员，将责任和权利分配给相关角色；确保建立高效而及时的报告系统，在组织内部进行传达沟通，并确保合规管理部门的独立性。

第五，识别公司所面临的主要合规风险，审核批准合规风险管理计划，确保合规管理部门与风险管理部门、内部审计部门以及其他相关部门之间的工作协调。

第六，每年向董事会提交公司合规管理报告，报告应具备充分依据并有助于董事会成员判断最高管理层合规管理的有效性。

第七，及时向董事会或其下设委员会、监事会报告任何重大违规事件。

第八，调配充足而适当的资源来建立、制定、实施、评价、维护并改进合规管理体系和绩效结果；分配责任，使董事会和最高管理层能够了解合规管理体系的绩效；同时，依据合规关键绩效措施或结果，接受合规评价。

第九，公司合规政策规定的其他职责。

第三节　企业合规管理组织架构

一、合规管理机构的设立原则

一般来讲，企业内部设立合规管理机构应遵循以下三个原则：

第一，适应实际需要的原则。根据公司经营的业务性质、地域范围、监管要求等设置相应的合规管理机构，合规管理机构的规模要与合规管理任务相匹配。规模较小的企业，可以不设立专门的合规管理机构，由相关业务部门履行合规管理职责。例如，在一些企业中，法律部门、内控部门、审计部门或者财务部门可以单独或联合承担一部分合规管理职责。

第二，保持指挥一致的原则。在纵向合规管理业务线上，不同层级的合规管理机构要明确上下隶属关系，一个下级机构只能接受一个上级机构的命令和指挥；在横向部门间的关系上，同一层级的合规管理机构要与相关部门，例如审计、内控、纪检监察（国企或合资企业）建立顺畅的联系和协调机制，以实现配合一致，并且不同层级之间，合规管理机构与相关部门之间的联系和协调机制应该相同。

第三，保证独立性的原则。合规管理机构的独立性主要体现在直达决策层的报告渠道、适当的权力和充足的资源三个方面。合规管理机构的报告不应当经过其他职能部门或业务部门的转达，不能够受到其他职能部门或业务部门的影响，必须如实地、不夸张也不打折扣地呈现在决策层面前，经决策层讨论后做出决定。合规管理机构应具备适当的权力，使其能够参与公司内部的各项管理工作，顺利完成各项调查任务，有效推进各项整改措施。合规管理机构还应分配到充足的资源，使其能够拥有或调动足够多的、满足工作要求的人员和设备，从而不会因为资源问题而无法及时完成工作或降低工作质量，也不会因为资源问题而丧失独立性。

二、合规管理机构的层级设置

通常情况下，企业合规管理组织架构可分为三个层级：

第一个层级，在决策层，即董事会中设立的合规委员会，作为企业合规管理体系的最高负责机构，制定合规管理的目标、方针和政策，审阅报告和决议，统领企业整体合规管理工作。

第二个层级，在合规委员会之下，设立合规管理协调委员会，主要由与合规管理相关的职能管理部门组成，例如人力资源、法律、审计、财务等。协调委员会主要负责职能部门之间的工作分工和协调，保证企业内部各种风险管理和监督资源的有效协同。

第三个层级，在合规管理协调委员会之下，设立合规管理部门，负责合规管理的日常工作。根据企业规模和实际工作量，合规管理部门的规模可大可小，岗位人员数量并不固定。绝大多数企业都任命最高管理层中的一员为合规管理部门的总负责人，全面负责合规管理工作，同时任命一系列专职的合规官来负责日常合规工作。对于规模较小的企业，也可以考虑把合规管理任务外包。

三、合规管理委员会的角色与职责

企业可在董事会中设立合规管理委员会，由具备法律、财务、人事管理背景的董事组成。

在不设董事会的企业中，合规管理委员会应由执行董事牵头，领导法律、财务、人事管理方面的最高管理层成员。在不设董事会也没有执行董事的企业中，合规管理委员会可由总经理、党委书记、其他党组成员、最高管理层成员组成。

合规管理委员会的主要职责，是负责企业合规管理的总体部署、体系建设及组织实施。一般情况下，合规管理委员会应具体履行的主要职责包括：

第一，建立企业合规管理基本政策或贯彻落实上级公司的合规管理基本政策，制定企业合规管理战略、目标和工作要求。

第二，建立和完善企业合规管理体系，审定企业合规管理工作部署和年度合规管理工作计划。

第三，听取合规管理工作汇报，指导、监督、检查合规管理工作。

第四，研究解决企业加强合规管理工作中的重大或突出问题，指导、监督、检查合规违规问题整改。

第四节　企业合规管理部门职责

当企业决定推动合规管理这项工作时，如何把合规管理工作组织起来就非常重要了，因此，成立专门的合规管理部门或者兼职的合规管理部门并配置相应的资源就非常必要。合规管理部门作为企业组织中的一个职能部门，关注企业合规风险事实和提出合规管理实质性计划就成为其重要工作。因此，合规管理部门的工作定位就是在组织授权下，调动相关资源，持续地对内外部环境进行关注和与企业内各个业务部门和职能部门进行密切的沟通，负责制定合作管理制度及相关政策并嵌入业务流程中，以达到预防、发现、应对合规风险的目的。

一、合规管理部门的设立原则

实践中，企业在设立合规管理部门时一般要遵循以下四项原则：

一是组织适应性原则。一个企业设立合规管理部门受到的影响因素较多，有区域因素（国内与国外经营环境）、行业环境因素、企业规模因素、现有组织结构和企业组织资源因素，等等。因此，企业在设立合规管理部门时，要根据企业经营的业务性质、地域范围、监管要求等来设置相应的合规管理机构，合规管理机构的规模要与合规管理任务相匹配。一些规模较小的企业，可以不设立专门的合规管理机构，由相关业务部门履行合规管理职责。例如，在一些企业中，法律部门、内控部门、审计部门或者财务部门可以单独或联合承担一部分合规管理职责。对于组织结构成熟的企业，在设置合规管理机构时要充分利用原有架构，建立合规管理组织架构。

二是责权相匹配的原则。企业在设立合规管理部门时，要对合规管理部门的职责与权力范围进行明确的定位，确保合规管理部门能够在明确的职责范围内开展工作。当合规管理部门在开展合规管理工作受到阻力时，必要时可以通过组织赋予的权力或者调动相应的资源来保证合规管理工作顺利实施。根据企业合规管理的实践，许多企业都把广泛的合规管理要素作为合规管理的要求，但是在规定具体的合规管理部门职责时，企业都会选择一些合规管理的日常工作和选择性的重要领域作为合规管理的重点工作，把日常工作与重点领域的工作相结合。同时，为了帮助合规管理部门开展工作，企业需要赋予合规管理部门一定的权力，授权合规管理相关人员参与相关会议和相应业务决策等，使得合规管理人员能够有效地开展合规管理工作。

三是工作独立性原则。合规管理机构的独立性主要体现在直达决策层的报告渠道、适当的权力和充足的资源三个方面。合规管理机构的报告不应当经过其他职能部门或业务部门的转达，不受到其他职能部门或业务部门的影响，必须如实地、不夸张也不打折扣地呈现在决策层面前，决策层讨论后做出决定。合规管理机构应具备适当的权力，使其能够参与公司内部的各项管理工作、能够顺利完成各项调查任务、能够有效推进各项整改措施。合规管理机构还应分配到充足的资源，使其能够拥有或调动足够多的、满足工作要求的人员和设备，从而不会因为资源问题而无法及时完成工作或降低工作质量，也不会因为资源问题而受制于公司内部部门、丧失独立性。

四是指挥一致性原则。在企业中，合规管理工作的开展分为横向与纵向两个方面。在纵向合规管理业务线上，不同层次的合规管理机构要明确上下隶属关系，一个下级机构只能接受一个上级机构的命令和指挥，使得合规管理工作信息能够得到有效的传递；在横向部门间关系上，合规管理机构要与同一层级的相关部门，例如审计、内控、纪检监察（国企或合资企业）建立顺畅的联系和协调机制，实现部门之间的有效配合。通过部门之间的配合与信息分享，合规管理部门可以得到其他部门的支持，从而更加有效地开展工作。在不同层级之间，合规管理部门也要与相关部门之间保持密切的联系，这样才能让合规管理部门可以获得相对充足的信息。

二、合规管理部门的组织模式

重视合规管理的企业，往往会设置单独的合规管理部门，对合规风险进行专业化的管理。从合规管理部门的组织设计与架构来看，合规管理部门组织设计主要有以下七种方式。

（一）设立独立的“合规部”

企业采用这样的方式，意味着要在企业内部建立一个专业的合规管理部门，任命首席合规官作为企业合规管理总负责人，首席合规官下设专门的合规管理办公室和合规管理团队。采取该类型的优点在于企业合规管理部门的独立性强，合规管理团队专业能力强，合规管理工作相对专业。当然，这样的设置要求企业投入大量的人力、资金等资源；合规管理人员职业技能要高，既要懂合规专业知识，又要了解具体的业务知识；合规管理部门与其他部门之间的沟通协调要求也较高。

（二）由法律部与合规部共同组建“法律合规部”

大多数企业采用此方式设立合规管理部门，这样把法务部或者法律事务部的管理职能与合规部门管理职能统一到法律合规部门职能之中，由法律合规部对企业的法律事务工作和合规管理工作进行统一管理。该类型的优点在于，部门的设立相对容易，投入成本相对较低，因为大多数公司在成立合规部之前都有法律部门，公司在设立合规管理部门时可以利用公司现有的法律部门的资源。另外，因为合规管理部门开展工作的基础就是要对外部法律法规、监管规定有正确的理解，相对来说，合规管理工作与法律部工作容易配合，合作管理部门与法律部门之间的沟通比较顺畅。按照这样的方式设置合规管理部门，开展工作时与其他部门的沟通协调要求较高，需要合规管理部门与业务部门密切配合，合规管理人员职业技能要高，既要懂合规专业知识，又要懂具体的业务知识。

（三）建立“公司治理、风控和合规部”，也称为“GRC”类型

采用这样的设置方式，融合了公司治理、风险控制与合规管理。该方式大大提升了合规管理部门整合公司资源的能力，有很强的独立性，方便了合规部门与审计部门、风险管理部门的沟通，合规部门在合规风险评估时可以和审计、风控等部门联合起来共同开展工作，实现风险管理工作成果共享。这样的设置及顺利实施对合规部的领导力提出了很高的要求，同时也需要企业提供较多的资源支持，还需要与法律部门等其他部门加强沟通，平衡业务与合规风险管理的关系。

（四）合规部与审计部结合的“合规审计部”

这样的设置方式便于企业对合规风险进行管理，企业可以通过较少的投入达到合规管理的目的。但是，这样的设置方式往往独立性不强，适用于业务单一且面临合规风险较低的企业。

（五）合规管理项目组

合规项目组是一种灵活的组织形式，没有正式的编制，主要是从各个部门中抽调相关领域的专家组成项目小组，在合规管理人员的引导和组织下，项目小组成员就新问题或不同的业务需求进行讨论，项目小组持续的时间往往是一年以内，小组成员完成项目后又回到自己的部

门。通过这样的方式，合规管理人员可以从业务部门获得不同的视角，在合规风险管理中更贴近业务的开展。

（六）合规管理网络

构建合规管理网络是创新开展合规管理工作的重要组织形式，有的企业由合规管理部门牵头，在各个部门中挑选业绩突出、合规表现良好的员工作为合规管理网络成员，定期对这些成员进行培训，并协调他们对外部法律法规的变化进行跟踪和收集。一般来讲，合规管理网络成员首先聚焦于各个部门业务所面临的合规风险，通过识别相应的合规风险，上报业务部门和通知合规管理部门，这样就容易化解本部门面临的合规风险。有时，合规管理部门还要组织合规管理网络成员针对重点领域和重要环节进行合规风险收集、评估，并制定出相应的应对措施，通过合规管理网络成员把相应的应对措施传达给各个部门。

（七）其他的合规管理类型

合规管理部门设置并不限于以上类型，具体要根据公司业务类型、组织结构、组织资源而定。

此外，为应对外部环境的快速变化，企业除了要有正式的合规管理组织外，合规管理部门也要通过更加灵活的方式对外部环境变化带来的合规风险进行识别和管理。

三、合规管理部门的职责设定

合规管理部门的职责根据企业性质、规模等不同会有所不同，通常包括以下主要职责：

第一，持续关注公司总部所在地（国）和经营所在地（国）法律法规、行业监管要求和国际准则的最新发展，正确理解法律法规、监管要求和国际准则的规定及其精神，准确把握法律法规、监管要求和国际准则对公司的影响，及时为最高管理层提供合规建议。

第二，利用相关资源，明确合规职责，并将其转化为可行的方针、程序和流程，并及时将新识别出的合规职责融入现有方针、程序和流程。

第三，制定并执行“风险为本”的合规管理计划，包括特定政策和程序的实施与评价、合规风险评估、合规性测试、合规培训宣贯等。

第四，审查评价企业各项政策、程序和实施细则的合规性，组织、协调和监督各业务条线和内控部门对各项政策、程序和实施细则进行梳理和修订，确保企业各项政策、程序和实施细则符合法律法规、监管要求和国际准则的要求。

第五，配合企业人事或培训部门为员工提供或组织持续合规培训，包括新员工入职合规培训，各级管理人员、各类业务员工的定期合规培训，确保全部相关员工按规定接受培训。为员工提供与合规程序和参考资料相关的资源，向组织提供与合规相关事项的客观建议，并成为员工咨询有关合规问题的内部联络部门。

第六，组织制定合规管理程序以及合规手册、员工行为准则等合规指南性文件，评估合规管理程序和合规指南性文件的适当性，为员工恰当执行法律法规、监管要求和国际准则提供指导。

第七，积极主动地识别和评估与企业生产经营活动相关的合规风险，并管理与供应商、代理商、经销商、咨询顾问和承包商等商业相关的合规风险。同时，为新产品和新业务的开发提供必要的合规性审查和测试，识别和评估新业务方式的拓展、新客户关系的建立以及客户关系的性质发生重大变化等所产生的合规风险。

第八，推动将合规责任纳入岗位职责和员工绩效管理流程。建立合规绩效指标，监控和衡量合规绩效，分析绩效，识别改进行动的需求。

第九，建立合规报告和记录系统，制定实施资料管理流程，例如，投诉反馈热线、举报系统和其他机制。

第十，确保按计划周期评估合规管理体系，实施充分且具有代表性的合规风险评估和测试，包括通过现场审查对各项政策和程序的合规性进行测试，询问政策和程序存在的缺陷，并进行相应的调查。合规测试结果应通过合规管理报告路线向上汇报，以确保各项政策、程序和实施细则符合法律法规、监管要求和国际准则的要求。

第十一，建立并保持与监管机构日常的工作联系，确保在建立、实施和维护合规管理体系流程中能够获得适当的专业建议。同时，跟踪和评估监管意见和监管要求的落实情况。

为有效履行上述职责，在企业合规管理部门任职的合规团队成员，应具备与履行职责相匹配的资质、经验、专业技能和个人素质，必须满足、但不限于以下四个条件：第一，做出诚信和合规承诺；第二，具备高效的传达沟通和影响力技巧；第三，善于接受建议和指导；第四，具备相关业务能力。

第五节　企业合规管理机构协同

一、合规管理部门与公司员工的沟通

企业应采用适当的传达沟通方式，确保全体员工持续收到和理解合规信息。沟通方式包括针对全体员工和针对个体员工两种：

第一，针对全体员工的沟通，包括合规方针和相关管理制度的建立，通过内部管理制度向全体员工明示合规要求，哪些可以做，哪些不可以做，明确地列出公司对员工的期望，以及不

合规行为应该在何种情况下向谁反映；在新的合规要求（如法律法规或政令发生变化）出现时的风险预警。

第二，针对个体员工的沟通，主要包括发生不合格行为时的警示和纠正。一般来说，国际上较大的公司都设有合规专线，方便员工反映和咨询合规问题。

合规培训也是一种沟通方式，既可以针对全体员工，也可以针对个体员工，通过培训使其掌握应知的合规知识、制度规定和风险防控要求，并对其培训情况进行督促检查。人事部门应当将合规培训纳入培训计划，将合规评价结果作为干部任免、考核奖惩的依据之一。

公司应当将合规知识纳入新员工入职培训内容，培训不合格的不得上岗。合规部门可根据业务领域风险状况，对高风险领域的岗位员工有针对性地进行合规培训。领导干部可通过座谈沟通等方式对直接管理的人员进行合规培训，培训应记载培训内容、时间和人员，由被培训人员签字确认。

二、合规管理部门与业务部门的分工协作

合规管理并不是合规管理部门一个部门的事情，而是需要合规管理部门和业务部门的密切配合，这是由合规管理的特点决定的，合规管理部门并不能直接接触到业务，对业务相关的监管动态的了解也没有业务主管部门及时。

因此，业务部门应当及时跟踪法律法规变化及监管动态，并及时向合规部门报告监管新变化，要结合业务管理情况分析识别合规风险，按不同类别评估风险发生可能性和危害大小，制定并落实本业务涉及的合规风险防范措施，并修订相关业务管理制度。

合规管理部门与业务部门的关系主要体现在以下几个方面：

第一，业务部门要识别本业务的合规风险，将合规风险评估报告提交合规管理部门。

第二，合规管理部门应当综合业务部门合规风险分析评估和监察、审计、内控测试等情况，对不同领域的合规风险进行综合分析评估，发布风险警示。风险警示应当明确风险类别、发生可能性、危害大小、风险防范措施以及责任部门等。

第三，业务部门应当根据风险警示，严格落实防范措施，有效防控风险。合规管理部门应及时跟踪业务部门落实情况，并给予指导帮助，双方配合合规调查，督促本业务系统违规问题的整改。

三、合规管理部门与监督部门的分工协作

监督部门通常包括审计部门、监察部门和内控部门，合规部门与监督部门要分工协作、协调配合，形成管理合力。

（一）与审计部门的分工协作

审计部门主要负责经营管理合规审计，对合规管理体系运行状况实施监督，其主要职能是对公司合规管理的执行情况，单独或结合常规审计项目进行检查，评价合规管理体系的健全性和有效性，并提出整改建议。

审计部门与合规管理部门的关系包括：

第一，合规管理部门与审计部门相对独立，合规部门接受审计部门定期和独立的检查。

第二，审计部门负责公司各项经营活动的合规性检查。

第三，合规管理部门为审计部门的合规检查提供方向和重点。合规管理部门可请求审计部门复查合规风险的特定领域，审计部门应将其作为年度内部审计的一部分。

第四，审计部门的合规检查结果是合规管理部门识别和收集合规风险信息和合规风险点的重要来源和依据。审计部门在检查结束后，应将有关合规检查情况及结论抄送给合规管理部门，为合规管理部门识别和收集合规风险信息和合规风险点提供有效的信息来源和依据。合规管理部门可被喻为企业内部的非现场监管部门，而审计部门则一直担负着稽核审计工作，相当于企业内部的现场检查部门，其工作具有“事后”特征，企业内部包括合规管理部门在内的所有组成部门，都需要受到审计部门的监督和定期、独立的检查。

（二）与监察部门的分工协作

在我国，国有企业还会有纪委监察部门，同样可以在企业合规管理中起到相当重要的作用。一般情况下，监察部门负责违规举报受理、违规案件调查、违规责任追究，还可以负责建立完善各种监督机制和反舞弊工作机制，确保合规管理体系执行到位、措施有效、保障有力。

企业应当建立统一的举报平台，鼓励员工、交易相对人及社会人士对企业、员工的违规问题进行举报。

一般情况下，监察部门和合规管理部门的关系包括：

第一，监察部门按照企业有关规定负责举报的登记和受理。一般情况下，商业贿赂方面的举报调查，由监察部门负责；而反垄断、反不正当竞争方面的举报调查，由合规管理部门负责，二者各有侧重。

第二，监察部门和合规管理部门应相互通报调查情况。调查结果应向举报人反馈。接受举报和进行调查的相关人员，应对举报人的身份和举报事项严格保密，不得擅自对外泄露，并要求任何单位和个人不得采取任何形式对举报人进行打击报复。对实名举报的事项经查证属实并及时纠正违规，为企业挽回直接经济损失的，对举报人按企业有关规定可给予奖励。

（三）与内控部门的分工协作

合规管理部门和内控部门都是以风险防控为核心，二者都是为了防范和控制风险。内控管理体系所包含的成熟的业务流程控制体系、制度、文档和信息化，使得合规管理要求的具体落地具备了现实条件。合规管理依托内控流程实施能发挥更大效用，内控有效性也离不开完善的合规管理。

在实践工作中，内控部门更侧重程序合规，合规管理部门更聚焦实体合规；违反内控制度不一定会导致负面结果，但违反合规要求必然要受到监管部门的处罚或者声誉受损；内控主要依据企业内部的规章制度，合规管理既包括外部的法律法规、监管规定、国际条约等，还包括企业内部规章制度、企业的商业行为准则、市场承诺以及员工的职业操守、公序良俗等，“规”的范围更加广泛。内控部门强调“制衡监督”，合规管理部门强调“主动遵守”；内控主要作用于企业内部，合规管理可扩展到合作伙伴。

在具体操作中，合规风险的识别可以依据现有的内控风险识别框架，将合规要求融入内控的业务流程，在内控手册具体业务流程表格中增加合规要求的内容，在“风险描述”中增加“合规风险点表现”，并在对应“合规义务”列出合规要求所依据的法律法规和监管要求等，同时梳理现有的制度流程，分析现行控制程序对相关风险是否能够进行覆盖，形成合规风险清单，并在此基础上不断改进合规管理制度要求和运行机制。

四、企业与外部监管机构的沟通协调

对于合规管理部门来说，重在事前预防，防患于未然，以应对国家的动态监管。一着不慎，就有遭受法律制裁或监管处罚之虞，从而导致重大财务损失乃至声誉损失。

在当今的全球市场环境下，企业应当审查其合规流程以应对来自监管部门的越来越多的关注，以确保对可能的监管审查做好了准备。企业可以通过发展与监管机构规则相一致的合规制度，来降低在报告义务和遭受处罚方面的风险。

此外，企业还应当了解什么内容是监管机构希望企业合规流程应该囊括的，一个符合法律法规的合规流程应包括：书面标准和政策，其中包括对记录的保存；合规官或其他授权高级管理人员对合规相关的问题或疑虑进行报告的机制；对企业全体员工进行与合规相关政策和程序的培训，使全体员工之间进行有效的交流；合规管理部门和其他相关部门的管理监督；保留与合规相关的记录，以便当相关机构需要时能够及时提供。

在合规风险已经发生时，合规管理部门要组织企业相关部门通力合作，与外部律师有效配合，及时提供企业内部相关信息与文件资料，在内部发挥主要作用，同时要协调与政府有关部门的关系，积极与执法机关沟通，充分了解执法机关所关注的事项，要求相关业务部门根据合规管理部门的指示提供相关信息与文件资料。

在企业遭遇监管执法行动时，可以采取适当措施来减少潜在的不利影响。可以考虑在以下四个方面进行努力：

第一，与监管机构及时沟通与交流。

建立沟通渠道，增加监管机构对企业的信任，提前请求与监管机构的工作人员面对面地对质询和争议进行沟通，与监管机构建立公开透明的关系。为保护商业目标，企业要制定一个有效策略，避免受到不必要的监管措施或者在诉讼中处于劣势。合规企业在被监管执法的同时也会优先得到相关信息，回答批评者的质疑，用证据证明自己守法合规。积极主动、细心设计的披露不仅可以安抚监管者，同样的案例还可能在当地或更大范围内引起示范效应，避免更多的群体诉讼。

第二，证明企业拥有完善的合规管理制度体系。

如果企业能向监管机构展示，企业拥有良好运行的管理体系，即使因某些特例导致失误，但是如果能使得监管机构相信这类错误只是偶然发生的现象，那么企业诚信合规的形象并不会受到太大损害。

第三，在报告中展现良好的合规业绩记录。

向监管机构提供良好的记录报告，证明企业在本次违规行为之前没有或至少在行业内很少发生被处罚的情况。

第四，证明企业有对保护消费者或合作方的书面承诺。

例如，向公众承诺企业的产品或服务遵守了相关法律法规要求，不会给消费者或合作方带来损失。

五、企业与商业合作伙伴的沟通协调

企业应当向重要的商业合作伙伴传达合规要求，包括自身的合规要求和对对方的合规要求，并在商务合同中明确约定。

商业合作伙伴包括但不限于客户、承包商、供应商、投资者、应急服务。随着互联网和社交媒体的发展，全球范围内客户的声音都应被及时地反馈。沟通方式可以包括网站、电子邮件、新闻发布、广告和定期简报、年度（或其他周期）报告、非正式讨论、开放日活动、小组讨论、社区对话、参与社区大事和电话热线等。这些方式可以鼓励他人理解和接受公司的合规承诺。

第六节　企业合规管理人员的定位及职责

一、企业合规管理人员的基本能力

合规管理人员是指从事企业合规管理相关工作的人员，在企业一般分为两类：一类是专职合规管理人员；另一类是由业务部门指派的兼职合规管理人员。

首先，合规管理人员应当具有合格的业务能力。作为合格的合规管理人员应当具备岗位所需的法律知识、业务经验、项目管理能力、分析和解决问题的能力、案件处理能力、较强的学习能力等业务能力，满足“领域专家”的要求，如果合规管理人员达不到此要求，则需要在本企业中进行“轮岗学习”或进行“业务培训”。

其次，合规管理人员应当具有沟通交际能力。合规管理人员经常面临业绩与合规的冲突问题，此时，合格的合规管理人员绝不是与业务部门发生冲突，也不是对其业务申请一概行使否决权，更不是以命令的口吻指挥业务部门必须如何做，而是需要发挥自己的沟通协调能力，帮助业务部门避免触碰“合规红线”，这是对合规管理人员交际能力的要求。

再次，合规管理人员应当具有较强的心理抗压能力。合规管理人员是企业的守护者，需要时刻关注与企业有关的各种内外部信息，精神始终处于紧绷的状态，这需要较强的抗压能力和自我调节能力。

最后，合规管理人员需具备正直、诚实、有责任心的职业道德。

二、企业合规管理负责人的定位与职责

企业合规管理负责人应当履行下列职责：

1. 全面负责企业的合规管理工作，领导合规管理部门；

2. 主动识别、评估、梳理企业的合规风险；

3. 构建企业合规管理体系，制定、升级企业的合规手册（指南）或其他合规管理规章制度；

4. 起草年度或季度合规管理计划，并提交董事会进行决策；

5. 审核合规管理部门出具的合规报告，形成年度或季度合规管理报告，并提交董事会进行审核；

6. 组织全体员工参加合规管理培训，引导员工将“诚信”“正直”作为自己的工作信条；

7. 接受员工各方面的合规咨询；

8. 审查企业违规事件，展开相关调查，涉嫌行政违法或刑事犯罪的应向上级及时汇报，

并按上级指令向相关国家机关移交涉案资料；

9. 接受员工的“诚信举报”并为举报人保密，落实举报信息的真实性；

10. 跟踪法律法规、监管规定和行业自律规则的变更，根据有关要求提出制定或者修改企业内部规章制度的建议，修改企业合规政策和制度；

11. 对企业合规体系和合规文化进行评估，对管理层和员工进行合规考核；

12. 定期或不定期对企业全体员工发放调查问卷，衡量合规体系和合规文化的有效性；

13. 公司章程或者董事会确定的其他合规职责。

第七节　企业合规管理中的企业领导力

一、领导者是关键少数

（一）领导者的范围

领导者，是指在正式组织中经合法途径被任用而担任一定管理职务、履行特定管理职能、掌握一定权力、肩负某种管理责任以更有效实现组织目标的个人或集体，其具体范围因组织性质和形式不同而有所区别。

1. 党政机关以及国有企业中的领导干部

从党政机关以及国有企业的角度来说，领导者即通常所说的领导干部，对于“领导干部”的具体含义，相关法规、条例等有不同的界定，如《中华人民共和国公务员法》《党政领导干部选拔任用工作条例》《中国共产党廉洁自律准则》和《中国共产党纪律处分条例》等，针对不同的目的，各法规和条例有其不同的适用范围，需要具体看文件的解释与限定。

综合来看，领导干部的范围主要包括以下三部分：一是党政机关，包括党的机关、人大常委会机关、行政机关、政协机关、审判机关、检察机关、各民主党派和工商联机关以及参照公务员法管理的单位中担任各级领导职务和副调研员以上非领导职务的人员；二是国有企业，包括大型、特大型国有和国有控股企业（含国有和国有控股金融企业）中层以上领导人员，中型以下国有和国有控股企业（含国有和国有控股金融企业）领导班子，以及上述企业中其他相当于县处级以上层级的人员；三是事业单位（未列入参照公务员法管理范围）领导班子和其他六级以上管理岗位的人员。

2. 其他企业及组织中的领导者

公司内设机构一般由董事会、监事会和总经理组成，分别履行公司战略决策职能、纪律监督职能和经营管理职能，在遵照职权相互制衡前提下，客观、公正、专业地开展公司治理。针对企业合规管理来讲，领导者可划分为最高决策层、最高管理层及管理层。最高决策层是控制一个组织，做出指示并要求最高管理层对其负责的个体或群体，在企业中一般是指董事会；最高管理层是在最高层级指挥和控制组织的个体或群体，在企业中一般是指执行董事指令的总经理、副总经理等公司核心领导层；管理层则是指负责各部门各领域的中层领导，如各部门的主任、经理等。

（二）"关键少数"的重要作用

领导者有一定的权力和影响力，人数不多，但责任重大。其行为往往有榜样和导向的力量，起到示范和引领的作用，并决定着一个企业的方向和命运，是一个组织中的"关键少数"。"关键"表明角色的重要性、地位的不可替代性，"少数"是说此类人员的少而精，虽人数有限但作用凸显。合规是对一个组织全体员工的要求，全体员工应当一体遵循，但如何带动全体员工遵守合规要求，应抓住领导干部这个"关键少数"。

企业合规管理离不开"关键少数"的率先垂范、言传身教。"关键少数"对于带头树立企业合规管理理念、推动合规管理体系的建立和运行，有着任何群体不可替代的特殊作用。领导干部这个"关键少数"，其实践和引领作用更能发挥企业合规管理蕴含的效力，是企业合规管理的关键。只有领导干部的认识上去了，以身作则、率先垂范，才能以上带下，带动整个组织推进合规管理，用企业合规管理的新成效交出员工认可的答卷。

二、领导者的角色和责任

（一）领导者要处理好合规与业绩的关系

合规操作是一切发展和业绩的前提。在日常工作及决策时，领导干部应当做好企业发展与合规经营的统筹兼顾。合规与业绩，两者之间是相辅相成、辩证统一的关系，统一于企业的发展目标。在企业合规管理过程中，要坚持为业务发展服务的理念，在促进业务发展的基础上，正确平衡风险与收益。在业务发展过程中，要严守合规风险底线，对风险把握不准、风险未经评估和风险认识不清的业务，坚决不做。

现实工作中常常会有业绩与合规制度的"冲突"，这个时候就需要领导干部具备较强的合规风险防范意识，保持应有的职业谨慎，从而严格自身对制度的执行，并立足于合规操作这一大前提，将合规操作与日常工作结合起来，坚持不以牺牲合规要求为代价换取短期发展的利益。要认识到只有合规才能创造价值，只有合规才是企业健康有序发展的重要前提，只有合规能让企业在风险中获得更大的收益，从而使员工为企业创造更多的价值，也使企业为社会创造更多的价值。

（二）领导者要承担起推动企业合规管理实现的责任

企业必然要追求利润，合规管理作为一项防控类的管理措施，是对企业和员工行为的约束，难以自发形成一项制度。就好像快车的刹车装置，除非遇到危险或强制停车命令的红灯时，驾驶员才会踩下刹车。在这种情况下，自外而内、自上而下的推动就显得尤为重要。

自外而内是指外在的企业危机（如西门子公司的贿赂丑闻），或大的经济投资环境（如《联合国反腐败公约》、美国《反海外腐败法》等）驱使下，使企业不得不重新审视自身的行为和价值理念，重新调整、与时俱进。

除了外力的驱使，对于一个企业来说，一项约束性制度的建立，领导层自上而下的推动也是最为有效的方式，也就是说，领导者的重视和声音直接影响到企业合规管理的实现。合规管理必须从高层推动、从高层做起。

因此，领导者对于合规文化、合规制度的建设以及合规管理的推广运行都起着至关重要的作用。合规管理能否在一个企业中立足、发展并融入经营的各个环节，与领导者自身的价值理念、重视程度、制度设计、管理方法等是紧密相关的。

（三）领导者要在具体工作中对企业合规管理给予支持

管理层应根据企业合规管理的制度及要求负责其职责范围内的合规事务。包括：

1. 就企业合规管理与其所负责领域相关事项给予支持配合

第一，与合规团队合作并提供支持，并鼓励员工效仿。比如：带头并督促本部门员工完成合规培训、登记、评价等企业合规管理工作。

第二，将合规义务纳入其责任领域内的现有商务实践和程序。管理层应结合其领域内的具体工作，将企业合规管理的要求与实际工作相结合，如外联部门在执行反商业贿赂的规定时，可将相关礼品、接待等要求细化至具体岗位或业务流程和环节；市场开发部门在执行关于反垄断等规定时，可将与合作者沟通的注意事项、申报审查的要求等结合实际业务操作进一步细化明确；财务部可将反商业贿赂、反利益输送等要求落实到具体的财务制度、会计记录、账簿保存制度中，以便于合规要求得到切实有效的执行。

第三，如有本部门或领域作为用户的外包业务，需审查外包业务承担方，确保其重视合规义务。如可初步审查外包方是否有合规制度，以往的服务提供历史是否存在不合规表现，其合规性的社会评价等，并将其合规表现情况及时反馈给采办部门供其作为选商的依据。

第四，识别并传达、沟通经营活动中的合规风险。合规风险处于动态变化的状态，作为具体业务的直接管理者，中层领导较合规团队以及高层管理者更能及时捕捉到相关风险点，因此，其应对所管辖领域在实际中可能出现的或已经发生的合规风险有准确的识别和判断，并及时与本部门人员和合规团队进行沟通，更新调整合规风险点，使其不断适应公司业务发展并与公司经营情况更加贴合。

第五，与合规团队协调行动，确保纠正措施能够落实。与合规制度的执行和落实相同，对于违规行为的纠正以及对于不合规管理制度的修正和改进，均需最熟悉各业务流程的管理层积极参与并督导其所属领域的员工配合落实。

第六，积极参与合规相关事件和事项的管理和解决。合规管理并非仅凭一个岗位或一个部门之力可以完成，它涉及经营的各个方面和环节，相关事项的研究、处理等均需不同领域的人员参与，此时，就需要该领域的管理者对于合规工作重视并积极提供支持和配合。如对于新员工的合规培训，需要人力资源部将招聘环节纳入合规培训考核；对于违规事件的调查处理，需要纪检监察部门提供相应的依据和支持等。

2. 对其管辖范围内的员工进行合规指导和培训

作为一个领域的管理者，应承担鼓励、教导、辅导、监督员工，促进其管辖领域或部门员工行为合规的职责：首先，应鼓励员工关注合规问题，从思想上树立合规理念，对企业合规管理引起足够的重视，发动集体的力量去识别日常工作中的合规风险点、努力探索防控方案；其次，帮助员工认识自身合规义务，指导他们满足培训和能力的要求；最后，确保将合规纳入岗位职责并将合规绩效评价纳入员工绩效评价，例如，KPI 指标、目标和晋升标准等，以从考评的角度督促员工遵守合规要求。

第六章

企业制度文件管理

第一节 企业制度文件管理概述

一、企业制度和制度文件

企业制度是企业制定或认可的内部规则，就特定管理事项规范企业自身和企业成员的行为。管理事项是指企业有意识支配的要素、标准和过程。企业成员包括个人成员和组织成员，前者是指与企业建立劳动关系的个人，或者与企业存在特定服务关系从而被外部相关方认为可能代表企业的个人，后者是指受到企业控制的法人或者非法人单位。行为包括计划、组织、指挥、协调、控制等。

企业制度的内容大量来源于法律法规、道德规范等合规义务渊源，同时企业制度也是企业合规义务的渊源之一。企业制度对企业自身和企业成员具有强制约束力，从这个意义上讲，一个企业的全部制度都是该企业的合规制度。

企业合规管理中的一项关键工作是落实合规措施，合规措施可以通过企业制度予以固化。行为准则、合规审查、合规尽职调查、合规举报、违规行为调查等企业制度直接服务于合规管理体系建设，但是合规管理不应仅关注这些狭义上的合规制度，还应当关注企业整体的制度管理水平，因为这些制度涉及企业全面合规的各个领域。

企业制度文件是文件化的企业制度，也可以从另外一个角度认为企业制度文件是企业制度的文件化载体。企业制度并非全部以文件化形式存在。除了文件化形式外，企业制度还可能表现为口头宣布的制度、信息化系统中的固定设置、默认遵循的先例、约定俗成的做法等。企业制度文件是合规管理中一类有形的输出物，也是相对容易识别的工作成果。

二、制度文件的分类

企业可以从不同的角度对制度文件进行分类。选用分类方法时，应当考虑企业的管理习惯和实际需要。

（一）按照效力层级划分

按照效力层级，可以把制度文件划分为基础文件、实施文件和操作文件。

形成这种划分方法，通常是由于企业逐步深入开展某项工作，从初期确定大方向发展到识别末端的问题。当对该项工作形成完整认识和规范后，有些企业用一个综合性的制度文件涵盖基础文件、实施文件和操作文件的内容，但也有企业从便于使用和调整的角度考虑，刻意保持多文件的结构。

1. 基础文件

基础文件表明企业就某个问题的基本态度、立场、目标和要求。基础文件需要经过企业治理层批准后才能生效，内容涉及外部相关方利益的保障，企业成员利益的保障，企业指挥权、控制权、监督权的分配和行使等关键问题。常见的基础文件有行为准则、规范举报活动的制度文件、规范对违规行为开展调查活动的制度文件、规范劳动纪律处分活动的制度文件、董事会议事规则、规范制度管理活动的制度文件、规范会计核算活动的制度文件、规范投资决策过程的制度文件等。

关于企业章程是否属于制度文件尚存在不同看法。企业章程先于企业存在，是股东（含发起人、出资人、合伙人等，以下同）之间就企业治理中关键问题达成的合意，由股东按照一定程序制定和修改，不需要经过企业批准或认可，因此本书认为企业章程不属于制度文件。

行为准则是最上位的制度文件，其他制度文件应当与行为准则一致，不得与行为准则发生冲突。行为准则的内容大多为原则性规定，比较笼统，需要通过其他制度文件进行细化。当具体情形缺乏适用的具体规定时，行为准则也可以直接作为决策或者行动的依据。

规范制度管理活动的制度文件通常被称为“制度的制度”，是企业建立制度文件体系、规范制度文件管理程序并明确制度文件形式要求的依据。

2. 实施文件

实施文件在基础文件的基础上明确实现目标的具体路径，通常由企业管理层批准后生效。在部分企业中，管理层通过常规授权或者特别授权，允许企业内部职能部门、特设机构、临时机构和人员在一定范围内制定和发布实施文件。实施文件对企业日常经营管理活动的特定方面进行规范。

实施文件不能与基础文件发生冲突。如果某项规则应当由基础文件作出规范，而该规则在基础文件中缺失，则应当对基础文件进行修改和补充，而不能使用实施文件取代基础文件。

3. 操作文件

操作文件进一步明确参与某项活动的特定要求，例如角色、步骤、顺序、时间、空间、载体、工具、记录等。操作文件通常由内部职能部门、特设机构和临时机构发布，如果涉及与其他内部机构的工作协调，需要经过管理层的认可。操作文件的内容不能与基础文件或实施文件发生冲突。

（二）按照管理事项划分

按照管理职能对制度文件进行分类是最常见的方法，可划分为生产制度文件、研发制度文件、采购制度文件、销售制度文件、财务管理制度文件、人力资源管理制度文件等，这些类别也可以按照企业习惯组合为更大的类别，如生产经营类、业务支撑类、内部监督类等。

这种分类方法通常与企业内部职能部门的设置相适应。其优点在于各职能部门按照其职能和职责制定相关制度文件，有明确的责任推动制度文件的执行，并监督执行效果。其弊端在于容易造成本位主义，强化职能部门之间的条块分割，各职能部门从部门利益角度出发制定制度文件，在局部形成看似最佳的方案，但是导致企业难以达成整体经营管理目标或者效率低下。

（三）按照适用主体范围划分

按照适用范围，可以把制度文件划分为适用于全体企业成员的制度文件和适用于部分企业成员的制度文件。适用于部分企业成员的制度文件可以按照单位、岗位或者从事的具体事务进一步区分。根据这种划分方法，可以确定制度文件发布和宣贯的范围，或者设置对制度文件进行检索和浏览的权限。

三、制度文件在合规管理中的作用

以文件化形式存在的企业制度在合规管理中发挥着重要作用。

（一）指引作用

外部合规义务渊源中首要的一类是法律法规。很多建立了合规管理体系的企业要求其企业成员遵守“所有适用的法律法规”。我国在立法中采用成文法的方式，欧美法系国家接受判例作为法律渊源之一。成文法和判例都是以文件化形式存在的，但是企业不能照搬法律文件作为制度文件。因为，随着立法活动的发展，理解和运用法律文件日益成为专业活动，普通人既无法对大量的法律文件进行全面的认知，也无法对法律文件中细微的差别形成深入的理解，更无法对法律文件之间的冲突做出判断。

道德规范中设定的合规义务更加复杂。不同的文化背景、教育环境和生活经历可能使人们对字面上相同的道德概念产生截然不同的理解。

除了法律法规和道德规范外，合规义务还有其他来源，企业既无可能也无必要对这些合规义务渊源一一响应。实践中，企业对合规义务进行识别、分析、综述、整理和转化等工作是由专业人员完成的。普通员工未必参与前期工作，但是这些工作输出的制度文件代表了企业的意志，为企业成员的行动指明方向。

（二）预测作用

在形成制度之前，企业成员被允许在合理的基础上灵活地做出决定和采取行动。遵循 PDCA 循环模式，企业在管理中不断积累知识和经验，把行之有效的做法固化下来，其中一个做法就是制定制度文件。当形成制度文件后，企业要求企业成员遵循相同的行动路径。

企业希望企业成员对制度文件的内容有相同的理解，并且遵守制度文件的要求。当制度文件被企业成员普遍接受和执行后，每个企业成员可以确切地知道自己的具体行为可能产生的结果和影响，也可以预测其他企业成员如何做出反应，从而实现不同岗位和工作流程之间顺畅的衔接配合。

（三）教育作用

《中华人民共和国劳动合同法》（以下简称《劳动合同法》）第四条第二款规定：“用人单位在制定、修改或者决定有关劳动报酬、工作时间、休息休假、劳动安全卫生、保险福利、职工培训、劳动纪律以及劳动定额管理等直接涉及劳动者切身利益的规章制度或者重大事项时，应当经职工代表大会或者全体职工讨论，提出方案和意见，与工会或者职工代表平等协商确定。”显然，企业制度只有在文件化之后才能满足以上要求，进而作为认定违规行为和对员工进行纪律处分的依据。

即使没有上述法律规定，企业成员可以依据制度文件对具体行为是否构成违规做出判断，并且预知违规行为一旦被发现后可能出现的后果，从而使制度文件起到遏制违规行为的作用。同时，制度文件中也有大量正面鼓励的内容，这对合规管理目标的实现具有积极意义。

（四）评价作用

尽管仅在内部适用，企业制度文件经常被用于执法检查、法庭质证、尽职调查、管理体系认证等外部场景，由外部方对企业是否支持合规管理以及合规管理的有效性进行评价。

例如，当企业成员发生违规行为时，企业希望在企业意志与个人意志之间划清界限，此时企业制度文件可能发挥重要作用。2017 年 5 月 31 日，甘肃省兰州市中级人民法院在（2017）甘 01 刑终 89 号刑事裁定书中二审认定，“雀巢公司政策、员工行为规范等证据证实，雀巢公司禁止员工从事侵犯公民个人信息的违法犯罪行为”。

四、企业制度文件管理的目标

不能把企业制度文件等同于企业制度。在实践中，经常发生企业制度文件实施的效果与企业本意背道而驰的现象。反之，如果企业制度本身不合理，也无法通过精心撰写的企业制度文件予以弥补。

很多管理者认同企业制度文件是重要的管理工具，但在实践中可能陷入“重数量不重质量”“重制发不重改废”“重管控不重应用”的误区。当企业出现这些问题时，可能导致企业成员误解、忽视甚至故意曲解企业制度文件，从而使企业制度文件停留在纸面上，与企业成员的实际行动脱节。

以文件化形式存在的企业制度文件天然地受到撰写者语言表达能力和受众理解能力的局限，这些局限叠加上文提到的管理误区后，使有效的企业制度文件管理变得尤为困难。

为了克服这些困难，在企业制度文件管理中，企业管理者应当设定两重目标——撰写高质量的企业制度文件和有效利用企业制度文件。

五、企业制度文件管理的原则

为了实现对企业制度文件进行管理的目标，在企业制度文件的撰写和使用中应当充分考虑企业外部和内部的情况，分析利益相关方对企业的要求和期望，在准确把握企业希望通过企业制度文件达成的效果、文件使用者和文件应用场景的基础上，明确企业制度文件的类型和功能，合理设置企业制度文件的结构，合理使用规则语言和技术要素。本书建议企业遵循以下三项企业制度文件管理原则。

（一）目标导向原则

企业制度文件应当发挥上文所述的一个或多个作用，具体而言，撰写和使用企业制度文件的目标通常包括四个方面：沟通目标、协同目标、经营目标和合规目标。

1. 沟通目标

无论撰写者为谁，经过适当程序批准生效的企业制度文件代表企业的意志，不是企业内部个别成员的意志。就单个文件来看，企业制度文件应当在企业内部促成就制度相关事项的共识。通过使用企业制度文件，相关各方就概念、分类、权责、程序、结果等方面形成相同的认识。相关各方使用相同的企业制度文件作为沟通基础时，应当能够相互理解其他方的意图，能够理解其他方在管理过程中的角色和将要采取的行动。

2. 协同目标

很少有企业只制定一份企业制度文件，通常情况下，企业根据实际需要针对大量管理事项分别制定企业制度文件。不同企业制度文件之间应当互相配合、互相兼容、互相补足，共同服务于企业管理的大局，而不是通过企业制度文件在企业成员之间划分边界或者地盘、互相设置障碍。

3. 经营目标

与制定法律法规的立法机关不同，企业是经营主体。企业制定企业制度文件的目的不是设定权利和义务，也不是维护公平正义或者建立公共秩序。企业制度文件应当服务于企业的经营目标，这些经营目标表现在企业的使命愿景层面、发展战略层面或者具体经营活动层面。

4. 合规目标

企业的经营活动是在履行外部合规义务的框架之下开展的，企业在撰写企业制度文件时必然要考虑合规目标。即使没有引述法律法规，企业制度文件也不能与法律法规等援引的外部合规义务冲突，因此企业制度文件在字面上不能存在合规缺陷，而且在其理解上和实际执行中，应当避免发生违规的后果。

（二）使用者中心原则

企业制度文件的使用者是个体的企业内部成员。在撰写和使用时，应当考虑文件具体是由哪些个体应用，他们的需求是什么，企业对他们有什么要求和期望，如何使他们知悉和理解这些要求和期望。

使用者的需求决定了文件的结构。不同文件使用者的需求不同，关注点也不同，因此针对每个管理事项，需要从使用者需求的角度进行结构设计，使文件的每个组成部分与特定的使用者相关，这样便于使用者从企业制度文件中找到与自己相关的内容。

如果某一管理事项对于使用者相对陌生，不同使用者之间就概念存在分歧，则企业制度文件中的概念条款需要经过仔细推敲，尽量消除歧义。反之，如果使用者对企业制度文件中的概念有约定俗成的认识，则没有必要进行概念解释。

如果企业希望使用者就管理事项区分不同的情形，采取差异化的行动，则制度中的分类条款非常重要。

如果企业希望使用者遵从相同的程序，则应当在企业制度文件中具体、详细地描述角色和步骤，甚至辅以图形强化说明。

企业应当根据使用者受教育程度和专业知识的不同选择适宜的企业制度文件语言，例如财务管理人员希望会计核算准则中准确使用财务管理术语，建筑工地上的施工人员希望安全生产制度简单直白。如果企业在多语种环境中经营，还要考虑使用者的母语和非母语使用情况。

（三）本效平衡原则

与非文件化的制度相比，企业制度文件内容固定，在一定时期内保持稳定，而且便于传播和宣贯。对于企业成员众多、人员流动率高、管理层级复杂、职能部门分工细密的企业，企业制度文件的这些效益尤其明显。

企业制度文件会给企业带来一定成本支出。显性的成本支出包括企业制度文件撰写、讨论、审批、发布、宣传、培训、修订等过程中的人力成本和必要的咨询服务费用，隐性的成本支出包括由于内部成员行为规范化而放弃更优解的成本，限制内部多样性的机会成本，对制度执行情况进行监督、检查和评价的成本等。

本效平衡原则要求企业在充分考虑必要性的基础上撰写企业制度文件，科学设计企业制度文件的整体结构和具体企业制度文件的内部结构，控制企业制度文件的总量和条款数量。如果企业制度文件的内容妨碍经营效率和效果，落后于实践的发展，或者价值低于成本，除非出于合规需要，应当及时修订或者清理。

第二节　企业制度文件的撰写

企业制度文件由基本结构和附加结构构成。基本结构包括名称和正文，是企业制度文件必备的结构。附加结构包括附件和前言等，根据实际需要采用。用好编码、缩写、引用等技术要素，有利于提高企业制度文件的管理效率和使用效率。企业制度文件的行文风格也会影响其传播性和使用情况。

一、名称

企业制度文件的名称，也是企业制度文件的标题，应当简洁清晰地反映企业制度文件的核心信息，便于使用者根据名称判断企业制度文件的类型和主要内容。

企业制度文件通常采取三段式命名方式，由适用主体、管理事项和效力层级组成。

（一）适用主体

在默认的情况下，企业制度文件适用于企业成员全体，此时企业制度文件名称中可以省略适用主体。如果企业制度文件适用于部分企业成员，则应当反映在名称中。

例如：《×××集团财务管理办法》，是适用于×××集团全部成员单位的企业制度文件。《×××集团本部费用报销规范》，是适用于×××集团本部这个单位的企业制度文件。

（二）管理事项

管理事项包括要素、标准和过程。名称应当尽可能准确地反映企业制度文件的内容。一份企业制度文件的内容可以针对单一管理事项，也可以针对多个管理要素或者管理要素之间的组合。

例如：《×××集团本部费用报销规范》涉及的管理事项包括财务要素、报销标准和办理报销的过程等。

（三）效力层级

企业可以通过文件编码或者名称区分企业制度文件的效力层级。在使用文件编码的情况下，使用者可以通过编码规则理解企业制度文件的效力层级。在使用名称的情况下，企业对不同效力层级的企业制度文件分配相应的后缀。

例如：将基础文件命名为“制度”“办法”，将实施文件命名为“规定”“规则”，将操作文件命名为“规范”“细则”。

具体的命名规则随企业管理习惯而不同，应当注意保持稳定性和一致性，避免造成混淆。

虽然法律并不禁止企业模仿法律规范性文件的命名规则，但是企业应当避免使用类似“法”“法律”“条例”这样的企业制度文件名称，因为这样的名称在企业内部引用时容易与法律法规混淆，在企业外部可能引起争议。

二、正文

正文是企业制度文件的核心部分，由制度条款构成。常见的制度条款包括目标、依据、适用范围、术语定义、分级分类、职责权限、权利义务、管理原则、管理程序等。

本书把制度条款分为三个主要类别——说明条款、权责条款和操作条款。

（一）说明条款

说明条款包括目标条款、依据条款、适用范围条款、术语定义条款、分级分类条款和附则条款。

1. 目标条款

目标条款说明编制和发布企业制度文件希望达成的结果。“目标”也表述为“目的”“期望”“预期效果”等。目标可以是战略层面的，也可以是运营层面的，可以是远期的，也可以是近期的。

目标条款越具体，越有利于使用者判断与自己所进行活动的关联性。具体的目标从属于抽象的目标。

例如：企业制度文件的目标可以是“提升企业合规管理水平”，也可以是“防止在商务接待中发生贿赂风险”，还可以是“明确商务宴请的审批程序”等。

2. 依据条款

依据条款说明企业制度文件的上位规则渊源。上位规则来源于企业外部或者企业内部。外部渊源包括法律法规、国际条约或公约、商业惯例、行业准则、上级机构做出的决定或者发布的规则等。内部渊源包括企业章程、效力等级更高的企业制度文件、企业希望通过本制度予以实施的基础文件或者明确操作要求的实施文件、企业做出的公开声明等。

在撰写依据条款时，通常择取最重要且与企业制度文件关系最密切的上位规则，不需要罗列所有相关文件。

3. 适用范围条款

适用范围条款说明企业制度文件适用的企业成员范围或者管理事项范围。

（1）企业成员范围

企业制度文件所适用企业成员范围的基本模式是适用于单一企业的全体个人成员。

在此基础上，企业制度文件可能适用于部分个人成员，例如中层管理人员、新员工、劳务外包人员。在适用于部分人员的情况下，撰写制度条款时应当对适用对象进行明确界定。

例如：企业制度文件要求中层管理人员参加合规培训，则应当通过术语定义条款明确“中层管理人员”的范围。

部分企业制度文件可能扩大适用范围，例如适用于实习人员。在这种情况，企业应当通过实习协议等文件，明确实习人员遵守企业制度文件的义务，并且确保实习人员能够知悉企业制度文件的内容。

在企业集团内，通常包括总部、二级、三级或者更多层级的企业，这些企业通过股权投资或者协议形成控制关系。总部或者高层级的企业可能制定企业制度文件，并希望自动适用于下级企业。但除非在公司章程或者控制协议中对自动适用的条件做出约定，这种做法可能受到质疑。

企业制度文件通常不能直接适用于企业外部的组织和人员。如果企业希望约束外部组织和人员，应当将制度条款的内容转化成合同条款，由双方签署确认，或者制作格式化的单方面承诺文件，要求对方签署。

例如：企业要求进入计算机机房的外来人员签署承诺，遵守机房内的行为要求和操作规范。这个条款实际上是对企业内部人员的要求，即要求接待人员制作承诺书并指导外来人员签署。

（2）管理事项范围

企业按照必要的颗粒度对管理事项进行管理，就同一事项可以按照情景和程度等区分不同类型。

例如：企业可以就对外信息发布作出规范，同时就财务信息的对外发布作出进一步规范，在发布财务信息时，除遵守前一规范外，还要遵守后一规范的特殊要求。

4. 术语定义条款

出于行文简洁的需要，在企业制度文件中使用术语是一种常见做法。在撰写制度条款时，应当考虑是否使用术语、是否有必要进行说明以及如果进行说明时应如何说明。在考虑这些问题时，应当遵循使用者中心原则，避免在使用者中产生误解或者混淆。

（1）专业术语

在使用者为专业人员的情况下，使用术语有利于简化沟通。专业人员包括生产技术人员、信息技术人员、财务人员、法务人员等。如果一个专业术语已经由权威文件做出了解释说明，则可以推定使用者已经接受过专业培训和训练，熟悉该术语的含义，无须对这个术语另外做解释。在这种情况下，应当确保企业制度文件中使用术语的内涵和外延与权威文件中的解释完全一致，而且专业人员对于何者为权威文件存在共识。

如果使用者为非专业人员，则应尽量避免使用专业术语，或者注明专业术语的权威文件出处和含义。

（2）管理术语

管理术语是在企业经营过程中约定俗成使用的语言。有些企业鼓励成员使用管理术语，除了简化内部沟通外，还能加强企业成员之间的亲密感，在一定程度上起到巩固企业文化的作用。如果管理术语字面含义清晰而且企业内部对管理术语的含义有普遍共识，则无须在企业制度文件中特别定义，否则应当进行说明。

例如：企业成员对“新员工”可能有不同的理解，普遍认为入职企业不满一定期限的员工是新员工，但是离职后重新加入企业或者在企业集团内调动岗位的员工是否属于新员工，可能存在不同认识。

在对术语进行说明时，可以灵活地采取定义、举例、列举场景等方法，务求在使用者中达成共识，避免定义周密严谨但是使用者不理解的情况。

一旦采用术语后，在企业制度文件中应当保持前后一致，不能对术语的表述进行增减，不能使用不同的术语代表相同的含义，也不能使用相同的术语代表不同的含义。

需要注意的是，术语定义条款是说明条款，应当避免在术语定义条款中规定权责或者操作要求。

（3）日常用语

日常用语是社会公众普遍使用的语言，可能来源于权威文件或者文学作品，例如“舞弊”“欺诈”“贿赂”。日常用语虽然被公众长期使用，但通常很难对其中的词汇进行严谨定义，或者制度条款可能变得冗长，而且难以理解。因此，企业通常不对日常用语进行定义，但是应当保证在企业制度文件中的用法与公众普遍的理解基本一致。如果日常用语在企业制定的企业制度文件中被赋予特别的含义，则应当进行说明。

5. 分级分类条款

分级分类是企业经常使用的管理方法，分级管理有利于区分不同场景投入适当的管理资源，分类管理有利于采取有针对性的管理措施。如果存在不同的管理场景，应当考虑在企业制度文件中进行分级分类，再逐一明确权责条款和处置条款。

常见的分级方法包括从规模、严重性、重要性等标准进行分类。例如，根据规模划分重大投资项目和非重大投资项目，根据违规行为的严重程度分为严重违规行为、普通违规行为和轻微违规行为。

分类方法取决于相关管理事项，例如将商务招待区分为礼品和款待，将资金支出区分为预算内支出和预算外支出。

企业制度文件中的分级分类条款应当遵守 MECE（Mutually Exclusive Collectively Exhaustive）原则，即“相互独立，完全穷尽”。不同等级或者不同类别之间，应当相互独立，避免交叉，同时所有等级或者类别应当相互补充，避免遗漏。为了避免交叉或遗漏，分级分类标准应当清晰，选定标准后应当在适用中保持一致。

例如：有企业在非生产性采购中区分办公用品采购和计算机软硬件采购，而这种分类方法存在交叉，在管理中可能造成混乱。

6. 附则条款

附则条款一般位于正文的最末，说明企业制度文件的生效条件、发布日期、负责解释的部门或人员、被本文件所取代的文件等。

（二）权责条款

权责条款包括职责权限条款和权利义务条款两类。

1. 职责权限条款

企业通常按照科层结构进行内部组织，设置内部职能部门和岗位，分配职责和权限，使其能够完成治理机构和最高管理者交付的任务。内部职能部门的职责和权限通常由管理层决定，记载在相关决定文件中。岗位职责和权限需要由任职者确认接受，通常记载在聘书或者劳动合同中。由于这些文件的内容偏向概括描述，在企业制度文件中还会针对具体情形进行细化。

在撰写职责权限条款时，不能与上位文件的文字或实质精神发生冲突。除非经过妥善批准，不能通过下位文件中的职责权限条款变更、扩大或缩小职责权限。

例如：如果需要对董事会的合规管理职责进行规范，应当修改公司章程增加或者明确董事会的职责，而不能仅制定合规管理基础文件，在其中规定董事会的职责。

在撰写职责权限条款时，应当明确主体，避免出现把职责赋予企业而非具体的内部职能部门或岗位的情况。

例如："公司要求，对全体员工开展反贿赂培训。"在这个句子中，全体员工是接受培训的对象，但是没有明确组织开展培训的主体。除非另外有文件明确谁来承担反贿赂培训的职责，这条规定可能无法得到落实。

在撰写职责权限条款时，应当避免与操作条款混淆。

例如：企业可以在职责权限条款中规定首席合规官承担组织合规培训的职责；但是，关于首席合规官组织合规培训的范围、频率、形式、记录等要求，则应当由操作条款做出规定。

2. 权利义务条款

权利义务条款明确相关方享有的权利和承担的义务。

例如：制度条款规定首席合规官有权调取企业的任何信息，收到首席合规官要求的部门和人员有义务配合。

权利条款可以区分为确权条款和授权条款。

例如：企业制度文件规定员工有权受到公平对待，不因民族、种族、年龄等因素受到歧视，这是一个确权条款。企业制度文件规定员工有权匿名举报，这是一个授权条款。

义务条款可以区分为命令条款和禁止条款。

例如：企业制度文件要求员工在提供商务接待前获得适当批准，这是一个命令条款。企业制度文件要求员工在商务接待中不得提供奢华的礼品，这是一个禁止条款。

（三）操作条款

很多企业的企业制度文件止步于权利义务条款，看似明确了管理要求，但是由于缺乏操作条款，企业制度文件变得空洞而难以执行。操作条款是正文中的核心条款。操作条款包括管理原则条款和管理程序条款。

1. 管理原则条款

管理原则条款是操作条款的总纲，可以反复适用于具体的管理场景。当企业制度文件未能就所有管理场景做出具体规定时（这种情况很常见），使用者可以根据管理原则条款做出决定。

管理原则条款一般从目标条款演化而来，代表企业就相关管理事项所秉承的态度和立场。因此，很多人在撰写原则条款时，默认使用者是企业自身，这是一种错误做法。

例如：在合规管理基础文件中，把全面覆盖作为一项管理原则，要求合规管理覆盖各业务领域、各部门、各级子企业和分支机构、全体员工、全业务流程。这条原则是规划合规管理工作的一项原则，是上级机关或者治理层向企业和管理层提出的要求，并非企业成员在工作中应当遵守的原则。

虽然管理原则条款比较抽象，但是不能流于泛泛的要求，对具体的工作缺少指导性。

例如：如果把遵纪守法作为一项管理原则，要求企业成员在工作中遵守适用的法律法规，这无疑是正确的原则，但是对实际工作缺少指导价值。如果修改为合规优先原则，要求企业成员在遇到经营目标与合规目标冲突时，可以放弃经营目标，而不得放弃合规目标，则可以指导企业成员在目标冲突的情况下做出选择。

如果只适用于少量管理场景，可以在这些管理场景中做出具体规定，不作为一般性原则。

例如：把合规部门保持独立性作为一项原则，则适用范围过窄，应当在合规部门的权利义务条款中进行更具体的规定。

2. 管理程序条款

管理程序条款是对具体管理场景中的行为做出的规范，可以进一步分为管理结果条款和管理过程条款。

（1）管理结果条款

管理结果条款明确管理场景所输出的成果，包括有形或者无形的输出物、输出物的形式、输出物应当符合的数量和质量要求，以及通过管理需要达成的效果等。

例如：在合规培训企业制度文件中，规定每名员工在年底前完成合规培训的必修课程。

就管理结果而言，可以区分为企业希望出现的结果和企业希望避免的结果，即积极结果和消极结果。积极结果比消极结果更清晰、具体、容易描述，因此相对而言更易于管理。

例如：开通合规举报热线是一个积极结果，防止发生性骚扰是一个消极结果，后者比前者更难以准确描述，需要通过多个指标对是否达成管理结果做出判断，单纯以没有收到关于性骚扰的举报作为达成结果的标志是不可靠的。

（2）管理过程条款

管理过程条款比管理结果条款更有利于实现严格管控，即全过程管控。

管理过程条款特定化管理场景中的各方主体、各方主体在场景中的角色、各方应当进行的活动、活动的先后顺序、活动开展的时间和空间、活动的载体、活动中使用的工具、活动的记录要求等。

例如：在合规审查企业制度文件中，就审查流程，应当明确发起审查的主体、发起审查的时间点、审查的信息来源、审查中使用的纸质表单或者信息化工具、出具审查报告和审查结论的主体等。

三、附件

附件的内容与正文直接相关，但并非企业制度文件的必备结构。附件的使用主要是为了压缩正文的篇幅，而且让使用者略过与自己关注点无关的内容或者直接找到与自己关注点相关的内容。附件通常为事项列表、流程描述、流程图、范本和模板等。

如果企业制度文件正文中有大段就某一事项的描述，而该事项只与部分使用者相关或者使用者只需要在特定情况下知悉和遵守，可以将该部分内容移至附件，以优化使用者在阅读正文时的体验。

当使用附件时，应当在正文中进行提示。

例如："申请人在提交申请时应当填写《申请单》。《申请单》范本见本文件附件一。"

四、技术要素

企业制度文件中的技术要素包括编码、篇章结构、简称和缩写、引用和提示、注释、附件等。技术要素在企业制度文件中不是必备要素，也不影响企业制度文件的实质性内容，但是有效利用技术要素有利于对企业制度文件的理解和使用。

（一）编码

编码后的文件便于检索和引用。为了实现这个目标，编码应当具有唯一性，且便于识别和管理。

本书建议企业对企业制度文件进行统一编码，即按照一定的规则对企业制度文件进行编码，方便使用者一目了然地知悉这是一份企业制度文件而且知悉企业制度文件的类型和在整个企业制度文件体系中的地位。

有的企业用内部发文文号作为企业制度文件的编号，这种做法虽然能够满足编码唯一性的要求，但是从编码上无法区分企业制度文件与其他文件，而且企业制度文件之间的编码不连续，不利于后期管理。

在编码时，要考虑使用的便利。有的企业按照管理事项类别或者起草企业制度文件的内部职能部门对企业制度文件进行编码，这可能导致编码过于复杂难以记忆，而且企业对管理事项的分类方法和内部职能部门的设置可能发生调整。

本书建议采用"奥卡姆剃刀"原理，化繁为简。在对企业制度文件进行编码时，采用三段编码法，即字母+数字+版本号。其中，字母代表企业制度文件的效力等级，按照基础文件、实施文件和操作文件编码为 A、B、C，综合性文件视同高等级的文件。数字按照文件最初发布的时间顺序连续编码。版本号按照同一文件修订的时间顺序连续编码。

例如："A14.2 合规管理办法"，在编码中，A 代表这是一份基础文件，14 代表这是企业发布的第 14 份基础文件，2 代表这是该文件第二次修订后的版本。

如果企业制度文件被废止，原编码应保留，其他有效文件的编码不变。

（二）篇章结构

企业经常模仿法律文件的篇章结构，把企业制度文件的正文划分为章、节、条、款、项、目，篇幅较短的文件可能不分章节。

正文中条款的编号设计可以比较灵活，根据文件的内容、使用者的阅读习惯和企业的偏好编排。本书建议企业尽可能统一条款编号规则。

有的企业制度文件对条款进行连续编号。

例如：第一条、第二条……第 N 条。

也有的企业制度文件在章节内部进行连续编号，但全文编号不连续。

例如：第 1.1 条、第 1.2 条、第 1.3 条……第 2.1 条、第 2.2 条……

企业制度文件如果分章节，通常在章节编号之后设计标题，表明章节的核心内容。关于条款是否加标题，实践中存在不同做法。需要注意，标题具有提示作用，但是如果对内容的概括不准确，可能造成误导。

（三）简称和缩写

如果一个词组的字数超过四个，阅读和使用时会给人冗长的感觉，因此有必要使用简称或者缩写进行压缩。

简称是相对于全称而言。在企业制度文件中，通常对机构名称进行简化。

例如：将"×××集团有限公司"，简称为"总部"。

缩写是相对于原文而言，包括中文缩写和英文缩写。

例如：将"重大事项决策、重要干部任免、重大项目投资决策、大额资金使用"缩写为"三重一大"。将中国工商银行缩写为"ICBC"。

在企业制度文件中首次使用简称和缩写时，应当使用适当的方式注明对应的全称或者原文。在文中再次出现时，应当使用简称或者缩写，避免与全称或者原文混用。

使用简称和缩写时，应当遵循权威文件或者公众常识。

例如：可以将"中国标准化研究院"简称为"中标院"，但是如果简称为"标研院"则违反了常识。

使用简称和缩写时，应当避免与常用词混同，造成误解。

例如：将"公司法定代表人"缩写为"公司法人"，会与公司法定义的公司法人混同，造成概念混淆。

使用简称和缩写时，应当考虑缩写后的文字或者发音是否会使人联想到特定含义，而企业不希望建立这种联系。

与定义术语条款不同，简称和缩写不改变全称或者原文的含义，只是建立一种简化的对应关系，因此不需要对其含义进行特别的解释。

（四）引用和提示

引用和提示是在撰写企业制度文件的某些内容时，不再具体描述内容，而是引导使用者参考其他文件的内容，这些其他文件称为目标文件。

如果企业制度文件中相关内容已由目标文件作出规定，应当引用目标文件的编码、名称及条款编号，避免重新描述该部分内容。

例如：文件甲涉及员工使用企业信息系统的行为，而相同内容已在文件乙中作出规范，则文件甲只需提醒使用者遵守企业文件乙中的规定即可。

有些企业制度文件在指向目标文件时，把目标文件的内容重新抄录一遍，本书不建议这种做法，因为这增加了文件同步的工作量，如果两份文件修订不同步，则容易出现企业制度文件之间的冲突。

如果企业制度文件与其他企业制度文件之间有衔接关系，可以通过提示的方式引起使用者注意。

例如：文件丙就计算机硬件采购作出规定，其中涉及招标流程的部分，应当指向文件丁规定的招标流程。

在引用和提示时，应当确保引用或提示信息准确，目标文件存在且有效，使用者能够获得目标文件。

（五）注释

注释具有灵活性，在企业制度文件正文中出现时，通常与被注释的内容在同一个页面中展示，便于使用者阅读和理解。

需要注意的是，注释的内容为说明条款，应当避免在注释中设定权责或者操作要求。

五、行文风格

企业制度文件的行文风格受到企业文化氛围和起草人个人风格的影响较大，有的庄重朴实，有的轻松诙谐，有的简洁凝练，有的严谨周密。

无论如何选择行文风格，应当始终把握企业制度文件作为企业制度载体这个基本点。

一方面，企业制度文件应当忠于企业希望达成的目标，准确表达企业的立场和态度，不能歪曲或者偏离企业的意志；

另一方面，企业制度文件应当考虑使用者的体验，符合使用者的阅读和理解需要。

第三节　企业制度文件的生命周期管理

企业制度文件的生命周期管理，是指从企业制度文件立项到起草、征求意见、审议、发布、培训、反馈、修订和废止的全过程。

一、立项

企业无法对经营管理的方方面面进行成文化管理，因此只针对其中有必要成文化的内容制定企业制度文件。很多大型企业受到企业制度文件过多的困扰，为了避免这种情况，有必要在开始制定企业制度文件前，进行立项管理。

立项应当围绕制定企业制度文件的必要性进行，重点考察是否有必要对特定管理事项进行规范，目前已有的规范方式是否能够满足管理需要，是否已有企业制度文件对该事项进行规范，现有企业制度文件在规范该事项方面存在的不足。

在立项过程中，应当明确企业制度文件要达成的目的、主要的使用者和使用场景以及企业制度文件中的关键条款。

二、起草

企业制度文件起草时，应当明确撰写人或者撰写人团队。除了参照本章第二节中提供的建议外，撰写人应当对相关管理事项进行调研，确定其范围、参与方、各方的角色、现行做法、可以预见期间内可能发生的变化、已知的良好实践等。

三、征求意见

撰写人在起草过程中应当征求相关人员的意见和建议，包括执行企业制度文件和监督执行企业制度文件者的意见。在形成企业制度文件草案后，可以通过发布征求意见稿的方式征求意见。在征求意见时，可以采用预先设计好的表单，便于提供意见者明确其意见针对的条款或者问题、修改建议和理由。

撰写人应当对收集到的意见逐条审阅，确认采纳、部分采纳或者不采纳，并提供明确的理由。为了鼓励提供意见者继续参与相关工作，撰写人应当把意见处理情况反馈给提供意见者。

四、审议

审议包括专业审议、民主审议和管理审议。专业审议是由专业团队基于专业知识和技能进行的审议，例如由合规团队对企业制度文件进行合规审查。如果管理事项与员工切身利益相关，应当由员工对企业制度文件进行民主审议。企业制度文件在生效前要经过治理层、管理层等机构审议通过。

专业审议、民主审议和管理审议都应当按照相关企业制度文件中规定的职责权限和操作程序进行。

五、发布

企业制度文件只有经过发布才能生效，而且只能在发布的范围内生效。企业制度文件的发布应当按照制度所规定的操作程序进行。

如果制度规定某些企业制度文件要经过一段时间的公示才能生效，则应当遵守公示期的规定。

企业制度文件生效后，应当通过便于使用者检索和阅览的方式保存，例如通过公司内部信息系统列示。如果企业制度文件难以检索或阅览，可能打击使用者学习和遵照执行的积极性，而且在发生违规行为时，可能被员工用作不利于企业的抗辩理由。

关于是否应当对企业制度文件保密，企业有不同的做法。本书认为，企业制度文件应当作为内部文件管理，限制未经授权对外提供和公布，但是在企业内部不视为保密文件。

有的企业仅仅编制和发放纸质的制度汇编，这一方面无法保证企业制度文件的知悉范围，另一方面不便于检索和浏览，尤其是在远程办公的情况下。

六、培训

与法律文件不同，企业制度文件的阅读者并非受过训练的专业人员，而是普通员工，即使撰写者自认写得足够清晰、具体、明确，文字的表达仍然受到天然的局限，因此有必要为企业制度文件进行配套培训。

培训方式包括自学、有引导学习和课堂教学。企业可以制作简介、说明、常问问题解答（FAQ）等文件，与企业制度文件匹配，便于使用者自行学习，也可以录制视频、提供培训课件引导使用者学习。对于内容复杂或者涉及思想意识的企业制度文件，企业应当组织员工参加课堂学习、模拟演练或者实地训练。

七、反馈

企业应当明确监督制度执行的内部职能部门，由该部门对执行情况进行检查，发现和纠正违规行为，收集使用者的意见反馈，作为后续对企业制度文件进行修订的依据。

八、修订

企业应当定期对企业制度文件进行全面清理，如果发现企业制度文件不适应当前的管理需要、存在冲突或者不合理，应当及时进行修订。

如果企业发布试行或者暂行性质的企业制度文件，应当明确其生命期限，在到期前启动修订程序将其转为普通企业制度文件，或者予以废止。

九、废止

当企业制度文件完成其管理使命后，应当及时废止。企业可以通过发布新文件的方式废止旧文件，或者在文件清理过程中宣布其废止。

第四节　合规管理体系文件

狭义的合规管理企业制度文件，是指合规管理体系文件中的企业制度文件，即企业为了支持合规管理体系的建设和运行而制定和发布的企业制度文件，通常包括行为准则，合规管理基础文件，合规审查、合规尽职调查、合规举报、违规行为调查等企业制度文件。

一、行为准则

行为准则是最上位的企业制度文件，也是企业在合规管理体系建设中首先应当确定的一份文件。行为准则适用于全体企业成员，包括企业自身。

行为准则具有很强的传播属性。很多企业在企业官网上公开行为准则，而且提供自由下载。有些企业把行为准则印刷成容易使用和携带的小册子，方便阅读和参照，也有企业把行为准则的内容制成应用程序，方便在移动终端上阅读。

行为准则的前言部分经常由企业的最高代表发布致辞，申明企业的合规政策和合规承诺，明确把合规作为企业成员行为的基本要求。

行为准则通常还包括合规举报渠道的信息，例如举报热线的电话号码、举报邮箱等。这使行为准则起到公布举报渠道的作用。

行为准则的正文一般围绕五个方面，就与合规相关的主要管理事项，表明企业的立场和态度。这五个方面是：

1. 员工与员工的关系；

2. 员工与企业的关系；

3. 员工与外部相关方的关系；

4. 企业与外部相关方的关系；

5. 企业与社会的关系。

相关管理事项应当根据合规风险评估的结果确定，通常按照合规义务领域、经营管理活动领域或者二者结合进行划分。按照合规义务划分，管理事项包括反行贿、反舞弊、反垄断、反洗钱、反歧视、反不正当竞争、个人信息保护、数据安全、安全生产、环境保护、劳工保护等。按照经营管理活动划分，管理事项包括研发、生产、营销、贸易等。

尽管涵盖的内容很多，行为准则的篇幅不宜过长，以在正常阅读速度三十分钟内读完为宜。

行为准则的语言尽量平实直白，立场鲜明，避免法律用语，也避免广告式的宣传用语。

二、合规管理基础文件

合规管理基础文件应明确合规管理的目标、原则、职责和主要管理程序。合规管理基础文件是合规部门开展工作的主要依据，因此其中的职责权限条款特别重要，合规部门通过这份文件获得具体授权，推进合规管理工作。文件应当同时明确其他部门对企业合规承担的主体责任。

三、合规审查企业制度文件

合规审查企业制度文件明确合规审查的目标、范围、类型、职责和程序。

需要注意的是，企业制度文件中合规审查的范围应当与企业决定开展合规审查的范围保持一致。由于文字表述的差异，可能出现企业制度文件中合规审查范围不清晰的情况，导致非高风险事务被纳入合规审查范围，合规团队花费大量精力审查这些事务，而不能专注于高风险事务。

撰写合规审查的程序条款时，可以参考本章第二节的相应内容，应当明确参与审查各方的职责、发表意见的方式、发生意见分歧时的处理方式和做出最终决定的方式。

进行合规审查时，应当保留全过程的记录，必要时可以作为企业履行合规义务的证据。因此，在企业制度文件中应当明确记录要求。

四、合规尽职调查企业制度文件

合规尽职调查企业制度文件应当明确对商业伙伴进行合规尽职调查的目标、范围、职责和程序。

合规尽职调查的对象主要是商业合作或投资中的商业伙伴。在企业制度文件中，应当明确合规尽职调查的范围，例如是否对商业伙伴的商业伙伴进行合规尽职调查。

撰写合规尽职调查的程序条款时，也可以参考本章第二节相应内容，明确参与审查各方的职责、发表意见的方式、发生意见分歧时的处理方式和做出最终决定的方式。由于合规尽职调查涉及商业伙伴等外部方，在设计程序时，应当考虑内外部信息交换的接口方式，确保在程序中传递的信息真实、准确、完整。

在合规尽职调查企业制度文件中应当明确记录要求。

五、合规举报企业制度文件

合规举报是合规管理中的一项关键机制，因此很多企业把合规举报企业制度文件作为一项基础文件。

合规举报企业制度文件应当明确举报管理的目标、范围、原则、职责和程序。

在撰写企业制度文件前，企业需要明确与合规举报相关的一系列问题。例如，企业对待合规举报的态度和立场、企业是否接受匿名举报、是否将举报违规行为作为员工的义务等。

合规举报企业制度文件通常对举报线索进行分级分类，以采取与被举报问题相适应的管理程序。文件通常强调对举报人的保护原则和保护程序。

六、违规行为调查企业制度文件

违规行为调查企业制度文件也经常被作为基础文件，而且由于调查过程可能涉及员工的权益，在撰写过程中会征求员工的意见，在生效前进行民主审议。

违规行为调查企业制度文件应当明确调查工作的目标、范围、原则、职责和程序。

在企业制度文件中，企业通常对案件进行分级分类，以重点关注严重违规行为。文件中还需要明确调查人员的义务，以免调查人员滥用职权，同时需要明确参与调查的涉嫌违规人员和其他知情人员的权利和义务。

违规行为调查工作具有很强的程序性和操作性，因此在企业制度文件中应当关注程序的设计，以保证调查工作自身的正当性和调查结论的真实性。

七、合规管理手册

合规管理手册是一类常见的体系文件。合规管理手册是操作手册，用于指导相关方在工作中落实合规管理要求，包括企业制度文件的要求。

合规管理手册本身不是企业制度文件，因此在手册中不应当设定新的规则。手册中可以引用企业制度文件，作为手册中各项操作要求和建议的依据。

合规管理手册通常为专题手册，针对具体的管理事项，就如何实现合规管理提供指导。

企业应当把合规管理手册作为一项“活”文件进行管理，即针对实践中出现的各种场景、问题和做法，及时补充和更新手册的内容。合规管理手册的内容也应当保持灵活，可以采用对话、漫画、案例分析等丰富的表现形式。

第七章

企业合规管理实施机制

企业在建立了合规管理企业架构，明确了合规管理政策要求的基础上，还需要有一整套完善的管理实施机制来保障合规管理体系实现有效运行。本章将就如何建立和完善合规管理实施机制进行探讨，以确保企业合规管理的政策要求得到落实保障。

第一节　企业合规管理实施机制概述

企业不仅要制定合规管理制度，更重要的是确保这些政策要求被真正地贯彻下去，并有效地执行开来，而不是只停留在纸面上。要把企业的合规风险管理落实到业务操作层面，就必须要把政策制度上的规定转变为可执行的流程。一方面要确保各项业务操作符合外部法律和内部政策的要求，另一方面要使合规政策的要求与实际的工作实践衔接一致，并落实到企业管理的每一个层面、每一个岗位和每一环节。

一、企业管理层的支持是关键

管理层支持是合规管理体系有效运营和执行的一个关键因素。管理层包括企业内各层级的管理者，只有得到他们的支持，合规方案才能得到有效的执行。

董事会或类似的最高治理机构在决定企业的管理方向起到关键作用。当董事会确认企业需要强化合规管理时，这种确认本身已向企业的全部人员发出明确且强有力的声音，并为业务和员工的行为指引了清晰的方向。董事会这种确认和态度可以在企业的价值观和员工行为准则之中反映出来。来自高级管理层的合规声音（例如首席执行官）也能达到同样效果。有些企业由首席执行官或部门领导在每季度或定期发布合规报告和信息。

董事会可以通过其审计委员会来监督企业的合规管理体系的建设和运营，通过委任首席合规官，召开定期会议了解主要合规风险、外部监管趋势等。高级管理层也可以通过设置和运营其全球合规委员会或类似机构来获知相关信息。首席执行官可以通过向企业传递价值观，推行员工行为准则及其他主要合规文件来促进企业的合规。

企业的最高管理层对合规的承诺、支持和参与有助于维持企业的价值观，并确保业务目标和战略与企业的合规目标相一致。中层和基层管理者对合规的支持也很重要，特别是在合规运营和执行层面的日常操作中。

管理层对合规的支持还应延伸到对员工合规表现的评估。评估标准的设计应清晰并简单易行。评估结果应纳入员工的整体业绩评估中并与员工的晋升、调薪、奖金、股权和其他福利相关联。对于合规表现差的员工，应该在一定时期内冻结其获得晋升、调薪的机会，并且在评估期间扣减或免除其奖金发放。

二、各级管理人员要以身作则

来自管理层最为有效的支持是各层级的管理者以身作则，遵守企业的政策、流程和其他合规要求。如果管理者只是要求其他人遵守合规要求，而自己选择忽视，这就难以形成一个有效的合规氛围。管理者在合规方面的表现对其团队成员的行为有很大的影响。

三、为合规工作提供资源支持

合规政策要求的落地和执行需要能胜任的员工、工具、知识、技能、外部资源的支持和合规事件处理等，所有这些都需要资金和资源支持。为合规管理分配合理的预算和资源也反映了管理层对合规有力的支持。

第二节　企业合规培训沟通机制

合规管理政策要求的培训和沟通是合规管理体系的重要组成部分之一，对企业的合规管理体系运行的有效性起到至关重要的影响。

如果说合规管理制度是针对企业内外机构和人员行为的具体合规约束，那么合规管理制度的培训和沟通则是针对企业内外人员合规意识和价值观的再造和强化，根本目的是提高企业内外人员的合规意识，树立最高的诚信道德标准，进而指导个体的行为，使其主动遵守合规的要求，并且努力遵守更高的道德标准，即当无明确合规制度与流程参考时，也能根据最高的诚信道德标准做出正确的决定。因此，合规管理制度与培训沟通是合规管理体系中相辅相成、缺一不可的核心元素。

一、合规培训与沟通的原则

合规宣传与沟通活动是指通过多种宣传策略，对企业内外部群体进行的合规意识形态或特定合规信息的推广。这类宣传活动的受众群体通常范围较广且不特定，形式相比合规培训更加多样和灵活。合规宣传与沟通活动与合规培训活动相辅相成，都发挥着合规意识形态和合规认知传播的重要功能，共同构成了合规管理体系的重要组成部分。

企业开展合规培训与沟通应该秉承以下原则：

（一）重要性原则

员工对于培训和沟通的重视，根本责任在于管理者而不是培训者。从管理层开始，各级领导应该充分认识其重要性，提出要求。这是强化合规文化的有效路径。

（二）适当性原则

以风险评估为基础，针对不同岗位、历史阶段、事件和风险类型，制定多样化的培训和沟通模式，避免过多或者片面地实施培训。

（三）有效性原则

在培训和沟通过程中需要良好的互动和讨论，一些专业性较强的培训应该设置课后测试。

（四）持续性原则

合规培训与沟通不是一劳永逸的，基于外部监管要求、企业运营模式的变化，要求保证持续性的培训效果，所以合规培训与沟通的工作需要不间断的开展。

二、合规培训的内容和形式

合规培训是企业员工合规认知提高的一个重要方法，也是企业整体合规文化建设的必要组成部分之一。

第一，合规培训的内容应与员工角色和其职责所涉及的合规风险及任务相符合。

在任何一个企业中，员工的角色任务都有多样性。例如，在生产型企业中，有从事直产操作、技术、管理、采购、维修、物流、财务、安保及其他职能角色。每个角色所涉及的合规风险各有不同。其中，采购管理者应当在对外商务活动过程中注意预防商业腐败相关风险；而直产操作工人则很少与外界商业伙伴直接打交道，所以他们所涉及的可能是违反企业内部操作流程的风险；财务管理者则主要是在财务账目管理中的财务法规相关和舞弊相关的风险比较多。

因此，合规培训的内容应结合受众人员的岗位特点、风险发生概率进行调整。比较好的做法是在培训之前，对受众人员进行深入访谈，结合以往合规风险评估结果，寻找出一些典型的合规风险点。这些风险点进一步得到受众部门的认可、补充和完善后再进行针对性的培训内容设计。

第二，合规培训应基于员工认知和能力的不足而设计。

企业内部人员家庭背景、教育背景不同，工作背景不同，岗位职责不同，所接受企业内部培训的程度也不同，对公司合规政策流程以及价值取向要求存在认识水平不同是必然的。合规培训应尽量填补员工中存在的合规认知差距，使整体员工对合规制度流程的认知以及合规价值取向往同一个水平靠近。例如，在培训之前向受众群体发放调查问卷，收集所有员工对合规方面的问题。通过分析这些问题，就能够基本掌握受众的合规认知水平状态。对这些问题做一些培训内容设计，能够很好地填补员工对合规认知上的偏差，达到查漏补缺的作用。

第三，合规培训内容应现实可行并且易于被员工理解。

合规培训应尽量避免冗长而晦涩的理论介绍。这种填鸭式的培训模式是非常落后而不可取的，在合规培训内容本身就很枯燥的时候更是如此。合规培训者要做的是把培训的内容转变为通俗且易于被员工接受的呈现形式。如果只是合规的理论、制度和流程的宣教，那么员工就需要努力理解这些内容，并在实际工作中把这些教条理论与具体工作任务相结合。这是一个二次消化的过程。如果员工觉得内容枯燥，很可能连一次消化也不去尝试。因此，合规培训无论内容是什么，都应尽量规避教条理论传授方式，减少员工二次消化的可能。比较推荐的方法是将所要讲的制度流程融入具体的实际工作案例中，通过讲授具体的案例来让员工对这些教条如何运用有一个最直观的理解。

第四，合规培训应与员工日常工作相关并且符合行业、企业特点。

在设计培训时，不仅要融入企业所在行业的典型合规政策要求、企业自身的合规政策要求也应尽量选取与受众日常工作密切相关的素材、有助于受众群体接受培训的内容。尽管一些固定的主题可以制作成标准的培训教材，比如对前文谈到的行为准则、举报制度等的介绍，但除此之外应尽量使用“本地化”的案例题材。例如，针对质量管理部门设计的培训可以结合员工经常进行的外出质量审核活动设计一些案例，而针对物流管理部门则可设计一些与海关人员商务往来的案例等。

第五，合规培训的形式应足够灵活，综合运用各种培训技术，满足企业和员工的不同需求。

合规培训不单纯是技能培训，很大程度上来说，合规培训的目的是启发员工的合规思考模式，因此在设计培训形式时，需要广开思路，尽最大的可能调动受众者的参与兴趣。只有全身心地融入培训，员工才能达到思想意识的触动，进而转化为实际行动。在形式上，互动式培训是比较推荐的培训形式。比如，在培训中融入一些简单的互动游戏，或者采用小组讨论的形式，通过讨论具体的案例或问题，帮助员工打开思路，集思广益地寻找到合规的思维方式。

此外，网络培训是现在大多企业采用的一种高效的培训方式。合规培训完全可以借助此类培训平台设计培训内容，不仅可以实现一次性大批量人员的合规培训，提高培训效率，而且可以实现更多有趣新颖的培训形式，比如视频、三分图培训形式等，提高合规培训的执行效果。

总而言之，在企业内部，专门的培训管理机构和合规体系管理机构应承担相应的合规培训企业协调和执行工作。在培训前期，要做好培训的需求分析、培训计划；在培训开展时，要结合受众群体的任务、特点以及企业的合规要求安排企业培训内容；培训的形式应最大化地减少受众群体二次消化的过程，通俗易懂，抓住人心；培训后，要做好培训的效果评估和跟踪记录；合规培训的内容和形式应根据最新的企业情况和要求进行持续更新。运行良好的合规培训机制是一个持续改善的过程，衡量合规培训时有效性不仅要看培训的内容是否充分贴合实际，而且要衡量培训内容是否深入人心，被受众者接受和消化。

三、合规内部沟通与外部交流相互融合

与合规培训不同，合规的宣传沟通活动不以传授大量的理论知识或技能为目的，而是旨在提升企业内外部人员的诚信合规意识和道德水平，或仅在某一个具体领域内就可能面临的业务场景所需掌握的合规知识或技能进行宣传和普及。

在制定合规沟通的策略时，应考虑多个方面：一是企业的合规风险评估分布图；二是管理层和员工的合规认知短板；三是企业合规管理发展的新要求；四是企业生产经营现状及发展要求；五是股东方及管理层的合规宣传建议；六是企业对利益相关方的合规要求和期待等。当然，随着企业运营过程中不断出现的新情况或问题，合规宣传与沟通活动可进行临时的调整或增加。

在合规宣传与沟通计划的制定过程中，企业应该明确宣传与沟通的目标是什么，针对哪些机构或群体开展，何时、何地开展活动，以及如何开展活动。合规宣传与沟通活动可以是持续和定期进行的，也可以是短期或一次性的活动。相对合规培训而言，合规宣传与沟通的形式更加不拘一格，如网站、邮件、媒体传播、广告、时讯、年度（或其他周期类）报告、信息讨论、公开日、特别群体、社区对话、社区活动、电话热线等。这些方法可以鼓励相互理解，使企业对于合规的承诺更容易被接受。

根据受众人员的不同，可以把合规宣传与沟通类活动分为内部沟通与外部沟通两类。内部沟通是指对企业内部员工群体进行的宣传与沟通活动；外部沟通是指对企业外部相关机构或价值链体系的商业伙伴及其员工群体进行的合规宣传与沟通。

（一）内部沟通

合规的内部沟通是企业针对内部员工进行的一系列宣传与沟通类活动。企业应该采取适当的方法来沟通宣传，以确保合规的信息被所有的员工持续地听到和理解。沟通活动应当能够清

楚地传递企业对员工的期待，并且应告知员工，让其知道哪些不合规的情况将得到相应的调查与处理，员工还应知道在必要的情况下向谁报告和寻求解决办法。

通常而言，企业可以采取任何可以达到宣传效果的措施来进行宣传。一个比较成熟的合规宣传策略是成体系的，或者说一些固定的宣传渠道是存在的。比如，企业的内网上可以开设合规专区，企业内部的报刊上可以开设合规专栏，定期发布合规时讯，其他的措施比如合规海报、卡片以及合规屏保等。这些合规宣传的基本媒体形成之后，任何合规主题信息可以通过这些媒体同时向外推广，达到强势推送的宣传效果。

除了固定类的合规宣传媒体平台、传统的宣传物品外，举办合规宣传活动也是一个非常有效的合规推广措施。比如，在企业内部开展诚信合规主题的大型会议，在会议上可以邀请领导或员工进行诚信合规主题的宣讲活动；开展合规话题的研讨会，在会上企业员工集体讨论合规典型的案例；举办合规主题的比赛，比如合规海报创意大赛，并结合赛事的进程在员工中展开宣传，鼓励员工积极参与并进行一定的奖励。这些合规活动配合其他合规传统宣传措施能够在员工群体中起到非常好的文化传播的作用。以上仅是一些通常的活动参考，还有更多的合规宣传与沟通活动需要广大的合规从业者来开拓。

（二）外部沟通

合规的外部沟通活动是针对企业外部机构和人员的宣传与沟通活动。企业对外合规宣传的目的是展现企业的合规核心价值观以及企业的合规承诺等，并向企业的利益相关方进行传递。

1. 针对全部社会群体的外部沟通

在企业的社会责任报告中包含专门的一部分介绍企业的合规管理体系以及企业遵守最高道德准则的要求及具体措施等。此类宣传旨在提高社会群体以及利益相关方对企业的核心价值观及合规体系的认知度，有利于展现企业的品牌形象和企业声誉。

2. 针对企业的利益相关方的外部沟通

利益相关方包括但不限于监管单位、客户、合作方、供应商、投资方、应急服务机构、非政府企业和相邻单位等。其中，针对企业的上下游价值链体系的合规宣传是对外合规宣传中一个比较传统的项目，目的是向企业的利益相关方表明企业的合规立场和要求，推动价值链体系遵循同样的道德标准，从而最终促进企业的一切商务活动的合规，确保企业的上下游商务往来活动遵循公平、公开和公正的标准，推动良好的市场竞争环境的形成。对价值链的合规宣传与沟通可以通过多种措施来实现。例如，在与商业伙伴合作之前要求其签署一份合规承诺书，明确列示企业对商业伙伴的合规要求和违反该等要求的法律责任，也可在这类文件中介绍企业内部的合规制度与流程，告知企业的举报政策与联系方式等。除此之外，企业也可借助定期的商业伙伴沟通会议来传递企业对其的合规要求和期待等。

总而言之，合规培训与沟通是合规管理体系的重要内容。两者相辅相成，缺一不可，共同承担着企业对内和对外合规意识形态、合规知识与技能推广与提升的任务。通过持续进行的合规培训与沟通宣传类活动，企业的整体合规文化能够不断得到夯实与深化，企业内部员工的合规意识得到加强，外部企业机构和人员能够及时了解企业对其合规的期待，从而进一步约束价值链体系的行为。通过企业的对外宣传活动，企业的品牌形象和声誉也会得到提升。

合规培训与沟通活动需要与合规风险评估结果以及企业的现实条件、任务和发展目标相符合，做到定期的统筹和规划。合规培训与沟通的形式均呈现多样灵活的特点，鼓励创新，鼓励员工的积极参与。合规培训与沟通是一项持续不断的工作，在开展的同时应做好自我评估和经验总结，不断提升合规培训与沟通活动的执行效果。只有通过不断完善合规培训与沟通工作，企业内外部机构和人员才能保持同一高度的诚信和合规意识，最大化地避免企业行为中各类合规风险发生的可能性，确保企业的可持续健康发展。

第三节　企业合规审查机制

合规审查，是指企业为确保经营管理活动与所适用的法律、规则和准则等相一致，而对经营管理活动提出合规审查意见或合规风险提示的活动。

一、企业合规审查机制的基本要求

合规管理实践中，企业需要依据有关法律法规、行政规章和监管规定，对企业的经营管理事项及相关法律文件的合法合规性和有效性进行审查，对相关法律合规风险进行识别、提示，提出相应的合规风险防控措施或建议。

（一）企业合规审查的目标

企业合规审查的目标不仅是管控风险，而且必须与企业经营的总体战略目标保持一致，与企业长期利润发展的价值取向保持一致，即合规审查要服务于企业的可持续发展。因此，合规审查的部门不能就风险论风险，在合规审查过程中要充分考虑成本、收益和业务发展，不仅要通过控制违规风险来减少损失，还要通过建立合规风险管理体系，确保在有效控制风险的前提下，保证公司效益。

（二）企业合规审查的原则

1. 多角度原则

企业内部不同部门或不同业务的风险，有的相互叠加放大，有的相互抵消减少。因此，企业合规审查不能仅仅从某项业务、某个部门的角度考虑风险，必须按照业务增长与风险控制相适应、风险成本与风险收入相匹配的基本原则，在通盘考虑各种风险的状况和影响的基础上，出具合规审查意见，确保合规审查能够识别公司面临的风险。

2. 协调性原则

企业合规审查的协调性表现在时间上协调性和业务上协调性。因为外部监管的法律法规环境在不断变化，企业业务产品在不断创新，合规管理需要适时做出反应和调整，定期检查、修正合规机制以保证审核最新的合规风险，保证企业始终处于合规守法、稳健安全经营的状态。企业合规审查不仅仅是合规管理部门的事情，而是需要各个部门从专业角度开展的工作，这就要求相关人员应具有较高的业务素质和较强的协调能力，既要善于处理好与外部监管部门的关系，也要妥善处理好企业内部各部门之间的关系。

3. 预警性原则

预警性，是指企业合规审查不仅仅是一种事前的审查，更重要的是事前防范。通过企业合规审查，要能够及时判定、评估和监测企业所面临的各类合规风险，并就合规风险及时向高级管理层和董事会提出咨询建议和报告，对事前识别合规风险和发现可能违规行为进行评估，最大限度地降低违规行为实际发生的可能性，提出切实可行的业务开展建议。

二、企业合规审查的主要内容

企业合规审查的对象一般分为三个方面。一是全面合规审查，主要是指对企业法人治理事务、决策、项目、合同与协议、法律文件以及企业内部规章制度等的合规审查。二是专项的合规审查，如对某一具体项目或者某一业务领域是否符合合规管理要求进行专门性审查，如涉及重大项目（合资合作、投资并购、资产重组、融资担保、解散分立、新产品、新业务等）的合规审查等。三是开展重点领域合规审查，主要是针对市场交易、安全环保、产品质量、劳动用工、财务税收、知识产权、商业伙伴等领域以及对境外投资经营领域的投资保护、市场准入、外汇与贸易管制、环境保护、税收劳工等高风险领域合规审查。在此，结合当前企业的合规管理实践，针对几种主要的合规审查情形进行说明：

（一）涉及公司内部新建或修订制度的合规审查

合规管理工作是一个需要不断提高、改进的动态过程，需要适时根据外部环境、法律法规等多种因素做出反应并制定新制度。为此要通过及时修订各项业务的管理要求，使依法合规经营原则真正落实到业务流程的每一个环节和每一位员工。

因此，合规管理部门作为第二道防线，需要持续履行合规统筹管理职能，评估内部各项程序和指引的适当性，实时跟进在政策和程序方面已被发现的包括违规风险在内的缺陷，并提出制度的审查与修改性建议，制定与监管法规、内控、声誉风险管理相关的政策等，加强合规风险提示，坚持“与时俱进”。

需要说明的是，新制度的审查与修订并不意味着任务的完结，合规新制度的审查内容应与业务结合，紧密遵循法律法规只是企业合规管理的起点，而非终点。深入了解企业的业务经营模式，以保证合规管理的标准合理与质量到位是非常必要的。当企业所面临的法律法规和市场情况发生变化时以及在新制度的制定审核与修订后，合规管理部门同时应当对合规手册进行修订并进行评估，以确保企业经营行为仍然符合相关要求，合规管理仍然可以有效控制风险，合规手册内容仍然可以正确地指引企业的发展，如果合规手册的规程制定与推行过程不能与企业新制度的制定以及修订相结合，那么合规管理就存在缺陷，并可能在未来引发问题。

（二）涉及重大事项决策的合规审查

企业合规审查的目标是保证企业效益最大化。但是当企业追求快速发展、追求当期利润最大化的时候，面对瞬息万变的市场，一味强调合规可能导致呆板和低效率，就很有可能因此而丧失机会，然而，如果单纯追求利润最大化而忽视了合规风险的管理，又有可能使合规风险成为现实，而使企业遭受更大的声誉和财产的损失。因此，正确处理合规与发展的辩证关系，是涉及重大决策的合规审查需要面对的问题。

涉及重大事项决策的合规审查，不仅要求企业建立科学、适宜的合规管理机制和组织架构，还要求企业的文化体现求实、灵活的合规审查理念。这些基本要求具体体现在企业高级管理层和合规管理部门的合规理念上。这种理念要求在合规与现实中间不断寻求既符合业务发展需要，又不使合规失效的平衡方案。因此在涉及重大事项决策的审查时，按照法律法规的相关规定，合规管理部门应对审议事项充分发表意见，使决策者充分听取合规意见，使决策事项合法、合规，避免违规风险。

（三）涉及新产品、新业务的合规审查

违规操作所带来的短期经济利益，有时超过违规操作可能产生的短期负面后果。当业务发展受到利益的驱动时，合规经营与违规操作之间的权衡使得企业内部规章制度的效力逐渐弱化。一方面，违规操作不一定都会被发现；另一方面是由于即便被检查发现了，只要不涉及刑事案件，一般不会处罚或处罚比较轻微。因此，业务发展与合规经营的关系就转变为在经济利益与违规处罚之间的一种“权衡利弊”的关系，并且这个利益与处罚的“天平”往往是不平衡的，最终导致合规经营在面临经济利益的诱惑时，其有效性大打折扣。

合规管理部门对业务部门新产品、新业务开展审查时，应注意新产品和新业务的开发和拓展中新客户关系的建立或这种客户关系的性质是否发生重大变化，应积极主动对合规风险进行

识别、评估、量化、监控、测试和报告，协助业务部门针对合规风险，设定恰当的内控流程和标准，参与新产品、流程的审批；对产品销售宣传材料、销售渠道选择等方面提供合规建议，在合规风险暴露之后加强对危机的管理和及时处置，或有必要时采取监管、测试和汇报制度。当然，合规部门的这种做法并不是要代替业务部门的工作，合规部门仅仅是从合规风险管理的层面，对业务部门的新产品、新业务的合规性进行判断、识别、管理和评估，且在有必要时，系统地提出修改建议。

三、企业合规审查的方式与流程

在明确企业合规审查基本内容的基础上，企业应开展规范化、流程化和精细化的书面（或电子版）留痕动态审查方式。把企业合规审查融入企业日常业务管理之中，才能体现企业合规审查的实际意义，真正发挥防范和控制合规风险的作用。

为此，应注重将企业合规审查工作贯穿于事前、事中和事后的全过程，并明确审查要点，确定审查操作步骤，确保审查程序的合法合规。同时，通过合规履职的独立性、权威性的保障，给予合规管理部门行使职权的必要资源，包括合规管理人员可以获得必要的数据和准确的信息资料、利用稽核部门与业务条线的检查整改数据进行合规性分析等。

企业合规审查不单纯是基于基本审查范围内业务的审查，而且是基于合规风险的流程管理。企业合规审查制度要有利于业务流程管理，服务于管理各类风险的整体需要。各业务条线制定的相应政策、程序、操作手册或操作指南，组成满足企业合规审查流程管理要求的相关制度，成为指导实际操作的标准。合规管理人员的主要工作之一就是要确保企业审查制度的合规性。缺乏流程管理的企业合规审查，看似很完善，实际操作性却很差。因此，只有树立起企业合规审查流程管理的理念，才能从整体上落实企业合规审查的质量。

目前大部分企业的合规审查实践仍处于探索起步阶段，各企业的着力点也不尽相同，确定一个成熟的流程建设应是考虑的重点。应采用稳健策略，以实事求是的精神，发挥企业主观能动性，先试点，待成熟若干流程模式后，经对比总和，再行全面推广。

比如，企业在开展日常业务、执行决策、履行合同等经营活动的各阶段，对识别的合规风险或有关合规问题，应当进行合规论证。对各部门的规章制度、业务方案、商务模式等应当进行合规审查的，根据事项性质和内容，选择审查方式和审查部门。根据相关制度规定须提交有关职能管理部门进行专项审查的，应按照规定提交审查。

涉及重要规章制度制定、重大事项决策、重要合同签订、重大项目运营等经营管理行为的，应当将合法合规性审查作为必经程序，由相关业务主办部门负责专业领域合法合规性审核，在其完成合法合规性初审后，提交合规管理部门进行复核。合规管理部门应当对违法违规内容提出修改建议，未经合法合规性审查或审查未通过的不提交决策和实施。在合法合规性审查中发现重大合规风险时，审核部门应以发送风险提示函的方式，督促相关业务承办部门按照审核意见进行整改。

第四节 企业合规检查机制

企业合规检查，是指对企业经营管理活动是否符合规则要求所进行的检查活动，主要包括为掌握企业各部门、各业务条线、各分公司等对法律、法规、准则等合规依据的遵循情况以及企业合规风险管理机制的实际运作及其有效性等情况，由合规管理部门对各单位的经营管理行为的合规性，部门、分支机构的合规管理的有效性及员工执业行为的合规性进行检查所进行的检验和评估。

一、合规检查机制的基本要求

企业合规检查应严格以法律、法规、准则为依据，以风险为导向，确保客观公正和实效。

（一）合规检查的基本原则

1. 全面覆盖原则

企业合规检查工作应覆盖企业所有机构和部门的各类经营管理活动。

2. 分工协作原则

企业合规检查是合规风险管理整体流程中的一个重要的实施机制，在企业合规检查工作中，各相关部门应当各司其职、相互协作，确保检查工作与整体流程相协调。

3. 灵活性原则

在保证企业合规检查独立性的前提下，企业合规检查可采取多种形式开展，合规管理部门既可以牵头进行合规的常规、专项检查，也可作为业务检查的一部分内容，与其他业务检查相结合，节约检查成本，避免工作重复。

4. 动态管理原则

根据企业合规风险的变化，合规检查人员应动态调整合规检查方式，合理调配合规检查资源，根据合规风险程度的高低和检查工作的侧重点，合理设定企业合规检查的频率和力度。

（二）合规检查的分类与形式

企业合规检查可以分为常规检查和专项检查。常规检查是指根据年度工作计划开展的全面合规检查工作；专项检查是按照年度工作计划、业务发展的阶段性状况或工作需要，对某项特定业务进行的专题性合规检查。合规管理部门每年必须牵头组织至少一次的常规检查，并根据业务发展和管理需要组织若干次专项检查。

企业合规检查的形式包括现场检查和非现场检查两种。现场检查是根据合规管理或业务经营管理的要求，到被检查单位进行实地检查的方式；非现场检查，是指从管理部门调阅业务档案，或要求被检查单位报送各种资料或运用计算机等工具进行具体分析来发现风险点，为现场检查提供指导信息和有价值的参考信息。合规检查可采取与各业务检查相结合的形式，各业务部门在最终的业务检查报告中对合规内容必须进行单独陈述、分析与评价，并将该报告抄送合规管理部门。

二、企业合规检查的主要内容

合规管理部门负责检查的内容一般包括合规文件的完备性、业务管理的合规性、经营活动的合规性、创新业务的合规性。通常来讲，常规的合规检查计划一般应包含以下内容：

1. 影响企业合规风险状况的近期事件和业务风险点简介；

2. 拟实施的监管行动及其范围和具体目标，如针对总体风险状况应以什么频率进行现场检查，何种合规风险需要非现场监管持续跟踪以及跟踪的重点，何种风险和问题需要现场检查进一步核实，现场检查的大致时间安排、检查的范围和重点目标等；

3. 对于跨地区的超大型企业合规风险检查，需要在事前设计好人力投入和协调配合机制，增加信息共享，避免沟通不畅和重复劳动；

4. 一年内对同一机构（包括同一地区或不同地区）的具体现场检查安排表，须包括计划时间、计划工作人员、检查范围（全面或专项）、检查主体、被检查的总分支机构或业务线、关键风险点等。

企业合规检查应根据事先分析确定的检查范围和目标业务逐项进行，其重要目的是通过一定量的测试，确定企业本身风险管理系统的可靠性和有效性，进而帮助企业及时发现潜在的不当行为，避免合规风险。

三、企业合规检查的分工协作

企业的各业务部门应定期对归口管理业务开展情况进行合规自查、专项合规检查，借助体系认证强化合规评价，并在权限范围内抓好问题整改，对权限范围之外或对本企业有较大影响的合规问题，及时报告本级合规管理部门统筹处理。

合规管理部门则侧重就业务部门贯彻落实合规管理制度、履行合规管理职责情况进行督导检查。该检查可单独组织实施，也可与内部审计、内控检查、巡视巡察、职能管理部门的专项检查等结合开展。检查结束后，形成合规管理检查报告，提交合规管理负责人。对检查中发现的合规风险，合规管理部门应向有关单位、部门、人员发出书面整改通知，并持续跟进整改落实情况。

内部审计、巡视巡察、纪检监察（监督）机构对在合规审计、合规评价、违规查处中发现的合规问题，应督促有关部门、单位按照权限抓好整改；对超出责任单位权限范围，需要本企业统筹协调处理，或者对企业有明显影响的合规问题，应移交本级合规管理部门，由其统筹督促整改。根据合规管理工作需要，合规管理部门可向本级合规管理监督部门提出监督检查建议。

对于各类检查中发现合规管理体系建设存在重大缺陷的，如未明确合规管理机构与职责、未制定合规管理基本制度、重大合规风险防范不到位等，合规管理部门可要求其限期整改。拒不整改或整改不到位的，可采取绩效考核扣分、向相关部门提出处理建议等方式予以督导。

第五节　企业合规考核机制

企业合规考核是合规风险管理的重要组成部分。特别是对于合规文化尚不成熟、长效合规管理机制还未形成的一些企业，通过合规考核机制来提升合规执行力就尤为重要。对全体员工的合规绩效考核应该被列为一种有效的控制措施以确保对合规义务的履行。企业应该结合企业的发展价值观，将合规考核纳入企业绩效管理体系中去，有效协调业务拓展与合规管理的关系，帮助员工建立正确的业务发展目标。

一、合规考核机制的基本内容

合规是业务发展的基石。一个有效的绩效管理体系不但对员工的业务能力和成绩进行考核，对员工在业务中的合规执行情况也应该进行考量，并占据一定的考核比重。业务业绩考核当然是非常重要的，但是合规考核是“一票否决”性的，一旦合规性不达标，业绩再好也不行。

一些企业为了促进企业合规考核得以落实，采取了将合规管理与业务部门管理紧密结合的方式。比如，只设置少量的专职合规管理人员，其主要职责在于制定合规制度，监管合规流程，提供合规管理建议。大量具体的合规管理工作由业务部门负责人进行。这些负责人不仅对本部门业务发展负责，而且对本部门合规经营负责。业务部门负责人很清楚本部门合规风险所在，直接了解本部门员工是否合规。业务部门负责人进行本部门合规培训也有针对性。这样的安排，显然有利于强化企业各个部门各个层级的合规考核。

各个部门和各个层级的管理者如果只考虑自身业务发展而不考虑通过合规的方式去取得业绩，把合规工作都推给专职合规管理人员，很容易导致合规与业务两张皮。如果把合规工作视为负担，甚至是开展业务工作的障碍，业务人员必然逃避合规，当然难以重视合规。由业务负责人负责合规管理工作，并且对这些管理人员不仅考核业务发展绩效，而且考核合规管理绩效，这样的考核机制可以有效地强化合规。

企业可以制定单独的合规绩效考核机制，也可以将合规考核标准融入总体的绩效管理体系中去。通过有效的合规绩效考核机制，对有重大合规贡献的员工应该给予表彰或奖励。对有合规问题的员工，应该给予积分扣分或相应的处罚。

当前，跨国公司的考核机制采取各种形式，例如，矩阵式、九宫格、计分卡（scored card）等，而且需要制定详细的合规考核标准，考核内容可以包括：

1. 按时完成或参加所有的合规培训；
2. 严格执行企业合规政策和流程；
3. 有无任何违反合规的行为；
4. 积极支持和配合合规职能部门工作；
5. 及时汇报违规行为或合规风险以避免或减少因合规风险给企业带来的损失和负面影响。

二、企业合规考核的目的

企业合规考核是促使员工达到何种目标和为什么要达到此种目标而达成的共识与承诺，并以此促进员工取得优异业绩的管理过程，使员工符合企业行为规范、认同组织合规文化、不断提高合规水平，大幅度增强员工的主人翁意识和满足感。

（一）促进全员合规

企业合规管理不只是企业合规管理部门的责任和部门负责人的责任，而是全体员工的责任。因此合规绩效考核应覆盖到对全体员工的考核，对整个组织来说可以达到增强全员合规意识的目的。企业开展合规考核，要让员工充分认识和理解企业的合规绩效体系，意识到合规绩效体系对于企业和个人的重要性。通过考核，促进员工增强合规意识，合规地完成本职工作。

（二）产生激励效果

通过合规考核能增强员工对于自己合规工作目标的参与度，增强合规意愿、提升合规能力，达到正向激励的目的。把合规表现与绩效挂钩同时也能进一步推动及促进管理层及员工的合规意识以及对合规的重视程度，从而更好地提升合规绩效。

（三）防范合规风险

合规风险是比照“合规义务”能否履行的不确定性而产生的风险，是企业经营生产过程中最基本的经营风险。企业要想健康持续发展，防范合规风险是基本保证。因此把员工的合规绩效考核纳入合规风险管理中，有助于对工作进展情况及时提供信息反馈，尽早向企业管理层发出警示信号，管理者能及时发现员工在合规管理中的问题并进行讨论，把问题扼杀在萌芽阶段从而达到风险防范的目的。

三、对管理层的合规考核

（一）对管理层合规考核的方式

一些企业将合规考核纳入了管理层个人的绩效考核体系中。这些企业根据自身不同情况，对合规绩效考核在管理者总绩效考核中设置了相应的权重，纳入总绩效成绩。实践中，一些企业对于管理层的合规 KPI 考核在管理层的绩效考核中所占的权重为 10%，也有企业选择 5%的权重。

对于公司高管、首席执行官（CEO）层级的合规考核，可以由董事会制定考核指标，也可以由董事会相关成员与人力资源部主管等人员共同进行考核。对于各部门的主管，可以由人力资源部牵头组成的绩效考核委员会（或薪酬管理委员会等组织）来进行合规考核，CEO、合规部主管、人力资源部主管等都能作为考核小组成员。

对于各部门除主要负责人之外的其他层级的管理层，合规考核的做法不尽相同。在一些企业，对个人的合规考核是采用自上而下逐级考核的方式，即主要由被考核人的直线领导来考核，这其中也包括对管理层的考核。当然，考核中一般还包括被考核人自评、下级对被考核人的匿名评价以及与被考核人业务相关的平级同事之间的相互匿名评价。

此外，考评人还会参考人力资源部门等人员的意见和信息，公正评价该管理人员的合规考核的等级。考评人会给出具体的评分依据，被考评人对上级的评价也可以给出自己的意见并进行充分的申辩。也有一些企业对个人的合规考核是由人力资源部门负责，主要是看被考核人是否出现违反行为准则、被举报调查、内部审计发现问题或外部的监管作为扣分项的处罚情况。有些部门出现重大事件，如果是部门管理、流程和团队监管、教育上存在漏洞，管理者要承担一定的责任。

（二）对管理层合规考核的信息收集

不论对管理者个人的评价是由其主管领导、绩效考核委员会或是人力资源部来主导，绩效考核信息的收集都是必要的。

对管理者的合规 KPI 考核中需要收集的信息包括：合规目标和标准达到（或未达到）的情况、管理者因合规方面的工作或行为受到的表扬和批评情况、证明合规工作绩效突出或低下所需要的具体证据、对找到管理者合规问题（成绩）原因有帮助的其他数据，以及同其本人就绩效问题进行谈话的记录等。为此，企业内需要进行持续的合规绩效沟通，通过书面报告、管理者参与小组会议、定期面谈、进展回顾等方式建立沟通机制。

在日常的工作中，应该进行部分信息的汇总，比如合规培训的举办频次，覆盖多少部门员工等。具体的收集信息的渠道包括管理者个人的汇报和总结、同事的观察、上级的检查和记录、下级的反映与评价以及内部合规审计和外部合规审查结果等。企业应该让员工树立合规绩效信息反馈意识，保证各种渠道畅通、信息来源全面，这样可以让合规绩效考核真实客观，让企业的合规绩效管理更加有效。

（三）对管理层合规考核的评价标准

不同企业对管理层合规考核的评价标准是不同的。有些企业的主要合规指标的计分采用区间法，对考核指标的衡量不做评分，而是划分档次。而在有些企业，主要的合规考核指标的计分采用减分法，如果发现个人在遵守流程制度和完成工作要求方面有异常情况时，就按照一定的标准扣分。一般这类企业在合规管理方面制定了全面、细化的政策，以及工作标准和要求，把要求分解到每一个工作步骤，执行上也是严格落实到每一个人。合规表现会作为所有员工工作任务和工作计划的一个重要方面，每半年或一年进行考核。这种做法力求尽量发现问题，通过企业的投诉和调查机制、各项监督和沟通管理机制，把所有的风险和违反合规政策和执行标准的行为都暴露出来，然后给出一个具体评判，并做相应的处理。减分法一般以关键事件为基础进行合规考核，比如通过预先设计不良事故清单和设定考核操作流程，来确定员工的绩效水平。

目前，中央企业对于领导干部的考核统一采用国资委对于中央企业领导班子和领导人员的考核评价办法，其中对于领导作风形象的考核包括诚信务实和廉洁自律的考核。这方面的考核采取“一票否决”制，如果出现廉洁从业方面的问题，则会导致严重的纪律处分。这种考核通过负面清单、建立诚信合规档案，重用合规的个人，惩罚违规的个人。

四、对员工的合规考核

合规考核以本部门领导对员工进行考核为宜。有合规管理部门的企业，可以邀请合规管理部门派员参加。合规管理部门不是决定部门，而由各部门负责人自己决定，因为部门负责人对自己部门的合规关键因素和员工更了解，便于工作落实到实处。

传统的绩效考评方法有平衡记分卡、关键绩效指标法、全视角考核法（360 度考评法）等。在合规考评中使用比较多的是 360 度考评方法，该方法是绩效考核方法之一，即由上级、同事、下属、自己和顾客对被考核者进行考核的一种考核方法。通过这种多维度的评价，综合不同评价者的意见，则可以得出一个全面、公正的评价。

对于合规考核的结果予以公开认可和表彰是一个企业重视合规的重要表现。被公开认可和公开表彰的方式包括大会表扬、群发电邮表彰等。合规绩效考核结果也可应用于绩效奖金的发放，包括短期激励、中长期激励、短期激励与中长期激励结合等方式。合规是对合规义务的履行，员工不履行合规义务时需承担相应的责任，接受相应的惩戒。及时且适当的惩戒首先应当针对违规的个人，对其所做的惩戒的力度要与其对企业所造成的损害相当。对于那些触犯法律并且严重侵害企业利益的，企业还应当把违法者移送司法机构。与惩处相关的，企业还得考虑减少风险及损失，以便把因为违规人违规或违法的风险和损失控制在尽可能小的范围。

合规考核机制的直接目标是改善合规绩效，提升员工合规能力。用合规考核的结果指导员工梳理、完善合规工作流程，通过发现员工在完成合规工作过程中遇到的困难和不同员工完成情况的差距，共同分析原因，并提出具体的合规绩效改善措施，形成新的合规目标。同时，通过合规考核的结果公平地显示员工对企业合规工作做出的贡献大小，据此决定对员工的奖惩和晋升的调整和制定有针对性的员工合规管理培训计划。

最终，通过合规考核促进合规核心价值观的树立、合规制度和架构的建立、合规培训制度的完善、合规风险评估及应对机制的建立等一系列合规管理手段，将诚实信用的合规文化渗透到工作的方方面面，并内化为每一个企业员工的内心道德准则和行为标准，以此指导自身的行为与企业的目标达到一致，实现个人价值和企业价值的同步。

第六节　企业合规咨询举报机制

为保障合规管理机制的有效运行，企业应建立完善的合规咨询和举报体系。企业通过严格的合规管理流程识别、评估和防范合规风险，必然能从很大程度上堵塞合规风险发生的漏洞。但也正是如此，在追求不当利益目标的驱动下，有违规动机和企图的企业人员也将会千方百计把违规事件做得更为隐蔽，通过一系列的“技术处理”来达到违规事件不被发现的目的。因此，如何从更广泛和更深入的层面获取相关信息，揭示潜在或隐藏的合规风险，深化企业的合规管理，是当今企业都非常重视研究解决的问题。

一、合规咨询机制的基本内容

合规咨询主要适用于一般性合规事项的问询，可以采取电话、邮件、即时通信等方式进行。

实践中，许多企业对于涉及重大合规风险领域的业务部会及时将有关业务提交合规管理部门进行事前咨询，主要领域包括但不限于重要合同、境外业务、财务税收、政府事务、采购销售等。

还有一些企业针对高合规风险领域规定强制合规咨询范围。合规管理部门通过与相关业务部门如销售、市场部等讨论需要管控的重点领域和事项的具体目标和标准，不仅有助于业务部门更好地理解合规管理制度的目的和意义，也有助于制定合规制度的人员更好地了解业务活动的实际需求、流程设计和控制点，从而能合理、准确地定义强制合规咨询的范围。同时，合规管理部门在制度颁布之前应与财务、采购等相关部门充分沟通合规管控要求并达成一致，使其在预算审批、采购订单审核等环节检查是否已得到合规咨询意见。通过这种制度与实践相结合，相关部门密切配合、协同管控的方式才能保证合规管理制度的要求可以真正落地实施。

二、合规举报机制的基本要求

合规管理体系中一个不可或缺的元素是针对违规行为的处理，这是实现合规管理目标的基本制度之一。这是因为，不仅企业的行为要基于最高的道德标准，其全体成员在代表企业行事时也应落实同样的原则，即要求成员公平、诚信地处理彼此之间以及与商业伙伴之间的关系，遵守法律以及公司内部的规章制度，全面履行其工作职责。虽然企业会通过完善并发布包括行为准则在内的一系列的规章制度和工作流程来确保合规，让全体成员知晓具体行为规范。即便如此，企业仍然不能完全杜绝其成员在工作中出现违规违纪甚至违法行为的可能性。因此，企业应建立一套完备的合规举报制度，通过成员之间、企业与外部伙伴之间的相互监督来最大化地降低企业内部及相关外部机构之中可能存在的合规风险。

企业的合规举报制度，通常要包含几个必须明确的内容，包括举报的来源及受理范围、举报事件的处理原则、举报事件的处理流程、举报事件的奖惩办法以及举报渠道的具体联系方法等。

企业应提供必要的举报途径和手段。采取技术措施，建立安全的令员工放心的举报环境是保证合规举报体系有效运行的必要前提，一般包括如下措施：

1. 在企业办公场所设立举报箱，应充分考虑和理解举报人员的安全防范心理，在保证相关区域符合安全规定的前提下，举报箱设立的地点应避免电子探头监控。或可以考虑分别设立实名举报箱和匿名举报箱。

2. 设立举报电话（或录音电话）、传真、电子邮箱等。对于电话和传真，应与相关运营商协商，尽量研究技术手段，屏蔽来电显示等可能暴露举报人员信息的内容，以减少匿名举报者的担心。

3. 对实名举报人员信息的保密至为重要，可采取限定实名举报信息受理人的做法，指定一名或两名信息受理人员，也可考虑将信息受理人员名单予以公示。举报信息受理人是知晓举报人信息的最初级，在发生泄密问题时将会以其为源头开展追责工作。

4. 对于负责企业举报信息收集及调查处理工作的部门或岗位人员，应确保其工作的保密性和独立性，由上级主管部门或领导垂直负责，业绩考核、职级升迁和工资待遇等由上级部门决定，尽量脱离本级企业的权力制约，避免在本企业管理层的领导下监管本企业的合规管理监督工作所造成的消极和尴尬局面。

三、合规举报的信息收集与处理

（一）建立正确的举报信息收集理念

在举报信息收集工作中，只关注信息本身，不考虑举报人的动机。在处理信息中应排除其他因素干扰，只就信息所涉及的问题和线索进行调查核实。

（二）拟定举报信息的规范格式

举报信息资料尽量规范化，以提高信息收集整理和展开调查的效率，企业可根据自身情况拟定举报信息的规范格式和体例，内容应客观翔实，主要包括被举报人基本信息、涉及项目信息、客户情况、违规情况及分析、涉及的金额及已造成或将导致的经济损失、证据资料（如不能获得证据，可提供获取证据的途径）、其他知情人等。但不应禁止举报人根据自己所掌握的情况自行编写举报信息内容。

（三）信息收集举报人员的配置

为保证举报网络的监控效能，应结合企业规模配置信息收集举报岗位人员，根据具体情况，岗位可以是兼职或是专职，同时还应考虑企业员工分布人数的性别特点。

（四）对举报信息的跟进

举报信息要全部登记在案。收到举报信息后，企业应有专人对举报信息进行评估分析，并决定进一步的行动，譬如是否进行调查，是否移交给其他相关部门处理。如果决定调查，必须按规定的流程来启动和进行内部调查。企业应告知投诉方企业已收到相关投诉并在积极跟进。

（五）举报信息的分类和分享

对于举报信息要按风险类别整理编辑，并按照企业制定的分享渠道和范围，按职责仅仅分送给“需要知道的人”，分享信息者应承担保密义务。从保密原则出发，企业应建立规避制度，严格限定或监督企业领导及具有相应权利的人员调取举报信息。

四、保障合规举报机制有效的条件

（一）“首举不究”的原则

鼓励参与违规活动的员工迷途知返、悬崖勒马，对于参与违规案件人员的举报，应提倡“首举不究”的原则。当今违规行为越来越隐秘化和技术化，对违规事件的发现和调查增加了难度，而“首举不究”原则是从违规团伙内部进行突破的一项利器。对于违规案件参与者举报并退还违规所得和对于侦破案件提供重要帮助的，企业可对其免于追究或减轻处罚。如最终调查结果证明其可能触犯了法律而需司法机关介入，企业应该以举报者有重大立功表现提供相关支持（譬如予以辩护支持）。

（二）给予举报人奖励

根据举报信息使企业避免、减少或者追回了经济损失，或者避免、挽回了企业的信誉损失，维护了企业在市场上的美誉度，保障了企业在市场竞争中的份额或保护、增加了企业的交易机会等，企业应根据具体情况给予举报人员奖励，例如发奖金、职务升迁等。根据实际情况决定公开或不公开表彰及奖励。对于重大或特殊案件可以采取比例奖励，即将追回的经济损失或对违法者处以的罚款中一定比例的金额奖给举报人。

（三）鼓励客户或第三方投诉

鼓励和要求客户或第三方配合企业的合规管理应纳入企业交易规范之中。在与客户或第三方进行商业谈判活动中，应向其明示禁止商业贿赂及其他违规行为，并告知一旦发现其违规行为，将根据情况予以惩罚，包括终止合同取消交易机会；如果客户或第三方举报员工违规或企图违规行为，也将给予适当奖励，包括延续或扩大交易机会和规模等。以上相关内容应要求客户或第三方予以承诺并出具承诺函，或可拟定成相关条款列入交易合同中。企业要经常性地鼓励客户和第三方举报与本企业有关的任何违规或企图违规行为。企业应将客户的合规情况作为重要的资信内容存入客户信息档案库。

（四）严禁打击报复举报人

企业应严格保护举报人的安全，严禁任何人对举报人进行任何形式的打击报复，不论是明显或隐性的、公开或秘密的、减薪或降职、转岗或辞退以及其他任何经济方面或声誉方面的报复行为，一经发现，应对实施打击报复者予以严厉惩处，对于触犯法律的，坚决予以移送司法机关。上级机构也应予以督查监管，否则应承担监管失察责任。

第七节　企业合规调查处理机制

一旦建立了完善的合规举报机制之后，企业就有可能收到各种违规违纪的举报。此时，企业就要开始对举报的内容进行调查。

一、合规调查的基本流程

每一个与合规有关的调查应该有一个相应的调查方案。调查方案需根据举报中提到问题的不同性质、复杂程度、牵涉面等来制定。调查方案通常由负责调查的部门或其指定的人员制定。调查方案中要尽可能写明被调查人的姓名和职务（以防同名同姓）、证人和可能有助于调查的人员的名字、由哪个部门或由谁来执行调查、要调查的问题、调查的方向，可能用到的方法等。调查方案要根据新掌握的情况及时补充更新。

在调查开始访谈和询问之前，首先要熟悉与案件相关的政策规定，审查有关的文件和证据。例如与举报案件相关的所有文档、记录，还包括被指控人的个人档案，以便于了解其是否曾经被调查过，是否受过任何纪律处分等。如果有必要的话，还应包括其邮件、公司配给的电话通话记录等。

期间，防止销毁证据及串通是非常必要的。因此，在有些情况下，管理层要采取必要的措施防止被指控的人销毁证据或破坏公司的财产。措施包括禁止进入工作场所、公司的内部网络，禁止接触公司的文件或资金、锁定邮箱等，直到调查程序结束。在采取以上行动之前，最好先咨询公司的法律部门。

为了避免串通供词，在必要的时候要采取措施防止有利害相关的人员以任何方式接触。在难以做到的情况下，最好是同时分别进行访谈。

调查人员应该对所有与案件相关的人员进行访谈，包括举报人、被告人以及了解与事件有关情况的其他人员。这些人员可能是员工、前员工、客户、合作伙伴或供应商。访谈的顺序最好首先是举报人（如果知道谁是举报人的话），其次是了解情况的其他人员，最后是被举报人。但是在有些情况下访谈被举报人也可以排在第二位。访谈的场所最好是一个密闭的、远离人群的、单独的、隔音的房间。尽量避免电话访谈，如果条件不允许，电话访谈也是进行有效的访谈手段之一，而这要求调查人员要具备更丰富的访谈经验。所有的访谈都应该做好详尽的记录。通常这些记录是文字形式的，在有些情况下，记录也可以是音频或视频形式的。

一般来说，访谈的目的是要的信息越多越好，因此，访谈的技巧是要让被访谈人说话，说得越多越好。这样就有可能得到更多的信息，有更多的机会发现所提供的信息内容的不连续性和不逻辑性，获取更多的证据证实对方可能在撒谎。在访谈时，要避免提问答案可能是简单的

“是”和“不是”的问题。设计的问题一定是要对方用叙述的方式才能回答清楚的。尽量避免采取指责式的强势的问话方式，而应该是了解情况方式的问话形式。在访谈中，调查人员应该尽量控制自己的情绪，尽量不要打断对方的叙述，即使在发现对方可能在撒谎的情况下，也要保持克制，不一定要马上指出对方的谎言，而应该提出对其提供的信息有些困惑而要求对方继续详细地解释。要保持怀疑的心态，但是不要表现出怀疑的情绪。

在开始提问的时候，建议最好是先问对方的基本情况，比如像简历的内容。这样做的好处是先使对方放松，觉得你对其好像不是很了解，而且，这些问题是没有压力的，对方也不容易撒谎，因此可以掌握对方回答真实问题的特点。

在了解已经发生的具体事件的时候，调查人员提问时要切记五个W原则，即：什么时间（when），什么地点（where），谁参与了（who），发生了什么情况（what），发生的原因（why）。

鉴于内部调查手段的局限性，在很多情况下由于缺乏足够的有力的证据，不能对所调查的案件得出明确的结论。即使是经验丰富的调查人员也未必会在每个案件调查之后得出明确的结论。在这种情况下，调查人员要向管理层解释为什么不能得出最终的结论，还应该向举报人和受害人说明情况，鼓励他们继续关注事态发展并及时报告非正常情况，提供新的线索。同时要告诫被调查人员遵守有关政策，严禁任何形式的打击报复。

二、违规事件处理与责任追究

企业对违规行为人或未能对违规行为采取防范措施的人应该进行纪律处分。违规行为一经查实，企业应立即对违规行为人采取纪律处分。这些处理方式包括训诫、口头或书面警告、降级、降职、调职、最终警告、解雇等。企业还可向执法部门报告违法情况以及向违规者提起民事诉讼。

纪律处分应与违规者的福利和奖励相关联。例如，根据违规行为的程度和性质，扣减违规者的奖金，违规者将不享受调薪和/或晋升的机会。当员工收到奖励或晋升的提名时，企业应有适当的流程检查员工在过去12个月或其他设定的时期内有无涉及违规行为。如果有，则不再考虑对该员工的奖励或晋升。

企业必须以一致的方式执行纪律处分结果。也就是说，如果一名级别低的员工因为员工报销中的不当行为受到警告处分，那么高级经理因为同样或类似的不当行为也应受到警告处分。当员工发现在纪律处分时出现区别或歧视对待，这对于维持有效合规损害极大。对于纪律处分执行一致还表现在在当地法律允许的情况下，员工在一个国家违反企业规定应当与另一个国家的员工违反同样的企业规定而受到类似的纪律处分。

一个好的做法是建立纪律处分委员会来监督或作出最终决定。纪律处分委员会的成员可以包括来自法务部门、人事部门、合规部门以及业务部门的领导。纪律处分委员会需要对违规者的经理或越级经理提出的纪律处分提议进行审批，或者自行作出决定。通常最好由违规者的经理作出纪律处分的提议，因为其更容易了解违规者的过去和当前情况，包括违规者是否初犯或是惯犯。经理就纪律处分提出建议时可以咨询相关人事经理、负责人事方面的律师或其他必要的人。在一些跨国企业内，纪律处分在执行之前，需要最终由总部集中管理的合规部门或其代表批准同意，确保在各个国家对于相似类型违规行为的纪律处分执行一致。

当与违规者的劳动关系解除之后，企业可以把特定类型的违规者标注为“不适用再次聘用”。还应建立相应的检查系统确保任何将来聘用的新员工并不在这个“不适用再次聘用”名单上。只有严重违反企业合规管理政策规定或法律规定的违规者才能被记录到这个名单。

企业有时会遇到这样的情况：违规者因为严重违反完善建立的内部政策要求，如收受回扣或利用职权把业务机会转给其家族公司而被解雇，但是之后劳动仲裁要求企业恢复与违规者的劳动关系。这可能是由多种原因导致，可能与内部政策建立的程序相关，与违规认定证据相关，也可能由于违规行为达不到劳动法中解除劳动关系较高的标准以及对于规定和证据不同的解读。为了降低此类风险，如果违规者拒绝辞职，一些企业为了规章制度的执行，就不得不与违规者谈判，以达到“和平分手”的目的。尽管这样是解除劳动关系的一个办法，但这会向其他员工发出一个错误的信号：他们的雇主抓住了严重违规的员工，还得给钱请他们离开。严重违反内部政策的成本太轻微，达不到有效威慑其他员工效仿违规者的作用。

企业应要求员工对实际或潜在的欺诈或其他违纪行为有所反应，包括制止和举报。对那些未能对欺诈或其他违纪行为有所反应的员工要采取惩罚措施。如果员工知道企业的政策规范被违反或可能被违反，但是故意视而不见，装作不知情，或任由违纪行为发生，那么员工就未能做到防范欺诈或其他不当行为的发生。

总之，严格的合规问责机制是企业合规管理体系的重要环节，能够确保合规审查、合规检查、举报及调查等措施效果落到实处。问责并不以处罚为最终目标，而是希望通过问责机制，一方面帮助违规人员、违规部门消除调查所发现的缺陷，减少危害；另一方面，将合规结构性错误识别出来，并报告给相关负责人员，以保证从过去的案件中总结出经验教训，被纳入合规体系的发展过程之中。

第八节　企业合规改进机制

违规行为，一经查实认定，应给予严格的纪律处分。纪律处分根据违纪行为的严重程度、具体违纪行为及是否多次违纪等情况进行裁量处罚力度。但是，发现违规行为并对违规员工进行处理，并不代表组织已经减轻或消除了该合规风险。就像是看病，如果医生的处方只是消除症状而不是医治根本病因，那这个症状就会反复出现。

除了对于违规行为的责任人的处理，还应正确识别违规行为背后引起该行为的根本原因，才能进一步采取有效的、针对性的风险防范或纠正措施，完善现有流程设计中的风险隐患，考虑流程或制度的有效性、执行力等。

一旦查明根本原因，企业需要采取适当的措施来进行改进。企业需要重新审视、设计以及监督其合规和管控方案，以防范和及时发现类似的情况再次发生。企业对发现的根本原因的反应表明企业对待合规方案的重视程度。知道其合规管理存在漏洞但是没有采取适当措施的企业，可能会比对此不知情的企业受到更为严厉的处罚，特别是在涉及政府调查时。

一、合规风险监控与自我评估

合规风险监控，是指企业针对关键业务表现和风险指标，开展日常持续的监督、审查和分析的过程，目的是使企业及时识别潜在或发生的合规风险和违规行为。完善的合规风险监控程序，使企业不仅可以收集到合规体系中信息的不足，也可在风险引发具体违规行为、遭受监管处罚、造成经济损失或破坏声誉等不良结果之前得到警告。

监控需要覆盖合规管理流程的全范围，与制度的落实与执行同步进行，包括从制度下发开展培训工作，到制度执行情况及效果，违规事件发生、应对或补救措施及整改、举报调查及处理等领域。而且，随着情况变化，监控关注的重点也不是一成不变的。无论是自动化还是人工方式的监控程序，持续性是监控中最重要的部分。对于分析基础业务流程的变化和新兴领域内的合规风险，分析数据、把握发展趋势是至关重要的。所以，若要评估合规风险监控是否得到了有效执行，“一次性”的执行方法是不可行的。此外，对于监控各领域的方式方法也有所区别。在制度执行情况及效果、违规事件发生的监控上，采用有价值适当的指标，在数据信息库真实完整的前提下，可以有效实现监控目的。

因此，合规风险监控的有效性评估应当关注指标设定、数据分析、指标监测等内容。合规管理部门可会同相关业务部门根据风险重要等级情况设立企业合规领域风险指标，并设置每个指标的预警区间值，通常可包括主动式、反应式、预测式三种类型的指标：

1. 活动主动式指标包括：

①经过有效培训的员工比例；

②监管机构联系的频率；

③反馈机制的使用（其中包括用户对这些机制的价值审计）；

④对每种不合规行为采取何种类型的纠正措施。

2. 反应式指标包括：

①根据类型、方面和频率，发现报告的问题和不合规行为；

②不合规后果，可能包括评估货币补偿、罚款和其他处罚、补救成本、声誉或员工时间成本的影响；

③报告和采取纠正行动所花费的时间；

3. 预测性指标包括：

①不合规风险［评估目标的潜在损失/获益（收入、健康和安全、声誉等）］；

②不合规趋势（基于过去趋势预测合规率）

相关业务部门可定期将指标相关数据上传到信息系统中，合规管理部门对数据进行计算分析，形成指标相关数据，合规风险管理信息系统根据设定的运算模型对指标相关数据进行统计分析，自动形成指标值。合规风险管理信息系统根据前述风险指标值及设置的预警区间对指标的状况进行判断，当指标值达到或超出预警区间，则自动发出预警信息，预警信息将作为发起风险管控计划的重要依据。

可见，选取适当指标、确定指标的预警区间、利用收集的最新数据监测实际风险或违规事件均是合规监控有效执行的重点难点，并且每一部分都要结合实际业务领域、实际风险水平来确定上述指标项目，没有统一标准，但要有充分根据。

实践中，信息的收集在资源允许的情况下可形成基础数据库。基础数据库，是指在采集各指标相关业务数据的基础上，通过设定的计算模型进行分析，为指标管理提供数据保障，包括数据采集、统计分析等内容。指标相关业务部门可通过合规风险管理信息系统向基础数据库定期上传数据，确保数据完整性和准确性。完成数据采集后，合规管理部门根据各相关部门导入信息系统的数据进行统计和分析，细化形成指标相关数据。相关数据不仅是分析数据及风险之前计算特定指标及指标标准的基础，也是反映企业合规监控评估的结果。

二、合规改进机制实施应考虑的因素

企业应对发现的问题到何种程度才算足够？总的来说，我们可以从以下三个方面来考虑问题应对的程度。

（一）企业的规模

企业应当采取行动来管控风险并解决发现的问题。小型企业可能受资源限制不能全面管理风险，大型企业则有能力在合规项目和人员中做更多投入，因此可以做得更多，也应该采取有效、快速的行动去审查、改进、设计或重新设计其合规管控体系以及利用在调查、审查和审计中发现的相关信息为持续监管服务。

（二）业务的性质

业务的性质之所以与合规管理的改进相关，是因为其会呈现某些独特且可预见的问题。因为相关业务性质，某些类型的严重问题很可能会发生，企业应采取足够的行动来发现并预防这些问题。例如，一个云服务提供商在其服务器上存储了属于他人或其他公司的数据，数据安全就是与这个业务性质相关的独特的问题，云服务提供商应采取特别的措施保护数据避免被泄露。企业也应该预见到其数据库可能经常被外部攻击，以非法读取或窃取信息。因此，企业不仅应建立起强大的防火墙来防范这些攻击，而且需要建立明确的流程来规定谁有权访问数据库，如何获得访问的权限，对相关员工进行培训，书面记录所有授权审批，记录所有对数据库的访问，持续地监控，定期审查和不断优化管控设计以及对任何可疑违规行为的彻查。

（三）类似不当行为是否会再次发生

当采取行动改进管控时，企业需要去考虑“类似不当行为是否会再次发生”这个问题。企业应该采取足够的行动来预防和发现相关违规行为，并确保尽量减少类似违规行为再次发生。如果相关违规行为重复发生的次数在减少或没有再发生，说明企业所做的努力是到位的，否则则不够。

三、合规改进措施的具体实施

纠正和改进是企业合规管理的重要组成部分。纠正和改进可以将某些负面事物转化成对风险识别、流程优化、风险管控有利有益的信息和机会，为企业合规管理中的预防和监督部分提供有价值的内容，为合规培训提供“活生生”的案例，并帮助提升企业的合规文化。

合规改进措施主要包括以下几个方面的内容：

1. 清晰了解事件发生的始末和各个细节，明确到底发生了什么；
2. 识别可能引起违规的原因；
3. 处理和分析相关的数据信息；
4. 访谈相关人员；
5. 明确违规行为是一次性行为还是重复性行为；
6. 确定违规行为的根本原因；
7. 计划纠正措施；
8. 明确纠正措施的相关责任人、执行人和执行期限；
9. 审查纠正措施的效果。

通过分析不合规现象发生的根源，企业可以建立起一个更具有前瞻性和预见性的合规风险管理机制。比如，如果是因为相关的政策要求未能有效地传达到相关的部门和员工，则需要提高合规培训的针对性和有效性，经调查、处理的典型案例可以作为培训中对员工加以教育的现实教材，用真实的实例来传达面对风险的违规行为及倡导的正确解决方式方法；如果是因为企业的合规管理政策或流程的不全面或不符合实际的业务情况或实际操作，而引起员工的无意违规或刻意隐瞒，企业可以通过定期分析相关政策的实际偏离数据，包括在一定期间内有多少同类型的违规行为或有多少特例，来确定如何对相关的政策或流程进行更新或修改；如果合规管理政策的设计没有问题，而是企业的执行力薄弱，则应该审视相关的政策要求是否有明确的责任部门或执行部门，并对该部门的工作范围和执行有效性进行定期审核；如果是企业发展战略的问题，如过度地追求业务增长、忽视合规文化，并给员工施加了很大的业务压力，那么企业则需要从最高层开始反思，提升合规意识。

对于风险高发、频发领域，需要充分利用监控过程中的数据和信息，作为针对该领域合规风险防范的依据，为改进完善修订相关制度提供参考，最终促进合规管理体系的持续改进，提升合规管理的有效性。

第九节　企业合规应急机制

一、合规应急事件的分级管理

企业应规范合规风险预防和应对行为，加强合规风险事件分级管理，建立健全合规风险事件应急处理体系和工作机制，控制、减轻和消除合规风险事件对企业引起的危害及造成的损失，保障企业经营稳定、声誉和员工生命财产安全，使企业在面对突发合规风险事件能够快速反应、有效控制和妥善处理。

企业针对日常梳理识别出的合规风险，应重点查找相关制度流程的设计、执行缺陷，分析、评判法律后果，针对可能引发重大违规事件的风险隐患，制定完善合规风险防控的应急预案。企业可根据合规风险评估的结果，划分应急事件的等级：一级风险应急事件，即可能导致企业正常运作受到严重影响、财产受到损失、公司声誉受到重大影响的事件，比如因行业或监管政策变化被主管机构或监管部门处罚、制裁等导致企业不能正常运作的事件等。二级风险应急事件，即业务部门有明确预期或合规管理部门判断可能导致对公司的声誉造成影响和损害的事件，比如因公司发生重大财产损失、重大诉讼等影响其信用和正常履行经济合同的重大突发不利事件，或公司高级管理层出现严重违法、违规案件，或已就重大经济事件接受有关部门调查等的突发事件。

实践中，企业应按照权限分工统筹协调，由相关业务领导牵头负责应对处置，督促业务部门将风险防范的应急管理措施落实到具体业务环节和工作岗位，最大限度化解风险、降低损失。合规管理部门可以通过挂牌督办、销项管理等方式，对重大违规事件风险隐患的应急处置工作进行督导。

二、合规应急机制的基本要求

企业的任何部门和全体员工均有采取各项措施，预防合规风险事件发生的义务。企业各部门负责人作为突发、应急事件预防、预警工作的第一负责人，应定期检查及汇报部门有关情况，做到及时提示、提前控制，将事态控制在萌芽状态。公司全体员工在确知发生或发现可能引发重大突发合规风险事件时，均有责任立即向上级及合规管理部门报告。汇报的方式包括但不限于书面、口头、电子邮件等方式。

当企业启动应对外部调查的应急预警后，企业的领导层和合规管理部门应通过排查迅速识别涉嫌违法的业务部门与子公司后，同时要求相关业务人员立即停止疑似违规行为，中止其相关业务办理，并对相关员工进行初步的访谈，让其按公司规定配合调查，避免因员工的违法行为让企业陷入被动。同时，企业对监察机关、司法机关、行政机关开展的执法活动，要依法协助配合，规范配合流程、接待方式和语言行为，既要依法维护自身合法权益，也要防止出现妨碍公务等违法违规行为。

三、合规应急管理的工作机制

企业可建立应急工作办公室作为应对突发事件的议事、决策、协调、处理机构，应对企业的突发危机事件。当预警启动后，应急办公室应收集有关危机处理的情况和资料，汇总有关突发事件的各种重要信息，进行综合分析并提出建议，同时及时报告突发事件，向管理层报送应对突发事件或刑事调查危机的方案计划，决定启动或终止企业内部突发事件应急预案或相关重大的处置措施。因此，企业建立完善的合规应急预警机制是化解外部调查危机的重要制度保障。预警信息应包括疑似突发、应急事件的类别、起始时间、可能影响范围、预警事项、应采取的措施等。预警信息采用逐级传递原则，在采取措施仍不能消除预警事项，无法确知预警事项是否消除，预警事项十分紧急、来不及采取措施或判断的情况下，部门负责人应立即向分管领导及合规管理部门报告。

合规风险事件发生时，按照处置权限应启动应急处置流程，成立应急处置专项执行小组，着手进行应急事件处置，尽量控制损失及影响，争取时间，为事件处理创造有利条件。在启动应急预案后，应急处置专项执行小组应尽可能了解事件的来龙去脉，并根据需要与外部机构和政府部门保持联络，了解事件全貌及最新动态；在全面掌握信息的基础上，形成初步事件处置建议，向领导小组进行汇报，由领导小组组织有关人员核查发生风险的原因，分析风险的动态。同时。根据风险起因和风险状况，制定相应的合规风险应急处置方案。

针对外部监管机构的调查，企业的应对方案是否得当，会对违法行为的处罚方式和幅度产生巨大影响。因此，发生合规风险事件以后，企业的领导层和合规管理部门必须予以最大重视，尤其要避免涉事业务人员自作主张应对不当。应急处置专项执行小组成员、相关部门负责人、关键岗位负责人或其指定代理人在启动应急预案后必须立即到位，承担起应急事件应急处置的职责。对于有可能涉及违反外部监管要求的相关业务部门与子公司，应对相关员工进行初步的访谈，为之后收集调查文件、确定调查文件的保管人、了解调查波及的大致范围进行准备，并要求相关员工不得删除相关文件记录。应急处置人员、相关协作部门及人员在启动应急预案后应保证内外通信畅通，做好员工应急动员及突发事件应急处置指令传达工作。

许多企业应对外部监管机构的合规调查时，统一由合规管理部门协调本级业务部门、职能管理部门进行处置应对。相关业务部门、职能部门接到外部合规调查要求时，应及时报告同级合规管理部门。合规调查事项涉及全系统、总部层面的，由公司合规管理部门统筹负责。必要时，应考虑聘请专业的第三方协助企业应对外部调查。

第十节　企业合规信息管理机制

合规信息管理体系包括合规信息的咨询、报告、检举、记录、识别、监测、测试、处理、评估、建议等。在合规管理体系中，合规信息是指那些需要控制和维护的必要信息和包含信息的媒介，是企业经过一定的审核程序确定的较为正式的文件和信息。合规信息长期持续指导合规管理工作，如果情况发生了变化，就需要更新和维护这些合规信息，避免造成执行偏差，比如各项合规管理制度，在相关法规、监管制度发生变化时，企业也要对其进行相应修订。

一、合规信息管理的目标和范围

第一，合规信息管理覆盖企业按照法律、法规及监管规定要求，披露或报告的内容，如上市公司必须披露的内部控制自我评价报告、企业关联交易及管理情况报告、金融企业反洗钱及反恐融资管理情况的报告以及其他一系列例行报告和专项报告。企业经营管理符合法律、法规的要求是合规管理的基础，支持和满足监管要求的报告编制的需要则是合规管理的核心目标之一。

第二，合规信息管理应当为合规管理体系的有效性提供充分证据。企业应当对合规管理活动进行准确、及时的记录，从而为监控和评估流程提供支持，并展示相关记录与合规管理体系的一致性。采取合理的方式存储记录，确保清晰易辨，支持查询检索，并采取适当措施保持记录的真实性、完整性。

合规管理体系的有效性，一般可以从设计有效性和运行有效性两个方面来展示。通过以下信息可以证明合规管理体系健全合理、可持续运行，即合规管理体系的设计有效性，比如：

1. 通过合规政策，体现高管层合规管理态度；

2. 通过合规管理体系的目的、目标、结构、流程及内容，体现合规管理体系的健全性和系统性；

3. 通过合规角色及职责的分配以及绩效考核方案，体现合规义务的落实情况，合规管理内在驱动力已经激活；

4. 通过合规风险清单，体现主要合规风险已经得到有效识别，并进行优先排序；

5. 通过合规年度计划及员工合规管理培训计划，体现合规管理规划、设计的可执行性、可持续性；

6. 通过归档保存（或动态反映）合规管理结果以及合规运行轨迹及合规评估、测试记录，可以证明合规管理体系运行有效性；

7. 通过投诉、争议和举报的妥善处理过程和结果（相关方反馈信息）记录，体现合规风险防范、化解情况；

8. 通过合规问题及整改清单，体现发现缺陷、原因及改进机会；

9. 通过合规风险提示及预警记录，为合规风险防范、化解提供机会和时间；

10. 通过设立并监测合规风险指标并动态监测，体现合规风险监控的有效性和持续性；

11. 通过合规评估测试工作底稿、问题整改方案及持续改进记录，体现企业的事中发现问题及能力；

12. 通过合规风险应急预案启动及实施情况记录，体现企业的危机应对和处理能力。

第三，合规信息是合规管理体系的规划和执行的重要组成部分，是指导和协调合规管理工作有序进行的核心工具，这也是合规信息最根本的价值。

通过对合规信息的收集、整理和分析，可以准确识别和评估合规风险，有针对性地采取防控措施，这些信息包括但不限于违规监管处罚信息，诉讼、监察案件，投诉、举报信息，内外部审计发现，合规检视及内控穿行测试和抽样测试，经营情况及数据监测等。

1. 通过合规管理流程和操作指引，指导员工合规管理行为；

2. 通过合规风险的全面、系统识别和针对性管控，降低系统性风险，提高系统性效率与品质；

3. 通过监测整体合规风险水平数据，提供高管层决策参考；

4. 通过合规风险结构分布，确定后续合规风险管控重点；

5. 通过合规政策及员工合规培训，使员工认识合规创造价值，自觉关注内控风险，外树品牌，履职举证，提升信赖，借以争取监管优惠政策，改善经营环境。

对合规信息管理范围的界定，应当服务于合规管理的目标，在合规管理需要与资源投入之间的平衡点并非一成不变。在合规管理实务中，企业一般建立《合规信息清单》来管理合规信息范围，进行重要性排序，优先保证重要的合规信息。

关于合规信息的详简程度，除了以满足合规管理目标来衡量外，还需要从指导合规管理需要的角度，根据企业的具体情况，从以下方面权衡：

1. 企业的规模以及活动、流程、产品及服务的类型。一般较大的规模、较多人参与、较为正式、较为重要、易发生争议、涉及较大经济利益和人身安全等方面，需要更详细、更高质量的合规信息。

2. 过程及其互动的复杂程度。复杂程度越高，越需要详细、高质量的合规信息。

3. 人员的资质。人员的资质要求越低，越需要详细、通俗的合规信息。

4. 合规管理体系成熟度。合规管理体系越完善，对合规信息的适当性及品质要求越高。

二、合规信息管理的基本流程

合规信息管理的基本流程分为创建、使用、保存、更新、销毁等几个基本阶段，细分又有发起、拟制、审核、意见征询、批准、发布、归档、实施、修订与更新、废止、销毁等不同环节。不同类型的合规信息经过的环节是不一样的，但相同的是，为保证合规信息安全地发挥作用，必须建立一系列控制机制。

（一）合规信息创建及适当性授权审批控制

合规信息建立后是要被执行和使用的，其适当性必然影响执行和使用的效果，为确保合规信息质量及权威性，其创建必须经过对应的授权审批程序，跨职权系列的合规信息还需要进行意见征询及文件会签。大型企业一般会建立职权划分与授权管理指引，便于员工快速检索具体业务应当经过的审批程序。为了提高合规信息的可执行性或使用效率，企业一般还会制定统一的规范标准，如制度性文档必须明确目的或目标、适用范围、执行人及其职责分工、工作程序、工作成果及评价方法等关键要素，并规定重要风险的控制措施、特别术语定义、工具表单等支持要素。

（二）合规信息的合规评审及“脱敏”处理

为保证合规信息的合规性，企业应当建立合规评审机制，重要合规信息在发布前必须经合规专业人员的合规评审，对所有合规信息企业应当定期开展全面的合规检视，发现合规问题及时纠正修改，清理未经审批不适宜归档的非正式信息。不能纠正修改的，进行必要的补偿性“脱敏”处理，比如，对于不能代表公司合规立场的员工言论及未实施个人主张，可以补充声明公司态度，并补充说明为挽回影响所做的后续完善措施。

（三）合规信息的发布、更新及标识控制

合规信息的标识是为了与其他文件相区分，便于合规信息与适用事项相匹配，避免和降低文件出现执行与适用错误。合规信息常用标识有编号、版本号、标题、关键词、保密等级、紧急程度、主送单位及承办人、发文日期、发布者等。避免和降低文件出现执行与适用错误的控制方法还有：控制合规信息的自行复制（红头文件及公章等），收回作废合规信息，让执行人、使用人只看到“现行有效”版本，过时失效合规信息专门存放，只供追溯既往时查阅；要求执行人、使用人收文回执，确认知悉；尽量做到单一事项对应单一文件，宁可合规信息换版，不发《补充规定》。

（四）合规信息的获取、使用与执行控制

除敏感信息需要经过规定的授权审批方可获取和使用外，一般合规信息的内容、形式、载体、发布与存放等均应考虑使用和执行便利，为保障使用和执行顺利达成预期目标，重要而实用的控制机制主要如下：

1. 执行者、使用者参与合规信息创建。

2. 建立执行、使用跟踪评估和反馈机制。

3. 指导员工对所执行、使用合规信息进行“聚焦管理”，即按照相关性、重要性和使用频率筛选并分类存放，重点熟悉和掌握最重要、最常用的合规信息，了解一般的合规信息，至于不重要和不常用的，知道其存在、需要时可以查到即可。

4. 建立新合规信息沟通、咨询和培训机制。

5. 创新信息文档使用形式，如操作页面或在线检索查询、操作提示、后台逻辑校验报错、关键操作再次确认设置等。

6. 内幕信息、未公开敏感信息和涉及客户隐私、企业商业秘密和知识产权以及涉及国家秘密的合规信息，应按照“最小必需原则”，严格限定使用人，并建立授权审批、信息隔离、加密保存与传递、电子合规信息访问控制等信息安全及保密控制机制。

（五）合规信息的获取、传递、保存、归档与信息安全、保密控制

合规信息在获取、传递、保存、使用等过程中存在着损毁灭失、差错篡改、违规使用和泄露窃取等风险，为保持合规信息的可用性、完整性、保密性和安全性，必须建立必要的合规信息安全保密控制机制，主要内容如下：

1. 涉密岗位员工签订附加保密协议，并同意企业必要时可以对其采取特别的行为监测措施；

2. 建立合规信息密级划分标准并在显著位置添加统一标识；

3. 合规信息分发、使用和保存严格对应授权指定人群；

4. 建立合规信息物理隔离机制，如机要室、档案室、保险柜等；

5. 建立职责分离、系统隔离、财务隔离、“夸墙管理”等配套信息隔离制度；

6. 强化信息系统、通信设备及办公自动化信息设备、设施管理；

7. 建立合规信息、业务连续性计划及灾备恢复管理机制；

8. 建立合规信息安全保密职责落实、监测检查和问责考核管理机制。

（六）合规信息的废止与处置控制

已经废止的合规信息只代表已经停止执行或效力过时，仍具有追溯既往和参考借鉴价值，应按规定归档保存。对超过规定保存期限且无利用价值的合规信息，才可以在履行规定的审批程序后销毁。合规信息销毁一般由原创建单位的上级审批，并委派专人监督销毁过程。

第八章

企业外部利益相关方合规管理

第一节　企业外部利益相关方合规管理概述

一、企业外部利益相关方的概念和范围

自 1963 年斯坦福大学研究小组定义利益相关方以来，至今已有近 30 种定义。利益相关方一般泛指所有受企业经营活动影响或者影响公司经营活动的自然人或社会团体，即利益相关方是能够影响一个企业目标的实现或者能够被企业实现目标过程影响的。

任何一个企业的发展都离不开各利益相关方的投入或参与，企业追求的是利益相关方的整体利益，而不仅仅是某些主体的利益。一般认为，利益相关方包括企业的股东、债权人、雇员、消费者、供应商等，也包括政府部门、本地居民、本地社区、媒体、环保主义等，甚至包括自然环境、人类后代等受到企业经营活动直接或间接影响的客体。这些利益相关方与企业的生存和发展密切相关，他们有的分担了企业的经营风险，有的为企业的经营活动付出了代价，有的对企业进行监督和制约，企业的经营决策必须要考虑他们的利益或接受他们的约束。

其中，内部利益相关方是指在企业内部的利益主体，如股东、经营者、职工等；外部利益相关方指客观上影响企业或受到企业影响，公司必须对其承担一定社会责任的利益主体，如商业合作伙伴、社区、政府、社会团体、新闻媒介等。本章着力探讨企业外部利益相关方。

二、企业外部利益相关方合规管理的基本内容

随着企业理论的发展，越来越多的人主张，企业不仅仅是一个追求利益最大化的微观经济主体，而是社会经济运行的基本“细胞”，除了股东之外，企业还与外部利益相关方编织着一张利益关系的网，他们虽然有不同的利益追求，但在社会进步、经济发展、环境保护等方面有着共同的利益和要求，共同推动了企业长期繁荣和发展，企业如果仅仅保护股东利益，而忽视

对外部利益相关方的适度保护，不仅不合乎社会利益，也是对社会生产力的极大破坏。因此，企业应该注意保护外部利益相关方的利益，重视其社会责任。

外部利益相关方参与公司治理有利于公司内部制衡的实现，有利于对经营者形成有效的监督约束机制，有利于降低“代理成本”。公司治理从本质上说是各利益相关方之间相互制衡关系的有机整合，这就是说，从一开始公司治理的主体就应该是包括股东、职工、债权人、客户、供应商在内的所有利益相关方，也只有通过这些利益相关方的共同参与才能形成有效的公司治理。

外部利益相关方因为投入了专用性的风险资产，并分担了企业剩余风险，都会产生足够的激励去行使监督的权利；同时，外部利益相关方来自不同的领域，各自拥有不同层次、不同数量的信息，如果能够进行有效地沟通，则可以减少监督过程中的信息不对称现象。可见，外部利益相关方参与公司治理可以改善原来“委托-代理”关系中监督激励不足、信息不对称等问题，从而降低代理成本，形成有效的内部制衡。

外部利益相关方参与公司治理有利于对各相关方的利益形成有效保护，激励他们为企业长远绩效的提高而努力。一般而言，外部利益相关方在企业中处于“外部人”地位，他们的利益往往会受到经理人员和大股东的“侵犯”，这显然不利于企业的长远发展。从理论上说，如果公司治理制度能够充分保证外部利益相关方的利益，会减少外部利益相关方面临的实际风险，从而鼓励其进行专用性的投资，这对企业而言是极为有利的。比如，如果一个企业注重供应商的利益，就会形成一种稳定的业务关系，避免机会主义行为，从而降低了交易成本，这对双方都是有利的。总之，外部利益相关方参与公司治理可以减少市场的不确定性，使双方都能够为了共同的目标努力，最终提高企业的长期绩效。

企业内外部资源的整合使企业追求的目标从单纯的自身利益最大化转向网络组织共同利益最大化，传统的股东利益为核心的公司治理结构安排显然已经不适应。在企业内部合作的同时，外部资源所有者也必然在不同程度上参与企业的控制和决策，企业的剩余索取权和剩余控制权也不再单独为企业内部资源所有者享有。因此，强调外部资源所有者对公司治理的参与，实现利益相关方的共同治理也就成为必然。

通过外部利益相关方参与职能管理过程，共同解决企业生产运营过程中涉及的可持续发展问题，包括员工、资源、环境和社会问题等，最终实现负责任的研发、采购、生产、销售以及售后服务，直至实现创新性合作，创造共享价值。

企业合规管理是取得外部利益相关方信任非常重要的管理模式。企业与外部利益相关方组成利益共同体，如果外部利益相关方的利益受到伤害，可能就会使这个平衡利益关系发生倾斜，被伤害的外部利益相关方就要找企业的“麻烦”。为了避免发生这样的事情，企业建立相应的合规部门进行相应管理是非常必要的。

合规管理要求不仅针对企业自身及其内部员工，同样也针对利益相关方的行为。通过合规管理体系建设，推动企业自身及外部利益相关方的合规管理，打造合规生态圈，进一步优化营商环境，营造合规、有序、健康和公平竞争的营商环境，在保护利益相关方的同时，实现企业的可持续发展，同时也能促进企业更好地承担社会责任。

第二节 商业合作伙伴的合规管理

一、商业合作伙伴合规管理概述

（一）商业合作伙伴的含义

商业合作伙伴，又称商业合作伙伴或是业务伙伴。一般来讲，商业合作伙伴包括客户、合资伙伴、供应商、承包商、经销商以及广告公司、公关公司、咨询公司、代理公司以及其他第三方等企业日常经营需要与之发生业务合作关系的实体或个人。商业合作伙伴通常是为了某种特定的目标，与企业达成合作关系。在合作过程中，企业与商业合作伙伴分工合作，实现共担风险、共同获利的商业合作伙伴关系，这种合作关系往往是相互信赖的、相对稳定的。

（二）合规性是选择商业合作伙伴的首要条件

如上所述，商业合作伙伴包含客户、合资伙伴、供应商、承包商、经销商以及广告公司、公关公司、咨询公司、代理公司以及其他第三方等，是企业日常经营需要与之发生业务合作关系的实体或个人的一个大的概念，因此，企业在选择商业合作伙伴的过程中由于其拟合作的商业合作伙伴的类型差异，考虑的因素也不同，包括提供产品或服务的质量与能力、成本结构、财务运营状况等，但不管是何种商业合作伙伴合作关系，要实现良好的合作效果，都需要考虑两个重要的方面：

第一，是否能够找到企业文化的共同点。

全球公司在全球布局价值链，需要与不同国家的企业进行合作，其在全球寻找商业合作伙伴的过程中，商业合作伙伴之间企业文化的差异可能会导致冲突的发生。具体原因可能会有以下几种：一是不同国家之间的社会文化存在巨大差异。来自不同国家的企业之间相互合作，双方容易因为语言障碍、缺少沟通交流或解释不当而产生误解，最终影响业务合作关系。二是不同国家的企业由于价值观、文化传统等方面的差异，可能会产生冲突。合作一方依据自身文化对来自不同文化背景的信息做出价值判断，很可能出现失误。三是思维观念和行为模式的冲突。不同文化决定了不同的思维活动方式，来自不同文化背景的合作双方会面临更多的障碍。

这些障碍可能导致误解、沟通中断、过度保守、非理性反应等诸多不良后果，并形成恶性循环、加深对立、加剧矛盾与冲突，造成企业的合作失败。

可见，企业在建立业务合作关系的过程中，由于企业文化间的差异，使得企业对信息的理解和反应也不尽相同，从而对双方的合作关系可能产生不利影响。因此，企业在建立合作伙伴关系的过程中必须寻求企业文化上的共同点，在相关问题理解上达成共识，这样才能保证合作伙伴关系在建立和运行中保持稳定。

然而，不管是来自哪个国家、哪种文化价值观体系，所有的企业都希望建立一种自上而下的、所有人员主动遵守各种规章管理制度并自觉维护规则的有效性与权威性的氛围与机制，形成一种按照诚实、守信、正直、审慎等道德价值标准和行为操守准则来办事的合规文化。显然，合规性是商业合作伙伴之间可以找到的共同点。在合规运营的基础上，双方才有可能放心地开展业务合作，达到合作的目标。

第二，是否建立合理有效的管控机制以规避合作风险。

商业合作伙伴之间的合作需要有共同的目标。商业合作伙伴之间的合作，其最理想的情况是，合作伙伴们在各自能力范围内利用自身优势互为补充，最终达到总体目标的实现。但是在具体实施中，各个企业的目标可能存在差异，而企业可能会以各自的实际具体的目标为主，这些实际的目标，不一定都是相同且一致的，有时是存在矛盾的。

所以，当企业之间建立起合作伙伴关系后，一方面需要对这一系统中的总体目标进行合理的认识，另一方面需要在各不相同的目标中找到折中的方案，进行适当的平衡。为避免商业合作伙伴之间目标有不一致的方面，需要企业建立起合理有效的管控机制，以求降低并解决合作关系中面临的风险。这种风险不仅仅包括常规的商业风险，如运营风险、财务风险、市场风险和技术风险等，也包括非商业风险，即因其商业合作伙伴的不合规或不合法行为曝光而引起的可能损失，包括受到信誉的、运营的和财务的处罚。而商业合作伙伴之间通过建立合适的管控机制，是可以在相当大的程度上避免违规给企业造成损失，从而促进双方合作的有效进行。

因此，不管是从建立企业文化共同性的角度出发，还是从规避风险的角度出发，合规性都是企业选择商业合作伙伴的首要条件。企业只有与具备良好声誉、诚信经营的商业合作伙伴开展合作，才有可能实现最终的合作目标。

二、企业强化商业合作伙伴合规管理的框架构建

企业对商业合作伙伴的合规管理需要在企业整体合规管理的大框架之下，因此，许多企业都会在其商业行为规范准则中体现其对商业合作伙伴管理的一般政策和要求。在此基础上，一些企业会出台专门针对商业合作伙伴的合规管理政策，或者是一些特殊类型的商业合作伙伴

（如供应商或者中间商）的商业行为准则。在商业合作伙伴合规管理政策中，企业将其对商业合作伙伴的合规管理要求一一说明，由此构成了商业合作伙伴合规管理框架的最重要的内容。商业合作伙伴合规管理政策是企业合规管理制度的重要组成部分，对于规范企业与商业合作伙伴的合规经营、合作互利有着重要的作用。

在商业合作伙伴的选择阶段，对新的商业合作伙伴的合规风险的识别与评估以及尽职调查是必不可少的合规管理步骤，也是将风险控制在正式签订业务合同之前的一道防火墙。对现有已经进入公司业务合作伙伴系统的商业合作伙伴，则应在后续管理上持续监督和关注，通过协同其他合规项目，沟通培训等各种方式方法提高商业合作伙伴的合规意识，并对发现的诚信合规问题及时做出评估和处理，为商业合作伙伴建立符合企业自身需求的系统化管理模式。

通过以行为规范为导向，政策制度为依据，工作指引为方法，系统工具为实操，可以将商业合作伙伴的合规管理框架划分为以下四个方面：

1. 商业合作伙伴合规管理政策体系：企业对商业合作伙伴的合规管理是企业防范和应对运营活动中涉及的商业合作伙伴合规风险的一整套的管理要求。比如，企业在防范合规风险时，要向商业合作伙伴宣传企业的员工权利、利益冲突、反对商业贿赂等方面的合规要求，制定适应当地实际情况的商业合作伙伴合规管理制度和办法。

2. 商业合作伙伴风险识别与尽职调查指引：建立商业合作伙伴准入管理制度，确定甄选商业合作伙伴的标准和具体要求，并且按照标准选用合格的商业合作伙伴进入数据系统。从合作形式和实际风险分析去划分需要进行合规尽职调查的商业合作伙伴是十分必要的。对于通过前期合规风险识别评估为高风险的商业合作伙伴，通过尽职调查有利于准确地把握合作中的合规风险点，并在合作过程中对合规风险进行一定的管控，进而可以大大降低整个合作过程中面临的合规风险。

3. 商业合作伙伴的监督与管理系统：包括对于与商业合作伙伴拟定的合同中合规条款的设定，日常运营中对商业合作伙伴合规风险的监控，以及明确不合规事项的报告机制和应对方案等。加强对商业合作伙伴的日常监督管理，应建立商业合作伙伴监管档案，并定期维护与更新。同时，还应建立与商业合作伙伴合作情况的实施信息反馈机制，实时跟踪商业合作伙伴在商业活动中的表现。定期审核商业合作伙伴监管档案，检查商业合作伙伴合规尽职调查的有效性与可靠性。

4. 商业合作伙伴的培训与沟通机制：在日常的合作中，与商业合作伙伴保持沟通和必要的培训。为了提高商业合作伙伴的合规意识，确保合规标准和风险管理的践行，应当定期对商业合作伙伴进行合规政策的宣讲和培训。还可以针对特定地区开展商业合作伙伴发展项目，为商业合作伙伴提供更加适宜的、个性化的培训。商业合作伙伴可以通过电话、邮件或者网站咨询合规问题，或者举报投诉潜在的违规行为。

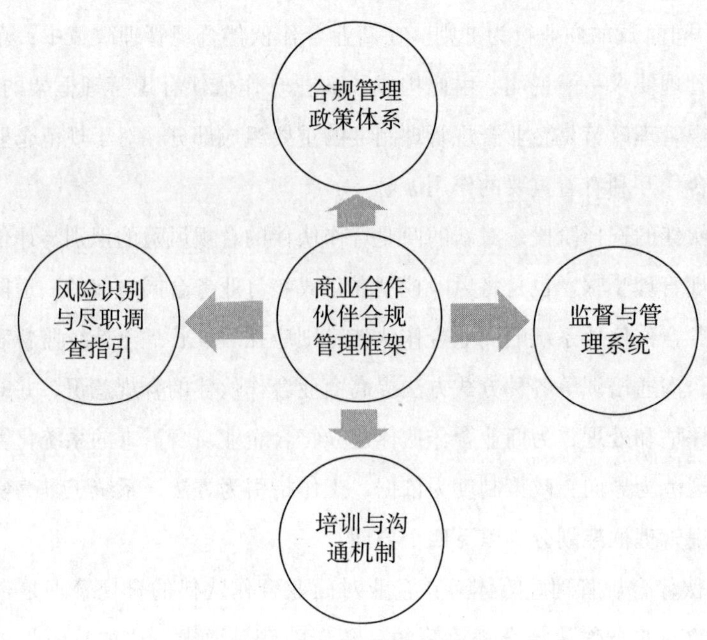

图 8-1　商业合作伙伴合规管理框架图

总之，企业可以依照自身业务类型及发展战略，在市场环境不断变化的情况下，分时分阶段地制定、强化、调整商业合作伙伴的合规管理框架，通过合适的政策体系、评估工具和监管系统，最终有效并持续地促进商业合作伙伴完成企业各阶段目标，实现企业与商业合作伙伴的互利双赢，同时促进整个社会的经济发展，营造诚信的市场环境（如图 8-1 所示）。

三、强化商业合作伙伴合规管理的流程

随着全球市场的形成，企业可以超越原有的国家地理界限在全球范围配置资源。由于劳动力、原材料、能源、资本和技术等生产要素在全球各地性价比不同，企业有了在全球选择要素的可能。企业可以把全球性价比最好的资源吸纳和整合到自己的价值链中来，与效率更高的商业伙伴合作，从而获得更大的竞争优势，但同时也要承受更多的商业合作伙伴带来的风险和挑战。为此，企业需要在其整体的合规管理框架内嵌入统一的商业合作伙伴管理流程，而这一流程的关键部分则是确保商业合作伙伴同意以合约的方式遵守合规管理政策。

1. 商业合作伙伴的资格审查

商业合作伙伴的选择应遵循标准化的资格审查程序。这是商业合作伙伴选择过程中的一个核心元素，以确保商业合作伙伴持续满足企业的需求。作为确保商业合作伙伴关系建立及其可持续发展的一个先决条件，在资格审查阶段，商业合作伙伴应该致力于满足企业合规管理政策体系的要求，并通过问卷调查等方式提供关于遵守企业商业行为规范要求的自我评估。

2. 商业合作伙伴的管理与评估

为了确保商业合作伙伴在业务关系中持续遵守绩效要求，企业需要基于统一标准对现有商业合作伙伴的绩效进行定期评估，并对评估结果进行评级。在对商业合作伙伴所进行定期的流程和系统审计期间，首先需要检查商业合作伙伴对企业商业行为准则的持续实施情况。如果存在违反行为准则的行为，企业需要与商业合作伙伴共同就相应的改进措施达成一致。在约定的情况下，企业可以授权第三方外部审计监督商业合作伙伴的可持续发展表现，一旦发现违规行为，商业合作伙伴必须立即行动，在议定的时限内采取补救措施加以处理，这些措施的执行情况会对商业合作伙伴的年度效绩评定、商业合作伙伴未来潜力的评估以及定期的质量核查结果造成影响。

3. 商业合作伙伴的培训与沟通

企业仅仅在自己内部实施合规管理是不够的，还需要确保其商业合作伙伴也遵循相同的原则。提升商业合作伙伴的合规管理能力十分重要，这样企业就可以与商业合作伙伴一起应对未来的可持续发展挑战。因此，企业关于商业合作伙伴的合规管理政策以及相应的的管理流程，应确保为所有的商业合作伙伴共同获悉、接受、遵守和确认。

为了实现这一目标，企业可以为商业合作伙伴提供统一的合规培训，将合规管理的要点传达给众多商业合作伙伴，而培训的形式则可以多种多样。企业可以在不同国家根据自身的经验开展特定的商业合作伙伴合规管理研讨会，或者是将企业的合规工作报告由企业的合规部门向商业合作伙伴宣讲。

最后，为了保持业务流程的完整性和透明度，企业为商业合作伙伴提供可靠的沟通和举报渠道，对于确保有效合规而言是不可或缺的，它能够确保可能的不当行为得以举报、揭露和彻底调查。

四、商业合作伙伴的合规风险识别与尽职调查

（一）商业合作伙伴的合规风险特征

在市场经济条件下，任何一家企业开展生产经营活动都会面临一定的风险，包括市场风险、财务风险、法律风险和合规风险等。对企业来说，通常的风险是指影响其总体或部门目标的不确定性。在市场经济环境中，企业的生产经营行为应该在遵循一定的规则要求的条件下达到一定的目标，而一旦违反要求或者未能达到目标，就存在不确定性，便产生了风险。

从合规管理的角度来看，诸如保证公平、廉洁地开展业务、促进贸易合规或是保护劳工权利和环境等内容，都可以作为企业合规管理的工作目标，由此决定了企业应该承担的合规义务。合规义务是企业追求商业行为价值观水平的综合反映。不同的企业，因为其生产经营管理

水平、规模、复杂性、结构、运营的方式和市场竞争地位不同，所坚守的商业行为价值标准有高有低，从而主动承担的合规义务，即形成的合规承诺也各不同。除了强制性的合规要求以外，合规承诺的标准有高有低，对应的合规风险点也相应有多有少。

随着企业生产经营全球化，强制性的合规要求会因为东道国和所在国的叠加而越来越复杂，合规承诺也会因为所在国的市场竞争环境不同而出现本土化调整，合规风险也就更加复杂化。从当前全球合规管理的大趋势来看，可以将合规风险分成三大类：行为不合伦理道德规范承诺的风险、行为不合业务沟通和专业技术承诺的风险、行为不合国家法律法规和社区规定要求的风险①：

一是行为不合伦理道德规范承诺的风险，可能包括但不限于商业贿赂风险、操纵市场价格风险、不道德欺诈风险、不廉洁腐败风险、舞弊风险、对产品不负责任风险、违背企业核心价值观风险、蔑视人权风险等。

二是行为不合业务沟通和专业技术承诺的风险，可能包括但不限于与相关方信息沟通风险、相关方要求识别响应风险、产品技术风险、产品质量风险、售后服务风险、产品功能持久性风险、产品节能风险、产品绿色风险、产品智能化风险、产品人性化设计风险、产品技术专利风险、产品知识产权风险、商业秘密风险、资产保值增值风险等。

三是行为不合国家法律法规和社区规定要求的风险，包括但不限于违反商业法规风险、生产安全风险、职业健康安全风险、环境风险、社会责任风险、风俗信仰文化冲突风险、社区冲突风险、社会治安风险、政治风险等。

根据企业与商业合作伙伴合作模式的不同，合规风险管理的特征也不同。下面列举几种典型合作模式下商业合作伙伴的合规风险，见表8-1。

表8-1　不同类型商业合作伙伴的合规风险

商业合作伙伴类型	合作内容	合规风险
供应商	提供原材料、半成品和各类服务的机构或个人	产品质量风险、道德欺诈风险等
合资合作伙伴	战略合作者或联合权益所有者	商业贿赂风险、道德欺诈风险等
代理商	代表企业行事的个人或机构	商业贿赂风险、道德欺诈风险等
承包商	从事工程、建筑等项目承包的机构或个人	生产安全风险、商业贿赂风险等
经销商	受雇于组织从事营销活动和销售产品的机构或个人	商业贿赂风险、道德欺诈风险等
咨询公司	向企业提供咨询服务的机构或个人	知识产权风险、商业贿赂风险等

① 详见王志乐：《合规V——建立有效的合规管理体系》第27页。

但事实上，笼统地评估商业合作伙伴整体有什么合规风险，并没有太多的具体管理意义，对商业合作伙伴合规风险的管理需要放在企业整体合规风险管理的框架之中，即企业整体合规管理的重点内容构成了对重要商业合作伙伴的风险识别以及合规审查的关注重点。

不同的企业对于合规管理的重点内容定义的范围不甚相同。一方面，按照狭义的合规管理的要求，合规管理的重点将放在反对商业贿赂与腐败上，那么对商业合作伙伴合规风险的管理也需要放在易发生腐败的方面。比如，在反腐败领域，需要重点审查可能代表公司与政府部门有接触的商业合作伙伴，审查的重点在于商业合作伙伴以往的廉洁记录、付款的合理性和流程等。合规关注的重点领域不同，由此对商业合作伙伴进行尽职调查的侧重点和角度也会不同。

另一方面，按照广义的合规管理的要求来理解，合规管理不仅仅局限于反对商业贿赂，也包括要符合企业在业务开展过程中的各个层面的法律法规规范，所以，对商业合作伙伴的合规风险的识别的范围也应该不断扩大，需要考虑所有可能存在的不合规风险，包括违反人权、环保、质量、安全以及商业贿赂等各种因素。这意味着要控制商业伙伴的合规风险，需要企业投入更多的管控措施、更高的成本。

总之，对商业合作伙伴合规风险的识别需要在企业整体合规管理的大框架下，权衡考虑合规目标、管控资源成本等各种因素。

（二）商业合作伙伴合规尽职调查的内容和形式

为了最大限度地降低商业合作伙伴可能给企业造成的经济和声誉损失，企业在与商业伙伴合作之前，需要对其进行合规尽职调查，根据合规尽职调查评估结果，由企业决策层决定是否与该业务伙伴进行商业合作，建立商业合作伙伴关系。因此，企业做好合规风险的尽职调查是相当重要的。

1. 合规尽职调查的内容和范围

合规尽职调查主要是指通过对商业合作伙伴或合作方进行调查，收集与拟进行合作的关键问题相关的信息，从而达到了解商业合作伙伴和合作方的目的，发现其业务上的优势和弱点，找出其现存和潜在的各种重大问题和影响合作的重要因素，以便作出是否与之进行合作或交易的决定等。

一般来讲，对商业合作伙伴进行合规方面的调查摸底，了解的内容主要包括：商业合作伙伴的设立与存续、股权结构和公司治理、资产和权益的权属与限制、业务运营、守法合规等方面的法律状态，发现、分析评估商业合作伙伴存在的各方面的合规问题，揭示或提示拟进行的交易相关的法律风险，为判断合作是否可以继续进行提供依据等。

具体来讲，合规尽职调查的内容和范围依照交易类型和商业合作伙伴的功能角色不同而各有不同，而且，尽职调查审查的重点在于与商业合作伙伴进行交易的必要性、合法性和合理性。总体上，可以从以下三个方面进行调查：

（1）合规风险制度和流程调查

①商业合作伙伴是否有明确的政策以及相关的行为规范，明确定义贿赂行为，并且禁止一切形式的（无论是直接或者通过第三方实施的）贿赂行为？

②商业合作伙伴是否有正式明确的合规项目来实施其反贿赂的零容忍政策？

③商业合作伙伴是否会定期进行风险评估，评测所有商业活动的贿赂风险？

④商业合作伙伴是否有相关流程保证对账本和记录进行真实性核查，确保其恰当合理地记录包括代理商和其他中间方在内的所有财务往来？

⑤商业合作伙伴是否有相关程序，确保付给代理商和其他中间方的报酬是对其提供的合法服务给予的合理有据的报酬，并且通过真实渠道支付，而不是用于贿赂的借口？

⑥商业合作伙伴是否有相关流程，在开发、执行、评估、改善反贿赂项目时与相关利益方沟通，比如与员工工会或其他员工代表沟通？

⑦商业合作伙伴是否涉及疏通费的相关政策和程序，是否明确禁止疏通费或者不提倡疏通费？

⑧商业合作伙伴是否有相关流程和监控措施，确保慈善捐助和赞助不会被用于行贿？

⑨商业合作伙伴是否在礼物、招待和费用等方面对员工有相关指导和规定？

⑩商业合作伙伴是否有相关流程以监督合规项目的有效进展和实施，分享新近的最佳做法，并对有违合规项目操作的内外部人员实行惩罚？

⑪商业合作伙伴是否有相关政策或流程，规定任何员工不会因为拒绝行贿而遭到降职、处罚或其他后果，即使其拒绝行贿的行为导致企业失去生意？

（2）合规风险防控执行情况调查

①商业合作伙伴是否有措施确保不通过代理商或者中间商进行不当付款？

②对于行贿或者行为不符合合规项目的代理商和中间商，商业合作伙伴是否对其进行制裁？

③商业合作伙伴专门的合规项目是否能切实针对已发现的贿赂风险？

④商业合作伙伴是否有相关流程确保合规项目与我国的反腐败法律以及其运营所在的其他国家司法体系中的相关法规相一致？

⑤商业合作伙伴是否有相关流程，在全公司范围内实施问责以确保合规项目在其所有业务实体和分支中有效执行？

⑥对与商业合作伙伴有主要投资关系或业务关系的机构或个人，包括合资企业、联营、供应商、承包商等，商业合作伙伴是否鼓励实施相似的合规项目？

（3）合规风险控制组织保障调查

①商业合作伙伴是否有内部监控体系，包括账务和机构核查、会计和记录保存管理，并由内部审计人员定期审计，确保有效抵制贿赂？

②商业合作伙伴是否鼓励员工表达顾虑，并且提供安全畅通的渠道，使得员工可以寻求建议、表达顾虑、举报违规行为而不遭到报复？

③商业合作伙伴是否有相关流程使得包括高管在内的所有员工及其他与该公司有业务关系的公司的员工，了解合规项目，并提供较为详细的指南和不断培训，指导其如何实施合规项目？

④商业合作伙伴是否有相关程序，确保审计委员会、监管委员会、董事会等可以监控、评审，并对合规项目的可行性和有效性做出独立评估，并及时获取任何问题的报告？

⑤商业合作伙伴的董事会、所有者或者相关高层是否正式批准合规项目，并且明确表示全力支持执行该项目？

2. 合规尽职调查的方式和方法

合理与成熟的尽职调查方法，既能够促使合规尽职调查标准化，也能在一定程度上保障尽调质量，合理规避风险。具体实施尽职调查的工作方法，主要有资料收集、调查问卷、零距离访谈、现场观察和调查核实、引擎搜索、雇佣第三方调查等六种。每种调查方法都各有利弊，可以根据尽职调查的要求考虑综合加以运用，对于重点问题可以同时采用多种方法，以确定具体的合规风险。

（1）资料收集

对于基础资料的收集，主要是取得企业已经在现实中存在的基础资料，如各类表单、记录、档案等。可以用提供资料清单的方式由商业合作伙伴按清单上的内容提供，也可以由调查人员自行按照清单从商业合作伙伴处调取。尽职调查清单大多是收集资料时所用的清单，而在收集资料时，有些内容还需要进一步细化、具体化。

在实际工作中，由商业合作伙伴按资料清单提供资料的方式进行调查可以节省调查人员的工作时间。但如果对应的商业合作伙伴的员工对清单存在理解上的问题，调查人员往往很难得到想要的资料，许多情况下还是需要现场调取以便决定资料的取舍，并借以发现清单以外的重要资料及具体情况。

由于合规风险识别所需要尽职调查的内容与企业管理的内容在某些方面并不一致，而且大多数企业在全面法律风险管理方面还处于空白阶段，因此，对于资料清单上的内容，可能会出现企业无法全面提供相关资料的情况。另外，就目前的企业管理水平而言，许多企业往往由于相关资料的管理制度并不健全或执行不利，某些资料未能及时归档，甚至未能妥善保管的情况也并不罕见，加之某些企业对于清单上的内容根本无法理解，所以建议这类调查可以分阶段进行，通过一轮接一轮地提供清单和收取资料，逐步描述出企业合规风险的现实状况。

对于调查人员来说，必须不断地确认每次往来清单上的资料是否已经提供，并对资料及时进行判读以确定下一轮的调查清单，同时还需对所取得的资料进行分类管理和目录管理。

（2）调查问卷

调查问卷的调查方式与资料清单的方式并不冲突，而且使用方法也比较多。一般使用这类方式进行调查主要是用于取得被调查对象的主观印象和感受，从而得到通过前一方法无法取得的基础资料以外的情况。例如，通过资料清单虽然可以得到各种制度的具体内容，但无法知道制度的执行情况和执行者对于制度的主观感受，对于这些存在于某些被调查对象主观意识中的内容，一部分可以通过调查问卷的方式取得，还有一部分则必须用访谈的方式才能取得。

调查问卷的设计需要考虑到各种不同的情况，使被调查对象容易理解并回答。如果以选项的方式提问，而问题的选项范围又过于狭窄，被调查对象无法正确地回答问题，企业也就得不到真实情况的信息。调查问卷得到商业合作伙伴的有效反馈后，能够帮助锁定合规尽职调查的重点内容，同时也排除某些并不存在的选项，以便确定下一步的调查范围和重点。

例如，对于某企业的合规尽职调查表的局部内容如下：

公司董事会或高级管理层已经对公司所有管理人员和员工制定了以下哪些制度和做法：

①整体监管合规项目

如果有，该制度在贵公司的实际运作中是否得到遵守？

②内部交易制度

如果有，该制度在贵公司的实际运作中是否得到遵守？

③公司治理制度

如果有，该制度在贵公司的实际运作中是否得到遵守？

④交易行为准则/伦理制度

如果有，该制度在贵公司的实际运作中是否得到遵守？

⑤媒体危机处理制度

如果有，该制度在贵公司的实际运作中是否得到遵守？

⑥相关证券法规要求的披露制度

如果有，该制度在贵公司的实际运作中是否得到遵守？

⑦数据保护方面的合规制度

如果有，该制度在贵公司的实际运作中是否得到遵守？

⑧健康和安全方面的合规制度

如果有，该制度在贵公司的实际运作中是否得到遵守？

⑨环境方面的合规制度

如果有，该制度在贵公司的实际运作中是否得到遵守？

⑩反腐败和贿赂方面的合规制度

如果有，该制度在贵公司的实际运作中是否得到遵守？

⑪反垄断/竞争法方面的合规制度

如果有，该制度在贵公司的实际运作中是否得到遵守？

⑫产品安全方面的合规制度

如果有，该制度在贵公司的实际运作中是否得到遵守？

⑬公司是否全面建立了违反相关制度的非公开举报制度？

（3）零距离访谈

在对商业合作伙伴的尽职调查中，面对面“零距离”的访谈往往是必不可少的，也是其他任何一种方式都无法替代的调查方式。这类方式往往用于内容比较复杂，无法简单地通过资料清单及调查问卷取得的内容，或者是由于内容比较敏感，商业合作伙伴的具体工作人员不愿意通过书面方式提供信息的内容。

由于是面对面地进行调查，被访者与调查人员的沟通比较直接、及时，调查人员可以通过及时调整方向而取得许多表面上的调查所无法取得的内容。而且，面对面地回答问题远比查找及提供资料、阅读及回答调查问卷来得容易，工作负担轻，因而调查人员访谈所得到的信息往往更为丰富、生动。更重要的是，通过面对面的访谈，可以得到一些问题背景等方面的信息，这些信息通过其他调查方式则可能无法取得。

例如，在对某一企业之前的环境污染事故处理状况进行尽职调查时，通过资料清单所得到的信息非常有限，而且根本无法判读资料所描述的状态。在改为访谈后，具体负责环境保护的部门管理人员非常配合，从企业环境污染源及环境保护措施的历史沿革、当前的主要污染源、污染处理情况，到当前正在解决和无法解决的污染问题等均做了详细审查解答，并直接派人带领调查人员察看了现场。事后得知，该部门由于缺乏整理资料的人手，无法及时提供相应的调查资料，而当面访谈时则可以通过口述将相关内容和盘托出，使调查取得了满意的结果。在双方熟悉以后，后续的资料调取等均变得十分容易，对于某些不明之处也可以简单地通过电话进行沟通。

还有一些内容也只能通过访谈的方式取得，比如企业员工对于企业潜在合规风险的看法以及对企业合规管理制度执行情况的主观看法等。随着目前企业管理人员的文化素质不断提高，其观察问题、思考问题的能力也在不断提高。但由于他们所处的岗位或职务的原因，许多员工都不愿意在公开场合透露他们所看到或听到的问题，以免造成上级或同事之间的矛盾，只有在一对一的访谈时才有可能得到第一手的资料，如企业合规风险管理工作的盲区、更为行之有效的工作方案、应当加以利用的资源等。这些信息往往对合规风险的识别及对症下药具有极高的价值，甚至会对调查人员的尽职调查思路提供极具价值的补充。而这些只能通过零距离访谈才能得到，同时以访谈的方式进行尽职调查也有利于后续工作的进行。

（4）现场观察和调查核实

对于具有特别规定的场所，或者可能存在合规风险的工作流程，往往需要通过现场观察才能确切了解合规风险。前者如服务企业的具体服务环境是否符合法律要求、消防设施是否到位；后者如经营过程中办理某些手续的对内、对外流程等。这类调查无须企业提供资料，只是需要提供相应的场合，然后调查人员以现场观察的方式获取现实工作中合规风险的第一手资料。通过这种方式所调查出来的信息往往令企业更容易了解到商业合作伙伴的相关情况。

调查核实的目的，或者是为了取得商业合作伙伴因某种原因无法有效提供的资料，或者是对所收集到的各类资料的真实性、完整性、有效性等进行核实。某些资料由于商业合作伙伴的管理不善很有可能无法提供，或是某些部门心存顾虑刻意不想提供，而另外一些资料虽然已经取得，但其确切情况需要进一步核实，在这些情况下，都需要主动调查核实以得出确切的结论，以便准确判断合规风险点。

（5）引擎搜索

对于各种类型的商业合作伙伴，需要考虑可能存在的各种不合规风险，包括违反人权、环保、质量、安全以及商业贿赂等各种因素，并在此基础上收集商业合作伙伴的相关信息，即收集对商业合作伙伴合规尽职调查的关键数据。相关信息可以通过全球商业数据库、政府的诚信管理系统或互联网以及公司内部已有的关于商业合作伙伴的数据库等资源收集相关资料。

比如，在国内，可以通过检察院的“行贿档案查询系统”查询商业合作伙伴是否有违规行为，这个系统相当于“企业商业腐败黑名单”，里面包含了多年的行贿案件的信息，有企业也有个人的信息，企业申请后可以免费查询；还可以有偿使用商业银行的诚信系统，这里包括的信息更广泛，记录的都是“黑色”信息，可以查询到商业合作伙伴是否有不良的金融记录。

（6）雇佣第三方调查

对于一些非常重要且风险较高的商业合作伙伴，可以雇佣第三方进行合规尽职调查。专业的第三方调查机构可以通过收集商业合作伙伴资料、核实信息、量化主要风险等方法来帮助企业强化商业合作伙伴的合规管理。一些全球知名的调查公司可以向客户提供数据管理平台支持信息浏览、信息存档和审计等多种功能。通过该类平台，企业可查询其商业合作伙伴的情况，收集重要的企业信息、信息披露、参考资料和证明文件，并确认商业合作伙伴是否严格地遵守相关的合规行为准则和行业惯例。在此基础上，有的调查公司还可以将商业合作伙伴的数据与尽职调查的工作流程整合在一起，同时还可进行复杂的合规报告工作并实时访问关键信息。显然，雇佣第三方调查可以获得关于商业合作伙伴更加准确的信息，但同时成本也更加高，所以大多数企业只有针对高风险的商业合作伙伴时才会使用第三方尽职调查。

总之，在开展尽职调查的基础上，业务部门和合规部门再共同对商业合作伙伴的合规风险进行评估，并对评估中发现的问题做出响应。只有通过合规尽职调查后才能开展合作。一些企业将尽职调查的结论分为允许合作、附条件允许合作和不允许合作三种，即使是允许合作的合作伙伴，依据合作类型的不同，在一定周期后也要重新进行评估，业务部门也要在日常的合作中对商业合作伙伴的合规管理情况进行监督，并在必要时启动特别调查程序。

五、商业合作伙伴的合作、管理与监督

（一）对商业合作伙伴的合规条款约束

随着企业合规风险意识提高，特别是认识到合规对可持续发展战略举足轻重的地位，企业对于商业合作伙伴的合规要求也不断提高和细化。目前企业为减少商业合作伙伴的合规风险给自身带来的冲击，开始尝试借助合同条款对商业合作伙伴的行为进行合规约束，以获取商业合作伙伴的“合规承诺”。

合规条款的内容

经过尽职调查以后，一些企业在与商业合作伙伴的交易合同中会增加详尽的合规条款，以有效管控商业合作伙伴的合规风险。

合规条款的内容

一般而言，合规约束条款的内容包括：

①符合法律的条款

该条款应明确商业合作伙伴在与委托方的交易中负有遵守所有适用的反商业腐败法律的义务。在此，可以适当列举《中华人民共和国刑法》《中华人民共和国反不正当竞争法》《国家工商行政管理局关于禁止商业贿赂行为的暂行规定》等，同时概括性规定商业合作伙伴应遵守所有适用的反腐败法律、地方性法规、部门规章、组织纪律和其他适用的行业标准。

②符合商业合作伙伴合规管理政策的条款

在与高风险的商业合作伙伴（如代理商、经销商）的交易中，除了符合法律条款之外，企业通常额外要求商业合作伙伴遵守其专门的商业合作伙伴合规管理政策。该条款具有格式条款的特征。若商业合作伙伴违反该政策，其可能会存在质疑合规管理政策正当性的倾向，企图逃避责任。

为避免该情形，企业可以在符合商业合作伙伴合规管理政策条款中明示：已向商业合作伙伴详细说明该政策；该政策旨在促进商业合作伙伴共同遵守相关反腐败法律和商业道德规则，无意免除企业责任或加重商业合作伙伴的责任、排除商业合作伙伴的主要权利，且该合规管理

政策也不包含任何具有上述效果的内容。

③支付条款

在与商业合作伙伴的合同中，企业应在支付条款中说明货款、服务费、佣金等款项的计算依据，以满足相关反腐败法律的金额合理性要求。以服务佣金为例，佣金应与所提供的服务或销售金额成比例，且符合相关市场正常水平。此外，按照相关规定，“账外暗中”支付回扣有可能被工商部门认定为商业贿赂。因此，企业与商业合作伙伴应对销售折扣的支付与收受进行正确的账务账簿记载并开具发票。

④禁止不当支付与账簿记载条款

该条款要求受托方不得向政府官员、主管事业单位人员或其有亲密关系人员或交易相关的其他单位或个人给付或承诺给付现金或财产性利益。

该条款通常要求商业合作伙伴或其员工为交易目的向其他单位或个人支付款项时，应取得企业的书面同意。同时，商业合作伙伴应在账务账簿正确记载交易相关的成本和款项支付，以便企业审计。

⑤审计条款

按照审计条款，就交易相关的财务账簿记载，企业有权对商业合作伙伴进行审计。该审计可以由企业内部资源或聘请独立第三方专业人员进行。通常该审计包括审核商业合作伙伴的内控制度及实施、与交易相关的成本费用特别是受托方员工的差旅、娱乐招待支出等。

实践中，商业合作伙伴可能不希望向企业公开与交易相关的所有成本费用明细，而只同意由独立第三方进行专项审计。独立第三方完成审计后将不披露审计明细，而仅告知企业其商业合作伙伴是否存在向政府官员、主管事业单位人员或与其有亲密关系人员或交易相关的其他单位或个人给付或承诺给付现金或财产性利益的情形。

此外，若商业合作伙伴与企业为同业竞争的市场主体，企业实施审计获悉受托方经营成本信息有违反反垄断法之嫌。在此情形下，企业亦应考虑委托独立第三方对商业合作伙伴进行审计。

⑥违约终止条款

该条款赋予企业在商业合作伙伴违反合规条款时解除合同的权利。该条款宜作成一个单独条款，而独立于其他合同终止条款。值得注意的是，我国法院在部分案件判决中认为，即便合同双方约定了依约解除情形，但守约方是否具有解除权利亦应考虑违约方的违约程度。因此，商业合作伙伴应在交易合同中向企业作出恪守合规条款的保证，商业合作伙伴任何违反保证的行为将构成根本性违约，企业将有权据此解除合同。

⑦赔偿条款

赔偿条款（Indemnity clause）规定，若商业合作伙伴违反合规条款，则有义务赔偿企业遭受的全部损失。该等赔偿条款为英美法系概念，可独立于合同双方的主交易（underlying major transaction）。事实上，若交易合同适用中国法律，我国法院很可能不支持该等赔偿条款，而更可能支持违约方在实际违约情形下对守约方的补偿责任（compensation liability）。因此，企业若希望赔偿条款得以适用，且合同存在涉外因素，可在中国法律允许的前提下约定英美法系域外法律作为合同的管辖法律。

⑧其他条款

除了上述条款之外，如有必要，企业应在合同中要求商业合作伙伴采用与企业一致的合规管理政策，鼓励商业合作伙伴员工积极举报违法违规事件，并规定商业合作伙伴有义务接受企业持续的合规培训。

总之，合规条款从整体上看是对商业合作伙伴在合规方面的原则性约束或框架性约束，此外，企业也会选择在本行业合规高风险领域设计特别条款来强调或突出商业合作伙伴在此方面应遵守的义务。

如前文提到，有些企业选择在合同的开始写入对商业合作伙伴行为合规的“诚信条款”，从保证提供的资质、材料信息的真实性到要求商业合作伙伴承诺再代表企业工作时，遵循所有适用的规章制度，包括承诺避免各种形式的贿赂等。很多企业在自己的供应商或经销商认证系统里直接放入这些“诚信条款”，参选的供应商或经销商在进入系统后，需先对这些条款进行打勾同意后，方能进入系统的下一步操作。当正式的商业合作合同签署时，该供应商或经销商在进入系统时同意承诺的这些“诚信条款”会成为合同的一部分内容。

（二）对商业合作伙伴的持续监督管理

为了确保商业合作伙伴在业务关系中持续遵守企业的合规要求，一些企业基于统一标准对商业合作伙伴进行持续的监督管理。在管控合规风险方面对商业合作伙伴进行持续的管理是合规方案得以成功执行的重要组成部分。

1. 建立商业合作伙伴合规监管数据库

在与商业合作伙伴合作的过程中，企业应当留意内部和外部与商业合作伙伴相关的和业务活动有关的风险，并及时关注与商业合作伙伴相关业务活动领域在法律、监管等方面的发展动向。

企业可以建立并维持相关流程，用来发现商业合作伙伴在日常运营中未能遵守相关要求的活动。这些流程包括维护违规事件的图表或者清单，类似于创建并维护一份关于商业合作伙伴符合监督要求特定标准的档案。打分卡也可以用来持续追踪商业合作伙伴的表现。所有查实的违规活动都需要适当地文件化以保存相关记录。所有获得的信息都可以用于与商业合作伙伴进行合规沟通，作为处罚它的支持证据以及定期对商业合作伙伴进行业务和合规审阅的文件。

在大数据时代，建立对商业合作伙伴的合规监管数据库是一个很好的选择。通过定期归集、整理、记录对商业合作伙伴的合规尽职调查程序文件及结果，可以建立商业合作伙伴的合规监管档案，并定期维护与更新。同时，还可以建立对商业合作伙伴使用情况的实施信息反馈机制，实时跟踪商业合作伙伴在商业活动中的表现。定期审核商业合作伙伴监管档案，检查商业合作伙伴合规尽职调查的有效性与可靠性，检查内容包括但不限于对商业合作伙伴合规尽职调查程序及商业合作伙伴后续管理情况是否符合公司规定；商业合作伙伴的聘用是否履行了适当的审批程序；合同的起草、审查、会签、签署和履行情况是否规范；支持性文件是否充分；等等。

2. 对商业合作伙伴的合规审查与处理

企业对于商业合作伙伴的合规监管往往选择设置三道防线。第一道防线就是在“准入式”的审核阶段，通过企业自身的管理平台或系统对于商业合作伙伴的合规风险做出评估并决定是否建立合作关系；第二道防线就是当确立商业合作关系后，在具体签署商业合同时，与商业合作伙伴订立“合规条款”；第三道防线则是对商业合作伙伴的合规审查与持续性评估。

企业应定期对商业合作伙伴进行合规审查，以此来确定是否继续与商业合作伙伴的业务关系。合规审查之后通常有三种选择：续展、不续展、有条件续展。

（1）审查频率：根据实际情况，合规审查可以发生在不同的时间间隔，例如 6 个月、18 个月、2 年或 3 年。合规审查需要考虑的相关因素包括交易规模、业务关系的时间长短及紧密程度、风险评级等。

（2）信息的形式和来源：收集信息的方法多种多样，可以从要求商业合作伙伴填写调查问卷开始，然后根据从其他渠道获得的信息检查商业合作伙伴提供的信息。还可以通过媒体检索，数据库调查，法庭判决，现场访问，访谈商业合作伙伴管理层，与商业合作伙伴竞争对手、供应商交谈等获得所需的信息。

（3）做出决策：合规部门可以在合规审查中提供意见。与合规、法务、财务、合作伙伴管理领导一起，相关业务部门领导需要根据年度审查结果就与商业合作伙伴的业务关系做出决策。如果商业合作伙伴对业务来说非常重要，更高级别的管理者也可能需要加入决策过程，尤其在倾向于不续展或有条件续展某个商业合作伙伴时。

当企业决定有条件续展某个商业合作伙伴时，这里的条件是指合规条件。例如，只要商业合作伙伴同意在特定的时间内满足这些条件，则允许与商业合作伙伴的业务关系暂时继续保持 6 个月。如果这些条件得以全部履行，则业务关系将完全延伸到下一年或下一个期限间隔。如果条件没有得到满足，则业务关系就会终止。

如果商业合作伙伴并未接受合规条件或在期限内没有满足约定的条件，企业就需要为可能终止业务关系的情况做好充分准备，并且需要向商业合作伙伴的首席执行官、董事会主席及其他高级管理层成员清楚、充分地沟通条件和相关后果。这些沟通常以正式书信的方式进行，并说明企业对商业合作伙伴具体的条件内容和要求。从战术上来讲，当合规部门坚持要求有条件才能续展的立场并且与商业合作伙伴沟通，直接与商业合作伙伴合作的公司业务部门的领导，就需要劝说商业合作伙伴去执行条件和要求。

第三节　企业配合外部监管的合规管理

一、与外部监管机构的日常沟通

在当今的全球市场环境下，企业应建立适当的合规管理流程以应对来自监管部门的越来越多的关注，确保企业对可能的监管审查做好准备。企业可以通过发展与监管机构规则要求相一致的合规管理政策，来降低在报告义务和遭受处罚方面的风险。同时，保持与监管机构的及时沟通与交流。

企业应建立良性互动的监管合作沟通机制，增加外部监管机构对企业的信任，可以就一些潜在风险事项提前请求与监管机构的工作人员面对面地对质询和争议进行沟通，与外部监管机构建立公开透明的关系。为此，企业需要制定一套具体的应对策略，避免受到不必要的监管措施或者在诉讼中处于劣势。企业在被监管执法的同时应积极回应外界质疑，主动、透明地披露重要信息不仅可以安抚监管者，而且同样的案例还可能在当地或更大范围内引起示范效应，避免更多的群体诉讼。

二、企业应对外部合规调查的要求和程序

在公司遭遇外部监管机构执法行动时，企业的合规管理部门应组织各相关部门通力合作，与外部律师有效配合，同时要协调与政府有关部门的关系，积极与执法机关做尽可能的沟通，充分了解执法机关所关注的事项，同时积极采取适当措施应对外部调查，减少潜在的不利影响。

首先，企业的领导层和合规管理部门对外部调查应予以必要的重视，并制定应对方案。根据合规风险的动态及风险起因和风险状况，制定相应的风险应急处置方案，采取相关措施组织风险排查。通过排查迅速识别有可能涉嫌违法违规的业务部门与子公司，如发现违法行为，发生重大违规违纪、涉嫌违法犯罪事件时，应暂停办理相关业务的办理，并及时开展内部业务排查，全面掌握违规事实或可疑操作，同时避免事件传播扩大，引发外部不良影响，避免违法违规行为的进一步升级给企业带来更大的损失。

为此，企业应该明确指示相关业务人员立即停止疑似违规行为，特别是避免涉事业务部门或人员自作主张应对不当。即使业务受到短期影响，也应立即暂停与可能存在问题的客户的往

来。如果企业在和专业人士咨询后排除合规问题，则相关业务可以恢复。企业应该迅速针对可能涉事的业务部门或子公司，对相关员工进行初步地访谈，及时开展内部业务排查，全面掌握违规事实或可疑操作，为之后收集调查文件、确定调查文件的保管人、了解调查波及的大致范围进行准备。同时需要注意的是，应明确要求相关员工不得删除相关文件记录，以免给企业带来更大的被动。

其次，法务、合规部门应积极与监管部门沟通协调，了解事态的原因及可能的发展，同时向监管机构提供良好的记录报告，证明公司在本次违规行为之前没有或至少在行业内很少发生被处罚的情况。如果可能因违法受到罚款、责令停业整顿、暂停和停止该项业务等行政处罚时，应向监管部门说明业务情况，争取有利的监管政策，对企业从宽处罚。如果企业能向监管机构展示，公司拥有良好运行的合规管理体系，即使某些特例导致失误，但是如果能使得监管机构相信这类错误只是偶然发生的现象，那么公司诚信合规的形象并不会受到太大损害。

在建立合规管理体系的过程中，企业应该注意如果建立或改进合规制度的主要目的是减免相关监管机构的处罚，那么合规管理体系需要参照相应机构的评判标准，否则可能事倍功半。合规流程需要嵌入业务流程中，否则可能被外部监管机构认为是“纸面合规”。合规工作成果应该妥善保存，以便在合适的时机呈现给外部监管机构。

最后，如果与监管部门沟通协调并提供相关的证明材料，仍不能阻止监管部门将案件移交给司法机关刑事立案，那么企业应当立即组建专业的律师团队并制作详细的应对方案。经过前期的应对，案件不能消化在外部监管与侦查机关的初查阶段，则有较大可能被刑事调查，如何在短时间内了解外部调查的相关政策法规以及有关调查程序，同时了解如何维护诉讼权利，这就需要外部律师尽可能制定详细的应对方案正确引导以应对调查，以此争取得到最轻的刑事处罚。

第四节　企业配合外部媒体的合规管理

企业配合外部媒体的合规管理一般是指企业在处理各种经营活动、宣传活动和突发事件中，与媒体开展沟通控制与企业相关的舆论情况的合规管理活动。与企业相关的各类舆情涉及企业的声誉，正确的舆情处理可能使突发合规风险事件的不利影响消除到最低，而错误的舆情处理方式可能会使企业正常、合法、合规、合理的经营行为遭受到重大声誉损失。企业需要加强涉及外部媒体的合规管理，综合、全面、妥善处理不利舆情，降低潜在的声誉损失。

一、重视与外部媒体的日常信息沟通

现代企业要格外重视与外部媒体的沟通。首先，媒体沟通并不仅仅是企业发生危机时才举

办的一次新闻发布会、发布的一次道歉或者发表的一个登报说明等简单的方式。企业与外部媒体的沟通包括了通过新闻媒体传播给目标受众的每一条信息。这些传播对象包括客户、媒体、股东、雇员、投资分析师或监管人员，新闻媒体是沟通的载体，与媒体的沟通是公众沟通的基础。企业与外部媒体的沟通应蕴含在企业的整个运营过程之中，包括企业日常与媒体关系的培养、危机公关时与媒体进行交流、利用媒体的舆论导向作用去解决问题等。

企业主管与外部媒体沟通的部门应定期向各类媒体发布多种信息，包括产品信息、管理创新信息、企业文化活动、企业重大节日、企业发展中的疑难问题等。这些信息要让媒体了解，不断引起媒体的关注，并配合媒体采访做好企业的对外舆论服务工作。同时，企业资讯部门要对媒体资源做到妥善管理，及时跟踪。要采取多种形式经常性地和媒体进行交流，寻求媒体对企业的关注、支持和理解。比如，企业相关部门可以安排企业管理者与媒体见面、发布信息、报告、演讲，与之互动交流，或邀请媒体到企业参观访问，与员工代表座谈交流、畅谈心声。这些都是企业与外部媒体日常沟通互动的有效方式，这种与媒体良好关系的建立对企业来说也是非常有意义的。不仅如此，媒体的持续关注也更有利于企业良性的发展。

二、建立舆情风险防控的长效机制

当合规风险事件引发的危机已经不可避免时，企业应当更加谨慎地处理与外部媒体的关系。企业需要培养正确的媒体公关态度，应尽可能主动传达真实可靠的信息，选择可靠的媒体传播信息，同时应给予媒体适当的引导。特别是在突发的危机事件中，企业与外部媒体沟通的缺失会使事件愈演愈烈，夹杂着各种情绪的猜测对企业的声誉等影响更大。

实践中，企业的合规风险信息，往往分散在不同的部门。由于部门之间职责职权的不同，可能导致信息的相互隔离，形成信息孤岛，难以识别和发现合规风险。企业应当利用现代互联网、大数据、人工智能等先进科技带来的效率和便利，实现有效的信息共享，有针对性地应对和解决合规风险问题，实现有效的合规管理。

为了有效地防控舆情风险，企业应建立舆情监测机制，及时发现并关注舆论动态，对重大舆情，尤其是涉及重大合规风险的事件，要及时预警，密切跟踪，确保第一时间发现、第一时间处置，把各种不良信息解决在萌芽状态，把握舆论引导的主动权，由此逐步形成反应迅速、运作高效的舆情监测队伍和监测制度。

其中，舆情预警是指在舆情发生之前或其他重大合规风险事件发生后，根据以往总结的规律或观测得到的可能性、潜在性征兆，向企业的相关职能管理部门发出紧急信号，报告舆情情况及可能的走势，避免在不知情或仓促不备的情况下任由舆情进一步扩散，使相关事件进一步升级，造成不必要的损失。这就要求企业的职能管理部门及时跟踪重大突发事件，及时研判舆情走势，关注敏感性（网络）舆论，及时发现媒体及公众关心的热点、焦点问题，对此作出及时的舆情动向分析和预警判断，提出初步的处置意见和应对措施。为此，企业可以指派专人负责网络监测、研判工作，明确工作职责，形成制度，做到研判工作常态化。同时，可以利用网络舆情监测系统软件，对网络舆情进行初步分析，在监测、分析的基础上，再由研判人员进行判断。

现代信息科学技术、网络收集引擎技术和数据挖掘技术的快速发展，为企业的舆情风险的研判与应对提供了必要的技术保障，企业的相关管理职能部门应建立舆情监测分析系统，配备必要的网络舆情分析软件等。

此外，企业还应建立舆情信息反馈机制，针对公众所关心的问题，充分把握“时度效”，予以权威回应。健全舆情引导机制，畅通舆情表达渠道，打造不同层面、不同影响的发声阵地，建立权威信息发布制度，有效引导舆情。建立突发舆情快速决策机制，结合实际，根据突发事件的性质、类型、规模，科学设计应急处置工作预案，设定及时启动相关预案的条件，抓住处置最佳时机，建立职责明确、组织有力、运行灵活、统一高效的应急处置指挥机制，实现突发事件靠前指挥、果断决策、第一时间处置，即迅捷、依法、适度、高效处置。

最后，企业应建立和规范媒体接待工作机制，制定接待方案，规范接待人员、接待方式、接待流程等，同时完善新闻发言人制度。建立评论工作机制，通过传统媒体、新兴媒体，立体正面发声，澄清事实，借力第三方等进行评论引导。建立管控机制，针对有害信息，采取果断措施，进行有效调控。健全分类处置机制。针对网络舆情多发频发，分清轻重缓急、分类有效处置。根据发布载体、传播速度、网评数量、舆论反响等指标，将舆情信息分为不同等级，制定标准清晰、流程规范、授权到位的差异化处置方案。

第九章

企业合规文化建设

企查查大数据研究院联合中国社科院城市与竞争力研究中心发布的《2020 中国企业发展数据年报》显示：截至 2021 年 2 月，中国共有在业/存续的市场主体 1.44 亿家，其中企业 4457.2 万家，个体工商户 9604.6 万家。2020 年，全国新增注册市场主体 2735.4 万家，共注、吊销企业 1004.28 万家。

另据 2021 年《财富》世界 500 强排行榜显示：2021 年《财富》世界 500 强排行榜里，中国大陆（含中国香港）上榜公司数量连续第二年位居第一，达到 135 家，若加上中国台湾地区企业，中国共有 143 家公司上榜（1995 年中国只有 3 家企业上榜）。美国上榜公司数量则为 122 家，位居第二。同时，自 1995 年《财富》杂志第一次发布同时涵盖工业企业和服务性企业的《财富》世界 500 强排行榜以来，有 164 家企业从未落榜。

两则消息，诸多数据，引人思考。改革开放四十多年来，中国企业在与全球企业同场竞技中，数量与质量在以突飞猛进的速度双双提升，的确引人注目。与此同时，一年内即有一千多万家企业注销或吊销，是否也令人唏嘘呢？而那 164 家《财富》世界 500 强排行榜上的常青树以及国内外并不少见的“百年老店”，其背后又有怎样的成长故事，隐藏着什么样的“长寿”秘诀，向全球企业昭示出何种生存的真谛？

沉舟侧畔千帆过，病树前头万木春。在全球市场大浪淘沙、潮起潮落这样既平常而又残酷的竞争中，倒下的企业悲壮地成为铺路的枕木，托起继续前行和后继的新生企业通往新征程的轨道；登上竞争高地而挺起腰板的企业，则成为树立起来的旗帜，指引后来者前进的方向。其实，精明的企业家和众多的企业管理方面的专家学者早已揭示，决定企业生存或是消亡、短命抑或长寿、孱弱或者强大、卓越还是平庸的关键要素，是企业文化。通用公司（GE）前 CEO 杰克·韦尔奇说：“企业根本是战略，战略本质是文化。健康向上的企业文化是一个企业战无不胜的动力之源。”任正非关于企业文化的重要性有这样一段阐述：“资源是会枯竭的，唯有文化才会生生不息。一切工业产品都是人类智慧创造的。华为没有可以依存的自然资源，唯有在人的头脑中挖掘出大油田、大森林、大煤矿……精神是可以转化成物质的，物质文明有利于巩固精神文明。我们坚持以精神文明促进物质文明的方针。这里的文化，不仅仅包含知识、技术、管理、情操……也包含一切促进生产力发展的无形因素。”①

2018年，中兴公司以“现身说法”的方式，为中国企业上了一堂生动深刻的企业合规课，同时也让人们懂得，合规文化是企业文化中鲜明而独特的内容。然而，尽管国内外有关企业合规管理的规则制度都强调企业合规文化在企业合规管理体系中必不可少且十分重要，但实际上很多企业在强化合规管理的过程中，仍然把合规文化放在点到为止、提及为宜的位置加以“重视”，而在众多研究企业合规的文章和著作中，系统阐释论述企业合规文化的更是寥寥无几。本章在参考借鉴众多专家学者研究企业文化成果的基础上，循着“文化——企业文化——企业合规文化”的探寻思路，按照由上往下、由大到小、由浅及深的层次和前后照应互补的方法，介绍企业文化的基本知识和重要理论，并对企业合规文化建设进行探讨。

第一节　企业合规文化概述

一、文化是组织生存和发展的重要力量

关于文化的定义很多，有人说多达150余种②，《韦氏新大学词典》将“文化”定义为：文化指的是一种包括思想、言谈、行动和人造物品的人类行为的综合形式，并依赖于人们的学习和传递知识的能力向后代传递。一般认为，文化是人类在社会历史发展过程中所创造的物质财富和精神财富的总和，尤其指精神财富，如人类创造的文学、艺术、教育、科学等。文化是一个群体的共同属性，只要一个群体具备足够的共同实践和经验，文化就会形成，大至国家、民族、社会，小至企业、部门、家庭，只要你走近观察它或者融入其中，都可以感受和发现文化的存在。

文化看不见，摸不着，但是否形成文化以及文化水平的深浅高低，常用来衡量一个群体生长发育的成熟度与健康度，身处该群体中的每一个人，都会清晰真切地感受到文化氛围的浓淡以及对自己无时不在、无处不及的影响，并由自己的亲身体会和认知出发，对该群体的文化做出发自内心的评判。而长期生活在其中的人们，则会在不知不觉的潜移默化中受其熏陶、对其敬仰、被其改变，久而久之则在自觉或不自觉中融入其中，步入其道，深入其髓，并以自己的所作所为、所言所语，作用并影响这一文化环境。对于个人而言，文化则是其在成长过程中生存生活、学习工作、实践交往等所有活动中就知识积累、道德修养、行为善恶等各方面积淀而达到的综合素质和自身修养。

---

① 王京生、陶一桃主编、杨柳执行主编、陈广著：《华为的企业文化》，海天出版社，第3页。

② ［美］金·卡梅隆、罗伯特·奎因：《组织文化诊断与变革》，王素亭译，中国人民大学出版社2020年版。

由此，人们在评价一个社会、一个组织或一个人时，最简单的方法和语言就是用“文化”二字表达出自己最直接的看法，比如当一个人作出“那个城市就是一座文化沙漠”“那个组织毫无文化氛围”“那个人一点文化都没有”等诸如此类的判断时，闻听此言的人对该城市、该组织和该人的印象一定是野蛮、粗鲁、脏乱、冲突以及不协调、不和谐、不安全、不文明等各类贬义词语所表达出来的负面信息。反之，当一个人作出“那个城市真是一座文化殿堂”“那个组织文化氛围十分浓厚”“那个人很有文化”等赞许的判断时，人们闻此而形成的印象也会与文明、民主、和谐、自由、公正、平等、尊重、正义、诚信、安全等褒义词语所表达出来的正面信息相关联。

文化对于国家和民族兴衰的重要性，同样适用于企业、社团等各类组织。对于企业而言，文化才是一个企业区别于其他企业的最本质的内在特质，是企业的精神支柱，也是企业可持续发展的基石。优秀企业成功的背后，各有自己的管理风格，而决定这些管理风格的恰恰是企业各自的文化。能把那些成就卓越的企业与其他企业区分开来的标志之一，就是这些杰出的企业具有充满活力的企业文化。

二、企业文化是决定企业兴衰成败的重要因素

（一）企业文化的产生与发展

企业文化是企业在生存与发展过程中创造的物质和精神文明，伴随着企业的产生而产生，发展而发展。应当说企业产生之日，就是企业文化存在之始。但是，很长一段时间，企业文化对于企业发展的作用及其作用原理并未引起人们的重视。企业文化作为企业这一生命体强盛壮大的基因和密码被发现挖掘出来，并成为独立的概念，始于20世纪70年代末80年代初。当时，作为第二次世界大战战败国的日本，国土空间相对狭小，自然资源极度贫乏，经济在战争中遭受严重创伤。然而，日本面对“先天不足”的客观条件，仅用二十多年的时间，就创造了令人不可思议的经济奇迹，不仅赶上大多数西方发达国家，而且迅速成为世界第二大经济体，日本企业生产的商品更是以质优价低的巨大优势，大举占领美国市场，对美国企业形成强烈的冲击，构成严峻的挑战。

日本经济和日本企业迅速崛起，在令美国人刮目相看的同时，也引起了他们的极大关注和兴趣。日裔美籍学者威廉·大内于1981年4月出版了他对日本企业的研究成果——《Z理论》，并在该书中首先提出了企业文化的概念。所谓Z理论，就是美国的企业应当结合本国的具体情况，学习日本企业的管理方式，并形成自己独特的管理方式。

企业文化概念诞生以来，中外学者从企业文化管理的角度研究企业的兴衰成败方兴未艾且日益深入，学术研究硕果累累，作为书籍呈现于读者面前的如：外国学者帕斯卡尔和阿索斯合

著的《日本企业管理艺术》、特伦斯·迪尔与艾伦·肯尼迪合著的《企业文化——企业生活中的礼仪与仪式》、罗伯特·沃特曼和托马斯·彼德斯合著的《追求卓越——美国优秀企业的管理》、金·卡梅隆和罗伯特·奎因合著的《组织文化诊断与变革》、埃德加·沙因与彼得·沙因合著的《组织文化与领导力》；我国学者陈春花、乐国林、李洁芳和张党珠合著的《企业文化》、周斌主编的《企业文化理论与实务》、罗长海的《企业文化学》、刘光明的《企业文化》，等等。

时至今日，虽然还有一些企业的领导者在一定程度上受到企业文化虚无论和无用论的影响，但中外优秀企业的成功经验已经反复证明：企业的核心竞争力并非来源于外部，而是取决于企业文化，而且企业文化所反映的企业精神和企业价值观，才是影响企业日常经营活动、指引企业发展方向、决定企业成败的关键因素。王明胤在其所著《企业文化定位·落地一本通》中指出：企业由低向高各发展阶段的经营管理模式，一般是沿着“人治、法治、文治”三个阶梯拾级而上，层次递升。

第一种是人治管理模式。普遍适用于企业发展的初级阶段，存在于小企业的管理模式，其突出特点是老板个人“一言堂”，管理经验是“五靠”，即管理靠经验，决策靠感觉，组织靠道义，领导靠威信，激励靠奖金。

第二种是法治管理模式。适用于企业发展到一定规模时实行。企业的运行犹如按精心设计的程序运转起来的机器，惯性下的运转轨迹很难靠人为去改变。比如一些大型的国有企业，领导更换对企业运行的影响不会很大，企业的发展也不会因为领导个人的好恶而轻易偏离方向，更不会因为某一个人的离职而停止运转。法治模式是规模化的企业实现飞跃和可持续发展、探索和建立企业科学管理的必经阶段。

第三种是文治管理模式，是法治模式基础上的升华与晋级。文治管理模式是以人为核心、以理念为导向、以战略为中心、以制度为基础的文化管理模式。文治管理模式是基于假设的一种管理模式，管理者假设要达成某种经营成果，成果需要员工的特定行为来支持，而特定行为是由理念决定的。所以，管理的重心就是人的“理念”。

（二）企业文化的概念与范围

对于企业文化的定义，众说纷纭，专家学者各有其表。总体而言，企业文化是形成于企业生存发展过程中、渗透于企业一切活动里、领导大力倡导、员工普遍认可、全体人员共同遵守的一整套共享的观念、信念、价值观和行为规则。它包括价值观、信仰、道德规范、行为准则、历史传统、企业制度等诸多方面的内容，是企业精神财富的总和。

企业文化能够促成一种共同的行为模式，这种共同行为模式是企业文化最强大的力量所在。企业文化决定着领导者的行为方式，直接影响着人力资源的有效性，对于提升企业独有的核心竞争力有着深刻而长远的作用。正如《组织文化与领导力》一书的作者埃德加·沙因所说："有这样一种可能性，但在领导学研究中并未得到重视，即领导者所做的唯一真正重要的事情，就是创造并管理企业文化。因此，领导者的独特才干就在于和文化打交道。"观察中外企业可以看出，凡是那些业绩辉煌、生命力旺盛、品牌形象优秀的企业，普遍都有一个共同之处，那就是他们都会有一套坚持不懈的核心价值观，有其独特的、不断丰富和发展的优秀企业文化体系。

（三）企业文化的要素、结构与分类

1. 企业文化的构成要素

在企业文化系统中，是哪些因素决定了企业文化的类型，企业文化在公司的日常经营管理中如何发挥作用，也就是说企业文化的构成要素有哪些。不同学者从不同视角进行研究并提出了不同的观点，最有代表性的当属特伦斯·迪尔与艾伦·肯尼迪提出的企业文化五要素说。此外，还有河野丰弘的七要素说，以及托马斯·彼得斯的八要素说。

特伦斯·迪尔与艾伦·肯尼迪合著的《企业文化——企业生活中的礼仪与仪式》中对企业文化五要素进行了详细描述，此后人们对企业文化要素进行更加深入的研究，多数都源自这一学说。[①] 这五大要素包括：

一是企业环境：也就是企业面临的生存与发展条件，这里主要是指企业所处的外部环境。每个企业在经营活动中，自身产品、竞争对手、商业伙伴、面对的客户、政府监管等以及其他社会条件均不相同。不同的环境决定了企业应该采取什么样的经营策略和经营活动才能取得成功。在塑造企业文化的过程中，企业所处环境是最重要的影响因素。比如，如果一个公司要靠销售大众化的商品而获得成功，就应该发展一种称之为"努力工作/尽情玩乐"的企业文化来激发并保持销售队伍的充沛精力和旺盛斗志，而对于那些在无法得知最终能否成功之前就必须投入大量研究与经费的公司，则应当着力发展名为"赌注型"的文化，以确保在采取行动前已经进行过缜密的思考。

二是价值观：这是一个企业的基本理念和信仰，是企业文化的核心要素。对员工而言，价值观界定了"成功"这一概念的标准，决定着企业内部员工对某一事件、某一行为、某一结果作出好与坏、对与错、功与过、成与败等价值取向与判断。统一的价值观念使员工在判断和选择行为时具有统一的标准。对企业而言，价值观是企业人格化的产物，它决定了企业应该做什么、为何这么做、向着什么方向前进和怎样做才能效益更好以及做得好与坏的评价标准，为

---

① 参见特伦斯·迪尔、艾伦·肯尼迪著：《企业文化——企业生活中的礼仪与仪式》，李原、孙健敏译，中国人民大学出版社 2020 年版。

企业的生存和发展提供了基本方向和行动指南。

三是英雄人物：在这些英雄人物身上鲜明地体现着企业文化，他们是企业员工学习的榜样和效仿的对象。在现实生活中，越来越多的企业开始重视树立和塑造自己的英雄人物，挖掘他们身上所展现出来的企业文化，并通过他们向其他员工宣传企业提倡和鼓励的精神。由于这些英雄对于员工来说近在眼前，看得见，接触得到，从他们身上可以认识到先进并不遥远，成功力所能及，英雄人物既是对外的企业形象展示，又是对内的员工激励。

四是礼仪和仪式：指企业日常生活中一些系统化和程序化的惯例，包括企业举行的各种表彰、奖励、聚会以及文体活动等。这些文化方面的仪式，可以把企业中发生的某些事件加以戏剧化和形象化处理，从而生动地宣传和体现本企业的价值观念，使人们通过这些生动活泼的活动和寓教于乐的形式来感受企业的文化内涵。

五是文化网络：指企业内部非正式的信息传播渠道，包括企业内部的轶事、故事、猜测、传闻等形式，这在一定程度上可以理解为企业的非正式沟通网络。企业中的非正式组织，是由于组织成员的感情和动机上的需要而自发形成的，因此其沟通渠道是通过企业内部的各种社会关系把人们联结在一起，并且依据心理、情感的力量来加以承接，它所传递的信息往往反映出企业员工的真实愿望和心态。

关于这五种文化要素如何在相互作用中孕育充满活力的企业文化，两位作者在其原著出版20年后所著《新企业文化：重获工作场所的活力》中，又以“重新关注文化要素”进行了描述。在一个凝聚力很强的企业中，生机盎然的企业文化能够为一个深刻而持久的共同目标做出贡献。这种文化的活力，在很大程度上是基于长期以来人们通过共同合作和互相学习而编织出来的一块完整的文化织锦，这块织锦中交织着一套互锁的文化要素：历史产生了价值观；价值观创造了行为的重心并塑造着行为；英雄人物是核心价值观信念的具体化身；礼仪与庆典进一步强调了价值观，并唤醒了集体主义精神；通过故事，传颂英雄事迹，强化核心价值观，并提供有关企业事件的令人兴奋的素材。

此外，河野丰弘在其所著的《改造企业文化：如何使企业展现活力》中，提出了企业文化的七要素：即员工的价值观、情报收集的取向、构想是否会自发地产生、从评价到实行的过程、员工的互助关系、员工的忠诚度和活动的形态。罗伯特·沃特曼和托马斯·彼德斯合著的《追求卓越——美国优秀企业的管理》提出了优秀企业文化的八个要素，包括崇尚行动、贴近顾客、自主和创新精神、以人为本、亲自实践及价值驱动、坚持本业、精简机构和人员、宽严相济等。

2. 企业文化的结构层次

对于企业文化内容结构层次的划分，有二层次、三层次、四层次、五层次等多种说法。比较著名的是沙因提出的三层次理论①，更为流行和普遍适用的则是企业文化的四层次结构理论。

（1）三层次结构理论

它将企业文化从最外在的可以看得见的表层向内在的不可视的深层，依次把企业文化层次分为顶层的人工饰物、中层的外显价值观和内层的基本假定，而重点则是要更好地理解和管理那些较深层次的文化内容。

顶层的人为饰物：就是当进入到一家企业时，面对一个新的环境，人为饰物是最容易观察到的，在企业内部的所见、所闻与所感。比如一家酒店、商场、银行或汽车 4S 店等企业营业大厅有什么特点，以及你对这些特点相应的情绪反应。你很快就会发现不同企业的行事风格是截然不同的，例如在数字设备公司，员工经常会开会讨论，办公区域看不到围墙或关闭着的门，有的严格，有的宽松，有的紧张，有的活泼，有的摆设生活化如家一样温馨，有的整洁有序条理井然，一切都显得正式。在人工饰物这一层次上，企业文化的内容确实非常明确，并且具有即时的情绪影响力。但事实上你并不清楚企业员工为什么会以当前的方式行事，该企业为什么会形成现在的组织结构。仅仅在企业内部闲逛和观察，你无法真正理解该企业的文化究竟是什么，即使看到的内容极其相似，你也并不清楚他们是否具有同样的意义。

中层的外显价值观：每一个企业中所有成员的活动，都是个人价值观的反映。要想深度解读一家公司的企业文化，仅凭表面观察人工饰物的层次是远远不够的，你需要询问一些与企业信奉的价值观有关的问题，如他们为什么这样做？为什么有的采取开放式办公，而有的企业则实行封闭式工作？有时你会发现，两家企业同样提倡客户导向，重视团队合作，产品质量及正直诚信等，其布置摆设和行事风格却可能迥然不同。有一些更深层次的思想或观念在主导外在的行为。这些更深层次的思想或观念，可能与企业信奉的价值观一致，也可能存在差异和不同。这些不一致告诉我们，是更深层次的思想或观念推动了外显行为的产生。

内层的基本假定：要理解这一较深层次的企业文化，你必须用一种历史的视角来思考企业。纵观企业的发展历史，究竟是创始人和关键领导者的哪些价值观、信仰和经营理念使组织走向了成功？回想一下，企业不正是那些最初将自己的价值观、信仰和经营理念灌输给被雇佣的个体或小团队的人所创建的吗？如果创始人的这些价值观和经营理念与企业所处的发展环境不适应，企业就不可能取得成功，自然也就不可能发展出相应的企业文化。

（2）四层次结构理论

该理论将企业文化由外到内依次分为物质层、行为层、制度层和精神层。

物质层即物质文化，俗称企业的“硬文化”或表象文化，是指企业通过视觉识别系统的

① 参见埃德加·沙因、彼得·沙因著：《组织文化与领导力》，陈劲、贾筱译，人民大学出版社 2020 年版。

设计和传播，面向企业内外部所展示出来的社会形象和所传达出来的企业文化信息，包括企业内部的工作环境、生产的产品和提供的服务以及企业的品牌形象等外在方面的各项内容。

行为层即行为文化，是指企业员工在日常经营活动中所应遵循的行为标准和外在的行为表现，包括企业和企业员工思考和行为的模式，如服务用语、行为规范与习惯、思维方式、服务标准、商务礼仪、企业风尚、仪式活动等，是对员工行为方式、行为习惯的规范，是企业文化核心理念在员工具体行为层面的反映与折射。

制度层即制度文化，是企业文化核心理念通过制度化融入管理的重要载体，是员工践行企业文化以及树立企业形象的重要保障，包括企业规范、流程、领导体制、人际关系以及各项规章制度和纪律约束等。制度文化是员工践行企业文化以及树立企业形象的重要保障。

精神层即精神文化，或称作理念层，是企业的“软文化”，也是企业文化建设中最基础、最核心、最重要的部分，包括企业的使命、愿景、核心价值观、信仰、企业精神、员工素质、优良传统以及企业的主要经营理念等，是企业文化的核心所在。

企业文化的物质层、行为层、制度层和精神层是相互联系、相互作用、密不可分的，精神层决定了行为层、制度层和物质层，制度层是精神层、物质层和行为层的中介载体，物质层和行为层是精神层的体现，它们共同构成企业文化的完整体系。其中企业的精神层是最根本的，它决定着企业文化的其他三个层面，也是企业文化建设的精要和重点。

3. **企业文化的分类**

国内外学者从不同标准和角度，对企业文化进行了多种分类，代表性的分类有以下几种：

（1）奎因和卡梅隆在其所著《组织文化诊断与变革》中，以企业文化差异对企业效率的影响为依据，将企业文化分为以下四类：①

一是等级（控制）/官僚型文化。德国社会学家马克斯·韦伯提出了官僚组织广为人知的七大经典特征：规则、专业化、贤能管理、等级、所有权分离、无人情味、责任。这些特征对于实现组织目的非常有效，因此以实现有效、可靠、顺畅运行和可预测产出为主要挑战的组织，广泛采用官僚组织形式。与这种形式相匹配的组织文化的典型特征是工作环境的正式化和结构性。程序规定了人们做什么，有效的领导者是优秀的协调者和组织者，正式的规则和政策将组织统一起来。

从美国典型的快餐厅（如麦当劳）到大型公司（如福特汽车公司）再到政府机构等，提供了等级型文化的案例原型。一般而言，大型组织和政府机构的主导文化均是等级文化。等级型文化的特征是工作环境受到严格控制，正规的制度和政策把组织黏合在一起，人们做事遵循程序，稳定、可预期和效率是组织关注的重点。在我国，该类文化多见于大型国有企业。

---

① 参见金·卡梅隆、罗伯特·奎因著：《组织文化诊断与变革》，王素婷译，中国人民大学出版社2020年版。

二是市场（竞争）型文化。该组织形式在20世纪60年代后期开始流行，它聚焦于外部环境而非内部事务，它主要关注外部相关方如供应商、顾客、承包商、被许可方、工会和立法者的交易处理。在等级型文化中，内部控制的维持依赖于规则、专业化工作以及集中化的决策方式，而市场型文化不同于等级型文化之处在于，它的运行主要通过市场机制、竞争动力和货币交易实现。也就是说，市场组织的主要关注点，是与其他相关方开展交易（交换、销售以及合约）以形成竞争优势。毫无疑问，市场型组织的核心价值观是竞争力和生产力。飞利浦、施乐公司是这一组织形式的代表。我国许多大中型股份制企业或者大型的民营企业也可归入此类。

市场型文化的基本假设是外部环境充满了敌意而非仁慈，顾客挑剔，只对价值感兴趣，组织的职责是提高其竞争地位，管理层的主要任务是驱动组织获得更高的生产力、成效和利润，其假设是清晰的目标和积极的战略可以带来生产力和盈利。市场型文化以结果为导向，领导者是进取心十足的生产者，也是强硬的、苛求的竞争者。将组织凝聚在一起的黏合剂就是致力于获胜，长期的关注点是采取竞争措施、实施扩张目标和指标，成功的定义是市场份额和市场渗透，在竞争中获胜、在市场中赢得领导地位至关重要。

三是部落（合作）/家庭型文化。它类似于家庭型组织，共同价值观和目标、凝聚力、参与性、个性化以及“我们”的集体意识渗透于部落型文化中。与其说是一个经济单元，它们更像一个扩展的大家庭。与等级型文化中的规则和程序或者市场型文化中的竞争和利润中心不同，部落型文化的典型特征是团队协作、员工参与项目和公司向员工提供承诺。这些特征具体表现形式为：半自治的工作团队——他们依照团队（而非个体）的成就获取相应的奖励，可以雇佣或者解雇团队成员；鼓励员工提出改进自己和公司绩效建议；给员工授权的工作环境。部落型文化的基本假设包括：工作环境的最佳管理效果是通过团队协作和员工成长实现的；最好把顾客当作伙伴；组织的职责是营造人性化的工作环境；管理层的主要任务是给员工授权，提升他们的参与度、敬业度和忠诚度。日本企业在第二次世界大战后引入了这些原则并将其成功应用，取得了显著成效。

部落型文化的典型特征是拥有友善的工作场所，人们可以进行大量分享。它就像扩展的大家庭，领导者扮演的角色是导师甚至家长，将组织凝聚在一起的因素是忠诚和传统，员工的敬业度非常高，组织强调从个人成长中获得长期利益，极强的员工凝聚力和良好的士气很重要，人们对成功的评价标准是内部氛围、关怀员工。组织优先强调的是团队精神、参与和共识。这种文化类型常见于拥有悠久历史的企业。

四是委员（创造）/活力型文化。全球由工业时代进入信息时代后，组织所处的外部环境变化加快，发展加速。为应对这一形势，不同于前三种文化类型的一系列假设得以形成，委员型文化应运而生。该型文化的假设是创新和前沿精神带来成功，组织的主要任务是开发新产品和新服务，为未来做好准备，管理层的主要任务是促进创业、创造力以及前沿性活动，人们认为调整适应和创新可以带来新资源和利润，组织强调形成关于未来的发展愿景、有组织的无序状态和有约束的想象力。

委员型文化的特征是动态的、富有创业精神和创造性的工作场所，人们乐于冒险和承担风险。有效的领导者是愿景型、创新型的，是以风险为导向的。将组织凝聚在一起的黏合剂是对试验和创新的投入。关注点是始终处于新知识、新产品和新服务的前沿。时刻准备开展变革、应对挑战是至关重要的。组织长期的关注点是快速成长和获取新资源。成功意味着生产独特的、具有原创性的产品和服务。委员型的组织多见于航空、软件开发、智囊咨询和电影制作等行业，其面临的挑战是生产创新型的产品和服务，并对新机会做出迅速反应。不同于市场型组织或等级型组织，委员型组织没有集中的权力和权威关系。有时在由另外一种文化占据主导地位的大型组织里，委员型组织也会作为单元存在。该种文化常见于一些处于创业期的高科技公司。

（2）在美国企业管理专家特伦斯·迪尔与艾伦·肯尼迪合著的《企业文化——企业生活中的礼仪与仪式》中，以企业生产经营中风险的大小和信息反馈的快慢为依据，将企业文化划分为以下四种类型：

一是硬汉型文化。这是个人英雄主义者的世界：它们通常承担高风险，并能迅速地获得自己的行动是否正确的反馈信息。在经营世界里有大量的组织属于这一类型，如建筑业、管理咨询业、出版业、投资银行、广告、电视、电影、体育运动行业等。它们往往在财务上投资巨大，其回馈也会立竿见影。硬汉型文化倾向于是年轻人的文化，它看重速度而不讲究持久，巨大的工作压力和紧张的工作节奏，常常会使他们在步入中年之前就筋疲力尽。在这种环境中，要么大获全胜，要么一无所有，擅长在这种文化类型中生存的人物，需要赌博并渴望获得即时的回馈。在这种文化中，机遇扮演了一个关键的角色。由于那些在短期里没能成功的人选择离开，因而带来了行业的高流动率，因此，在硬汉型文化的氛围中，想要建设一种强有力的、富有凝聚力的文化是非常困难的。

二是努力工作/尽情玩乐型文化。该类型文化存在于销售人员的世界，娱乐和行动是这里的主角。员工个体几乎不承担什么风险，但是他们能迅速地获得自己是否取得了成功的反馈。在经营世界中，绝大多数销售取向的公司都归属于这种努力工作/尽情玩乐型的文化范畴，包括电脑公司、办公设备供应商、绝大多数刚刚起步的高科技公司以及所有的辅助产业，例如汽车零售业、电话推销商和股票经纪人。要想在这样一种文化类型中取得成功，要求员工对业务活动保持一种高度的甚至是疯狂的状态，且在所有的或至少是绝大多数时间里，维持一种精神饱满的状态，成功来自持之以恒。如果说硬汉型文化中任何取得成功的人都会成为一位明星，那么在努力工作/尽情玩乐型文化中，只有团队才能赢得世界，因为任何个体都无法造就真正的差异。

三是赌注型文化。他们制定高风险的决策，而且需要花费数年才能了解这一决策是否正确。处于这种文化类型中的公司，包括资本投资公司、采矿和冶金公司、大集团企业、石油公司以及诸如建筑公司之类的服务型企业。这些公司的赌博者，并不像硬汉那样拿着自己的职业生涯去冒险，他们常常是以整个企业的未来作赌注。作出正确决策的重要性使得企业上上下下都鼓励一种深思熟虑的风气。在赌注型文化中，时间以月或年来计算，而不是以天或周为单位。公司的价值观关注未来，强调对未来进行投资的重要性。这种文化类型的一些大公司宣传口号如："发展和进步是我们最重要的产品"（通用电气公司）、"通过化学使生活变得更加美好"（杜邦公司）、"美国铝业不能坐等明天的到来"（美国铝业公司）。

四是过程型文化。这是一个很少能获得甚至根本无法获得反馈的世界。员工很难测量他们做了什么工作，他们因此更关注如何完成这些工作。在经营世界中，占据这个低风险、慢反馈角落的常常是银行、保险公司、金融服务组织、绝大多数零售商、大型政府部门、公共服务机构，以及处于严格监管行业中的公司（如制药公司）。这种文化的价值理念，强调技术的尽善尽美——要能够计算出风险，找到解决办法，并要使过程和具体细节正确可靠。

实际上，没有一家企业能够精确地、纯粹地归属于这四个范畴当中的任何一个，在真实的世界里，任何一家公司都会发现自己是由这四种文化类型构成的一种混合体。不同的业务部门创造并体现出独特的文化，如销售部门属于努力工作/尽情玩乐型文化，研发部门属于高风险和慢反馈的世界、制造部门和会计部门遵循的是过程型文化模式等。

（3）日本企业文化研究专家河野丰弘将企业文化类型划分为五种（见表9-1）。

表9-1　企业文化类型（河野丰弘）

类型／要素	五种企业文化类型				
	活力型	独裁活力型	官僚型	僵化型	独裁僵化型
基本特征	富有创新价值，具有革命性的构想不断产生	追随独裁者，但充满活力	行事重视固定的规则与流程	对于创造性的思维不关心，习惯满足已有模式	不做创新的事情，只会逢迎奉承，以追求自身利益为主
对企业的忠诚度	两极化	终身雇用	终身雇用	有机会就换工作	有机会就换工作
实例	较为年轻的企业	年轻的企业	老化的企业、大型的机械性组织企业	老化的企业、垄断的企业、强大的企业	旧企业

第二节　企业合规文化的概念及特征

一、企业合规文化的概念

企业合规文化是企业文化的重要内容，也是企业合规体系的重要组成部分和企业合规管理的重点，它与企业的合规组织、合规制度、合规运行机制等一道构成了企业合规体系的支柱。同时，企业合规文化也是企业合规体系有效运行的关键要素，它还是企业合规管理体系有效运行的标志性成果。可以说，没有企业合规文化作为保障的合规管理体系，很难持续运行并不断改进，同时，企业合规管理体系的运行和管理，如果不能培育出日渐深厚的企业合规文化，其有效性也必然会受到质疑。因此，国内外许多有关企业合规的政策和规范，都突出强调企业合规文化建设，企业合规管理的出发点和落脚点，也往往都指向企业合规文化。

巴塞尔银行监管委员会《合规与银行内部合规部门》在其“引言”部分就开宗明义地指出：“合规应从高层做起。当企业文化强调诚信与正直，并且董事会和高级管理层作出表率时，合规才最为有效。”“合规应成为银行文化的一部分。合规并不只是专业合规人员的责任。”

中国银行监督管理委员会2006年发布的《商业银行合规风险管理指引》第一章“总则”部分第六条规定：“商业银行应加强合规文化建设，并将合规文化建设融入企业文化建设全过程。合规是商业银行所有员工的共同责任，并应从商业银行高层做起。董事会和高级管理层应确定合规的基调，确立全员主动合规、合规创造价值等合规理念，在全行推行诚信与正直的职业操守和价值观念，提高全体员工的合规意识，促进商业银行自身合规与外部监管的有效互动。”

中国保监委员会2016年发布的《保险公司合规管理办法》第一章“总则”部分第四条规定：“保险公司应当倡导和培育良好的合规文化，努力培育公司全体保险从业人员的合规意识，并将合规文化建设作为公司文化建设的一个重要组成部分。保险公司董事会和高级管理人员应当在公司倡导诚实守信的道德准则和价值观念，推行主动合规、合规创造价值等合规理念，促进保险公司内部合规管理与外部监管的有效互动。”

2014年2月19日发布的《中国银行业监督管理委员会办公厅关于加强信贷管理严禁违规放贷的通知》明确提出：要加强教育管理，培育良好信贷合规文化，要求各银行业金融机构应有组织、有计划地开展信贷人员岗位规范和业务流程教育，让员工熟知工作流程、业务规范以及违规操作应承担的责任。开展职业道德教育、法制和案例警示教育，培养员工诚实守信的职业操守，筑牢员工拒腐防变的思想道德防线。加大合规文化建设力度，增强各级管理人员的合规意识，高级管理人员要带头执行各项管理制度，严禁授意或指令下属违规放贷，引导员工树立合规操作意识和遵纪守法观念，培育“合规从高层做起、合规人人有责、合规创造价值”的信贷合规文化。

国家发展改革委等七部委 2018 年 12 月 26 日发布的《企业境外经营合规管理指引》专章规定企业合规文化建设，在培育企业合规文化方面，要求企业应将合规文化作为企业文化建设的重要内容。企业决策层和高级管理层应确立企业合规理念，注重身体力行。企业应践行依法合规、诚信经营的价值观，不断增强员工的合规意识和行为自觉，营造依规办事、按章操作的文化氛围。在推广企业合规文化方面，要求企业应将合规作为企业经营理念和社会责任的重要内容，并将合规文化传递至利益相关方。企业应树立积极正面的合规形象，促进行业合规文化发展，营造和谐健康的境外经营环境。

国资委 2018 年 11 月 2 日发布的《中央企业合规管理指引（试行）》，将企业合规文化作为合规管理保障措施单条内容予以规定，要求企业“积极培育合规文化，通过制定发放合规手册、签订合规承诺书等方式，强化全员安全、质量、诚信和廉洁等意识，树立依法合规、守法诚信的价值观，筑牢合规经营的思想基础”。2022 年 8 月 23 日，国务院国有资产监督管理委员会又发布《中央企业合规管理办法》，将其作为《中央企业合规管理指引（试行）》更新换代文件，指导中央企业合规建设。其中进一步强化了企业合规文化建设的地位，由指引中的单条规定，升级为独立成章进行规范，其第五章“合规文化”共包括四条内容：

“第二十九条　中央企业应当将合规管理纳入党委（党组）法治专题学习，推动企业领导人员强化合规意识，带头依法依规开展经营管理活动。

第三十条　中央企业应当建立常态化合规培训机制，制定年度培训计划，将合规管理作为管理人员、重点岗位人员和新入职人员培训必修内容。

第三十一条　中央企业应当加强合规宣传教育，及时发布合规手册，组织签订合规承诺，强化全员守法诚信、合规经营意识。

第三十二条　中央企业应当引导全体员工自觉践行合规理念，遵守合规要求，接受合规培训，对自身行为合规性负责，培育具有企业特色的合规文化。”

《中央企业合规管理办法》将企业合规文化建设作为中央企业领导专题学习、法治宣传教育和合规培训的重要内容，提出明确要求，以强化全员守法诚信、合规经营意识，更加突出地体现出对企业合规文化建设的重视。

对企业合规文化建设的重视，同样也体现在全国三十多个地方政府国资委参照国务院国资委发布的企业合规建设指引性文件中，比如《上海市国资委监管企业合规管理指引（试行）》第三十条就规定“积极培育合规文化，通过制定发放合规手册、签订合规承诺书等方式，强化全员安全、质量、诚信和廉洁等意识，树立依法合规、守法诚信的价值观，筑牢合规经营的思想基础”。

在合规管理实践中，企业也普遍重视合规文化的基础性地位和作用，投入足够的资源进行合规文化的建设培育和宣传推广，明确宣示企业所尊崇的价值观。

那么什么是企业合规文化呢？美国联邦处罚指南中提到，企业合规文化就是推动一个可以鼓励道德行为和符合法律规定的承诺的组织文化。

GB/T 35770—2017/ISO 19600：2014 中给予“合规文化”的定义是：贯穿整个组织的价值观、道德规范和信念，与组织的结构和控制系统相互作用，产生有利于合规成果的行为准则。

ISO 37301：2021 将“合规文化”定义为：贯穿整个组织的价值观、道德规范、信仰和行为，并与组织结构和控制系统相互作用，产生有利于合规的行为规范。同时指出，组织应在其内部各个层级建立、维护并推广合规文化。对于整个组织所要求的共同行为准则，治理机构、最高管理者应做出积极的、明示的、一致且持续的承诺。最高管理者应鼓励倡导和支持合规的行为，应阻止且不容忍损害合规的行为。

作为企业文化的组成部分，企业合规文化就是企业在其产生、运行和发展过程中，不断形成、积淀、传承、光大并深植于企业各个方面和全体员工理念及行为之中，指导、引领、影响企业产生有利于合规的思想观念、价值理念、思维方式和行为规范，包括并不限于与企业合规相关的企业价值观、信仰、道德规范、行为准则、历史传统、企业制度等。

一个企业倡导合规、崇尚合规并实施合规管理，就是因为企业认可合规以及与合规本身所包含的要素如诚信、法治等的价值和作用，从而树立起正确的合规价值观、道德规范和信念，并将其融合贯穿于企业的组织结构、控制系统和运行机制中，最终产生有利于合规的行为规范。

二、企业合规文化的特征

正确认识企业合规文化的本质特征，有利于增强企业合规文化建设、实施企业合规文化管理的有效性。企业合规文化建设中的各项活动，都应该充分体现企业合规文化的本质特征，而不能背离企业合规文化所蕴含和体现的精神和要求，否则就会造成企业合规文化建设事倍功半，甚至毫无效果。

与企业合规管理体系中的合规组织、合规制度、合规管理流程、合规信息化等要素相比，合规文化具有以下五个方面的特征：

1. 发展变化的传承性。当企业开启建设合规管理体系、实施合规管理进程的时候，企业合规文化的基因早已深植于企业血脉中。企业合规文化融合发展的过程，是在挖掘总结、提炼升华、宣扬光大本企业合规文化要素的基础上起步的。企业合规文化的传承性，就是其传承来自企业优秀历史文化中的合规基因，包括企业经营所信奉的价值观、企业愿景、道德规范和信仰等蕴含合规因子的企业文化。优秀的企业合规文化一旦产生，就会世代相传，绵延不断，特别是企业初创之时的价值观和企业精神，都会在日后一直影响企业合规文化，并在企业经营实践中光大其精神，丰富其内容，塑造其灵魂。比如，我国不少老字号品牌，不仅拥有历史悠久、世代传承的卓越产品、精湛技艺和优质服务，更具有体现中华民族传统美德的优秀文化，特别是其中蕴含的诚信为本、货真价实、担当责任、善待员工的合规理念，是企业永不褪变的底色。比如，享誉全球的中国中药品牌药企同仁堂，早在三百多年前就树立了“以人为本，以义为上”的企业精神，始终秉承“诚信为本、药德为魂”的经营理念，新时代下进而提出“善待社会、善待职工、善待投资者、善待合作伙伴”的口号，充分彰显了其优秀合规文化的长盛不衰，历久弥坚。

2. 时代背景的融合性。一个企业的合规文化，尤其是对于全球化背景下开展跨国经营的企业而言，必然与其所处历史时期相同步，与其所处的国家和地区的政治、经济、法律、文化、监管政策等相适应，与其自身所在的行业特征相一致，与其自身发展历程和内部结构相协调，融合各方面的文化元素而凝练成企业的合规文化。因此，企业合规文化必然要融合于企业本身、特定时代背景、所处的行业环境以及当时当地的社会环境，融合企业所经历的历史文化、区域文化、行业文化、企业文化中的合规因素，并伴随企业的成长、社会的发展、法律制度和监管要求的变化，而不断更新，从而既适应企业实际需求又符合时代精神。例如，中外企业中的“百年老店”，其合规文化虽经历史沧桑却始终展现出体现时代要求的风采，伴随海外经营而不断融入国际化元素。正是因为不断融合来自各方面的合规元素，这些企业的合规文化显示出经久不衰的强大生命力、历史适应性和时代精神的光辉。

3. 形成过程的渐进性。在企业合规管理体系建设中，组织的建立、制度的制定、资源的供给、保障措施的落实，都可以通过密集式的人才和物力投入，产生立竿见影的效果。然而，企业合规文化的形成则是一个非常缓慢渐进的过程，急于求成则可能产生欲速则不达的负面效果。没有哪一家企业创立了公司或者建立了合规管理体系，就会即刻形成良好的企业合规文化。企业合规文化不是一朝一夕建设而成的，而是要经过长期的培育和积淀，在不知不觉、潜移默化和“润物细无声”的滋养过程中逐渐形成的。

如果将合规文化看作是企业合规管理结出的果实，那么就需要企业中上至领导、下到员工一起来做“锄树力士、运水力士、修桃力士、打扫力士”，对合规管理这棵果树进行精心和耐心的长期培育，方能结出合规文化这粒“仙果”，并反过来滋养企业，使之基业长青，“长生不老”。

4. 适应群体的共识性。企业合规文化是企业全体员工共同培育的果实，也是共同信守的价值理念。因此，共识性也是企业合规文化的必然要求，是企业文化得到有效传播与推行的前提。如果一个企业的合规文化不被企业绝大多数员工认同，其不但不会成为员工的行动指南和价值导向，反而会变作束缚员工精神的枷锁，导致企业形成扭曲、消极的企业文化。特别是在近年来的企业合规管理实践中，有的企业没有充分考虑自身的实际，盲目照搬照抄一些跨国公司合规管理的做法，其所提出的合规口号虽然表面上显得“高、大、上”，但实际上并不接地气，没有被绝大多数员工认可和接受，不能转化为员工自觉自愿的合规行为和合规理念，从而使企业合规文化成为“飘浮在空中的装饰品”。

5. 发挥作用的全面性。在企业合规管理体系中，与其他要素相比，企业合规文化常常呈现出无形无声、无影无踪的表现形式，但其在企业合规管理过程中又无时不在，无处不有，无人不受其影响。如本章前述关于企业文化结构层次所分析，企业合规文化在结构上由外到内同样可以依次分为物质层、行为层、制度层和精神层，从外表直达内核，全纵深穿透，全员额覆盖。从其作用的对象看，企业合规管理的人、财、物、事以及内外部关系，无所不及。从其发挥作用的方式看，合规文化在企业合规管理过程中，具有导向、约束、激励、凝聚、辐射、补缺、美化、协调等多种功能，它不仅可以直接对企业的合规管理产生正向的、积极的、健康的促进作用，而且可以对合规管理的各个方面进行查漏拾遗，填空补缺，弥合间隙，修正差错，确保企业的合规管理体系持续、健康、有效地运行。实际上，就一个企业的合规管理而言，无论制定出多少制度，也无论制度多紧多严，终会有疏漏之处，因为制度总是针对企业合规管理已经发生和预判发生的情况而定，而企业合规管理过程中需要面对的情况则是千变万化、随时而新的，当制度在管理时空上所不及、所不能时，企业的合规文化则能以其无形无声、无影无踪又无处不在的魅力，发挥补充填空之作用。如果将企业的合规管理比作植物生长，企业的合规文化就如同植物生长所需要的风、光、水、肥、土等，其中的营养成分以看不见、摸不着的方式滋养着“植物”健康成长。在企业合规管理中，唯有合规文化可以起到全覆盖的作用，使企业的合规管理不生缝隙，不留余地，没有死角。

第三节　企业合规文化的渊源及内容

一、企业合规文化的渊源

企业合规文化的渊源是指其产生的本源和出处，或者说企业合规文化建设需要从哪些方面汲取营养，借鉴经验，丰富内容，改进形态。企业合规文化的渊源决定其内容、成分和性质。从我国企业当前合规管理体系建设的实际需要出发，企业合规文化的元素来自以下方面。

（一）中华传统文化中的合规基因和现代企业管理中的合规理念

企业受所在国家历史文化的浸染和熏陶，不同国家的企业文化和价值主张表现出鲜明的国家特色。比如华为的企业文化，任正非在《致新员工书》中说：“华为的企业文化是建立在国家优良传统文化基础上的企业文化，这个企业文化黏合全体员工团结合作，走群体奋斗的道路。有了这个平台，你的聪明才智方能很好地发挥，并有所成就。没有责任心，不善于合作，不能群体奋斗的人，等于丧失了在华为进步的机会。”①

中华优秀传统文化积淀着中华民族最深沉的精神追求，包含着中华民族最根本的精神基因，代表着中华民族独特的精神内涵，是中华民族生生不息、发展壮大的丰厚遗产。在中华民族的传统文化中，孕育了许多优秀的文化基因，包含诸多合规文化的因素，这些优秀的文化基因包括但不限于：

1. “自强不息”的奋斗精神；

2. “精忠报国”的爱国情怀；

3. “天下兴亡，匹夫有责”的担当意识；

4. “重义轻利、舍生取义”的牺牲精神；

5. “革故鼎新”的创新思想；

6. “扶危济困”的公德意识；

7. “国而忘家，公而忘私”的价值理念；

8. “君子爱财，取之有道”的商业信条；

9. “货真价实，童叟无欺”的诚信理念；

10. “己所不欲，勿施于人”的处世之道；

11. “以和为贵，和而不同”的东方智慧；

12. “一诺千金，诚实守信”的商业品格。

在中华文化典籍中，有关上述合规文化的精妙论述、阐释与故事不胜枚举，比如作为合规文化基石的诚信原则，就是儒家倡导的重要道德规范。《论语》中有关“信”的名言警句和故事有很多，如：

1. 子贡问政。子曰：“足食，足兵，民信之矣。”子贡曰：“必不得已而去，于斯三者何先？”曰：“去兵。”子贡曰：“必不得已而去。于斯二者何先？”曰：“去食。自古皆有死，民无信不立。”——《论语·颜渊》（翻译：子贡问怎样治理政事。孔子说：“备足粮食，充实军备，老百姓对政府就有信任。”子贡说：“如果迫不得已要去掉一项，在这三项之中去掉哪一项呢？”孔子说：“去掉军备。”子贡又问：“如果迫不得已还要去掉一项，在这两项之中又去掉哪一项呢？”孔子回答说：“去掉粮食。因为，自古以来谁也免不了一死，没有粮食不过是饿死罢了，但一个国家、一个政府不能得到老百姓的信任就要垮掉。”）“民无信不立”这句话的意思是：如果百姓对国家都没有足够的信任，那么这个国家就不能很好地建立起来。可见

① 王京生、陶一桃主编、杨柳执行主编、陈广著：《华为企业文化》，海天出版社2018年版，第5页。

孔子把“信”看作立国做人根本之所在。

2. 信近于义，言可复也。——《论语·学而》（翻译：所守的诺言如果符合于义，那么所说的话就能够兑现。）

3. 言必信，行必果。——《论语·子路》（翻译：说话一定守信用，做事一定有结果。）

4. 子以四教：文，行，忠，信。——《论语·述而》（翻译：孔子以四项内容来教导学生：历代文献、社会生活的实践、忠诚、守信。）

5. 子张问崇德辨惑。子曰：“主忠信，徙义，崇德也。”——《论语·颜渊》（翻译：子张向孔子请教怎样去提高品修养和辨别是非，孔子说：“以忠诚信实为主，行为总是遵循道义，这就可以提高品德。”）

6. 子曰：“人而无信，不知其可也。大车无 ，小车五 ，其何以行之哉？”——《论语·为政》（翻译：孔子说：“一个人如果不讲信用，真不知道他还能做什么呢？就像大车的横木两头没有活键，车的横木两头少了关扣一样，怎么能行驶呢？”）

7. 子夏曰：“君子信而后劳其民，未信，则以为厉己也；信而后谏，未信，则以为谤己也。”——《论语·子张》（翻译：子夏说：“君子得到民众的信任之后才能去役劳他们，没有得到信任就去役劳，民众就会认为是在折磨他们。君子得到君主的信任之后才能去进谏，没有得到信任就去进谏，君主就会以为是在诽谤自己。”）

8. 子张问仁于孔子，孔子曰：“能行五者于天下为仁矣。”请问之，曰：“恭、宽、信、敏、惠。恭则不侮，宽则得众，信则人任焉，敏则有功，惠则足以使人。”——《论语·阳货》（翻译：子张向孔子问仁。孔子说：“能够处处实行五种美德，就是仁了。”子张问：“请问是哪五种？”孔子说：“庄重，宽厚，诚信，勤敏，慈惠。庄重就不会招致侮辱，宽厚就会得到众人的拥护，诚信就会得到别人的任用，勤敏则会取得功绩，慈惠就能够使唤人。”）

9. 子曰：“君子义以为质，礼以行之，孙以出之，信以成之。君子哉！”——《论语·卫灵公》（翻译：孔子说：“君子做事要把合宜作为原则，依照礼来实行，用谦逊的言语来表述，用诚信的态度来完成它。这样做才是君子啊！”

10. 子张问行，子曰：“言忠信，行笃敬，虽蛮貊之邦，行矣；言不忠信，行不笃敬，虽州里，行乎哉？立则见其参于前也；在舆则见其倚于衡也，夫然后行。”——《论语·卫灵公》（翻译：子张问怎样才能处处行得通。孔子说：“言语忠实诚信，行为笃厚恭敬，即使到了蛮貊地区，也能行得通。言语不忠实诚信，行为不笃厚恭敬，即使是在本乡本土，能行得通吗？站立时，就好像看见忠实、诚信、笃厚、恭敬的字样就在我们面前，在车上时，就好像看见这几个字刻在车前横木上，这样才能处处行得通。”）

11. 子曰：“不逆诈，不亿不信，抑亦先觉者，是贤乎！”——《论语·宪问》（翻译：孔子说：“不预先怀疑别人欺诈，不凭空臆想别人不诚信，却能先行察觉，这样的人才是贤者啊！”）

除此之外，《吕氏春秋·贵信》在评价诚信的价值和作用时说：“凡人主必信。信而又信，谁人不亲？信立则虚言可以赏矣。虚言可以赏，则六合之内皆为己府矣。信之所及，尽制之矣。…… 君臣不信，则百姓诽谤，社稷不宁；处官不信，则少不畏长，贵贱相轻；赏罚不信，则民易犯法，不可使令；交友不信，则离散郁怨，不能相亲；百工不信，则器械枯伪，丹漆染色不贞。”（翻译：凡是君主一定要诚信。诚信再诚信，什么人不来亲附？诚信树立了，就可以鉴别虚假的话了。可以鉴别虚假的话，那么天地四方就都成为自己的了。诚信所达到的地方，就都能够控制了。……君臣不诚信，那么百姓就会批评指责，国家就不会安宁；做官不诚信，那么年少的就不敬畏年长的，地位尊贵的和地位低贱的就相互轻视；赏罚不诚信，那么百姓就容易犯法，不可以役使；结交朋友不诚信，那就会离散怨恨，不能相互亲近；各种工匠不诚信，那么制造器械就会粗劣作假，丹、漆等颜料就不纯正。”）

其中的“百工不信，则器械枯伪，丹漆染色不贞”，若放在现代的商业环境中来理解，就是说如果生产厂家失去诚信，其所生产的商品就会质量低劣，市场上假冒伪劣的商品就会泛滥成灾，损害消费者利益，污染营商环境。这不正是我们市场经济发展过程中某些阶段、某些地方以及某些商家不讲诚信的真实写照吗？

“义”与“信”是中华传统文化中同等重要又紧密相连的核心价值理念，二者常合称“信义”。同时，“义”与“利”又经常相提并论而形成儒家关注的义利观，是企业合规文化的核心内容。《论语》中有关“义”的论述如下：

1. 子路曰：“君子尚勇乎？”子曰：“君子义以为上。君子有勇而无义为乱，小人有勇而无义为盗。”——《论语·阳货》（翻译：子路说：“君子崇尚勇敢吗？”孔子说：“君子把义看作是最尊贵的。君子有勇无义就会作乱，小人有勇无义就会去做盗贼。”）

2. 子曰：“君子喻于义，小人喻于利。”——《论语·里仁》（翻译：孔子说：“君子懂得的是道义，小人懂得的是利益。”）

3. 子曰：“饭疏食饮水，曲肱而枕之，乐亦在其中矣！不义而富且贵，于我如浮云。”——孔子《论语·述而》（翻译：孔子说：“吃粗粮、喝冷水、弯着胳膊当枕头，乐趣就在其中了！用不义的手段得到富贵，对我来说，那就如同天上的浮云。”）

4. 子曰：“见利思义，见危授命，久要不忘平生之言。”——《论语·宪问》（翻译：孔子说：“看见利益先想一想该不该得，遇到危险便肯付出生命，经过长久的穷困日子却不忘记平日的诺言，也就可算是完人了。”）

5. 子曰：“君子之于天下也，无适也，无莫也，义之与比。”——《论语·里仁》（翻译：孔子说：“君子对于天下的事，没有规定一定要怎样做，也没有规定一定不要怎样做，而只考虑怎样做才合适恰当，这样就行了。”）

6. 子曰："夫达也者，质直而好义。察言而观色，虑以下人。"——《论语·颜渊》（翻译：孔子说："真正的通达，是品质正直，懂礼义，有正义。善于观察别人讲话时的脸色，从而体察其心意，常考虑如何谦恭待人。"）

7. 子曰："君子之仕也，行其义也。道之不行，已知之矣！"——《论语·微子》（翻译：孔子说："君子出来为官做事，是为了尽应尽之道义。至于大道之难行，君子早就知道了！"）

8. 子曰："上好礼，则民莫敢不敬；上好义，则民莫敢不服；上好信，则民莫敢不用情。"——《论语·宪问》（翻译：孔子说："在上位者讲究礼节，百姓就没有人敢不尊敬；在上位者讲究行为正当，百姓就没有人敢不服从；在上位者讲究诚实信用，百姓就没有人敢不说真话。"）

在义利观上，儒家的代表人物孔子、孟子、荀子等，都主张以义为重、先义后利，强调"君子义以为上""见利思义"。《孟子》提出："生，亦我所欲也；义，亦我所欲也。二者不可得兼，舍生而取义者也。"《荀子·荣辱篇》讲："荣辱之大分，安危利害之常体：先义而后利者荣，先利而后义者辱；荣者常通，辱者常穷；通者常制人，穷者常制于人。是荣辱之大分也。"受儒家思想影响，我国历史上的儒商，都把"重义"视为经商的重要原则，强调宁舍利取义而决不见利忘义。商人应与士一样，讲究道德修行，做到"利以义制，名以清修"。在中国传统文化里，以诚信为主要内容的企业文化，包含着深厚的合规理念，这种文化一直绵延不断，源远流长，并且随着时代的发展不断焕发出新的生机与活力。

逐利是企业的本性和天分，营利是企业经营的目的和任务，而正确处理义利关系，则是企业始终都要面对的现实课题。然而，君子爱财，取之有道。重义轻利、先义后利、必要时舍利取义，是企业合规文化不可或缺的重要方面。每个企业在努力谋取自己利益的同时，也必须考虑其商业行为是否符合并有助于促进国家利益、社会利益、员工利益和商业伙伴的利益，并确保不因自己的商业行为损害他人利益。在企业利益与国家利益、社会利益发生冲突的时候，应该使前者服从于后者。只有这样，企业才能实现和谐社会"在共建中共享、在共享中共建"。

改革开放以来，我国企业以开放包容和兼收并蓄的态度，大力引进外资和西方国家的现代企业管理制度，越来越多的企业开展国际化经营，在"引进来"与"走出去"的过程中，吸收借鉴美欧日等西方国家现代企业的管理经验和理念，将西方企业文化中的竞争观念、效率观念、质量意识、规则意识、品牌意识、创新意识、环保意识、责任意识、尊重人权、保护劳工等思想，与中国"天人合一""人本主义""革故鼎新""与时俱进""诚信俭朴""脚踏实地""重义轻利""惠民利民""和谐共赢"等优秀的传统文化有机结合起来，从而促进我国企业合规管理在东西方文化交汇融合中，实现跨越式发展，不断提升企业软实力，并进而助力我国企业在参与国际合作及竞争中不断形成新优势。

（二）社会主义核心价值观

社会主义核心价值观是社会主义核心价值体系的内核，体现社会主义核心价值体系的根本性质和基本特征，反映社会主义核心价值体系的丰富内涵和实践要求，是社会主义核心价值体系的高度凝练和集中表达。

党的十八大强调，倡导富强、民主、文明、和谐，倡导自由、平等、公正、法治，倡导爱国、敬业、诚信、友善，积极培育和践行社会主义核心价值观。在社会主义核心价值观基本内容中，富强、民主、文明、和谐是国家层面的价值目标，自由、平等、公正、法治是社会层面的价值取向，爱国、敬业、诚信、友善是公民个人层面的价值准则。

社会主义核心价值观从国家、社会、公民三个层面，分别阐述了价值目标、取向和准则。富强、民主、文明、和谐是中国特色社会主义现代化国家的建设目标，这四者紧密联系、相辅相成构成了统一整体。有了价值目标，国家发展、社会进步才有了方向和精神支撑。所以国家的价值目标在社会主义核心价值观中居于主导地位。富强、民主、文明、和谐反映了社会主义的本质特征，体现了人民群众的根本利益，承载着中华民族的精神追求。

自由、平等、公正、法治是从社会层面对社会主义核心价值观的高度凝练。这四者体现了中国特色社会主义的价值追求，反映了社会主义社会的基本属性，是对美好社会的生动表述，也是中国共产党矢志不渝、长期实践的核心价值理念。

爱国、敬业、诚信、友善的价值准则，着眼于公民应当遵循的基本行为规范，凝聚了全社会的道德共识，涵盖了社会公德、职业道德、家庭美德、个人品德等方面，继承了中华民族传统美德、中国革命道德和社会主义新时期道德的优秀传统，具有基础性、广泛性和普遍性。

社会主义核心价值观是企业文化核心理念的根基。积极培育和践行社会主义核心价值观，与中国特色社会主义发展要求相契合，与中华优秀传统文化和人类文明优秀成果相承接，是企业合规文化建设重要的指导思想和必备内容。《关于培育和践行社会主义核心价值观的意见》明确要求“开展各项生产经营活动，要遵循社会主义核心价值观要求，做到讲社会责任、讲社会效益，讲守法经营、讲公平竞争、讲诚信守约，形成有利于弘扬社会主义核心价值观的良好政策导向、利益机制和社会环境。”

企业要把践行社会主义核心价值观作为企业文化建设的重要目标和任务，将其与企业的思想教育、价值导向、文化活动紧密结合，融入企业合规文化建设的全过程，成为企业员工能够普遍理解、接受和自觉遵守奉行的价值观念。要把学习践行社会主义核心价值观贯穿到企业发展的整个过程当中，做到讲社会责任、讲社会效益，讲守法经营、讲公平竞争、讲诚信守约。要注重经济行为和价值导向的有机统一，实现企业长远发展的同时，也为社会发展注入正能量，做出应有贡献。在企业合规文化建设中，要不断推进各项规章制度的修订和创新，通过相关制度的完善和优化、制度体系的融合，把培育和践行社会主义核心价值观融入员工的日常工作和生活中，形成全员参与、全员践行的风气。

（三）新时代的企业家精神

党的十八大开启了中国特色社会主义的新时代，我国发展站到了新的历史起点上。在这个新阶段，我国党和国家事业发展从指导思想、理念思路、方针政策、体制机制、根本保证到社会主要矛盾、社会环境、外部条件等各方面都发生了巨大变化，发展水平和发展要求更高，呈现出新的时代特征。改革开放以来特别是我国进入新时代，一大批有胆识、勇创新的企业家茁壮成长，形成了具有鲜明时代特征、民族特色、世界水准的中国企业家队伍，也孕育培养了具有中国特色的新时代企业家精神。2020 年 7 月 21 日，习近平总书记在企业家座谈会上，从以下五个方面概括并论述了新时代应当弘扬的企业家精神：

第一，希望大家增强爱国情怀。企业营销无国界，企业家有祖国。优秀企业家必须对国家、对民族怀有崇高使命感和强烈责任感，把企业发展同国家繁荣、民族兴盛、人民幸福紧密结合在一起，主动为国担当、为国分忧，正所谓" 利于国者爱之，害于国者恶之"。爱国是近代以来我国优秀企业家的光荣传统。从清末民初的张謇，到抗战时期的卢作孚、陈嘉庚，再到新中国成立后的荣毅仁、王光英，等等，都是爱国企业家的典范。改革开放以来，我国也涌现出一大批爱国企业家。企业家爱国有多种实现形式，但首先是办好一流企业，带领企业奋力拼搏、力争一流，实现质量更好、效益更高、竞争力更强、影响力更大的发展。

第二，希望大家勇于创新。创新是引领发展的第一动力。" 富有之谓大业，日新之谓盛德。" 企业家创新活动是推动企业创新发展的关键。美国的爱迪生、福特，德国的西门子，日本的松下幸之助等著名企业家都既是管理大师，又是创新大师。改革开放以来，我国经济发展取得举世瞩目的成就，同广大企业家大力弘扬创新精神是分不开的。创新就要敢于承担风险。敢为天下先是战胜风险挑战、实现高质量发展特别需要弘扬的品质。大疫当前，百业艰难，但危中有机，唯创新者胜。企业家要做创新发展的探索者、组织者、引领者，勇于推动生产组织创新、技术创新、市场创新，重视技术研发和人力资本投入，有效调动员工创造力，努力把企业打造成为强大的创新主体，在困境中实现凤凰涅槃、浴火重生。

第三，希望大家诚信守法。" 诚者，天之道也；思诚者，人之道也。" 人无信不立，企业和企业家更是如此。社会主义市场经济是信用经济、法治经济。企业家要同方方面面打交道，调动人、财、物等各种资源，没有诚信寸步难行。由于种种原因，一些企业在经营活动中还存在不少不讲诚信甚至违规违法的现象。法治意识、契约精神、守约观念是现代经济活动的重要意识规范，也是信用经济、法治经济的重要要求。企业家要做诚信守法的表率，带动全社会道德素质和文明程度提升。

第四，希望大家承担社会责任。我说过，企业既有经济责任、法律责任，也有社会责任、道德责任。任何企业存在于社会之中，都是社会的企业。社会是企业家施展才华的舞台。只有真诚回报社会、切实履行社会责任的企业家，才能真正得到社会认可，才是符合时代要求的企业家。这些年来，越来越多企业家投身各类公益事业。在防控新冠肺炎疫情斗争中，广大企业家积极捐款捐物，提供志愿服务，作出了重要贡献，值得充分肯定。当前，就业压力加大，部分劳动者面临失业风险。关爱员工是企业家履行社会责任的一个重要方面，要努力稳定就业岗位，关心员工健康，同员工携手渡过难关。

第五，希望大家拓展国际视野。有多大的视野，就有多大的胸怀。改革开放以来，我国企业家在国际市场上锻炼成长，利用国际国内两个市场、两种资源的能力不断提升。过去10年，我国企业走出去步伐明显加快，更广更深参与国际市场开拓，产生出越来越多世界级企业。近几年，经济全球化遭遇逆流，经贸摩擦加剧。一些企业基于要素成本和贸易环境等方面的考虑，调整了产业布局和全球资源配置。这是正常的生产经营调整。同时，我们应该看到，中国是全球最有潜力的大市场，具有最完备的产业配套条件。企业家要立足中国，放眼世界，提高把握国际市场动向和需求特点的能力，提高把握国际规则能力，提高国际市场开拓能力，提高防范国际市场风险能力，带动企业在更高水平的对外开放中实现更好发展，促进国内国际双循环。①

企业家精神内涵的界定，与时代的特点紧密相连。提到企业家精神，往往会使人想到它能够创造价值，特别是经济价值。新时代的企业家精神中，除了创造经济价值之外，还要彰显爱国情怀、创新精神、诚信品格和社会责任。企业家精神中的“诚信”品格，正是企业合规的基石，是对企业家的基本要求，也是企业家的立身之本，企业家在修炼领导艺术的所有原则中，诚信是绝对不能摒弃的原则，包括增强法律意识、坚守契约精神，以诚实守信推动经营发展行稳致远。

（四）法治观念与国际规则意识

市场经济是法治经济，依法治企是依法治国方略在企业中的延伸，守法经营是对企业的基本要求，是任何企业都必须遵守的一个大原则。作为依法成立的主要市场主体，企业的所有经营行为，都离不开法律的保护，同时也受到法律的约束。各类企业都应把守法诚信作安身立命之本，依法经营、依法治企、依法维权，坚决守住法律的底线，偷税漏税、走私贩私、制假贩假等违法行为坚决不做。只有这样，企业才能实现持续发展，不断壮大。所谓依法治企，就是要坚持法治理念，在企业内部形成依法决策、依法经营、依法办事、依法维权的法治氛围，使

① 参见习近平：《论把握新发展阶段、贯彻新发展理念、构建新发展格局》，中央文献出版社，第359-362页。

企业管理的所有行为都纳入法治化轨道，切实做到健全制度、规范管理、严格监督，有效防控和降低企业经营风险。

企业法治文化是依法治企的理念要求，是企业文化精神层的基础和载体，同时也是企业合规文化的主要内容。随着我国市场化、法治化、国际化的营商环境日益完善，政府对企业依法经营的监管也更加严格和密实。企业必须适应法治化的环境，树立依法治企理念，用法治思维和法治方式管理企业经营，培育以法治文化为基石的企业合规文化。

建设企业法治文化，需要对企业经营行为进行全领域、全过程、全方位、全员额的依法规范，不断完善企业以法治为导向的规章制度并确保其在企业经营中全面执行。“走出去”的中国企业，还要严格遵守经营所在国家和地区的法律制度和政府监管要求，诚信守法，树立中国企业的良好形象。

企业法治文化建设有助于带动企业和员工培养自觉守法意识，形成法治思想观念、法治文化氛围，将法律知识转化为法治意识，通过法治文化理念的传导、感染和文化氛围的熏陶，潜移默化地影响员工，促进员工自觉地遵守、敬畏、信仰法律。员工的守法合规、诚信履约是企业诚信经营的重要体现。

国际经贸规则是当今世界上国家与国家、国家与地区之间在发生国际经贸关系时，共同认可和共同遵循的一系列行为准则。这些准则一般是通过协定、协议、条约、公约等形式表现出来的。当前，世界正面临百年未有之大变局，全球经贸格局的不确定性、长期性和复杂性，加速了新一轮经贸规则的调整与大国之间的利益博弈。国际规则正发生深刻变化，全球正由“经济之争”转向“规则之争”“制度之争”。未来国际经贸规则重塑的趋势是：多边贸易体制对国际经贸规则重构的领导力在削弱，高标准自由贸易协定逐渐引领国际经贸规则的重构；发达经济体与新兴经济体之间利益诉求与博弈加剧，经贸谈判重心从“边境规则”向“边境内规则”扩展延伸；服务贸易和数字贸易成为新一轮国际贸易规则的竞争焦点，随着数字经济、区块链、人工智能、云计算等新兴技术迅猛发展，围绕新议题设置与谈判，将成为新一轮规则话语权争夺的前沿地带。

如何加快适应全球新一轮国际经贸规则变革重构的大趋势，积极参与全球经贸秩序重塑，并把握规则主动权，不仅是国家之间的竞争着力点，也是企业参与国际合作与竞争并形成新优势的制高点。我国正在着眼于构建更高水平开放型经济新体制，以规则、规制、管理、标准等制度型开放为重点，加快接轨、适应、推动创新国际经贸规则，积极推动缔结新的贸易协定，加快推动我国开放型经济从要素型开放转向制度型开放，不断完善开放发展的制度环境。在学习掌握和适应运用国际经贸规则方面，规则知识、规则意识、规则思维和规则运用能力，将成为企业合规文化的重要部分。企业在走出去的过程中，必须更加自觉地遵守当地法律法规和风俗习惯，运用法律和规则维护自身合法权益。走出去的中国企业都会面临经营管理合规问题，在合规方面不授人以柄才能行稳致远。特别是外经贸企业必须强化合规意识，加强合规管理，切实防范法律风险。对于我国加入和承认的国际经贸规则，要给予高度重视，在反商业贿赂、反不正当竞争、反垄断、出口管制、人权与劳工保护、知识产权保护、数据合规等重点领域，尽快实现从合规应对、合规管理到形成合规文化的过渡。

（五）企业领导对合规的认知

企业领导者的个人文化是企业文化的种子之一，其文化素养、精神境界尤其是对企业合规的观念，直接影响企业合规文化建设。沙因在《企业文化与领导》中说："领导者的重要才能就是影响文化的能力。"中外企业文化形成与传承的事例都表明，领导者就是企业合规建设与管理的动力之源。尤其是对由企业领导初创并引领发展的民营企业（家族企业）而言，领导者既是企业文化的践行者、代表者，也是企业合规文化的设计者和建设者。比如中外一些知名的企业家如通用电气公司的杰克·韦尔奇、松下电器公司的松下幸之助、索尼公司的盛田昭夫、微软公司的比尔·盖茨、海尔集团的张瑞敏、华为公司的任正非、格力电器公司的董明珠、福耀玻璃集团的曹德旺等，这些企业家的价值观念、个人信仰、精神境界和品格魅力，通过其一言一行、一举一动，指导、引领和培育着企业合规文化，塑造起企业良好的社会形象。

领导者在企业合规文化建设和管理方面身体力行、指导支持、以身作则，并利用一切机会和条件传播企业合规文化，就会极大地引领、推动企业合规文化建设。在近年来我国一些民营企业在合规管理中，有的企业高层领导不仅自身在守法合规方面率先垂范，而且带头作出合规承诺并认真践行，同时通过在企业内部讲话授课、开会访谈、撰写文章、参与合规创建活动等多种方式，宣传弘扬企业的价值观、使命和愿景，有效培育企业合规文化，极大地影响和带动了企业合规文化建设，其自身的合规知识、合规理念、合规意识、合规习惯和合规做法，对企业员工产生着"无声胜有声"的持久影响，在企业营造浓厚的合规文化氛围方面，发挥了中流砥柱的作用。

（六）协会商会规范所倡导的行业规范

行业协会商会聚集着大量经营范围同类别的企业。行业文化也在一定程度上影响和决定企业合规文化的内容、倾向与特征。一般来说，行业协会商会都会建立健全以下行业自律机制：一是根据行业发展要求制定自律规约，规范会员企业生产和经营行为，引导本行业的经营者依法竞争，以维护市场竞争秩序。二是制定行业职业道德准则，规范从业人员职业行为，全面提高从业人员的思想道德素质、科学文化素质和技术业务素质，培育从业人员的职业道德和职业精神，营造诚信执业良好氛围，对于违背行业职业道德准则的从业人员实施行业惩戒。三是建立与国际标准相一致、符合行业特点的社会责任指标和评价体系，提升行业社会责任绩效，以推动会员企业履行社会责任。四是制定发布本行业的产品和服务标准，积极参与制定国家标准、行业规划和政策法规，不断提高行业产品和服务的质量。行业协会商会所倡导的这些企业精神，对所属行业的企业合规文化建设，具有很强的针对性、指导性和有效性。

尤其是在核心价值观取向上，企业合规文化在融入行业合规文化的同时，要对行业文化进行借鉴、扬弃和扩展。同行业的企业往往在类型、性质、规模、人员结构等方面既有相似之处，也有差异存在，对行业合规文化理念、规范、特性的重构和再造也不尽相同。企业在进行合规的文化建设上，虽然可以进行跨行业的合规文化交流与借鉴，但同行业企业之间在企业合规文化方面共同点往往更多，相互之间的学习交流和互通有无，对于加强自身企业合规文化建设也会更加有效。比如在近年来我国企业合规管理体系建设中，电力、医药、互联网等方面的行业协会，都发布了行业企业合规管理指导性规范，对同行业企业合规管理提出了明确的行业要求，这将在很大程度上强化同行业企业合规文化的相似性。

（七）党建文化

中国共产党党内法规是党的中央组织、中央纪律检查委员会以及党中央工作机关和省、自治区、直辖市党委制定的，体现党的统一意志、规范党的领导和党的建设活动、依靠党的纪律保证实施的专门规章制度。党内法规对于企业中的党组织和具有党员身份的员工，具有强制约束力，但并不强制适用于全社会。

公有制为主体、多种所有制经济共同发展的基本经济制度，是中国特色社会主义制度的重要组成部分，也是完善社会主义市场经济体制的必然要求。“毫不动摇地巩固和发展公有制经济”“毫不动摇地鼓励、支持和引导非公有制经济发展”（“两个毫不动摇”）已写入新时代坚持和发展中国特色社会主义的基本方略。国有企业是中国特色社会主义的重要物质基础和政治基础，是中国特色社会主义经济的顶梁柱。目前，在我国的各类企业中，全部国有企业和部分民营企业，都建立了中国共产党的各级组织，加强企业党建文化建设，是国有企业合规文化的重要内容，而且对民营企业也产生了巨大的影响，形成了中国企业合规文化建设的特色。

党建文化体系是指党的建设的指导思想、基本理念、组织行为、制度建设、活动形式、组织形象等一系列内容的总和，是中国共产党一百多年来探索形成的独特组织体系，其精神内涵、制度建设、队伍建设、宣贯措施、形象塑造等，都与企业文化建设融为一体并保持高度一致，尤其在国有企业中，党建文化更是发挥着引领、规范与推动作用，很多国有企业的企业文化理念体系基于党建文化内涵发展而来。从目标层面看，国有企业内的党建文化与企业合规文化目的完全一致。在国有企业的合规管理体系建设中，党的组织建设是合规体系非常重要的组成部分，党建文化也是企业合规文化的重要内容。

实际上，企业合规文化的渊源远不止以上七个方面，国家重大发展战略、经济社会生活中新的思潮、现代企业管理实践中的成功经验、企业文化包括亚文化中的合规因素等，都将不断影响并丰富着企业合规文化的内容，为企业合规文化建设提供源源不断的营养成分。

二、企业合规文化的内容

如本章第一节所述，按照特伦斯·迪尔与艾伦·肯尼迪合著《企业文化——企业生活中的礼仪与仪式》的观点，企业文化是企业员工一致认可并共同遵循的价值体系和行为准则，由企业环境、价值观、英雄人物、礼仪和仪式、文化网络等五个要素构成。企业合规文化作为企业文化的组成部分，也同样包含这五个要素。按照企业合规管理的国际国内标准关于合规文化的定义，合规文化通常由贯穿于组织的价值观、道德规范和信仰构成。

（一）企业合规价值观

价值观是关于价值的一些基本观点、看法和态度，如什么是价值、怎样评判价值、如何创造价值，一方面表现为价值取向、价值追求和价值目标，另一方面表现为价值审视、价值评判和价值尺度。任何社会都有自己的核心价值观，即占主导地位的价值观，它是一个社会意识形态的主体和灵魂，作用于经济、政治、文化、社会生活的各个方面，从根本上制约、规范着社会的发展方向和道路，直接而深刻地影响着社会的凝聚力和创造力。

企业价值观则是企业在生产经营过程中推崇和遵循的基本信念和准则，是企业全体或大多数员工一致认同的价值判断体系。在企业层面，价值观是企业制定政策、进行决策以及选择行为方式的指导方针，当企业面对决策和选择时，必须考虑的首要因素和价值排序；对员工而言，价值观帮助员工回答诸如我们崇尚什么、我们最看重什么、我们决不能容忍什么、在面对矛盾和冲突时我们选择什么等一系列有关价值判断的问题，从而引导员工思维、约束员工行为、为员工提供判断是非价值的标准。由于价值观不同，不同的人对同一个事物、同一件事情、同一个问题会作出不同的理解和回答。

价值观的确立是企业合规文化建设的重要内容，每个企业都会根据自己的实际情况在生存与发展过程中形成具有自己特点的合规价值观，如守法诚信、合规底线、以人为本、客户至上、质量第一、效益优先，等等。一般来说，企业合规价值观的确定，要符合企业发展战略和使命愿景，符合时代要求和社会现实，符合企业员工利益。王明胤在其所著《企业文化定位·落地一本通》中提出了企业价值观定位的三原则：一是人的价值高于物的价值，二是共同的价值高于个人的价值，三是客户的价值和社会的价值高于企业的生产价值和利润价值。

企业价值观一旦确定，不能随意改变，更不能在实践中任意背弃和破坏，否则迟早会动摇企业根基，给企业造成难以弥补的损失，这样的事件在我国企业发展的历程中并不少见，众所周知的“三鹿奶粉”事件，三鹿公司从辉煌走向灭亡的原因就是其在经营中完全背离了自己确定的核心价值观。三鹿公司为自己确定的价值观是“诚信、和谐、创新、责任”。然而，在面对激烈的市场竞争和巨大的利润诱惑时，三鹿公司却完全忘记了诚信、责任的价值理念，将大量的三聚氰胺添加于奶粉之中，危及消费者利益乃至生命健康，最终导致三鹿公司自身的毁灭！

实际上，不少企业为了标榜自己的文化、展示企业的形象、取信于客户，往往都会选择诸如诚信合规、厚德载物、上善若水、客户至上、追求卓越等漂亮的词语，作为自己的价值观进行表述，而在企业经营活动中却将其束之高阁，全然不顾，并不能真正落实到企业及其员工的经营思维和行为上，直至走向倾覆，悔之已晚。而那些能够持续成长的企业，尽管它们的发展战略和经营活动不断地随着客观环境的变化而改变，却始终保持着稳定不变的企业核心价值观，并将其视作企业全体员工行为的底线、红线、高压线，不可触碰和逾越，从而彰显企业核心价值观在企业中的崇高地位和最高价值。

企业在全体员工中宣贯自己的价值观并建立相关原则，以员工手册、行为准则或其他形式呈现出来，可使企业内外部人员在规定不清、不全或没有规定的情况下，也能根据原则性的指引开展业务，有效地应对合规风险。比如西门子公司所有员工在代表西门子做决定时，被要求在遵守规则和程序的基础上，都要问自己以下四个问题：

（1）我的决定是否符合西门子的利益？

（2）我的决定是否符合西门子的价值观和我的价值观？

（3）我的决定是否符合法律标准？

（4）我是否准备好为我的决定承担责任？

（二）企业合规道德规范

企业道德规范与合规文化二者关系十分密切，可以说如影随形，当人们谈论合规的时候，往往就会与企业道德规范相提并论，比如经济合作与发展组织发布的合规性文件《内控、道德与合规—最佳实践指南》。GB/T 35770—2017/ISO 19600：2014 定义“合规文化”为：“贯穿整个组织的价值观、道德规范和信念，与组织的结构和控制系统相互作用，产生有利于合规成果的行为准则。”取而代之的 GB/T35770—2022/ISO 37301：2021 修改该决义为“贯穿整个组织的价值观、道德规范、信仰和行为，并与组织结构和控制系统相互作用，产生有利于合规的行为规范。”巴塞尔银行监管委员会 2005 年发布的《合规与银行内部合规部门》“引言”部分指出：“合规法律、规则和准则不仅包括那些具有法律约束力的文件，还包括更广义的诚实守信和道德行为的准则。”美国联邦处罚指南中给予合规文化的定义是“推动一个可以鼓励道德行为和符合法律规定的承诺的组织文化”。美国司法部刑事司《企业合规体系评估指引》关于“政策和程序”指引要求“任何妥善制订的合规体系均应涉及兼具道德标准的内容和有效性的且能够解决并致力于减少公司在风险评估过程识别的风险的政策和程序”。2002 年，美国公司首次出现“首席道德与合规官”，由公司董事会任命，向董事会汇报，全面负责企业的道德与合规政策的制定、管理和执行。目前，全球很多大型跨国公司的合规管理体系中，内部设置的企业合规高层管理岗位，其名称有的也称作“首席道德与合规官”（CECO）。

企业道德文化是指企业文化中以企业道德为中心的文化形态和特质。它包括企业的道德观念、道德情感、道德理想、道德规范、道德行为以及影响企业道德的基本因素和途径，它通过企业道德的舆论、修养、教育、传统、习惯和信念来调节企业内外部的各种关系，形成了完整的企业道德文化体系。在企业合规文化管理中，具体表现为职工的善恶、义务、良心、荣誉、幸福、公正、诚信、友爱等道德文化形态。企业道德文化以企业道德为核心，通过一系列的道德范畴来调整企业与企业之间、企业与顾客之间、企业与员工之间、企业员工相互之间等各种关系的行为规范。企业及其员工在一定的道德意识支配下，表现出有利于他人和社会的行为。

企业道德文化是企业文化的重要组成部分，当然也是企业合规文化的核心之一。它在企业高层领导的倡导下，为广大员工所接受和认同，从而逐渐形成了本企业的道德文化规范。现代企业道德文化在企业管理活动中主要表现在尊重人、关心人和爱护人，重视企业的道德义务和社会责任，重视企业行为的道德价值取向。具体要求：

一是在处理个人、集体和国家的利益关系上，要统筹兼顾，既要尊重和关心企业员工的个人正当利益和需求，又要最大限度地追求商业和企业集体的利益，同时还要兼顾国家的利益，承担起对社会的责任。

二是倡导以义兴利，在对待义与利的关系上，坚持义利互济、先义后利的原则。要从商业和企业的长远利益出发，合法经营，文明办企，不谋求不义之财，不追求非法之利，不实施欺诈行为，对顾客诚信善待，对社会和国家负责任、尽义务，守法纳税，树立良好的企业形象和商业信誉，以此赢得消费者的信任。

三是要用仁爱之心对待职工，尊重、爱护和信任自己的员工，尊重他们的价值、尊严和贡献。在企业实现自身发展和获取利润的同时，尽可能地考虑职工的福利，做到公司、职工二者利益兼顾，从而营造内外和谐的人际关系、良好氛围和经营环境。

四是以诚实守信、童叟无欺的道德原则处理企业与顾客的关系。对顾客以诚相待，热情服务，货真价实，讲究信誉，恪守信用，坚决杜绝坑蒙拐骗等欺诈行为。

五是以真诚合作、互惠互利、平等竞争、公平交易的道德原则处理与商业伙伴之间的关系。在追求和保护自身利益的同时，尽量考虑和保障交易对象的利益。提倡真诚合作，互相尊重，彼此谦让，互惠互利，从而维护持续健康的合作伙伴关系。

企业道德规范能够让企业以真善美的意念以及合法诚信的行为，处理企业经营过程中所涉及的各种关系，守住法律和道德要求的底线，抬高扩张义务和责任的上限，从而为企业树立良好的市场口碑和社会形象。在这方面，下述佳能珠海公司给予员工停产补偿的做法，极大地抬高了道德义务和责任的上限，为企业树立了良好的社会形象。

2022 年 1 月中旬，中国传统节日春节即将到来，疫情的阴霾仍然笼罩全球并对企业经营和人们生活造成诸多不利影响。佳能珠海公司发布的一份因停产对员工进行补偿的公告，在社会上引起了轩然大波并吸引舆情关注，这个公告的原文内容如下：

关于协商一致解除劳动合同优待方案的

公告全体员工：

大家好，经公司与工会协商小组协商一致，确定本次方案最终内容，现就共通内容说明如下：

优待方案

即日起到 20××年××月××日 17 点（周×）之前，自主选择按照协商一致方式和公司解除劳动合同，并签署《协商一致解除劳动合同协议书》（以下简称“解除协议”）的员工，公司将按如下标准支付补偿。

1. 经济补偿金（优于法定）

计算标准：N+1

①“N”是指法定经济补偿金，即员工公司工龄×员工月平均工资；

②“+1”是指相当于代通知金（即 1 个月月平均工资）的金额；

③“公司工龄”指员工在公司工作的年限（自入职日开始计算至最后工作日 2022 年 1 月 31 日止）。每满 1 年支付 1 个月月平均工资。6 个月以上不满 1 年的，按 1 年计算；不满 6 个月的，按半个月计算。

④“月平均工资”是指员工在劳动合同解除或终止前 12 个月的平均工资。关于“前 12 个月”，以各位员工的 2021 年 2 月—2022 年 1 月（含 2021 年 7 月、2022 年 1 月支付的特别津贴）作为计算期间，以下亦同。

按照《劳动合同法》规定，员工月平均工资高于当地社会平均工资 3 倍的，以 3 倍数额作为上限计算，且计算工龄的最高年限为 12 年，但公司决定本次优待方案不设定该上限。

2. 峥嵘岁月，青春无悔——特别慰问金

①工龄不满 10 年：从 2008 年 1 月 1 日起算的公司工龄×平均月工资×1.0

②工龄满 10 年不满 20 年：从 2008 年 1 月 1 日起算的公司工龄×平均月工资×1.2

③工龄满 20 年从 2008 年 1 月 1 日起算的公司工龄×平均月工资×1.3

3. 风雨无惧，再创辉煌——就业支援金

①工龄不满 5 年：支付 1 个月月平均工资；

②工龄满 5 年不满 10 年：支付 2 个月月平均工资；

③工龄满 10 年不满 15 年：支付 3 个月月平均工资；

④工龄满 15 年不满 20 年：支付 4 个月月平均工资；

⑤工龄满 20 年不满 25 年：支付 5 个月月平均工资；

⑥工龄满 25 年不满 30 年：支付 6 个月月平均工资；

⑦工龄满 30 年：支付 7 个月月平均工资。

4. 新春回首，感动常在——感怀铭记奖金

全额支付 2022 年上下期两次特别津贴，评价标准按照 2021 年下期特别津贴标准，低于 A2 评价的一律按照 A2 评价标准支付。

5. 阖家欢乐，幸福安康——春节慰问金

探亲路费 1000 元，春节红包 1000 元。

根据我国的劳动法，经济补偿金按照“N+1”标准计算，N 为法定经济补偿金，即员工工龄×员工月平均工资，“+1”就是增加一个月平均工资。同时《劳动合同法》对于补偿金有个双封顶的规定：员工月平均工资高于当地社会月平均工资 3 倍的，以 3 倍数额作为上限计算，且计算工龄的最高年限为 12 年。2021 年全国社会月平均工资最高的北京为 9227 元，3 倍封顶不超 3 万元。因此，企业向员工支付的“N+1”经济补偿金，其实是有上限的。

佳能珠海公司对员工的这个经济补偿方案，分为五部分，即经济补偿金、特别慰劳金、就业支援金、感怀铭记奖金以及春节慰问金。其一经公布就立即成为社会关注的焦点，原因就在于，一个因经营遇到困难、生存面临问题的企业，在即将停产的时候对员工补偿金竟然还不设上限，完全按照员工实际工资水平以及在公司工作的工龄计算，远高于劳动法规定的标准。按照这一补偿方案，假如一个员工在 2000 年 1 月 1 日入职，月工资 1 万元人民币，那么基础赔偿就有 22 万元，特别慰劳金有 17 万元，就业支援金有 7 万元，补偿总额就有 46 万元；部分工作 30 年的老员工，最高补偿甚至超过了 150 万元。珠海高新区透露，佳能珠海公司停产前的员工为 870 余人，按照补偿方案推算，佳能珠海的总补偿金预计超亿元。很多网友评价佳能为“良心企业”，同时感慨“中国企业什么时候才能这么有良心？”佳能珠海公司关爱员工的做法，很好地诠释了企业道德规范在促使产生有利于合规成果的行为准则、为企业赢得市场口碑和塑造良好社会形象方面的重要作用。

（三）企业合规信仰

信仰是对某人或某种主张、主义、宗教极度相信和尊敬，并以此作为行动的榜样或指南，如信仰宗教、信仰马克思主义等。企业信仰则是得到企业员工和整体认同，作为企业员工行动的榜样和指南，并为之奋斗的东西，它可以是一个观念、一种思想、一种主义等。

企业是依法成立的、以营利为目的、从事商业经营活动的法人或其他社会经济组织。企业

是市场经济活动的主要参与者、社会生产和服务的主要承担者、经济社会发展的重要推动者。既然企业是一个以营利为目的的组织，企业信仰也就是企业作为一个社会组织，对其所采取的营利手段、方法和途径所持有的共同的坚定的信念，企业组织的成员都坚定地相信通过这样的手段、方法和途径，可以确保企业持续不断地盈利，实现长久的发展。比如IBM的企业信条是“成就客户、创新为要、诚信负责”；同仁堂的企业信条是“同修仁德，济世养生”“炮制虽繁必不敢省人工，品味虽贵必不敢减物力”；青岛啤酒的企业信条是“用我们的激情酿造出消费者喜好的啤酒，为生活创造快乐”；阿里巴巴的企业信条是“让天下没有难做的生意”；百度的企业信条是“让人们最便捷地获取信息，找到所求，致力于向人们提供‘简单、可依赖的’信息获取方式”；蒙牛的企业信条是“致力于人类健康的牛奶制造服务商”；希尔顿酒店的企业信条是“宾至如归，微笑服务”；华为的企业信条是“把数字世界带入每个人、每个家庭、每个组织，构建万物互联的智能世界”，等等。企业明确自己的信仰并对此孜孜以求，不仅为企业带来源源不断的利润，也为利益相关方、员工、社会和国家贡献自己的力量，并因此得到相应的认可和回报。

企业合规信仰就是企业对合规无条件地绝对相信，并将其内化为企业及其员工的精神力量，企业坚定地相信合规是企业实现营利的手段、方法和途径，以公开的宣示或实际的行为，对合规“有没有用”以及“如何发挥作用”的问题作出肯定的回答。比如有的企业认为“合规创造价值”，有的企业提出“合规承载着企业的梦想”，有的企业相信“合规确保企业基业长青”等。

企业是否真的信仰合规，可以从企业领导是否对合规给予足够的重视、是否建立有效的合规管理体系、是否投入必要的资源、是否配备应有的合规团队、是否赋予合规独立的地位等方面进行评判，这是有关企业合规的指导性文件对建立合规管理体系的明确要求，也是全球跨国公司企业合规管理实践的通行做法。当企业仅仅把合规作为装点门面和追逐时尚的饰物，并非真正成为领导及全体员工内心真诚的信仰时，其所谓的合规管理也只能流于形式，而深层次的危机迟早会演化为显现的风险，给企业带来灾难。

第四节　企业合规文化建设路径及评测

一、企业合规文化建设路径

合规文化是企业合规管理体系的重要组成部分，反映了企业的治理机构、各级管理层、员工和其他相关方应对合规风险的意识和态度。企业的合规管理能否成功，很大程度上取决于企业的合规文化能否有效地渗透到企业的各个层级和领域，并持续地发挥作用。通常来说，企业的合规文化深厚，企业合规管理的有效性就强大；企业合规文化肤浅，企业合规管理的有效性就弱化。因此，国内外有关企业合规建设的指导性文件和合规管理体系建设的实践，都十分重视企业合规文化建设。GB/T 35770—2017/ISO 19600：2014 提出的支持合规文化发展的因素包括：

1. 一系列已发布的清晰的价值观；

2. 管理层积极实施和遵守价值观；

3. 不论职位，处理相似措施时保持一致；

4. 在监视、辅导、指导过程中以身作则；

5. 对潜在员工进行适当的就业前评估；

6. 在入职培训或新员工训练中强调合规和组织价值观；

7. 持续进行合规培训，包括更新培训内容；

8. 持续就合规问题进行沟通；

9. 建立绩效考核体系，考虑对合规行为的评估，并将合规表现与工资挂钩，以实现合规关键绩效措施和结果；

10. 对合规管理业绩和结果予以明确认可；

11. 对故意或因疏忽而违反合规义务的情况给予即时和适当的惩罚；

12. 在组织战略和个人角色之间建立清晰的联系，反映出合规是实现组织结果所必不可少的；

13. 就合规进行公开和适当的沟通。

该标准同时指出，合规文化的形成体现于下列方面的实现程度：

1. 所有上述事项均得到充分实施；

2. 利益相关方（尤其是员工）相信上述事项已得到充分实施；

3. 员工充分了解与其自身活动和所在业务部门活动相关的合规义务；

4. 组织各层按要求针对不合规进行“自主”补救，并采取相应措施；

5. 合规团队所扮演的角色及其目标得到重视；

6. 员工有能力且受到鼓励向相应的管理层提出其合规疑虑。

ISO 37301：2021 在 GB/T 35770：2017/ISO 19600：2014 的基础上，细化了支持合规文化发展的因素，由 13 项扩展至 19 项。

《企业境外经营合规管理指引》提出合规文化培育和推广的措施包括：

1. 企业应将合规文化作为企业文化建设的重要内容；

2. 企业决策层和高级管理层应确立企业合规理念，注重身体力行；

3. 企业应践行依法合规、诚信经营的价值观，不断增强员工的合规意识和行为自觉，营造依规办事、按章操作的文化氛围；

4. 企业应将合规作为企业经营理念和社会责任的重要内容，并将合规文化传递至利益相关方；

5. 企业应树立积极正面的合规形象，促进行业合规文化发展，营造和谐健康的境外经营环境。

《中央企业合规管理指引（试行）》提出培育合规文化的措施包括：通过制定发放合规手册、签订合规承诺书等方式，强化全员安全、质量、诚信、廉洁等意识，树立依法合规、守法诚信的价值观，筑牢合规经营的思想基础。《中央企业合规管理办法》则通过将合规管理纳入党委（党组）法治专题学习、推动企业领导人民强化合规意识、常态化开展合规管理培训、加强合规宣传教育、发布合规手册、签订合规承诺、引导全体员工自觉践行合规理念等措施，培育具有企业特色的合规文化。

将这些指导性文件关于建设企业合规文化的建议应用于实践，企业可以通过以下路径建立、发展、维护并不断改进自身的合规文化。

（一）管理层对合规的公开承诺与率先垂范

企业管理层尤其是高层管理人员作为企业文化的布道者，对于企业合规文化建设的重要性不言而喻。GB/T 35770—2017/ISO 19600：2014 提出：发展合规文化要求治理机构、最高管理者和管理层，对组织的各个领域所要求的共同的、已发布的行为标准作出积极的、可见的、一致的和持久的承诺。巴塞尔银行监管委员会发布的《合规与银行内部合规部门》也强调“合规应从高层做起。当企业文化强调诚信与正直，并且董事会和高级管理层作出表率时，合规才最为有效”。《美国司法部刑事司企业合规体系评估指引》强调：“公司创建并培养职业道德与合规文化十分重要，一项有效的合规体系要求公司领导层作出从最高领导开始实施合规文化的高度承诺。”中国有句俗话叫“火车跑得快，全靠车头带”。如果企业管理层能在合规方面为企业全体员工树立一个很好的榜样，身体力行地实施自己企业的合规价值观、合规道德规范，坚守合规信仰，那就必将带动整个企业形成浓厚的尊崇合规的氛围，反之就会使企业的合规工作流于表面，形同虚设。管理层支持、带动和参与企业合规文化创建，首先要公开、坚定、明确、持久地做出合规承诺，在企业网站、内刊、墙报、文化园地等宣传阵地，喊出响亮的合规口号，一致地支持合规的态度。其次要以身作则地践行合规，宣传合规，带头执行企业合规制度，做到言行一致，以“其身正，不令而行”的表率作用，带动员工合规。最后要重视、倡导、支持合规，利用领导讲话、致辞、撰文、受访、参加论坛和研讨等活动，不失时机地宣传企业的合规理念，发出合规倡议，提出合规要求和建议，并在自己职责范围内，给予企业合规工作必要的人才和物力等资源支持，给予合规工作在企业内部应有的重视，给予合规岗位人员履职尽责独立的地位。

（二）建立与合规文化相融相生的制度规范

规范的制度是企业合规文化得以传播和落实的重要保障。亚马逊内部有一句流传甚广的名言："良好的意愿是没有用的，建立可执行的机制才是关键。"企业的价值观、道德标准、合规信仰等文化理念，无论是多么漂亮的口号，仅仅宣扬这些宽泛、空洞的价值理念并不能真正明确地指引员工的行动，而需要用明确可行的制度来具象化企业的价值观，用以规范、指引和约束员工的行为。只有建立明确的制度规则，才能让员工明白无误地采取行动，并且保证这样的行动符合企业的价值理念和企业发展方向。

企业合规文化是"软约束"，制度规范是"硬约束"，二者之间相辅相成，相依共生。合规文化是建立制度规范的导向，制度规范是合规文化落地生根的保障。以合规文化为指导建立起来的制度规范，会通过强制性约束，使全体员工理解合规文化理念，进而养成合规习惯，促使企业合规文化落地生根。比如，企业倡导诚信守法、廉洁公正、公序良俗、关爱员工等合规文化，那么在企业的商业行为准则及其他相关制度规范中，就应该作出与之相应的制度规范要求，明确可执行操作的内容，以确保在日常经营和员工行为中，体现企业的上述合规文化和价值理念。

（三）持续不断地开展合规培训

企业合规文化能否得到全体员工的认同、遵循和传递，进而内化为员工的自觉行动，这在相当程度上取决于企业合规培训的效果。

GB/T 35770—2017/ISO 19600：2014 对企业全员合规培训，作出了明确具体的指引：治理机构、管理层和具有合规义务的所有员工都宜具备有效履行合规义务的能力。培训项目的目标是确保所有员工有能力以与组织合规文化和对合规的承诺一致的方式履行角色职责。设计合理并有效执行的培训能为员工提供有效的方式交流之前未识别的合规风险。对员工的教育和培训宜：

1. 针对与员工角色和职责相关的义务和合规风险量身定制；
2. 适宜时，以对员工知识和能力缺口的评估为基础；
3. 在组织成立时就提供并持续提供；
4. 与组织的培训计划一致，并纳入年度培训计划；
5. 实用并易于员工理解；
6. 与员工的日常工作相关，并且以相关行业、组织或部门的情况作为案例；
7. 足够灵活，涉及各种技能，以满足组织和员工的不同需求；
8. 评估有效性；

9. 按要求更新；

10. 记录并保存。

当发生以下情况时，还应当考虑再次进行合规培训：

11. 角色或职责改变；

12. 内部方针、程序和过程改变；

13. 组织结构改变；

14. 合规义务尤其是法律或相关方要求改变；

15. 活动、产品或服务改变；

16. 从监视、审核、评审、投诉和不合规，包括利益相关方反馈产生的问题。

将这些指引性建议落实到企业合规培训实务中，要注意把握培训的针对性、有效性、普遍性和灵活性。

合规培训的针对性主要是培训要根据不同的时机、不同的对象、不同的背景等安排有针对性的培训师资、培训内容、培训方式。比如新员工入职、老员工调岗、新的法律法规出台、相关国际规则改变、政府有关部门提出监管要求、所属行业商会协会制定新的标准、利益关系方反馈重要信息等特定时机，以及对企业内部不同层级的人员进行合规培训，都需要有针对性地作出安排。

合规培训的有效性是要通过一定的考核验收方式，对培训效果作出定量定性的分析判断，比如通过考试、谈话、讨论发言等适当方式了解参训人员对有关培训内容的知识掌握程度、参训人员对企业核心价值、使命、愿景等重要内容的认知和熟记程度、对培训课程的心得体会、培训内容在工作中的运用能力等，并收集培训对象提出的改进意见和建议。

合规培训的普遍性需要对企业上至高层管理人员、下至每个普通员工进行全员培训。企业中每个人员都负有与其岗位职责相适应的合规义务，都应该雨露均沾地受到企业合规文化的熏陶。因此，合规培训在对象上应当做到全员、全覆盖、无死角。

合规培训的灵活性要求培训要适应客观条件，发挥主观能动。企业规模有大有小、各自条件有好有差，比如很多大型集团公司设立了企业大学、学院、培训基地或中心，配备有专职的师资队伍。这种办学条件下的集中培训效果固然好，但合规培训同样适宜于日常工作和业务流程中的随机和应景培训。那些以部门、班组、团队为单位的培训举办时间更方便、主题更集中、内容更有针对性。比如上级领导对下属人员或部门提出包含合规内容的工作要求、下级人员向上级领导汇报工作中有关合规方面的交流、企业合规部门与其他部门就合规管理中的问题进行的工作协调沟通、部门或班组会议讨论涉及合规的议题、接待或拜访客户听到的合规方面的建议、听取监管部门提出的合规要求等，都可以视为合规培训。这些有时间、有地点、有交流对象、有合规内容、有培训效果的学习交流机会，经过完整的记录和整理，都可以作为有效的培训。

（四）坚持开展企业合规文化宣传工作

企业合规文化的宣传是指通过多样化传播载体和手段，构建起企业内外部宣传、推广、参透企业合规文化的传播体系，并通过各种传播途径将企业的价值观、道德规范、合规信仰、企业愿景和使命等企业合规理念的信息，传递给员工、利益相关方、客户和社会公众，从而提升企业合规文化的影响力，增强企业员工和利益相关方等对企业合规文化的认同感。

一是打造企业内部视觉环境，塑造企业合规的视觉形象，有意识、有计划地将企业合规文化方面的各种特征展示和传播出来。在企业的建筑外观和室内设计、装饰等方面，充分体现企业合规的价值观和基调，使合规文化成为企业总体形象的有机组成部分；在进行内部环境建设时，可以设置合规文化长廊、展厅、宣传板，也可以充分利用前台、会议室甚至各个办公室的空间设计和装饰布置等，对企业愿景、使命、价值观、合规理念等加以宣传。通过制作企业名片、台历挂历、外赠笔本等小礼品、信纸信封、邀请函、证书等，进行企业合规文化宣传，展示企业合规形象。通过打造生动活泼、形式多样的视觉环境，既能对外展示企业合规的良好形象，又能对内让员工更多地感受到企业合规文化氛围，随时学习企业合规知识，在耳濡目染下逐渐适应并认可企业的合规文化。

二是充分发挥企业内部的文化墙、文化展厅、企业内刊 、企业官网、各种会议等文化宣传阵地，登载、发布和展示企业合规文化方面的内容，使企业员工能从日常持续不断地宣传中，受到经常性的熏陶教育，感受到企业合规文化在眼前、在耳边、在周围，进而入心入脑，最终转化为合规信仰和合规意识，真正贯彻执行企业合规理念，使企业合规文化深植于企业各项业务的全流程。

三是积极举办或参加有关企业合规方面的论坛、研讨、培训、交流等专业性活动，了解企业合规方面的最新情况。借助这样的机会，宣传企业在合规管理及合规文化建设方面的做法，对外展示企业合规的良好形象。

（五）公正严格地实施合规考核评价与奖励惩戒

企业合规考评与奖惩，是从合规管理有效性和考核激励的角度，将企业合规文化建设与人力资源管理相结合，将员工遵守企业合规制度、践行企业合规文化的行为，与其个人进步和薪酬挂钩衔接，从而引导、激励员工参与企业合规文化建设。《中央企业合规管理指引（试行）》第二十三条规定：“加强合规考核评价，把合规经营管理情况纳入对各部门和所属企业负责人的年度综合考核，细化评价指标。对所属单位和员工合规职责履行情况进行评价，并将结果作为员工考核、干部任用、评先选优等工作的重要依据。”《企业境外经营合规管理指引》第十八条关于“合规考核”规定：“合规考核应全面覆盖企业的各项管理工作。合规考核结果应作为企业绩效考核的重要依据，与评优评先、职务任免、职务晋升以及薪酬待遇等挂钩。……考核内容包括但不限于按时参加合规培训，严格执行合规管理制度，积极支持和配合合规管理机构工作，及时汇报合规风险等。”企业合规考评与奖惩是形成企业合规文化、促使合规文化落地生根的有力措施，在考评基础上对合规工作进行监督、激励和改进，有利于形成企业合规文化建设的长效机制。

以上“两个指引”及其他关于企业合规管理的指导性文件，都强调合规考核的重要性。大量的企业合规管理实践也表明，对那些模范遵守企业制度规范、认真履行合规义务、忠实践行企业核心价值观、道德规范和合规信仰者，实施正向激励，并旗帜鲜明地给予奖励，是促进企业合规文化建设的有力措施。合规考评中的绩效指标，可以纳入企业人力资源管理体系，对于树立起来的先进典型，一方面要与薪酬挂钩、与企业年度的评先评优挂钩、与个人职业前途和职务晋升挂钩，切实增加合规考评“含金量”；另一方面要通过举办富含企业合规文化要素的庆典暨颁奖仪式，大张旗鼓地宣传先进典型，传播企业的合规文化理念和价值观，从而激发员工对企业合规文化建设的认同感、荣誉感和使命感。

对企业合规文化建设而言，与正向的合规激励相对应，严格的违规惩戒同等重要。企业合规文化深深根植于企业清晰描述出来的规章制度、价值观、诚信理念、道德规范、合规信仰、企业使命和愿景等一系列刚性要求之中，并以制度、准则等方式转化为全体员工明确的行为禁忌，是任何人都不得触碰的合规底线，越线即受处罚。《中央企业合规管理指引（试行）》明确提出要“强化合规问责，完善违规行为处罚机制，明晰违规责任范围，细化惩处标准。畅通举报渠道，针对反映的问题和线索，及时开展调查，严肃追究违规人员责任”。实际上，严格、公正、公开地惩戒违规行为所形成的警示、震动和忠告效果，有时比正面激励对合规文化建设产生的促进作用效果更加明显，影响更加深远。在企业合规发展历程中的两个标志性事件，即“西门子事件”和“中兴事件”中，涉案人员上至高层管理人员下至当事责任人，严厉而公开公正的处罚，对这两家公司合规管理和合规文化建设的影响是极其深刻而长远的。反之，在对违规行为和人员惩戒方面一旦发生例外和不公平情况，就会产生“破窗”效应。2016 年，阿里巴巴 4 名程序员在公司内部发起的中秋节“抢月饼”活动中，违反活动规则使用脚本以成本价多刷了 124 盒月饼，公司即以其行为背离公司价值观为由将其开除。这种以“小题大做”的方式处理违规行为，恰是及时修补第一扇“破窗”的明智之举，收到了很好的亡羊补牢之效。

建设企业合规文化的方法和途径多种多样，不一而足。除上述外，故事讲述、征文比赛、文艺汇演、主题聚会、唱响司歌、节日纪念等，都是企业建设企业合规文化的常用有效方法，企业可根据自己的实际情况不断创新合规文化创建工作。

二、企业合规文化建设评测

企业合规文化建设是一个长期不断的积累、沉淀、挖掘、创新、总结与提升过程，通过评测，可以检验企业合规文化建设的工作和成效，总结成功的经验，发现存在的问题，提出改进的建议，提高企业合规文化建设的能力和水平。对企业合规文化建设的评测，可以从以下方面入手，评测合规文化建设工作的过程和结果。

1. 示范性。领导对合规工作的态度和做法，对企业合规文化有着直接而重大的影响。企业高层管理者坚定、清晰、一致、持久的合规承诺，并以身作则地践行企业核心价值观、道德规范和信仰，是企业合规管理有效性的关键环节，也是企业合规文化的明显标识。企业高层管理者是否能够通过言行一致的做法，为广大员工树立起践行合规文化的标杆，通过自身的言传身教和管理训诫，有效推动企业合规文化建设，在很大程度上决定着企业合规文化落地实施的成败。比如，如果企业高层管理者在公司网站、企业报刊、会议讲话、总结表彰、论坛研讨、内部沟通交流等时机和场合，经常性地发出倡导和支持合规的声音，展示参加有关企业合规活动的图片、音像，无疑会营造出企业合规文化的浓厚氛围。反之，如果企业高层管理者在企业合规建设方面常年销声匿迹，必然给人以领导不重视合规工作的印象，从而影响企业合规文化建设。

2. 外显性。企业合规文化的外显性主要体现在企业合规是否有专门的组织或人员进行管理，企业合规文化工作是否有明确的年度规划，企业合规文化宣传推广的各项活动是否定期组织、效果如何，有关企业合规文化的表述是否精准到位，是否有与合规文化推广相匹配的宣传与传播媒介，企业合规文化是否与其核心价值观内在一致，企业是否有承载企业合规文化的形象识别系统以支持合规文化的外在表现和有效传播。

3. 系统性。企业合规文化建设是一个长期而漫长的过程，它涉及一个企业内部的各个部门、各层级人员、各项制度规范、企业运行机制等方方面面。如果将其比作一台运行中的机器，合规文化就是这台机器每个部件的“润滑剂”，保证企业合规管理体系的正常而有效地运转。如果仅仅把合规工作看作是个别部门、个别人员的事情，而没有在企业内部形成全面介入、全员参与、全力支持的系统，就很难形成良好的企业合规文化。缺了“润滑剂”的企业合规管理体系这台机器，也必然会锈迹斑斑，难以有效运转。

4. 规范性。规范性要求企业的商业行为准则等规章制度，要充分体现企业的合规文化，或者说企业的合规文化要融会贯通于企业的各项制度中。企业的制度服务服从于企业的信仰，必须以企业价值观为核心，将企业的价值理念具体体现于制度的条文以及制度规范下的业务流程和员工行为准则，用以引导和规范员工的行为。一旦企业的合规价值理念得到认可，那么相关制度也就会得到有效执行，从而使企业的合规信仰得到认同，企业的合规文化在业务流程和员工之间得到推广和弘扬。

5. 一致性。就是企业员工对企业合规文化认知的共同性和支持度，它在很大程度上反映了企业文化建设的力度和效果。具体体现在企业员工对包括企业核心价值观、使命、愿景、信仰等在内的合规文化的认知，是否同心同向同表现，员工是否了解企业合规文化，是否赞同并积极响应企业合规文化。

6. 有效性。每个企业无论其是否有显性的企业文化展示，都会有潜藏于企业深处的合规文化因子，其犹如流淌在企业体内的血液，支撑着企业健康成长的生命体。企业合规文化的有效性，突出地体现在其与企业合规制度、合规组织、合规运行机制等共同作用，在预防违规行为、防范合规风险、塑造企业良好形象和品牌、践行企业核心价值观、实现企业使命和愿景、保障企业健康持续发展等方面发挥的推动作用。特别是当企业合规管理体系中其他部位缺失、偏差或出错时，企业合规文化能否以其无形的力量，起到补缺、纠偏、扶正作用。

7. 典型性。企业合规管理方面的典型，是企业在合规方面树立起来的标杆和样板，富有鲜活的生命力和强烈的感染力。企业合规管理方面的典型，其本身就承载和蕴含着企业合规文化的精华，这包括企业是否有在合规文化建设方面叫得响亮的合规口号，是否有为企业、行业、社会认可的合规专业人才，是否有在合规管理方面的先进做法和独特经验，是否有其可以引以为豪的先进典型人物，是否有值得讲述和宣传的合规文化故事。有的企业在谈及合规管理和合规文化建设方面，对其典型人物和突出事迹如数家珍，滔滔不绝；有的企业则事少辞乏，讲不出什么经验和故事来。企业如果在合规管理方面没有自己独树一帜的做法，就很难产生具有典型性的合规文化建设经验，也很难推出具有影响力的人物。

8. 资源性。这是指企业在合规管理和合规文化建设方面人、财、物的投入。如本章前述，企业合规管理体系建设的指引性标准和文件，都把保障必要的资源作为企业合规管理的基本要求和衡量合规管理有效性的尺度。目前，虽然企业合规已成为我国的社会热点之一，但其在企业层面的受重视程度却千差万别，有的甚至是天壤之别：有的企业的合规团队专职与兼职人员多达数百甚至数千人，企业每年投入合规建设方面的资金上亿元；而有的企业虽然表面上建立了合规组织，制定了相关的制度，但从事合规管理的人员屈指可数，且有的还是兼职，在合规文化的建设、宣传和推广方面既少实招，更无实效。资源投入是看得见、摸得着、算得出、感受得到的硬条件，可以据此直接判断出企业对合规文化建设的重视程度，也可以据此感知企业合规文化的浓淡与深浅。

第十章

企业合规管理体系评价与改进

第一节　企业合规管理体系评价概述

对企业合规管理体系的评价，不仅是企业评审合规风险防范能力、不断优化与提升自我合规管理能力的重要方式，也是执法机构对企业合规管理做出责任减免与减轻处罚必经的审查过程。不管是来自企业内部、外部或者内部与外部结合的评价，其主要目的都是对合规管理体系的有效性进行评价，审查企业开展合规管理是否达到了合规管理的目标。企业内部开展自愿性的合规管理体系有效性评价，不仅要关注合规管理体系运行的效果，还要关注合规管理体系运行中的效率与成本。企业外部，如执法机关或第三方外部等审查机构，主要关注合规管理体系的效果与企业合规管理工作所做的努力。值得注意的是，企业合规管理体系评价并没有一套、也不可能出现这样一套放之四海而皆准的标准，每个企业因为自身所处的环境、发展阶段、开展业务、组织结构、管理素质、客户对象、竞争地位不尽相同，所建立的合规管理体系也是不相同的，因此评价的指标体系与标准也是不同的，这一点在我们对合规管理体系进行评价时要铭记于心。

本章对合规管理体系评价与改进提供一个基本思路与方法，供企业合规师和合规专业人士参考。

一、企业合规管理体系评价的目的与意义

对企业合规管理体系进行评价是企业合规管理体系建设的重要一环，对企业合规管理体系提升与改进具有重要的价值。开展合规管理体系评价，其目的与意义是为了了解企业合规管理体系是否在发挥作用，是如何在发挥作用以及发挥了怎样的作用。

（一）合规管理体系评价的核心在于关注合规管理体系是否在发挥作用

企业建立合规管理体系，其核心在于预防与监测企业所面临的合规风险，防止企业因为行

为不当受到监管处罚，导致财务与声誉损失。对企业合规管理体系的评价，其核心目的就是要关注合规管理体系能否有效运行，能否在预防、监测与应对企业面临的合规风险方面发挥作用。因此，对企业合规管理体系评价的核心就是要关注企业合规管理体系的有效性。从国外司法部门的经验来看，对企业合规管理体系有效性评价主要关注三个方面，一是合规管理体系设计是否良好；二是合规管理体系执行是否有效；三是合规管理体系在实践中是否取得了良好效果。

（二）合规管理体系评价可以帮助企业了解合规管理体系如何发挥作用

合规管理体系评价要结合外部环境因素与内部治理结构，就企业合规管理的基本制度、组织架构、内部控制流程与机制、企业合规文化等进行全面的评价。通过评价要了解企业的合规管理基本现状与风险管控情况，结合管控措施了解管控效果。比如，企业通过对企业合规培训进行评价，了解相关培训是否提升了员工的合规经营意识。通过对流程管控措施的评价，了解相关流程是否被员工遵守与执行。通过评价要对合规管理体系运行时存在的难点与问题进行全面认识，帮助企业根据不同的企业特点、管理状况、资源投入等，评价企业是否建立符合自身特点的合规管理体系。

（三）合规管理体系评价可以帮助企业审视合规管理体系发挥了怎样的作用

企业投入大量的资金与人力开展合规管理体系建设，不能仅为了获得认证或者完成上级交办的任务而制定一套合规管理制度。如果出现这样的情况，企业的合规管理体系建设工作就做成了纸面上的合规文件，不仅会增加企业的成本，还会大量增加企业内部无效的制度与规范，影响制度的执行力与公信力，并对合规管理工作失去信任。因此，评价企业合规管理体系，不仅应关注企业是否建立了合规管理体系，还应重点关注合规管理体系是否在预防合规风险方面有效。此外，为提高合规管理体系的有效性，一般来说，可以定期对企业合规管理体系的有效性进行评价，让企业合规管理体系发挥更好的作用。

（四）合规管理体系评价可以促进企业对现有的合规管理体系改进与完善

合规管理体系评价要关注到企业合规管理的执行情况、合规管理体系的适当性和有效性等问题。合规管理体系评价要求企业定期对合规管理体系进行系统全面的评价，发现和纠正合规管理在贯彻执行中存在的问题，促进合规管理体系的不断完善。为确保合规管理体系评价的独立性与专业性，相关评价工作可由企业合规管理相关部门组织开展或委托外部专业机构开展。

二、企业合规管理体系评价的发展过程

在推进企业合规管理体系建设的过程中，相关监管部门对合规管理体系的评价要求也有一个提高的过程，经历了要求企业建立合规管理体系到评价合规管理体系有效性，从形式上合规到实质性合规的关注。

（一）自愿开展合规管理体系评价阶段

进入 20 世纪 80 年代，制定合规管理方案已经成为美国等发达国家的企业履行社会责任与践行商业伦理管理的重要机制。大量的美国企业建立了合规管理体系，以负责任商业行为理念和商业伦理原则来管理可能出现的不合规行为。部分政府部门与非政府组织关注到企业合规管理体系运行与管理有效性披露存在的缺陷，着手对企业合规管理体系运行进行评价，其目的是评价合规管理体系运行的有效性，同时也鼓励企业积极对企业合规行为进行更详细与实质性的披露。这个时期，已建立合规管理体系的企业以管理体系运行特点定期对合规管理体系的运行进行自愿性评价与改进。

（二）有效性评价纳入法律激励阶段

美国首次将合规管理方案有效性纳入法律激励政策的是 1991 年的《联邦量刑指南》，该指南从要求企业建立合规管理体系要求企业有一个“有效的防止和检测违法行为的程序”，通过合理设计、实施和执行，使其在预防和监测犯罪行为方面具有普遍有效性。一个有效预防和发现违法行为的合规方案的特点是，该组织在寻求预防和发现其雇员和其他代理人的犯罪行为方面进行尽职调查。通过对合规管理体系有效性进行法律激励，对于那些拥有“有效预防和发现违法行为的方案”的企业，联邦量刑委员会给予从轻量刑。这个时期，合规管理体系有效性开始受到政府监管部门的重视。

（三）有效性评价成为关键步骤阶段

随着合规管理体系的发展，合规管理体系有效性评价已成为合规管理体系建设工作中最重要的一环。目前，有效性评价已经引入了合规规制的司法实践中，外部合规立法文件明确要求企业定期对合规管理体系的有效性进行评价；有效性评价也是指导企业建立合规管理体系的各类标准规范性文件的重要组成部分。事实上，有效性评价本身就是企业合规管理体系建设与运行的一部分，也是合规管理体系建设、实施、发展与维护的关键性步骤。

三、全面合规管理体系评价依据文件概述

合规管理体系可以是全面的合规管理体系，也可以是专项的合规管理体系。全面的合规管理体系又被称为“大合规”管理体系。[①] 针对企业合规管理体系的有效性评价，首先要弄清楚企业合规管理体系是依据哪些标准所建立，这些依据是由哪些要素所构成。

评价企业全面合规管理体系的依据文件，国际上主要有美国司法部发布的《有效的合规与伦理方案》（Effective Compliance and Ethics Program），国际标准化组织发布的 ISO 37301：2021。国资委发布的《中央企业合规管理办法》《中央企业合规管理指引（试行）》，国家发展改革委等七部委发布的《企业境外经营合规管理指引》、中国证券业协会发布的《证券公司合规管理有效性评估指引》也是指导企业开展合规管理体系建设与评价的文件。

（一）美国司法部：《有效的合规与伦理方案》

美国《联邦量刑指南》中有效合规方案中的七个要素不仅被看作企业建立有效合规方案的标准，也是评价企业合规方案有效性的“黄金标准”。企业根据该标准制定方案并确保有效实施，以此来证明企业没有蓄意违反法律法规。有效合规方案中的七个要素又被称作合规黄金标准七条：企业要建立预防和监测犯罪行为的标准和程序；领导层理解和监督且有充足的支持资源确保合规方案有效，授权特定人员执行合规方案；能够阻止存在不当行为的人员担任领导职务；对合规方案标准和程序进行沟通和有效培训；建立监督、审计和报告机制；制定激励和纪律处分机制；迅速地对违规事件做出反应并对合规方案进行修补。此外，该方案于 2004 年增加了最后一条，内容为企业应对合规风险进行周期性评价，也被称为黄金标准第八条。

（二）ISO 37301：2021 合规管理体系要求及使用指南

ISO 37301：2021 不仅是指导企业建立合规管理体系的标准，也是企业对合规管理体系进行审查和认证的依据。合规管理体系的要素规定了组织的结构、岗位和职责、策划、运行、方针、惯例、规则、理念、目标和实现这些目标的过程。该文件的结构与其他管理体系一致。从结构上看，该标准包括合规管理的目标，合规管理的原则，合规管理的领导力、治理与文化，企业及其环境等。合规管理的目标包括廉洁诚信、合规文化、管理一致性、良好声誉、企业价值观和伦理道德等。合规管理的原则包括诚信、良好治理、比例原则、透明性、可靠性及可持续性等六个原则。合规管理的领导力、治理与文化建设包括建立、发展、执行、管理、评价和提升。在企业及其环境方面，要考虑到企业所处的法律、社会、文化、数字化、金融、结构、

---

① “大合规”理念由中国中铁集团在合规管理体系建设时首次提出。

环境、利益相关方等因素。ISO 37301：2021 符合持续改进原则，即计划、实施、检查、行动（Plan-Do-Check-Act）的循环。整个合规管理在计划阶段，企业各级管理层要进行合规承诺；根据企业业务与组织结构决定合规政策的范围；指定管理角色和分配职责；明确合规义务与合规风险。在实施阶段，企业各级管理者要给予支持；员工要具备能力和合规意识；对合规进行沟通和培训；把合规要求与业务运营相结合；开展内部控制和程序制定；对合规工作文档管理。在检查阶段，企业开展内部审计；进行管理层评价；实施监控和测评；报告合规疑虑；根据调查流程进行调查。在行动阶段，针对不合规问题进行持续改进与提升。

（三）中国证券业协会：《证券公司合规管理有效性评估指引》

《证券公司合规管理有效性评估指引》提出，证券公司开展合规管理有效性评估，应当以合规风险为导向，覆盖合规管理各环节，重点关注可能存在合规管理缺失、遗漏或薄弱的环节，全面、客观反映合规管理存在的问题，充分揭示合规风险。合规管理有效性评估分为全面评估和专项评估。应当由董事会、监事会或董事会授权管理层组织评估小组或委托外部专业机构进行。在评估内容方面，《证券公司合规管理有效性评估指引》从合规管理环境、合规管理职责履行情况、合规管理保障、经营管理制度与机制的建设及运行状况等方面进行评估。合规管理环境评估关注，合规文化建设是否到位、合规管理制度是否健全、合规经营基本要求是否能被遵循等。合规管理职责履行情况评估，关注合规审查、合规检查、评估咨询、合规培训、合规监测、合规考核、合规问责、合规报告、监管沟通与配合、信息隔离墙管理、反洗钱等合规管理职能是否有效履行。对合规管理保障的评估，关注合规总监任免及缺位代行、合规部门设立和职责、合规人员配备、子公司合规管理、合规人员履职保障等机制是否健全并实际得到执行。对经营管理制度与机制建设情况的评估，关注各项经营管理制度和操作流程是否健全，是否与外部法律、法规和准则相一致，是否能够根据外部法律、法规和准则的变化及时修订、完善。对经营管理制度与机制运行状况的评估，关注是否能够严格执行经营管理制度和操作流程，是否能够及时发现并纠正有章不循、违规操作等问题。《证券公司合规管理有效性评估指引》强调了评价问责，证券公司将合规管理有效性评价结果纳入公司管理层、各部门和分支机构及其工作人员的绩效考核范围。对合规管理有效性评价中新发现的违法、违规行为，证券公司应当及时对责任人采取问责措施。由此可以看出，《证券公司合规管理有效性评估指引》有很强的行业属性，是证券公司不断优化提升合规管理体系有效性的指引性文件，评估不具备强制性，但是能够指导证券行业开展合规管理实践。

四、专项合规管理方案评价文件依据

在指导企业建立合规管理体系时，执法机构或者行政部门还会制定专项的合规方案供企业参考。在对企业专项合规方案进行评价时，国际上主要参考以下文件。

（一）美国司法部：《企业合规方案评价》

反腐败合规管理受到各国司法部门及国际组织的重视。从1977年美国通过《反海外腐败法》，到2010年英国通过《反贿赂法》，再到2016年法国颁布《关于透明度、打击腐败和经济生活现代化的法律》（《萨宾第二法案》），体现了美国、英国、法国打击腐败的立法和推动企业强化合规的决心。此外，在国际多边组织层面，2010年，经济合作与发展组织理事会通过了《内控、道德与合规的良好做法指引》；2016年，国际标准化组织发布的ISO 37001，针对组织反腐败合规管理实现了全球化发展。

这里重点介绍在打击企业腐败时对企业反腐败合规方案进行评价的文件，即《企业合规方案评价》（Evaluation of Corporate Compliance Programs）。相较于进行ISO 37001这一国际惯例性标准，《企业合规方案评价》在2017年由美国司法部发布，这是美国司法部20多年来推进企业制定有效的反海外腐败合规方案的经验总结，也被美国司法部门证明是一套有效的评价指标。《企业合规方案评价》结合了美国执法与合规监管的实践，体现了美国司法部门对企业合规的监管要求，代表了美国政府的利益与立场，对美国企业或者在美国经营活动的外国企业建立合规管理体系有硬约束。

《企业合规方案评价》自2017年发布以来，在2019年4月进行了第一次修正，在2020年6月又进行了第二次修正。从两次更新来看，该方案的整体结构保持不变，并对各个评价指标进行更加详细的解释与完善，对企业建立合规方案更具针对性，指导性也更强。值得注意的是，该方案指出，由于必须在刑事调查的特定背景下对企业的合规方案进行评价，美国司法部门（刑事司）没有使用任何严格死板的格式来评价企业合规方案的有效性。他们参考《企业合规方案评价》文件和相关指标，结合每一个企业面临的风险状况和降低风险所制定的解决方案，进行具体和详细的评价。也就是说，美国司法部门在进行方案有效性评价时，会结合企业的实际执行进行评价。特别是企业根据实际情况制定了合规管理方案并开展合规管理活动，但未能阻止一些低风险领域的违规行为，执法部门仍可肯定该方案的质量和有效性。

从结构来看，《企业合规方案评价》主要包括三个方面。第一个方面是评价企业的合规方案是否有着良好的设计，评价企业在风险评价、政策和流程、培训沟通、举报机制、第三方管理、兼并与收购等方面是否有相应合规管理要求；第二个方面是评价企业的合规方案是否被企业良好地执行，包括是否给予了充足的资源和权力让合规方案得到有效执行；第三个方面是评价企业合规方案在业务开展中是否起到了良好的效果，主要评价企业对合规方案持续监测、改进和更新，对不当行为进行调查、进行根本原因分析和采取补救措施等。[①] 整个评价指标可以参考的问题有 160 多个，当然，针对每个问题的评价，还可以进一步深入评价，直到相关问题能够反映出企业进行了实际的努力。由此可以看出，企业合规管理因企业所处的环境、行业特点、组织结构、组织氛围、内部管理与控制等不同因素，评价时也不能局限于相关问题和指标。

从内容来看，《企业合规方案评价》有以下十个方面值得注意，包括：企业开展合规管理工作是否基于风险管理的方法论；是否基于企业评价出的风险状况进行了合理而有差别的资源配置；在授权与管理上，合规管理负责人是否可以向董事会进行独立汇报；合规管理责任是否整合进入其他部门的职责之中；企业的合规管理工作在实践中是否有工作标准及是否可以测量；企业是否结合不同人员开展了有针对性的合规培训；企业是否针对高风险制定了专门政策；企业是否对合规风险实施了内部控制，并开展了持续监控；对合规疑虑和进行合规举报机制是否健全且有效果；企业合规方案在实施过程中是否能够被评价。

（二）美国司法部：《反垄断刑事调查中的企业合规方案评价》

在针对反垄断合规方案有效性评价方面，美国司法部反垄断司在 2019 年发布《反垄断刑事调查中的企业合规方案评价》指导文件[②]，重点评价在违反《谢尔曼法》的刑事犯罪背景下企业合规方案是否有效。其目的是协助反垄断司在调查反垄断指控和量刑阶段评价企业的反垄断合规方案是否有效，并为反垄断合规人员和公众提供更大的透明度。[③] 该指导文件包括两部分内容：第一部分是关于在起诉阶段评价企业的反垄断合规方案，第二部分涉及量刑时把企业合规方案的有效性纳入考虑因素。

美国司法部反垄断司在根据《反垄断刑事调查中的企业合规方案评价》提出的思路，评价企业反垄断合规方案是否有效。当企业有违反反垄断法时，可以给企业争取一个宽大处理的机会。检察官评价反垄断合规方案是否有效时，要关注以下三个基本问题：一是企业的合规方案是否解决并阻止了违反反垄断法的刑事行为；二是反垄断合规方案是否发现并促使了违规行为的及时报告；三是企业高级管理人员参与违法行为的程度如何。

为回答以上三个问题，就需要评价企业的合规方案是否有效。相应的评价指标包括以下九个方面的内容。一是企业的合规方案是否全面有效地设计和执行；二是企业的高管是否以身作

---

① U. S. Department of Justice，Evaluation of corporate compliance programs（2020）。

② 美国司法部，Evaluation of Corporate Compliance Programs in Criminal Antitrust Investigations，2019 年 7 月，访问地址：https：//www. justice. gov/atr/page/file/1182001/download，最后访问时间：2022 年 3 月 2 日。

③ 美国司法部反垄断司关于促进企业合规新政策新闻稿，访问地址：https：//www. justice. gov/opa/pr/antitrust-division-announces-new-policy-incentivize-corporate-compliance，最后访问时间：2022 年 3 月 2 日。

则参与合规文化的创建；三是合规管理负责人及其他部门的合规管理职责分配；四是企业是否进行反垄断合规风险评价；五是企业是否将反垄断合规政策向员工进行了培训与沟通；六是企业是否对反垄断合规管理进行了周期性审查、监测和审计；七是企业反垄断合规举报机制是否有效；八是企业内部是否制定了针对反垄断违法违规的激励措施和纪律处分措施；九是企业发现不当行为后采取的补救措施及响应情况。

值得注意的是，《反垄断刑事调查中的企业合规方案评价》提供了美国司法部反垄断司在评价企业反垄断合规的意见，但不具有法律效力。美国司法部反垄断司不打算也不依赖于该文件创建任何可在法律上强制执行的实质性或程序性权力。由此可以看出，美国司法部反垄断司发布的《反垄断刑事调查中的企业合规方案评价》与美国联邦量刑指南发布的《有效的合规与伦理方案》和针对反腐败合规管理的《企业合规方案评价》在结构上保持了一致性。可见，《有效的合规与伦理方案》中的黄金标准是美国执法部门在评价企业合规管理的基本要素。

（三）世界银行集团：《诚信合规指南》

世界银行集团（World Bank Group）发布的《诚信合规指南》，促进参与世界银行集团项目的企业主动遏制腐败和对腐败行为承担责任。当企业在参与世界银行集团项目时，被发现存在腐败、共谋、胁迫、欺诈、妨碍调查等五种行为时，世界银行集团将把相关企业及其关联实体纳入“黑名单”进行制裁。上了“黑名单”的企业要从“黑名单”中移除，就要按世界银行集团诚信合规办公室（Integrity Compliance Office，ICO）的要求努力制定合规方案并接受其对企业的评价，显示企业做出了对不当行为进行自我纠正的努力。

世界银行集团的《诚信合规指南》对企业建立诚信与合规机制提出了明确规定。要求企业把开展诚信与合规管理的努力和职责纳入日常运营中。该指南中规定的合规管理要求包括了11个方面：对不当行为明确禁止；对管理层、员工、合规部门分配合规责任；从风险评价与审查着手启动合规方案；制定针对雇员尽职调查、限制公职人员安排、礼品与款待和娱乐与差旅报销、政治捐赠、慈善捐助和赞助、便利费、记录、欺诈、共谋和胁迫行为的内部政策；开展商业伙伴合规管理，包括对其尽职调查，正式与非正式告知己方的诚信合规承诺，让对方做出诚信合规承诺，恰当的文本记录，适当的薪酬费用，并开展监督；完善内部控制系统，在财务、合同责任和决策过程加强控制；持续培训与沟通；开发激励系统，包括正向的鼓励与纪律处分机制；建立报告渠道，明确报告的责任，提供咨询与建议，设置内部举报与热线，通过审查定期认证；对不当行为进行补救，建立调查流程，采取回应措施；开展联合行动，推广诚信合规方案。

世界银行集团关注企业制定的诚信合规方案的有效性，着眼于企业制定诚信合规方案的活力，要求企业在方案中至少应该包括合适的措施：努力预防不当行为发生；能够发现可能发生的不当行为；允许对涉嫌不当行为进行调查；对证据充分的不当行为进行补救。同其他企业合规方案要求一样，有效的诚信合规方案要以解决自身面临的风险状况和环境而量身设计。诚信合规办公室与各方合作共同监督企业实施以《诚信合规指南》为基准的诚信合规方案，并根据《诚信合规指南》对企业开展合规管理工作进行审查。具体审查时，会考虑企业规模、行业特征、地理位置、特定的风险并审查企业是否根据这些风险配置资源、量身定制合规政策及管控措施。

诚信合规办公室为审查企业诚信合规方案的有效性而采取其他的步骤和流程考虑的因素有：企业的合规职能如何发展，不仅在总部层面，而且在工作现场；企业在做诚信合规背景尽职调查时，是否会拒绝雇佣有诚信合规问题但可带来商业机会的潜在员工或聘请潜在业务合作伙伴；保存的决策记录和流程；使用报告机制来寻求诚信建议和报告诚信疑虑，这些机制在公司内部发挥着作用时，可以增加员工对报告机制的信任，员工可以秘密地报告并且不用担心遭到报复，以及企业会对不当行为采取适当的行动；企业采取相关行动，不仅在调查和纪律处分方面，还包括其他补救措施，如在特定程序中提出多个问题并将实践中的经验教训纳入培训，阐明或修订为诚信合规方案；企业采取创新方法在内部（例如，道德日活动、竞赛、内部网络中讨论合规问题）和外部（例如，业务合作伙伴诚信承诺和培训、集体行动举措）传播诚信合规信息；当诚信合规办公室准备确定受制裁的企业是否符合其解除制裁条件时，诚信合规办公室希望看到该企业已根据其风险而配置资源，并符合诚信准则原则，还有实施的可靠记录。诚信合规办公室还将寻求企业保证在解除后继续推进诚信合规方案，例如，通过管理层的承诺和制订前瞻性行动计划。

（四）其他专项类合规方案

在前面介绍的专项合规管理方案之外，应当说，针对各个涉及企业经营的法律法规都可以设计出相应的合规方案。

按照合规管理的要求，一个完整、有效、可行的合规管理体系，无论是专注于全面的还是专项的合规管理，都需要接受有效性评价。因此，各类企业合规管理指引都可以成为相关领域合规管理有效性的评价工具。例如，在贸易合规管理领域（如经济制裁、出口管制），美国商务部还发布了《出口管制合规管理指南：有效合规方案的要素》（Export Compliance Guidelines: The Elements of an Effective Compliance Program），该方案包括了管理层承诺、风险评价、出口授权、记录保存、培训、审计、出口违法和补救、创建和维护出口管制手册等八个要素。美国财务部海外资产管理办公室（OFAC）在2019年发布了《美国海外资产控制办公室合规承诺框架》，该框架包括了五个最基本且必要的合规要素：一是管理层承诺；二是风险评价；三是内部控制；四是测试及审计；五是培训。[①] 由此可见，出口管制合规管理与 OFAC 的合规承诺框架的要素基本上是一致的。

第二节　企业合规管理体系评价的总体框架

企业合规管理体系评价的总体框架是指导企业合规管理体系评价的原则与范围及评价内容，对合规管理体系评价有明确的指导意义。

一、企业合规管理体系评价遵循的原则

对企业合规管理体系进行评价，应遵循以下原则。

（一）结果导向原则

企业合规管理体系的核心作用在于预防合规风险，对企业合规管理体系进行评价的首要原则应是以结果导向，评价合规管理体系是否有效。虽然，出现不合规行为不能全面否定合规管理体系的有效性，但是一个无效或不能发挥效果的合规管理体系一定不能有效预防、检测和应对企业面临的合规风险。因此，对企业合规管理体系进行评价时，要重点关注合规管理工作实现了良好的结果，在结果的基础上进一步评价合规管控的过程。

（二）过程可核验原则

评价企业合规管控过程要了解企业合规管理体系如何发挥作用。通过对合规管理体系进行评价，需要评价企业开展合规管理各项工作的过程是否按照企业所受的监管要求和相应承诺来实施。需要通过评价合规管理过程产生的各项文件，检查各项文件是否按照合规管理的要求进行完整的保存，以此来验证文件记录的各项工作是否满足合规要求。

（三）客观独立性原则

在评价企业合规管理体系时要保持中立的立场，对评价对象要保持客观和独立。评价合规管理体系时，不仅仅是通过定量来衡量，还会有大量的主观因素，如何保持客观性就成为挑战，聘请第三方参与合规管理体系评价时更是如此。

---

① A Framework for OFAC Compliance Commitments，访问地址：https：//home. treasury. gov/system/files/126/framework_ofac_cc. pdf，最后访问时间：2022 年 3 月 2 日。

（四）方法一致性原则

正如合规管理体系建设时，对合规风险的评价要采取一致的方法，对同一个主体进行合规管理体系评价时，也要选择一致的方法，同时要评价合规管理体系建设过程中是否按照一致的方法开展各项工作。通过采取一致的评价方法，使得合规管理体系评价更加客观和公正。

二、企业合规管理体系评价的范围

合规管理体系建设会覆盖企业的业务、经营的地域。企业合规管理体系评价要围绕评价目标，确定合规管理体系评价的范围。确定了范围才能明确目标，开展有效的评估。具体来说，在考虑评价范围时，要考虑企业业务延伸的广度与地域分布的宽度。

从业务角度来看，现代大型企业往往不会从事单一行业或者经营单一产品，而是涉足多个行业或者经营多个产品。不同的业务线与产品线面临的合规风险是不同的，所以在评价时要结合业务特点有针对性地评价，具体到对每个业务线与每个产品线的合规管理能力进行评价。

从地域角度来看，有的企业不仅在国内经营，还开展跨越国界经营。有的企业在国内经营，但是供应链上的产品、技术或者服务可能来自国外。在本国经营与开展国际业务或者跨国经营，面临的合规风险是不同的，进行合规管理的复杂性也是不一样的。在这种情况下，对合规管理体系评价也是有区别的。

当然，企业合规管理体系评价的范围还可以就合规管理工作本身来确定范围，比如就重点领域的管控进行评价，或者就某些关键环节进行评价，合规管理体系评价范围的确定取决于评价目标。

三、企业合规管理体系评价的内容

企业合规管理体系评价即评价合规管理体系的各个构成要素是否达到了特定的要求。从企业合规管理体系评价的内容来看，主要围绕以下四个方面进行。

一是评价合规管理组织体系。合规管理组织体系建设有自身的原则性和适应性，评价合规管理组织时，要充分结合实际来考虑合规管理组织体系。一般来说，合规管理组织体系的评价可以从最高管理层、管理层和执行层角度来看合规管理的职责。最高管理层的合规职责评价主要关注包括治理机构与最高管理者的合规领导力，他们的合规领导力与合规承诺是如何与组织目标结合，如何在发挥作用以及在组织中发挥了怎样的作用。管理层的合规职责评价包括管理者如何在组织中推进企业合规工作，包括业务管理与合规管理部门在推进合规时履行的职责，重点评价推进合规所取得的效果。执行层更多关注履行合规职责，是否以一种合规的方式在开展业务。

二是评价合规管理制度体系。企业合规管理制度是把企业遵守法律法规的义务和基于价值观所提出的合规承诺转变成为企业的合规要求，通过制定体系化的制度文件，规范企业及员工的行为。企业合规管理制度应是分层分类分级管理的制度，评价合规管理制度体系要关注制度的合规性、制度的可执行性及制度执行的效果。

三是评价合规管理运行机制。合规管理体系有效运行机制为合规管理体系有效运行提供了支撑。在评价合规管理运行机制方面，主要关注企业合规培训与沟通机制、合规风险评价与应对机制、合规咨询与审查机制、合规责任与考核机制、合规举报与查处机制、合规优化与提升机制等。这些机制在合规管理体系建设与推进合规管理工作中发挥着重要作用，在评价合规管理运行机制时，不仅要关注各个机制本身的独立运行情况，还要关注相关机制的整体配合与协调运作情况。

四是评价企业合规文化建设。合规管理体系评价过程中还要关注企业在开展合规管理工作时如何培育合规文化，企业内部员工是如何将合规要求转化成为自觉的合规行为。合规文化评价内容既包括对企业各层级员工行为的评价，也包括对企业整体氛围的评价。

第三节　企业合规管理体系评价的程序和方法

企业合规管理体系评价时要遵循一定的程序和方法，在开展合规管理体系评价时，保持程序与方法的一致性，是获得客观与公正结果的关键。

一、企业合规管理体系评价的程序

企业合规管理体系评价的程序规定了合规管理体系评价工作从构想到执行的全过程，指导着合规管理体系评价工作的开展。

一是建立评价流程。通过流程规定合规管理体系评价的步骤和开展工作的步骤，对合规管理体系评价工作提供指引。一般来说，合规管理体系评价流程包括目标确定、制定方案、组建评价团队、开展评价工作、出具评价报告及后期延伸工作。

二是确定评价目标。合规管理体系的评价要清楚地表达合规管理体系评价所要达到的目的，评价目标要具体、简洁、合理、可量化与明确时限性。通过对合规管理体系评价目标的设定，一方面是检验合规管理体系建设的工作，另一方面也是检验合规管理体系评价工作。

三是制定评价方案。评价方案是开展合规管理体系评价的关键，企业合规管理体系评价方案的制定不仅要体现相关流程，还要围绕评价目标、被评价的范围与评价的内容进行设计。评价方案不仅要重视完整性，还要关注方案设计的可执行性。

四是组建评价团队。组织开展合规管理体系评价工作要结合目标和方案，由于合规管理工作本身的综合性与跨学科性，应该根据工作内容的复杂程度和专业需求，结合不同专业背景来建立评价团队。与此同时，评价团队还需要熟悉企业业务，能够结合业务特点开展有针对性的合规评价。

五是开展评价工作。在评价团队进入企业开展评价之前，整个团队应该接受合规评价流程与步骤的培训。评价团队要持有专业、客观、公正的态度对企业合规管理体系开展情况进行评价，评价要坚持评价原则，保留好评价工作底稿，使得评价工作本身具有可追溯性。

六是出具评价报告。评价团队在评价工作之后，要结合合规管理体系评价的目标来评价企业合规管理工作的结果，并将评价报告提交给企业管理层、合规管理委员会或者董事会，让企业治理机构或最高管理层了解企业合规管理体系评价结果。

七是评价结果应用。根据企业合规管理体系评价的目标不同，评价结果应用场景也可能不同。评价结果可以应用到合规考核或者改进合规管理体系方面，从而将评价应用到企业管理之中。

二、企业合规管理体系评价的方法

企业合规管理体系评价包括定量方法与定性方法，定量方法包括选择评价范围，通过评价员工行为和测评合规意识。定性方法通过询问问题的方式来评价员工是否合规，包括询问员工对合规的了解，通过员工回答的问题来判断员工对合规的了解程度。具体来说，评价企业合规管理体系建设有以下五种常用的方法。

一是案头分析。在进入企业开展评价前，评价团队应该通过公开渠道收集整理待评价企业的基本情况，分析企业的行业特点与行业出现的合规问题，同时结合企业的合规管理体系建设的方案与合规管理体系建设的总结报告，全面掌握企业合规管理工作基本情况。

二是现场审查。评价团队要对企业进行现场评价。期间了解企业首席合规官或者合规管理工作具体负责人的具体工作，了解企业及下属子企业的合规管理工作情况。可以审查企业历次合规会议纪要（包括董事会、总经理办公会、合规协调会等），阅读合规管理制度、办法及各类专业制度，审查合规培训档案、违规处罚案例及分析报告，重点领域与关键环节合规风险识别及管控措施，合规管理日常工作与流程等，对企业的合规管理体系建设落实情况进行分析。

三是随机访谈。评价团队要求企业安排合规管理体系建设的各专项部门与参与部门负责人或者合规部门进行访谈，同时还可以随机抽取一部分员工进行访谈，听取他们对企业开展合规管理体系建设的评价，共同就关键岗位、高风险管理岗位、重点领域等存在的合规风险与实施的管控措施进行交流，以便掌握企业各业务部门对合规管理体系建设的评价与支持情况。

四是问卷调查。评价团队还要结合企业合规管理工作开展情况，设计调查问卷，要求所评价范围内的业务部门人员书面回答相关问题。问卷调查可以是基础性的问题，了解员工对合规的掌握程度；也可以是专业性的，结合各个部门员工的工作情况，进行有针对性的了解。

五是合规审计。评价团队应用审计方法与工具对合规管理重点关注的问题进行审计，评判相关问题是否进行了有效的管控。评价团队可以针对企业风险评估的重点领域进行一定比例的或随机的抽查，开展问题分析与原因查找，对具体的管控措施进行有针对性的评价。

第四节　企业合规管理体系设计评价

企业合规管理体系设计的好与坏关系到企业合规管理工作的效率与效果，开展合规管理体系评价首要关注的是企业合规管理体系设计是否良好。

一、合规管理体系建设方案设计良好性评价

一个良好的合规管理体系建设方案设计为开展合规管理提供了好的起点。良好的设计能够充分与最大限度地预防与发现企业与员工的不当行为，管理层与员工不会因为设计方案不好而不去执行，或者默许、迫使员工去从事不当行为。[①] 合规管理体系的本质作用就是预防与发现企业面临的合规风险。企业合规管理体系设计良好性评价最基本与最关键的要点就是要考察合规管理体系的设计是否进行了全面的风险识别以及识别过程的可验证性。以及合规管理体系设计是否针对合规风险评估所发现的重要风险配置了相应的资源与管控措施进行管控。

二、合规管理组织体系设计健全性评价

从企业管理组织体系的设计来看，首先，要重点关注合规管理组织体系是否覆盖了整个组织，实现了合规管理的“纵向到底、横向到边”的全覆盖要求。其次，要关注组织体系的设计原则中是否体现了“责、权、利”相匹配的原则、与组织规模相适应的比例原则、合规管理工作的独立性原则、合规行为的一致性等原则。再次，通过组织体系的设计，使得董事会、高级管理人员、中层管理人员、基层员工都有与职责相匹配的合规管理职责与合规操作职责。最后，评价对首席合规官或合规管理负责人工作的独立性，企业以什么样的措施来保证其独立性，汇报信息不被过滤，实现对企业管理层的监督与制衡。

三、合规管理制度体系设计规范性评价

评价合规管理制度体系不仅包括与合规管理专业性相关的制度，还包括指导公司合规行为的准则或者指南等基本制度，针对领域合规风险要建立专项合规制度或者合规指南、操作手册

---

① U. S. Department of Justice，Evaluation of corporate compliance programs（2020）。

等并且关注这些要求是如何管控合规风险的。另外，还要关注企业经营管理相关制度与合规管理专业性相关制度的衔接与配合，还有如何在业务管理制度中体现了合规要求。

四、合规管理运行机制设计完备性评价

在对企业合规管理运行机制设计完备性进行评价时，要关注企业是否已经建立了合规培训与沟通机制、合规风险评价与应对机制、合规咨询与审查机制、责任与考核机制、举报与查处机制及持续优化机制，这些机制是确保合规管理体系有效运行的关键。

五、合规文化培育计划设计可行性评价

企业合规文化培育工作计划应主动纳入合规管理体系建设设计中，一个好的合规文化培育计划能够在合规管理工作中发挥作用，能够与企业核心价值观实现良好的结合。因此，合规文化培育工作计划的可行性也应是开展合规管理体系评价的重要内容。

六、合规管理信息系统设计先进性评价

对合规管理体系设计进行评价时，还应对合规管理信息系统设计的先进性进行评价。先进企业正在加快数字化转型步伐，合规管理的数字化、信息化也应融入企业数字化转型的潮流中。利用大数据、云计算等技术对重要业务活动与关键流程开展实时动态监测，可以对合规风险即时预警，对违规行为启动自动暂停功能，从而使得合规管理工作更加高效与智能，体现出合规管理体系设计的先进性。

第五节　企业合规管理体系执行评价

企业合规管理体系的执行到位与否关系到合规管理工作的成败。即使是一个设计良好的合规管理体系，如果得不到有效执行，就变成了装饰性工程。

一、对企业管理层合规承诺的评价

合规管理体系执行来自企业管理层自上而下的合规承诺与践行。其中，来自企业最高管理层的合规承诺代表了企业的合规声音。首先，评价企业管理层是否进行了合规承诺，他们的承诺是否可验证，他们是否在以身作则践行合规承诺。其次，评价企业基层员工管理层所做的合规承诺，基层员工的感受往往能够反映出企业的氛围，能够判断出管理层是否在真心实意地践行合规承诺。最后，评价企业对未兑现合规承诺或者违背合规承诺的员工采取哪些措施，包括是否给予了纪律处分、是否解除了雇佣关系等。

二、对合规管理工作资源保障的评价

确保合规管理体系得到执行的第二个重要方面是看企业推进合规管理工作时是否提供了充足的资源保障。评价企业是否为合规团队提供专项资金与充足资源，使合规管理团队推进合规工作得到应有的资源支持，是一个重要的参考指标。此外，还应评价企业在提供资源时是否随着业务生命周期、风险特征等因素及时进行动态调整，董事会是否为合规管理提供资源保障等。

三、对合规管理运行机制实施的评价

第一，对合规培训与沟通的评价。关注合规培训是否完成对员工从知规到守规的训练，是否覆盖到所有有合规意愿的员工，确保他们学习到合规知识与掌握合规管理工具并帮助他们做出决策。关注合规沟通是否有效把合规信息传递出去，让利益相关者理解企业的合规政策，为企业推动合规工作营造良好的内外部环境。

第二，对合规风险与应对的评价。关注企业是否建立了合规风险评价制度或者流程，是否有明确的责任部门开展合规风险识别，是否能够定期识别合规风险，针对合规风险能否配置相应的资源进行管控以及合规风险识别、评估与应对是否进行了归档管理。

第三，对合规咨询与审查的评价。关注企业是否建立合规咨询与审查制度或流程，是否有明确的责任部门就各类合规事项进行咨询，是否明确了合规审查的事项以及合规审查的方式与方法，是否就合规审查机制的有效性进行监督与评价，判断相关合规咨询与审查机制实施的效果如何得到体现。

第四，对责任与考核的评价。落实合规责任要让各个业务部门负责人作为本部门合规管理第一责任人，关注企业是否把合规责任考核与业务考核结合起来，确保公司取得的业绩是通过合规的努力而实现，做到从过程到结果的合规。

第五，对举报与查处的评价。举报是企业发现不当行为的重要渠道之一，评估企业的举报查处机制，关键在于看企业是否对举报人有合理的激励，能否平衡举报人的收益与风险，是否有匿名的举报途径，是否有正式的调查流程，是否有防止对举报人的打击报复机制。此外，还要看企业对获得的举报信息是否进行了及时调查与处理，是否做到程序公正、公开与透明，是否做到违规案例的定期公开等。

第六，对持续优化的评价。任何体系建设都是一个长期、系统性的工程，合规管理体系建设也不例外。评价合规管理体系时，要根据企业业务的发展与所处生命周期阶段性特征，对企业面临的合规风险与相应的管控措施和内部控制机制进行评估。同时关注企业对内部发生的不合规行为是否进行了及时的根本原因分析和对现有的合规管理体系进行不断优化，使得合规管理能力得到了提升。

四、对合规管理激励约束的评价

合规管理执行到位需要通过考核与奖惩来对全体员工进行激励与约束。激励与约束是对合规管理执行结果的反馈。通过正向激励的方式，对支持与合规开展业务的员工给予奖励。通过对业务开展中存在不合规行为的员工进行惩诫，进行负向反馈。评价合规管理激励约束时，要关注企业的业绩考核指标是如何与合规努力过程结合的，企业的奖励与激励考虑了多少合规因素，企业在评价干部晋升时是否纳入了对干部的合规评价指标。

第六节　企业合规管理实践效果评价

对企业合规管理实践效果的评价主要关注企业是否真正落实合规管理，包括对合规风险进行有效防范，合规管理工作目标能够完成，合规价值观与文化能够得到认同，企业声誉得到保护等。

一、合规风险防范效果评价

合规管理实践效果评价要围绕合规管理体系对合规风险有效预防、检测与应对三大基本功能开展。

第一，评价合规管理工作是否对合规风险进行了有效预防。开展了有效合规管理的企业能够预防企业发生系统性合规问题，不会因为系统性合规问题给企业带来颠覆性影响。针对开展合规管理还是出现不合规行为问题时，就要更加谨慎地评价合规管理体系，因为出现了不合规行为并不代表合规管理体系没有效果，而是需要评价企业是否对不合规行为进行了根本原因的分析和整改，从而避免同类问题发生。

第二，评价管理工具是否对合规风险进行了有效监测。评价企业开展监测有什么样的管理工具，这些工具是否在发挥作用。如果企业开展了合规审计、内部控制穿行测试，就要分析审计出了什么合规问题，控制是否管控了相关风险。是否进行了现象梳理、问题查找、原因分析与更新管控措施，从而提升合规风险防范能力。

第三，评价在发生不合规行为时是否进行了及时应对。不同的合规问题，企业要有不同的合规应对措施。当发生系统性合规问题时，要分析企业是如何进行合规整改与应对的。当发生偶发合规问题时，要分析企业是如何进行补救的。发生相关合规问题后，企业是否有启动同类问题自查自纠的机制。在重大合规问题与系统性合规问题发生后，是否对企业合规管理体系进行重新的设计或更新。

二、合规管理绩效指标评价

企业开展合规管理，要建立监测和度量合规绩效的指标，包括主动式、反应式和预测性指标。① 在对合规管理体系进行评价时，要分析和评估合规管理体系的绩效。

第一，要评价合规管理绩效指标设计是否科学。科学地设计合规绩效指标可以帮助企业高效地监测合规管理工作。对合规绩效指标设计时，要注重指标设计的简洁性、具体化、可量化、相关性和及时性，评价其科学性也应该从这几个方面进行评价。

第二，评价企业合规绩效指标选择是否合理。每个企业因为发展的目标与面临的合规风险不同，要根据自身面临的合规风险设置与企业特点相符合的合规绩效指标。对企业合规绩效指标进行评价时，要结合企业特点来关注合规绩效指标的合理性。

第三，对主动式合规绩效指标进行评价。相关的评价指标有：（1）识别、发现、修订的合规风险的数量；（2）员工有效合规培训达成比率；（3）主动了解监管机构的相关政策变化与接触频率；（4）主动了解来自利益相关方的反馈；（5）通过举报途径及时发现的不合规行为。

第四，对反应式合规绩效指标进行评价。相关评价指标有：（1）根据不同合规问题进行分类，定期发现、报告问题和不合规行为的数量；（2）因为不合规行为给企业带来的负面影响程度，包括责任、经济、声誉与时间的损失等；（3）处理相关不合规行为与采取纠正措施带来的成本；（4）根据调查结果处理的合规事件与员工。

第五，对预测性合规绩效指标进行评价。相关的评价指标有：（1）外部监管的变化趋势与合规风险增加；（2）历史不合规趋势与发生的频率；（3）基于历史数据对各类合规举报途径回归分析与改进；（4）基于历史数据对各类合规培训主题进行分析与改进；（5）基于历史数据对各类岗位人员的合规风险与合规问题分析；（6）新业务开展带来的新风险。

三、企业合规文化塑造评价

企业合规文化是预防不当行为的关键。合规管理体系取得效果的一个重要方面就是评估企业内部是否形成了企业合规的文化。对企业合规文化的评价主要看以下方面：

一是企业是否把企业合规作为企业核心价值观。合规管理体系有效须以诚信价值观念为指导，通过价值观的引导让全体员工认同与接受诚信合规的理念，强化各级管理者与普通员工形成的合规意识，抵制企业不同层面的不当行为，从而为企业合规文化的形成打下坚实的基础。

二是来自“高层的声音”是否坚定与清晰。领导的态度对合规文化的形成有很大作用。以身作则，树立诚信正直的企业文化是领导者们的重要职责。评价时要看高层领导者和各级领

---

① 郭凌晨、丁继华、王志乐：《合规：企业合规管理体系有效性评估》，企业管理出版社2021年版，第66页。

导者是否利用各种时机，宣传诚信合规的重要性，并与员工和合规工作人员保持合规事项上的沟通。此外，还要看企业领导是否经常向企业全体员工传递合规信息，引导逐层的管理者重视合规。比如，看高层领导团队成员是否定期向企业全体员工发表讲话，在给员工的邮件中是否在不断强调合规的重要性，敦促员工恪守企业的商业行为准则，并在其他会谈和演讲中及时向员工介绍遵纪守法、诚信经营的重要性，等等。

三是评价各层级领导是否在推广合规文化。每个组织有一个整体文化，同时也还会存在亚文化。企业最高领导层为企业合规文化建设定下基调，各层级领导也须推广合规文化。当合规意识在组织各个层级变得根深蒂固时，成为组织定义自我和指导运营决策的方式时，整个组织就形成了一种主人翁意识，合规文化也就成为企业的基因，变得具有亲和力、吸引力和感召力。因此，要评价管理者在日常工作中的态度和要求，是否对员工产生潜移默化的影响，是否促进了合规文化的形成。

第七节　企业合规管理体系评价报告

企业合规管理体系评价报告是合规管理体系评价的书面呈现，对企业合规管理体系有系统的总结，有着多种用途。

一、合规管理体系评价报告注意事项

企业合规管理体系评价报告应该是一份客观、真实、有说服力的报告，在撰写评价报告时，应该注意以下方面。

首先，确保报告内容的客观性。对合规管理工作评价有定量评价，也有定性评价。开展合规管理体系评价时，应该多做定量评价。定性评价时要从多角度来分析问题，做到尽可能客观。

其次，确保报告内容的真实性。对合规管理现状、问题与合规管理结果的评价都应该是基于事实的陈述，应该确保合规管理现状、问题和结果的评价是真实的。

最后，确保报告证据的充分性。要让评价报告有说服力，对每项合规管理工作要仔细检查，对每项落实合规管理体系建设要求的工作要认真核对，在事实、客观了解的基础上，注重内在逻辑性与证据充分性，这样才能体现说服力。

二、合规管理体系评价报告结构

合规管理体系评价报告要有完整的结构。一般来说，一份合规管理体系评价报告要包括以下十个部分的内容。

第一部分，介绍合规管理体系评价的目的、背景与实现的目标；第二部分，就参加合规管理体系评价的相关方进行介绍，包括介绍评价活动的组织者、执行者，评价团队人员的相关信息，如评价团队的工作资历、工作经验、工作能力；第三部分，介绍被评价企业的相关信息，包括企业基本情况；第四部分，介绍评价的政策依据；第五部分，介绍评价的程序与方法；第六部分，介绍评价的评价基准日、评价报告日；第七部分，介绍评价数据和信息的来源；第八部分，对评价过程的介绍；第九部分，对评价结果的展示；第十部分，评价结果的使用建议。

三、企业合规管理体系评价报告应用

企业合规管理体系评价报告可以帮助相关方了解企业合规管理体系运行情况，可以促进合规管理体系进一步优化提升，还能用来与利益相关方沟通。

一是合规部门应用。合规管理体系评价报告会给合规管理部门带来最直接的影响，他们的工作努力与成果可以完整地体现在评价报告中。一方面，合规管理部门可以通过报告，全面了解合规管理体系的运行情况，了解合规管理工作的效果、存在的问题以及未来工作还需要提升的方面。另一方面，企业管理层与董事会也会根据合规管理体系评价报告来判断合规管理部门的工作情况，作出相应的决策。

二是管理层应用。合规管理体系评价报告应向企业管理层提交，让管理层了解合规管理工作的落实情况。管理层在推进合规管理工作执行与促进合规要求融入业务流程管控中发挥着核心作用。管理层从合规管理体系评价报告中了解到企业合规管理体系运行的经验、问题、改进方向，将有助于管理层集中精力促进合规管理体系的效果。

三是董事会应用。合规管理体系评价报告应向企业董事会提交，让董事会了解企业合规管理体系的执行效果，董事会可以根据合规管理体系评价报告来作出决策，从而让合规管理体系有效运行，防范合规风险。

四是更广泛应用。企业可以向其他利益相关方展示。比如，企业在与投资者、媒体及政府监管部门交流沟通中披露部分或者完整披露合规管理体系评价报告。一份客观公正的评价报告能够帮助企业赢得更多信任与影响。

参编人员简介

（按章节顺序）

主　任： 蔡晨风

副主任： 陈正荣　张　顺

主　编： 王志乐

副主编： 张　顺、胡国辉、樊光中

王志乐， 任北京新世纪跨国公司研究所所长，联合国全球契约组织第十项原则专家组成员。获国务院颁发国家有突出贡献专家证书和享受政府特殊津贴。

1992 年以来，先后完成了德国、日本、韩国、美国和新加坡跨国公司在华投资研究。在此基础上于 2007 年建立了全球型公司和全球型产业理论框架，并且据此论证了如何在对外开放中发挥全球公司的作用以及如何促进源于中国的全球公司发展。这一研究成果得到了政府高层领导的重视并且引起国内外企业的关注。

2001 年中国入世以来，先后调查了国内外 60 余家大型跨国公司强化合规管理（包括强化社会责任、环境责任和反商业腐败）提升软竞争力的经验与教训，撰写和主编了一系列关于合规管理的论著。2018 年就强化中国企业合规管理提出的政策建议得到国务院领导的肯定。近年来协助数十家中国企业建立和完善合规管理体系，从而提升企业合规竞争力。

编写人员（按章节顺序）

上　册

第一章　蒋　姮、李福胜

蒋姮， 曾就读于南京大学、北京大学、中国政法大学，分别获得文学学士、法学硕士、法学博士学位。在商务部系统内从事跨国投资与企业合规研究 20 年，成果获中央领导多次重要批示。兼任联合国、世行、亚行等国际项目的法律与合规专家。

李福胜，中国进出口银行原信贷审批委员会委员，中国社会科学院教授、硕士生导师，北京新世纪跨国公司研究所副所长。先后获得中国社会科学院研究生院经济学博士学位、美国斯坦福大学商学院工商管理硕士学位。长期从事金融合规与海外项目ESG合规的研究与实务工作。

第二、三、四章 樊光中

樊光中，首批北京市涉案企业合规第三方监督评估机制专业人员，国际标准化组织ISO/TC 309组织治理技术委员会中国专家组成员，国际标准ISO 37301：2021《合规管理体系 要求及使用指南》全程制定中国专家组成员，国家标准GB/T 35770-2022《合规管理体系 要求及使用指南》主要起草人，GB/T 35770-2017《合规管理体系指南》主要起草人，参与《企业境外经营合规管理指引》及有关省属企业合规管理指引起草工作，主持评审和修改了国内第一个地方《民营企业合规管理指引》，主持设计了国内第一个SAAS型合规管理工具软件和第一个政府服务企业的企业合规服务数字化平台。在头部央企一级、二级、三级总部14年的合规监督、合规监察与调查实践经验，是全国企业效能监察、流程效能管理、流程管理与优化、项目管理与流程审计、采购与供应链管理、内控、风控、反舞弊、合规管理、反舞弊反贿赂与廉洁合规风控领域知名专家。

第五、七、八章 郭凌晨

郭凌晨，北京新世纪跨国公司研究所副所长。毕业于南开大学经研所，并获得博士学位。从事对中外跨国公司的合规管理研究与咨询工作十五年。作为项目主要负责人，曾承担了中海油、吉利、东方电气、国航、中石化、首钢等中国企业的合规管理项目建设课题，撰写及主编的书籍有《走向全球公司——吉利公司全球化之路》、《合规三——全球公司的可持续发展》、《合规四——加强商业伙伴合规管理》、《合规——企业合规管理体系有效性评估》等。

第六章 胡国辉

胡国辉，资深合规从业者，国际标准化组织TC 309机构治理技术委员会注册专家，GB/T 35770：2022-ISO 37301：2021《合规管理体系 要求及使用指南》标准主要起草人。曾任美国戴尔公司北亚区道德与合规总监，德国戴姆勒公司大中华区合规官。

第九章 张 顺

张顺，现任中国国际贸易促进委员会商事法律服务中心副主任。参与申报企业合规师国家新职业、制定企业合规师职业技术技能团体标准、编写企业合规师培训教材和企业合规师新职业前景手册等工作。

第十章 丁继华

丁继华，知名企业合规管理专家。长期专注于跨国公司发展战略、合规、责任的研究与咨询，承担国家部委等委托课题40余项，参与多项企业合规管理体系标准制定，负责东方电气、中国移动、中海油、吉利等60余家中国企业合规管理体系建设与有效性评估工作。丁继华博士现是北京丹华盛管理咨询有限公司首席合规专家，最高检首批国家层面涉案企业合规监督评估机制专业人员。

图书在版编目（CIP）数据

企业合规通论／中国国际贸易促进委员会商事法律服务中心主编．—北京：中国法制出版社，2022.11

企业合规师专业水平培训辅导用书

ISBN 978-7-5216-2917-0

Ⅰ．①企…　Ⅱ．①中…　Ⅲ．①企业法-中国-资格考试-自学参考资料　Ⅳ．①D922.291.914

中国版本图书馆 CIP 数据核字（2022）第 176962 号

策划编辑：王彧　　　　责任编辑：刘冰清　　　　封面设计：李宁

企业合规通论

QIYE HEGUI TONGLUN

主编／中国国际贸易促进委员会商事法律服务中心
经销／新华书店
印刷／保定市中画美凯印刷有限公司
开本／787 毫米×1092 毫米　16 开　　　　印张／20　字数／310 千
版次／2022 年 11 月第 1 版　　　　2022 年 11 月第 1 次印刷

中国法制出版社出版
书号 ISBN 978-7-5216-2917-0　　　　定价：89.00 元

北京市西城区西便门西里甲 16 号西便门办公区
邮政编码：100053　　　　传真：010-63141600
网址：http：//www.zgfzs.com　　　　**编辑部电话：010-63141837**
市场营销部电话：010-63141612　　　　**印务部电话：010-63141606**

（如有印装质量问题，请与本社印务部联系。）